教育部人文社会科学研究青年基金项目资助

柏拉图爱欲思想研究

李丽丽　著

人民出版社

献给我的父亲和母亲

序

廖 申 白

重新捧起李丽丽这部书稿，我眼前浮现起她最初执意以柏拉图爱欲思想为题撰写她的博士学位论文的情形。那是 2005 年，她读博的第二年。我那时很担心。因为，不要说对一个初入哲学门槛的年轻人，就是对一位从青年时期起从事哲学工作到不惑之年的成年人，这个主题都是难于驾驭的，尤其是，对于一位尚未真正经过一种爱的女生，这在我看来是几乎没有可能性的。同时，我非常明白，就算我还没有被这个分科设域的大学制度"制造"成一个以在讲台上讲授一门哲学方面的课程谋生计的专业教书人，我也不过是一个在这条人们习惯称为"友爱智慧"的人生之路上蹒跚前行的人。

对于学生或后学者，我不过是比他们多读了几本书，多想过一些问题而已。况且，这绝不意味他们读过的书我都读过，他们想过的问题我都想过。在许多方面，恰恰是学生们以他们的所见所读丰富了我的见闻，以他们的灵感和所思激起我的思索，激活了我的回忆。因此，要指导她驾驭好这个论题，实在是勉为其难。但是，李丽丽坚持她的想法。那似乎是她努力地来攻读哲学博士学位的主要目的。是她的执著让我最后打消了说服她另作其他题目的念头。

接下去的两年里，我们做了多次讨论。我获得了这样的印象：是她的一些经历使她决定去通过哲学的阅读与思索寻求她认为人生最值得寻求的东西，而她似乎在她朦胧地领会到的柏拉图关于对美善的爱的思想中看到了这样的东西。我充分理解这一点。因为，在我的生活经历中有同类的经历,或许由于那个时代,在更复杂的程度上。

的确,哲学是一种寻求,对这个世界的,尤其是对人的世界的真实,和对人的实际状况的更好的理解的寻求。古代希腊人把哲学称作"友爱智慧"的生活是有道理的。寻求这样的理解对任何一个人都是一件仅可以生命的终点为终结的事情。因为,人事实上总能够去寻求更好的理解。所以,哲学意味着一种经历生命的方式。寻求这样的理解,就要按着这样的理解去生活。把寻求好的理解看作是与怎样去生活无干的事,则不可能真正地拥有一种好的哲学。的确,不是所有的哲学都同样地好的。有一些比另一些更好。要拥有一种好的哲学,就要努力从那些好的哲学资源中汲取有价值的思想,一生持之以恒地做这种努力,把它们融会贯通,成为活在我们自身中的思想和精神,并且要能透过日常生活事务理解和体悟它而不失其本。

李丽丽在那两年最后完成的论文的确让我惊异。因为,她竟相当好地完成了对这个困难的论题的探索。现在,这篇论文经过她在过去数年的思考与生活的沉淀的基础上加以修改和补充,就展现在读者的面前。

在李丽丽完成的这部书稿里,读者将会读到非常深入细腻地表达的对柏拉图的两篇著名对话——《会饮》和《斐德罗》——中的"友爱智慧者"的爱的感悟。一个"友爱智慧"的爱者由于他天然地追求智慧,因为他自身缺少美善,而追寻美善本身。这种爱始于视觉观照引起的对一个美好事物的爱欲,但指向美善本身。由于这爱,爱者会终生勉力地,并且如果有幸地有一个可培养造就的被爱者,希望带着他的爱人一道,向美与善本身"攀登"。这意味着"友爱智慧"的爱者与其爱人的共同的精神"孕育"。这种"孕育"所"孕生"的是人的德性,包括精神的卓越产品,这也就是人的灵魂的不朽。这是"友爱智慧"的生活的峰巅。

这既是柏拉图的"友爱智慧"的爱者的"攀登",也是李丽丽以其生命的努力随着那位爱者所做的真实的思想攀登。她在书中非常真实地记述了她"随着柏拉图的爱者"的这种攀登：

> 这次攀登的出发点是城邦中现实的爱，依次到达了爱欲神话和爱欲哲学的高峰，揭开了它们的面纱，最后达到峰顶，那就是用爱者的爱来说明柏拉图的爱欲思想，进入柏拉图爱欲思想的核心。然后从峰顶缓缓下山，遇到了柏拉图早期对话《李思》对友爱问题的讨论，在与亚里士多德友爱论的比照之下，认识了柏拉图的友爱，进而深化了对他的爱欲观念的体悟。最后，当我们到山脚下的时候，也就是回到了我们的现实当中，用柏拉图的爱欲观念来反观我们爱的现实，得出一点有益的启发，也不枉这一次攀登。

在她所描述为在"缓缓下山"途中对柏拉图早期对话《李思》对友爱的讨论中，读者将读到她对柏拉图的"友爱智慧者"对于追求美善的爱者——被爱者之间的友爱的见解的看法。这个看法是非常有见地的。柏拉图事实上表明，这种友爱是因"友爱智慧者"对美善本身的爱而发生的，如果不从这种爱来观照，对于究竟是什么构成追求美善的爱者——被爱者之间的友爱的问题将得不到解答。

在这点上，李丽丽揭示了一个戏剧性的"情节"：柏拉图的学生亚里士多德坚持，无需借助对美善本身的爱，基于对智慧的观照，"友爱智慧者"能够对他们之间那种追求美善的友爱作出合理说明。这是对柏拉图的爱与亚里士多德的友爱的联系的一个非常精湛的阐释。的确，亚里士多德以友爱智慧者的共同的沉思的生活替代了柏拉图的善本身。这种生活也就是友爱智慧者努力去接近智慧的生活。与此同时，按照亚里士多德，友爱智慧者相互间可能形成的友爱与友爱智慧的共同生活将变得不可分离。因为，它唯有从进行得良好的寻求智慧活动中才能得到丰足的滋养。这种友爱因之成为人的生活中的真正的友爱，这种友爱所内含的快乐也和这种生活的快乐一道，成为人的生活中的真实的和最大的快乐。

这部书稿涉及的论题之宏大，涉及的这两位希腊哲人的思想之丰富，仅从上面粗略提到的柏拉图的"友爱智慧者"的"爱的攀登"和柏拉图的爱与亚里士多德的友爱的关系，就已略见一斑。有兴趣的读者将会在阅读这本书的同时，深深感受到在这个浩瀚的希腊哲思之海中畅游的乐趣。若他/她由此发生哲学的兴趣，并且在心中生根生长，他/她还会更深入地去寻求对希腊哲学思想的更充分也一定更好的理解。就像本书的作者在她的三年的博士学习以及随后的八年中所真实经历的那样，对好的哲学的寻求将让我们的生活丰富和充实。

2015 年 1 月 30 日

于北京师范大学励耘 10 楼寓所

目 录

自　序

　　本书稿在我 29 岁那年完成，在我即将跨入 37 岁门槛的时候出版，这 8 年，我为人妻，为人母，为人师，由一个少女变成了一个少妇和妈妈，由学生成长为大学讲台上的一名老师。这其中的酸甜苦辣，个中滋味，只有身处其中者，才能体会。回过头来，我再重温这个尘封已久的书稿，不仅对自己说过的话理解得更加透彻了，而且对书中所说更是深信不疑。原来她也许还不够丰满，但是，生活给她注入了血肉，让她变得丰满和完整了。正是生活本身，让她具有了一定的温度、厚度和高度。

　　说起温度，让我想起自己第一次去海边捡起了两块小石头，把它们分别放在大衣的两个兜里，没事就攥在手里，居然有了一定的温度。它们的温度来自我的身体的热度。我的这本书也缘于我生命的温度。我人生的头 30 年就是为写作这本书做准备的，那些年，我的生命里充满了爱的涌流，同时，生活的酸甜苦辣不断地丰富着我的内心世界，扩大了我对物质世界与精神世界的感受，这种感受养成了我敏感而又多情的个性，这是从事爱欲研究很好的基质。在小时候，我自卑过，孤独过，是书籍打开了我的内心世界，让我觉得自己不再孤独；长大后，我不仅需要书籍的陪伴，更需要在书籍当中去创造，把爱的涌流转化为思想的涌流。在柏拉图这里，我找到了自己情感与思想的归宿。柏拉图的爱欲思想，就是我的"白马王子"，就像皮革马利翁在面对他所塑造的少女一样，当他对这个雕塑倾注了全部的爱的时候，这个少女的脸庞红润了，嘴角翕动了，她微笑着朝他走来。我的"白马王子"在我对他倾注了全部的爱之后，也复活了。他有了生命，他的温度就取决于他的生命，只有拥有了生命，他才会有温度。

谈到厚度，我们还是从小石头说起。当我捡起它们的时候，它们刚刚经历了海水的冲刷。在这岸边，不知道经历了多少次这样的冲刷，岁月的风尘和时间的印迹已经融入了它们的内里，变成了它们的生命。我们的人生也要经历岁月的洗礼和时间的不断打磨，才能成熟起来。记得刚刚拿到博士学位的时候，台湾的学者黄藿先生说过，你是在29岁的时候拿到博士学位，而你的老师是在49岁的时候拿到学位。与老师相比，你这么年轻就拿到学位，真是幸运啊！我的老师曾经在黑龙江待过10年，那正是他风华正茂的时候。老师在参加自己儿子的毕业典礼的时候，与老师有类似经历的北大校长也动情地说过：与我们相比，你们这一代是多么幸福啊。可是，老师的经历就是他的财富啊，就像一块经过岁月打磨的璞玉，终究发出熠熠的光彩。反而，我们这些年轻的博士们，如果不好好向前辈学习，向生活学习，终究也是昙花一现而已。好在老师对问题的理解，就是我们成长的起点，老师对生命的积淀和厚度，就是我所可能企及的厚度。我为遇到这样一位有生命厚度的老师而感到荣幸。我对这本书如切如磋、如琢如磨的功夫，就是在增加它的厚度。

我的老师和我所研究的对象都决定了这本书不仅有温度、厚度，还有一定的高度。

小时候我很爱看传记，不知不觉地自己就变得与众不同起来，并且把成为一个崇高的人作为自己的人生理想，就像毛泽东同志说的，"一个高尚的人，一个脱离了低级趣味的人……"我就想成为一个高尚的人，甚至变成一个道德完善主义者。读初中的时候，因为表弟逗我说"拿"了同学的书而去向小学的老师求证；因为同学丢了一副手套而去"破案"，去指证某个人，并有意去作证。这两件事，困扰了我很长时间。我立志要远离卑鄙、下流和无耻，而追求一种高尚的人生和生活。后来,我知道这就是一种有德行的生活。而这种执拗的个性和追求德行的理想就是研究伦理学的一个宝贵的始点,就像亚里士多德所说,一个人对事情的感受本身就是他研究伦理学的始点。有了这个始点,我要让自己的人生达到不同的境界的话,还要深入地研究包括亚里士多德和柏拉图在内的经典文献。老师把我引到研究古希腊伦理学这条道路上来,而这种研究刚好可以发挥我学习语言的潜能。我生命的高度取决于我研究经典的深度,就像一棵树,它长得高大粗壮,是因为它的根扎得深、扎得稳。对柏拉图、亚里士多德经典文献的研究,就是我俯首大地、从中汲取营养的过程,它会推动我的人生走得稳,走得远。

这篇自序有助于读者了解我的心路历程和成长轨迹,希望也有助于读者对本书的理解。书中如有不当之处,敬请不吝指教。

2015 年 1 月 23 日

导　论

一、爱之缘起

爱是人类的一个永远无法停止言说的话题。不管是在神话传说还是在文学作品中,人们都以不同方式对爱进行言说。同时,爱也是多少哲学家曾经或正在研究的问题,只要生命在继续,对爱的思考就永远没有止境。爱是生命本真的一种存在方式,哲学家思考的是如何让爱与生命相互关联,也就是如何将爱植入人的生命之中,在人与人之间建立一种互爱模式。这种尝试从古希腊就已经开始了,城邦生活当中除了公正,还需要友爱。但是,现实中的友爱可能会被欲望引入歧途,这样,就需要理智重新驾驭灵魂,引导友爱。柏拉图是以一种诗意的方式把这种观念表达出来的,我们对爱的思考和研究不能回避柏拉图。本书的主旨就是根据柏拉图关于爱欲与友爱的几篇对话——《会饮》、《斐德罗》和《李思》——来研究柏拉图的爱欲思想,现在先来考察这种研究的可能意义。

首先,从古希腊的自然哲学家开始,就注意到了爱这种无处不在的力量。以恩培多克勒为代表,他给予爱某种本体的地位。在他看来,爱和憎同时是事物结合和分离的力量,当爱使相同的元素发生分离,使相异的元素相互结合的时候,憎则使相异的元素发生分离,使相同的元素相互结合。爱和憎的存在,就使生命物生长和繁衍着,不断地进行存在和消亡的交替。从自然哲学的角度来看,二者同等重要。从道德哲学的角度来看,我们的哲学家还是宁愿看到爱的存在,因为恩培多克勒亲身经历了憎所引起的争斗,而只有爱才是人类的福祉之所在。第一个彻底把爱这种力量从整个宇宙收拢到人身上的是柏拉图,他关注的是人的爱欲,同时,这种爱欲又不同于当时城邦现实中的爱。柏拉图的爱欲指向的是美善,在爱人与情人之间发生的是凭借美来孕育生殖,这是一种精神生产力的体现,是智慧的创造和延续,爱追求的是哲学,柏拉图用哲学来诠释爱欲。

其次,柏拉图关于爱欲的哲学在他整个哲学体系中占据着重要地位。《会饮》被认为是和《理想国》同等重要的一篇对话,这首先是因为爱欲哲学把他的伦理学和哲学重新整合起来,引导我们思考爱欲与美善、德性的关系。在《会饮》和《斐德罗》当中,他明确地把爱与善的理念结合起来,没有爱,我们无法通达善的理念。离开善,我们的爱也失去了根基。爱与美善的紧密联系,是建立在柏拉图的灵魂观念的基础之上的。如果我们能够管理好灵魂当中的欲望部分,让它服从理智的教导,就能实现和谐,共同追求美善的目标。由于美与善的密切联系,对于少年的爱必将引向对哲学和智慧的追求。

最后,柏拉图在《李思》、《会饮》、《斐德罗》篇中所提出的问题,也引发了包括亚里士多德在内的后学的深入思考。任何一种关于爱的哲学都可以找到柏拉图哲学的影子。正是基于爱欲哲学在柏拉图自身体系中的重要地位及其对后世理论的重大影响,才使得西方许多学者都致力于《会饮》等的研究,深入地解读柏拉图的爱欲,并且成果丰硕。这些成果一方面表现在英语世界《会饮》译本的日渐增多。① 这种译著的丰富将使我们的理解越来越贴近文本本身。另一方面,从某一角度对其进行研究的著述也颇丰富,比如施特劳斯学派从政治哲学角度进行的阐微,为我们提供了可供借鉴的视角。可喜的是,以刘小枫的译本为代表,国内已经开始了对《会饮》的研究。但是,对柏拉图的

---

① 对《会饮》的翻译和阐释较早的有 Marsilio Ficino(*Commentary on Plato's Symposium on Love*,Spring Publication,Inc. Dallas,Texas,1985)。施特劳斯和他的学生罗森也分别有英译本(Leo Strauss,*On Plato's Symposium*,Edited by Seth Benadete,the University of Chicago Press,2001;Stanley Rosen,*Plato's Symposium*,Yale University,1987),他们的共同点是都深入挖掘了《会饮》的戏剧特征,从细节上找出其隐微的含义。施特劳斯是从政治哲学的角度进行解说的,而罗森则从柏拉图的文本出发,把对反讽的认识看成是解读柏拉图爱欲思想的核心;Sir Kenneth Dover 的希腊本的英文注释不仅给出语法和意义的解释,而且有对话的背景介绍和整体把握(Plato:*Symposium*,Edited by Sir Kenneth Dover,Cambridge University Press,1980)。还有一个希英对照的版本是 Tom Griffith(*Symposium of Plato*,Translated by Tom Griffith,Engraved by Peter Forster,Collins Harvill,1986)完成的,与乔伊特(Joyette)的英译本相比,汤姆翻译的句式很短,理解起来较为容易,但是还是要参考乔伊特的英译本。这几个译本可经常相互对照着使用。

爱欲思想进行专门研究的,还不多见。我们愿意在现有能力和资源的基础上对柏拉图的爱欲观念给出自己的一种阐释和理解,我相信这种尝试是非常有意义的。

二、爱之限定

本书以柏拉图的爱欲思想为研究的对象。柏拉图关于爱欲的思想是在古希腊城邦社会当中生发的,不管现实城邦中的爱欲与柏拉图的爱欲观念有多大差距,我们了解一下希腊人爱的生活观念总是有必要的。关于友爱在城邦生活中的地位,廖申白教授在他专著的导论部分有精致的研究,①这里不作赘述。我们在这里有必要说明一下古希腊语中关于爱的几个词语、它们之间的区别以及在柏拉图那里的相互联系。

在古希腊社会,有三个表示爱的词。一个是 ερως,它是指看到对象自身的美所激起的占有这种美的欲望,性爱是它基本的含义。但 ερως 并不停留于性爱的满足,柏拉图关于爱欲、友爱和爱智都是从这个意义上引申出来的。Φι'λια 是一般意义上的爱,它指"任何一种随意的和令人愉悦的经久的熟人关系,或者具有特殊义务联系的亲属关系"②。正因为友爱在希腊社会几乎包含了人与人之间的一切关系,所以在英语中找到一个相对应的词很难,而且友爱的现实已经发生了改变,我们的友爱指涉要狭窄得多。③

在古希腊,友爱是指对人或事物的一种发自内心的喜爱的感情,对事物比如爱喝酒者(φιλακρατος)、爱乡村生活者(φιλαγρανς)、爱工作者(φιλεργος),也指与人的那种亲密的罗曼蒂克的感情。对人的性接触这方面与 ερως 有重叠的地方,弗拉斯托斯就指出了二者的区别:"一、ερως 在程度上更为强烈和亲密,二是它更加倾向于欲望而不是感情(欲望、欲求基本是 ερως 的同义词,

---

① 廖申白:《亚里士多德友爱论研究》,河南人民出版社 2000 年版,见"引论"第二部分的讨论。

② K.J. Dover, *Greek Homosexuality*, Cambridge, Harvard University Press, 1989, p.49.

③ 廖申白:《亚里士多德友爱论研究》,河南人民出版社 2000 年版,见"引论"第二部分的讨论。

而喜爱则是 φιλια 的同义词），三是 ερωs 更加紧密地和性欲联系在一起（尽管 φιλια 也可以指性爱）。"①还有一个词是 agape。在伟大的悲剧家那里，它是指对死者的感情，在《新约》中，表达爱的思想最常用的是 agape，它一方面指对上帝的爱，另一方面指对邻人的爱。

我们在这里讨论的主要是 ερωs 和 φιλια，因为柏拉图的对话也主要是围绕着这两个相互关联的词展开的。柏拉图关于友爱的讨论是在《李思》当中进行的，苏格拉底先提出了这样的问题："谁能称为谁的朋友？"当爱者的爱不能在被爱者那里得到回应或者引起的是憎的时候，谁也不能称为谁的朋友。当这个问题的讨论陷入困境的时候，他又转到第二个问题："什么样的人能成为朋友？"这个问题的提出是以柏拉图把人分为好人、不好不坏的人和坏人为依据的，对这个问题的讨论最后也不了了之。柏拉图没有找到友爱自身存在下去的根基，不管是缺乏还是欲，都不能使友爱持久存在下去。

《李思》是柏拉图早期的一篇对话。这个时候，柏拉图对友爱的分析显示出了自然哲学家对事物分析的痕迹，比如在性质上把人分为相似、相反等，也可以看到苏格拉底对他的影响，比如把善和有用联系在一起。柏拉图这时还没有形成自己的目的论，但他试图找到以自身为目的的友爱，也就是为友爱找到一个原则。这个原则就是爱智，这表明他的目的论初露端倪。友爱无法在自身的范围内承担爱智的重任，柏拉图不得不让爱欲来完成这样一种使命。在他中期的对话《会饮》和《斐德罗》中，柏拉图用神话的形式表明了他的爱欲观念。

友爱与匮乏的关联在爱欲那里已经不存在，这一点在《会饮》中通过爱神的身世就已经表明。爱神是不美不善的，因此，他追求美善，这种追求是对永恒事物的追求，这种永恒事物是灵魂才能关照的，同时也是灵魂最大的营养。在《李思》中所讨论的欠缺或欲主要是指身体从匮乏到充实的过程，它是自身的一种反复，无法走出自身，因为欲望就是对属于自身事物的欲。但是，不同于欲的地方在于，爱指向的是善，如果自身不善，那么它不会对自身产生爱，这在苏格拉底的讲辞中说得很清楚。这就表明，爱已走出自身，而向着一个美善

---

① Gregory Vlastos, *Platonic Studies*, Princeton University Press, 1981, p.4.

的世界。这时,我们不得不认识到这样一个前提,就是柏拉图已经看到了作为一切善事物的来源的善本身,同时它也是目的本身。

这个目的王国的发现不能不让人对这种不美不善的存在产生向往,爱神的存在使得人产生了通达美善的希望。爱神本身的不美不善,正与处在知与无知之间的哲学家相契合。哲学家追求智慧,智慧是对真和善的把握。同时智慧又是最美的事物,爱智与爱美善是统一的。如果说人不能直接通达美善,但人的出路在于可以通过爱智来实现对美善的追求。爱智的起点是对美的形体产生愉悦,这是视觉捕捉美所产生的,是欲所向往的。当欲为美的形体所吸引的同时,面对美就会有思想孕育出来,这是一种精神的孕育。这种孕育把爱和友爱、爱和欲结合到了一起。在《会饮》中是通过爱的攀登的神话来讲述爱者是如何实现对智慧的爱的,而在《斐德罗》中是通过灵魂马车的神话讲述了灵魂对美善的回忆,这种回忆的过程也就是爱与被爱共同追求智慧和哲学的过程。这是我们从爱智的角度大致地勾勒了柏拉图对友爱与爱的观念。

最后,我们对全书的大致思路作一个描述。理解柏拉图的爱欲观念不能离开当时的社会背景,即当时的城邦盛行男风。但柏拉图对这种男性之爱有较多批评,他批评的方式就是对这种爱进行一种哲学的提升,使之由身体的结合转到心灵的孕育。这是本书开篇的内容,用了一章的篇幅来研究古希腊现实的爱。有了这样一种关于爱的图景的认识,我们就要达到柏拉图关于爱欲的观念。可是,我们发现柏拉图是用神话来言说爱的,不重视他的神话的运用,不理解神话的寓意,就无法把握柏拉图的爱欲观念。对于这两篇对话中的神话细节的剖析,也是我们着力较多的环节,包括《会饮》中阴阳人的神话、爱神诞生和爱的攀登的神话,还有《斐德罗》中的灵魂马车的神话等,这是全书第二章的内容。作为研究者,我们要从对爱欲神话的理解进到爱欲哲学的理解,这就是本书第三章的内容。这一章涉及他的灵魂论和理念论,但是,仅是在与爱欲相关——比如对灵魂三个部分的划分、美的理念和善的理念等——的方面进行研究。在与爱欲所达到的不朽相互对照的意义上,我们也涉及了《斐多》中的另一种不朽——通过灵魂与肉体的分离而达到。

它们最终都体现了哲学家对智慧的爱,由于对灵魂的看法不同,导致了追求哲学和爱智慧的方式不同。在这个基础上,我们达到了柏拉图爱欲的核心,即第四章——"爱者对被爱者的爱";仅有爱者对被爱者的爱是不够的,或者说是不全面的,还有被爱者对爱者的爱,这是爱的另一面,柏拉图是在《李思》中展现的。这里提出的问题在亚里士多德那里得到了系统的研究,并且有不同的答案,把二者相互比照研究必然使我们对柏拉图的爱欲看得更清楚,这就是全书第五章——从爱欲到友爱——的内容。最后一章则是结合现代生活中爱的现实,从爱和欲、爱和友爱的关系来进行考察研究,得出有益的启示。

三、爱之拓展

在这一部分,我们想要对柏拉图爱欲观念已有的重要研究和所使用的基本文献作出说明,在这个基础上,谈谈自己做了哪些延伸和拓展。

首先,对柏拉图的爱欲观念进行研究的文献很多,我们主要就自身所讨论的问题对这些文献进行有选择地使用。对柏拉图两篇对话当中神话的解读方面,我们参考了多弗(Dover)、莫里森(Morrison)和哈克福思(Hackforth)的研究。前两者主要是针对阿里斯托芬的讲辞进行研究的,多弗(1966)从一种戏剧和历史的角度分析这种神话的来源和构成,莫里森则从细节上对《会饮》当中所出现的疑问进行讨论,涉及阿里斯托芬的神话的问题是"阴阳人的形状是圆形的还是球形的",当然这种细节的讨论对于理解整个文本也是有好处的。

哈克福思(1952)则是对柏拉图的《斐德罗》系统而完整地进行了翻译和注释,他所做的解说几乎被所有研究柏拉图爱欲思想的人所讨论和引用。关系到柏拉图的爱欲哲学,我们谈的问题主要是灵魂不朽的问题,在这方面哈克福思(1950)也有独到的观点。那就是在《会饮》当中,爱者所实现的不朽是在和美的本体孕育出真实的德性(智慧)之后,而不是停留在看到美的本体就能实现不朽,他的这一观念也为很多研究者所赞同和引用。关于爱神诞生和攀登的神话,哈里·诺依曼(Harry Neumann,1950)有细致的讨论,他把第欧提玛的神话分为低级神话(lesser mystery)和高级神话(higher mystery),这一点得到了康福德(F.M.Cornford,1950)的赞同,他认为这就是柏拉图和苏格拉底哲学的分界线。

哈里·诺依曼在讨论中还引出了爱者爱的是美还是善这个问题。他认为善才是爱的最终目的,美的存在只是为了爱者的孕育,达到智慧。他还认为爱的本质在于孕育,而不是观看,这是从希腊文本本身能够得出来的结论。此外,关于《斐德罗》篇当中修辞学与爱的主题如何融合到一起,我们从莫罗(Morrow,1950、1953)对"说服"的研究中受到启发。对于柏拉图的爱争议最大的就是他的爱欲爱的是美善,还是对个体的爱,这个问题的提出比较有代表性的是格雷戈里·弗拉斯托斯(Gregory Vlastos,1981)。他认为柏拉图的爱欲不是因为个体自身而产生,并针对这一点对柏拉图的爱欲观念提出批评。当然,反对者也有,比如怀特(White,1990)。他认为,至少在《斐德罗》中,爱者只要爱美善,就没有理由不爱美的仿影。

我们在这些研究的基础上,所做的工作主要有以下几个方面。在神话的解读方面,除了注意细节上的理解,主要是从神话之间的内在联系着眼,试图找到神话背后哲学的内涵,我们揭示了阿里斯托芬的神话和苏格拉底的讲辞之间的密切联系。对于《会饮》和《斐德罗》的神话之间的区别和联系,我们也着了不少笔墨。也许着力最多的地方是研究柏拉图爱欲观念的基础,这就是灵魂。关于柏拉图对灵魂观念的转变,尤其是对欲望看法的变化,我们也作出了细腻的分析。在这方面,我们把康福德的观点作了引申,对于欲在爱中的作用作出了强调。因为视觉是欲的始点,这种始点是从视觉对美的感受开始的,没有欲就无法理解爱对美的向往,继而追求爱的对象——美善本身。

关于《斐德罗》中修辞和爱的主题的统一,我们统一于"说服",并且用《蒂迈欧》中理智对必然的说服作一类比,得出修辞学只有在引入辩证法之后才能对灵魂进行说服,而爱只有在遇到美之后才能对欲望的劣马进行说服。关于柏拉图的爱欲观念所遭到的批评,即他的爱欲不是为个体本身而产生、个体的爱在他的爱欲中没有地位这个观点,我们在书中多处表达自己的观点,那就是理解柏拉图的爱欲思想要有时代背景做基础,在那个时代,人们对智慧的追求是很普遍的,并不以之为抽象或不可理解,相反,沉浸于少年皮肉色泽的美则是受到鄙夷的。

其次,我们还要对研究所使用的文本作出说明。我们以英译本为主,希腊文本和中文译本为辅。在英文文本上,我们主要使用的是乔伊特(Jowett)的译本,由于全书在不同程度上涉及的对话比较多,因此有这样一个全集的译本,还是很有帮助的。希腊文全集用的是约戈尼斯·伯尼特(Ioannes Burnet)编辑的文本(*Platonis Opera*)。此外,中文的全译本也在王晓朝先生的辛勤劳作之下得以与我们见面,也使得我们查阅对照起来更为便利。由于全书主要涉及的对话是《会饮》和《斐德罗》,它们的单行本也很多,就我们已经占有的来说,关于《会饮》有多弗的希腊文注释文本(*Plato Symposium*)和汤姆·格里菲斯(Tom Griffith)的希英对照本(*Symposium of Plato*)。关于《斐德罗》的有哈克福斯的英译本,做了较多有启发性的注释(*Plato's Phaedrus*, 1952)。中译本参考的主要是朱光潜先生的《柏拉图文艺对话集》和王太庆先生的《柏拉图对话集》,这两者都是选集本,当然只有前者涉及《会饮》和《斐德罗》这两篇对话。单行本有刘小枫的译本《柏拉图的〈会饮〉》。

再次,我们想对这样一个看似简单却又如此复杂的题目作出进一步的限定。因为提到"爱"这个词,很可能让我们想起自身所经历的爱。从对这样一个题目的惊鸿一瞥当中,"我们"似乎看到了自己所渴求的爱近在眼前了。但是,了解了柏拉图的爱欲观念,我们似乎看不到自己所渴求的那种爱的影子,这也是本人曾经历的心路历程。不仅如此,日常经验中的爱对我们接近柏拉图的爱欲观念是一种障碍,如果我们从自身的爱出发来审视柏拉图的爱欲,那么,理解起来肯定会很困难。这样我们就要撇开自身对爱的感受,进入爱美善和爱智的境界。所以,我在这里所做的不是从日常经验的层面上升到哲学,而是从古希腊爱的社会图景进入到对柏拉图爱欲哲学的言说。当然,最后可以用柏拉图的爱欲观念审视我们自身的爱,但全书的主题是柏拉图的爱欲思想。同时,我们只在与爱欲相关的方面涉及柏拉图哲学的其他内容,比如对善的理念和美的理念的理解、对灵魂和神的看法等。这些都是为了理解柏拉图的爱欲思想服务的。因此,全书既没有对日常生活中的爱的探讨(除非是在与柏拉图的爱欲观念相互对照以得出有益的启示的意义上),也没有对柏拉图哲学的其他内容进行研究(除非在与他的爱欲思想密切相关的意义上),全书主题限定在柏拉图爱欲观念的范围内。

最后,柏拉图的爱者在美的指引下,经过不懈的攀登,达到了美的本体,孕育出了真实的德性。对于我们来说,似乎随着柏拉图的爱者在攀登。这次攀登的出发点是城邦中现实的爱,依次到达了爱欲神话和爱欲哲学的高峰,揭开了它们的面纱,最后达到峰顶,那就是用爱者的爱来说明柏拉图的爱欲思想,进入柏拉图爱欲思想的核心。然后从峰顶缓缓下山,遇到了柏拉图早期对话《李思》对友爱问题的讨论,在与亚里士多德友爱论的比照之下,认识了柏拉图的友爱,进而深化了对他的爱欲观念的体悟。最后,当我们到山脚下的时候,也就是回到了我们的现实当中,用柏拉图的爱欲观念来反观我们爱的现实,得出一点有益的启发,也不枉这一次攀登。

第 一 章
古希腊爱欲的社会生活图景

　　古希腊是人类文明的发源地之一,今天我们面临的大多数问题在当时都露出了苗头,并且,人们对之进行了系统的思考。不管是这种哲学思考也好,还是人们所从事的政治实践也罢,都是在人与人之间所建立的某种关系模式当中进行的,所有的成就也都是在这种关系当中取得的。在那种规模有限的城邦当中,人与人之间所建立的关系是怎样的,它的表象如何,为什么是这样一种关系,它与教育、政治制度又有何关联,包括柏拉图在内的哲学家是怎样把这种现实爱欲纳入他们思考的视野,并对之进行一种哲学上的提升的,我们想从当时的社会背景出发,就这些问题进行一种概括性的研究,揭开古希腊爱欲的神秘面纱。

第一节　古希腊现实爱欲

　　今天困扰着我们的问题也同样困扰着古希腊的人们。他们是如何实践爱欲的,作为研究者,我们只能根据现成的史料和既有的研究来看这个问题。几乎所有的史料和研究达成的一种共识就是,古希腊盛行男风,即娈童之爱。今天,同性之爱引发的诸多问题,受到的诸多质疑,在当时一定也遇到过,但是,那时的人们是如何化解的,这个问题引起了多位学者的关注。① 而且,只用同

---

① 对古希腊爱欲的研究比较权威的有 K. J. Dover, *Greek Homosexuality*, *Greek Popular Morality In the Time of Plato and Aristotle*, University of California Press, 1974; 福柯的《性经验史》中的第四章"快感的享用"; David. M. Halperin, *One Hundred Years of Homosexuality*; 等等。

性爱欲来囊括古希腊所有爱欲的现实也是片面的,最起码,还有异性爱欲。如果没有异性爱欲,古希腊的城邦就无法延续,这是古希腊异性爱欲存在的一个最显明的理由,这样,我们就从两个方面来看待古希腊爱欲的现实。

一、爱欲的表现

我们要了解古希腊爱欲,首先要了解这种爱欲所处的历史环境,即城邦生活。公共生活的产生,是以公共集会场所的形成为标志的,关切到城邦生活的所有事务都要放到这里被敞开来探讨。每个公民都有发表自己意见的权利,不仅对于他的切身事务,更重要的是对公共事务提出自己的看法。没有对公共生活的参与以及由此而获得的训练,人就不能成为一个完整的人。亚里士多德所说的人天生是要过政治生活的,人是政治的动物,[①]就是在这个意义上来说的。

当然,这种公共的集会和活动之所以可能,也是因为城邦的规模小到现代的我们是难以想象的。只要用数字就可以说明问题,柏拉图认为理想城邦的人口是5040人。[②] 亚里士多德也认为城邦的人口应该适度,因为美产生于在量上的大小和尺度,大小有度的城邦才是最优美的城邦。[③] 他认为一个城邦的最佳人口限度,就是人们在其中能有自给自足的舒适生活,并且相互都能关照到的最大人口数量,这就意味着在这样的社会中人们相互熟识,且为公共生活的发展提供了一种可能。[④]

开放度如此之高的社会经常要组织各种活动,在这个过程中,任何公民都有资格做评判,公共活动的频繁举行使得对公共场所的需求增加,包括广场、[⑤]

---

① 参见亚里士多德:《政治学》1253a9、1278b19—23。

② 参见柏拉图:《法篇》738A。

③ 参见亚里士多德:《政治学》1326a30—35。

④ 参见亚里士多德:《政治学》1326b20—25。

⑤ 广场起初是建在圣殿周围的空旷场所,在圣殿的保护下,又矗立起公共建筑物。后来,又设立了商业网点,这种商业交换的职能并不是一开始就有的,在荷马史诗和古希腊抒情诗里,agora(广场)从不指市场,在品达罗斯和埃斯库罗斯那里也一样。只是到了希罗多德那里才出现作为交流场所的"市场"这个新概念。根据马丁的说法,这个词义的演变回应了一个现实:荷马史诗里的商业只限于流动贩卖,随着公元前7世纪和公元前6世纪的经济大革命,出现了巨大的交换热潮,商业才在城邦特别是在agora上建立起来。这就说明广场一开始是作为宗教和政治中心,即社团的中心而存在的。(参见克琳娜·库蕾:《古希腊的交流》,广西师范大学出版社2005年版,第38页)

露天的剧院、①运动场、②圣殿等。这些场所既用于文化交流（比如广场、剧院），也用于政治活动和宗教祭仪（比如广场和圣殿等）。虽然它们在不同的城邦有不同的名称，③但是，它们的共同之处是为人们提供展示才华的舞台。在《会饮》当中，用苏格拉底的话说，在露天剧院，阿迦通在三万人面前证实了自己的智慧；④在公审大会上，苏格拉底向众人展示了自己的德性和辩才；在体育场上，人们举行摔跤、角力等各种体育竞赛活动；在公民大会上，男性公民要开展各种辩论和演说，最终的胜出者一定是最有说服力的人；这些都表现了某种竞争。

在这种种的竞争活动当中，有一批少年男子，由于他们的年龄和阅历限制，他们还没有资格和才能亲自参加这样的活动。然而，作为旁观者，他们能够在种种活动当中，看到什么是卓越和德性（αρετη）。⑤ 如果要培养这种卓

---

① 古希腊人能够在露天的条件下举行各种活动，这是气候条件所允许的。"阿提卡的气候所给予的最大恩惠，兴许就是各种重大集会可以在露天举行。不管雅典人本能中是多么民主，雅典的民主——还有雅典的戏剧——也发展不到这样的地步，假如必须有屋顶和高墙的话"；"在雅典，所有的事务可以向所有的人敞开，因为它们可以向空气和阳光敞开。"（H.D.F.基托：《希腊人》，上海世纪出版集团 2006 年版，第 37 页）

② 古希腊语中德性的含义包含着身体美的维度，这种身体的美是通过锻炼而塑造的体形之健硕表现出来的。"当还是个孩子的时候，这种德性是通过美、身体的力量和节制表现出来的，当他成年的时候，又增加了勇敢、智慧和公正。"（Dover, *Greek Popular Morality In the Time of Plato and Aristotle*, Berkeley and Los Angeles: University of California Press, 1974, p. 68）作为一个崇尚战争的社会，勇敢是一个公民必备的德性，勇敢这种德性形成的前提就是身体的健硕，这也是为什么在斯巴达男性公民从小就接受严格的体育训练的原因。众所周知，亚里士多德把善分为三种，身体的善就是其中的一种，它包括四个维度，即健康、强壮、健美、敏锐。（参见亚里士多德：《尼各马可伦理学》1098b10）而且，他强调，对于身体的善，有些是我们无法改变的，比如生得丑陋。但是，我们却不能原谅由于不当心或缺乏锻炼而造成的丑陋，对于身体的孱弱和发展障碍就是这样。（参见亚里士多德：《尼各马可伦理学》1114a20—30）

③ 参见克琳娜·库蕾：《古希腊的交流》，广西师范大学出版社 2005 年版，第 37 页。

④ 参见柏拉图：《会饮》175E。

⑤ 对于希腊语中 αρετη 这个词，英语的对译词有 virtue, exerllence 等等。它在古希腊具有广泛得多的含义，既指身体上，也指理智和实践上的德性（亚里士多德把它分为理智德性和道德德性）。至于汉语的对译词，有"德性"（见《尼各马可伦理学》，廖申白教授译本）和"德行"（黄霍先生的《理性、德行与幸福——亚里士多德伦理学研究》则采纳了后者）两种。虽然没有与两位教授就这个问题探讨过，但是，根据亚里士多德自己对德性的形成既不出于自然，又不反乎于自然（参见亚里士多德：《尼各马可伦理学》1103a23—25）的判断，他所指的是德性更多的是出于习惯和训练，这样在实践活动中养成的习惯成为我们品性中的稳定的品质，就是德性，因此本书也采纳"德性"这个译法。

越和德性,那么,只能是在获得一个自己心仪和模仿之对象的帮助之后才能实现。在这个对象的指导和熏陶之下,少年本人会缩短培养德性的历程。这就是有志少年参加公共活动的一个原因,一方面,他在观摩和寻找;另一方面,自己的年少俊美也会成为某个品德卓越的成年男子心仪的对象。在这种公开的场合当中,某种暧昧的情感就这样蔓延开了。而且,这种事情绝对逃不过熟谙此道之人的眼睛,就像苏格拉底一眼就能看出希波塔雷处在爱欲之中,而且能分辨出他是一个爱者,也就是追求者。①

苏格拉底更是声称自己无时无刻不在爱,也无时无刻不在被人爱,②而且这种现象也不是单单发生在他一个人身上,卡尔弥德、克里托布鲁、尼克拉特都同时是爱人,也是情人。③ 卡尔米德以他的美深深地征服了苏格拉底,当苏格拉底的眼睛穿透了他的衣裳,看到了那个俊美的身体时,他感到欲火中烧,不能自持。这个时候,他想到了居狄亚的一句诗:你胆怯的小鹿啊,不要往狮子眼前跑,那样会成为他的口中食。④ 但是,美的力量却比狮子的凶悍更加摄人心魄,对于后者,如果你在武力上足够强大是可以抵抗的,然而,前者却会使你的全身陷于麻木,不能动弹。这就是苏格拉底当着克里斯托布鲁的面,告诫色诺芬,不要去吻那些有如阿尔卡比亚德的儿子那样正值青春貌美的少年。因为吻了他们,就等于吻了毒蜘蛛一样,后者会在与你接触的一刹那,把毒液

---

① 参见柏拉图:《李思》204C。在古希腊的娈童之爱中,对爱者和被爱者的区分是很重要的,如果没有这种区分,那么这种关系的存在也就没有意义了。朱光潜先生把前者称为情人,后者称为爱人(参见柏拉图:《柏拉图文艺对话集》,人民文学出版社 2000 年版,第 108 页),本书主要采纳他的译法。

② 参见色诺芬:《会饮》,华夏出版社 2005 年版,第 106 页。

③ 参见色诺芬:《会饮》,华夏出版社 2005 年版,第 106 页。只是这种爱与被爱不是针对同一个人说的,在与这个人的关系中,他是爱者,在与另一个人的关系中,他是被爱者。因此,针对不同的人来说,他可同时是爱者和被爱者。(参见 Dover, *Greek Homosexuality*, Mass.:Harvard University Press,1978,p.87)卡尔弥德是包括苏格拉底在内许多人爱慕的对象,同时他也爱着其他的人;克里斯托布鲁的美征服了许多人,但他也有比自己还美的爱人,即克莱尼亚,虽然年龄相仿,一个脸上已经长满了胡须,另一个的背脊已经微微驼起。(参见色诺芬:《会饮》,华夏出版社 2005 年版,第 64—65 页)但是,这里的尼克阿特是个例外,因为说到他的时候,是指他对妻子的爱,也指他的妻子对他有了回爱,但这也是一种爱。(参见色诺芬:《会饮》,华夏出版社 2005 年版,第 106 页)

④ 参见柏拉图:《卡尔弥德》155D—E。

注入你的体内,而美少年的力量比毒蜘蛛还要厉害。① 他能使你在吻了他之后,舍不得离开,甚至做他的奴隶也心甘情愿,就像克里斯托布鲁对克莱尼亚一样。②

这显然是美的魔力,使人处于一种痴狂的状态,③这种状态苏格拉底自己也经历过。当他提到尽量不要接触美少年的时候,卡尔弥德反驳说,曾经亲眼看到他和克里斯托布鲁同读一本书,头靠着头,肩并着肩,好像要合成一体了。④ 但是苏格拉底把这一点看成是他可以说这种话的一种资格,因为他亲身感受过爱欲的魔力,就像被什么野兽拍打着,心也被深深刺痛了。⑤ 好在他征服了自己,尽管这样,他对自己的抵抗力仍然没有把握,让克里斯托布鲁在胡须长得像头发一样长的时候,⑥再来碰他。⑦ 因此,他要奉劝各位,千万不要吻那美丽的少年,那无异于给爱添了一把柴火。当你把自己的嘴唇压在一双美妙的嘴唇上时,你就不是自己的主人了,你在做什么,将要做什么就由不得自己了。因为你心里在想什么已经从你的嘴唇中暴露出来了,⑧甚至他劝

---

① 参见 Xenophon,*Memorabilia*,chapter 3,8–13。

② 参见色诺芬:《会饮》,华夏出版社 2005 年版,第 58 页。

③ 参见色诺芬:《会饮》,华夏出版社 2005 年版,第 64—65 页;Xenophon,*Memorabilia*,chaper 3,13。

④ 参见色诺芬:《会饮》,华夏出版社 2005 年版,第 67 页。

⑤ 参见色诺芬:《会饮》,华夏出版社 2005 年版,第 67 页。

⑥ 长胡须是男性的第二性征,它标志着男性生理上的成熟,是否也意味着心理上的成熟,这未可知。因为,一般把男孩开始长胡须,作为他应该终止与成年男子爱欲关系的标志。[参见福柯:《性经验史》,上海世纪出版集团 2005 年版,第 259 页;David Cohen, "Law,Society and Homosexuality in Classical Athens",*Past and Present*, No. 117 (Nov., 1987) ,p. 18]但是,这界限是否被古希腊人严格地遵循是很问题的。柏拉图就说过,"荷马说,青年男子最初长出胡须的时候也就是他们最媚人的时候"。(柏拉图:《普罗泰格拉》309A)在色诺芬的《会饮》当中,当苏格拉底说克里斯托布鲁在脸上已经长满胡须的时候,还在爱着克莱尼亚,他所要说的也不是他年龄已经很大,"而是说他已经到了懂得羞涩的年龄。当颏下长出软软的胡须的时候,人的能力才会强大起来。" (色诺芬:《会饮》,华夏出版社 2005 年版,第 64 页注③)这样,长出胡须就不仅意味着生理上开始成熟,而且意味着心智上也开始健全。只有到了这个时候,他才会知道自己需要什么,坚持自己的选择,不会摇摆不定了。也只有在这个时候,他才真正应该成为爱的对象。(参见柏拉图:《会饮》182D)

⑦ 参见色诺芬:《会饮》,华夏出版社 2005 年版,第 68 页。

⑧ 参见色诺芬:《会饮》,华夏出版社 2005 年版,第 66 页。

色诺芬(其实是暗示克里斯托布鲁),不管什么时候见到那美丽的人,头都不要回。① 从来没有失败过的人就是不曾参加过战斗的人,你不把自己置于与美、与自己的欲望的斗争当中,这是对自己最好的保护了。

这种美的魔力到底有多大,苏格拉底是否在夸大其词,对于这个问题我们也可以从他的描述当中找到答案。一个风华正茂的少年就像一个含苞待放的花骨朵,他的迷人之处除了在于他年少的活力,还在于他给人们带来一份即将绽放还没有绽放的期待。这个时候的他,还带着一份迷人的娇羞和矜持,②在青春的面庞和俊美健硕的身材的衬托下,更显动人。对着这种美,可以让人哑然失语;③比如在见到奥托吕克和卡尔弥德的时候,④可以让苏格拉底这样的人局促起来,不能从容地思考和谈话,就像被这种美吞没了一样;⑤也可以让人呆若木鸡,像石头一样不动了,比如克莱尼亚对克里斯托布鲁所产生的效力。⑥ 这种美除了外在的青春所赋予的之外,还有那种特定的年龄所特有的矜持,这种矜持在苏格拉底看来,是更为可贵的,是灵魂的一种映射。它不是无往不胜的力量和勇敢,也不是令众人为之叹服的全知全能,但是,恰恰是这种对力量和勇敢的向往,对知识和智慧的好奇,对于自己的美的遮掩和退避,

---

① 参见 Xenophon, *Memorabilia*, chaper 3,13。

② 有徐志摩的诗借为表达:

最是那一低头的温柔

像一朵水莲花不胜凉风的娇羞

道一声珍重,道一声珍重

这一声珍重里有蜜甜的忧愁——

沙扬娜拉

(徐志摩:《沙扬娜拉——赠日本女郎》,载《徐志摩诗》,浙江文艺出版社 2001 年版,第 5 页)

③ 萨福在她的名著《我看,模样恍若神明》当中也使用过哑然(σιωπηρος)这个词——

心底里有着爱的笑声

我一见到你,虽然

只是转瞬即逝,只是

我已哑然无声。

(*Ioso Theoisin*, Loeb ed., 31,转引自色诺芬的《会饮》中译本,华夏出版社 2005 年版,第 15 页)

④ 参见色诺芬:《会饮》,华夏出版社 2005 年版,第 15 页。

⑤ 参见柏拉图:《卡尔弥德》155D—E。

⑥ 参见色诺芬:《会饮》,华夏出版社 2005 年版,第 65 页。

才产生了令众生倾倒之魅力。

苏格拉底自称是情欲方面的专家,他自己对于情爱之事自然有一套,既懂得如何进,又知道如何守,在这进退之间,方显英雄本色。无论是他在教导希波塔雷如何追求李思,还是在他与阿尔卡比亚德的关系当中都显示了这一点。对于被爱者,他有权利对于追求他的人表示答应或者拒绝。他没有被征服,这也是他的高明之处,是他的荣耀之所在;相反,如果他轻易就顺从了追求他的人,这会给他带来很不好的名声。泡赛尼阿斯在他的说辞中就指出,按习俗来说,迅速地接受情人是可耻的,应该经过一段时间的考验。① 被爱者有足够的权利去答应或拒绝,参加这种竞赛的人越多,猎物越是难以捕捉,人们的热情就越高,最后,真正的胜利者的荣誉也就越大。除了武力和胁迫,追求者在平时耻于出口的手段,在这场爱情的角逐当中都可以使出来,什么苦求啦,哀恳啦,发誓啦,睡门槛啦……甚至作出奴隶都不屑于做的,也不会受到责备。② 当然,在这场角力当中,不仅是爱者之间的竞争,还有爱者与被爱者之间的你来我往,爱者所得到的正是被爱者失去的。③ 在荣誉面前,总有失落者,那么对于胜利的爱者来说,失落的除了其他的追求者,还有被爱者。

这种爱欲之所以可贵,是因为对男童的爱,满足的不仅是身体的欲望,还有心灵的渴望。作为一个公民,他要在公共集会上来表达自己,私下里,只能找男童作为自己的听众,把他当成自己思想言论的倾听者。而且,在他的长期影响下,男童学会了演说的技巧,也形成了自己对问题的看法。到了这个时候,他就不仅是一个倾听者,还是一个知心的交谈者,还有哪种快乐能比与一个美少年彻夜长谈更令人愉快的呢? 当然,古希腊的男人也不能没有女人,一

---

① 参见柏拉图:《会饮》184A—B。

② 参见柏拉图:《会饮》183A。

③ Cohen 认为,在同性关系中,爱者的荣誉在于主动性和征服,而男孩的荣誉则体现在对这种追求的审慎对待和拒绝上,因此二者的争夺必然会使其中的一方有所失。[参见 David Cohen, "Law, Society and Homosexuality in Classical Athens", *Past and Present*, No. 117(Nov.,1987),pp. 8-10]Dover 也认为,男人和女人各自的角色不同,前者在于进攻和追逐,而后者在于躲闪和逃避。谁能保住了自己的阵地,谁就能获得最大的荣誉,因为他或她很好地履行了自己的角色和职能。在这种竞赛当中,胜利者和失败者是同时诞生的。(Dover, *Greek Homosexuality*, Cambridge, Mass.: Harvard University Press, 1989, p.88)

开始我们就纠正过这方面的偏见。男人走进婚姻,并没有对他本人构成任何限制,他还可以与男童来往,还可以找别的女人来满足他的新奇感,不会因此而受到任何舆论的责备,那么,妻子的地位如何来保证呢?

在古希腊,政治生活对于女人是陌生的,即使你是一个"良家妇女",即正宗公民的后代,你也没有参加政治活动的权利。妇女只能把自己定位为家庭中的一员,她想的就是如何巩固自己在家庭中的地位。这只能指望自己的丈夫,即使在家庭中,丈夫同样具有绝对的权威。对于一个男人来说,他的不同方面的需要可以由不同的人来满足,"情感是情妇唯一能给予的东西,小妾则能把日常生活照顾好;但是,只有妻子能发挥一种属于她特殊地位的作用:提供合法的孩子和确保家族的延续"。① 只有生育一个合法的男性继承人,在民众会议中才有发言权。② 既然一个合法的后裔对于一个成年公民的政治生活如此重要,那么妻子在家庭中的地位就可想而知了。

古希腊人普遍认为,如果不参加政治生活,那么人就不是完整意义上的人。它不允许女人参加政治活动,明显是使女人永远是其所是的样子,在那个社会,她们可能只比奴隶和外邦人的地位稍高一点。而且,她们也没有自己的经济地位,希腊严格遵循着男子继承女子不继承的原则。因为后者的宗教祭祀虽然在婚前是其父家宗祠,但是出嫁之后,就变为参加夫家祭祀了,"她不能继承宗祀,亦即不能继承遗产。假使有人将其遗产传与其女,产业就由此与宗祠分离,这是不可能的"。③ 不仅在婚前不能继承父家产业,婚后仅有的嫁妆亦不能到她的手里,而是直接转到她的同样意义上的另一个监护人——丈夫——的手里。但是,如果丈夫和妻子离婚,那么这份嫁妆还是要交还妻子,以供养她自己的生活。如果他们的婚姻能够维持下去,那么这份嫁妆必然要

---

① 福柯:《性经验史》,上海世纪出版集团 2005 年版,第 213 页。
② 参见修昔底德:《伯罗奔尼撒战争史》第二卷,商务印书馆 2004 年版,第 154 页。根据梭伦的法律,非婚生子有权不赡养父亲,因为父亲不要婚姻的仪式,显然他去找女人不是为了生孩子,而是寻欢作乐去了。他没有权利要求这样生出的儿子赡养他。(参见普鲁塔克:《希腊罗马名人传》,商务印书馆 1999 年版,第 191 页)私生子在古希腊的家族当中是没有地位的,"家火旁无其位置。他不能祭祀,亦不能祷告"(古郎士:《希腊罗马古代社会研究》,中国政法大学出版社 2005 年版,第 73 页)。
③ 古郎士:《希腊罗马古代社会研究》,中国政法大学出版社 2005 年版,第 54 页。

由她的儿子来继承,她永远与这笔财富无缘。①

妇女基本上处于一种经济和政治上无权的地位。而且她们一般是不走出自己的闺房的,只有这样的妇女才受人尊敬。就像伯里克利斯所说,妇女们最大的光荣就是很少为男人们所谈论,不管是批评也好,还是赞美也好。② 当对妇女的监护权由父亲手中转到丈夫手中的时候,对这位妇女的任何冒犯都是对其夫家的冒犯。比如,不管是在婚前还是婚后,那个和她通奸的人,给她的监护人所造成的名誉上的损失,比给她自己所造成的伤害要大得多。这样,妇女似乎失去了自身对荣誉的诉求,只是作为男人们之间荣誉争夺的一个砝码。在这一点上,婚姻给予妇女的权利,没有同性之间对男童的角逐所给予男童的荣誉大,因为后者在这场角逐当中有自己的权利和荣誉诉求。而妇女所做的一切都是给自己的监护人增光或是抹黑。妇女维持自己在家庭中的地位的方式就是生育出一个合法的男性继承人,管理好家务。

二、爱欲产生的原因

在古希腊,成年男子这种多元化的爱欲,是和他们多元化的生活分不开的。这种生活包括城邦的政治生活、戏剧以及文化生活。妇女不能进入政治活动的中心,在剧场上是否允许看戏,还是一个争论不休的问题。③ 但基本上得到肯定的是,看戏的是全体男性公民,而且演戏的也是全体男性公民。④ 至于文化和教育问题,女性更是不能染指。女人只要识得自己的名字以便料理家务就可以了,以免识得更多会变成懒婆娘和长舌妇。⑤ 因此,妇女过的日子恰恰与这种多元生活背道而驰,她们几乎与公共生活绝缘。

这就是问题之所在,一个男人的大部分德性都是在公共生活中展示出来的,他的这一面无法为女人看到。在这方面,对男人在公共生活中的卓越表现和德性心领神会的只能是少年,他们能够看到成年男子在战场或公共大会上

---

① 参见裔昭印:《古希腊的妇女》,商务印书馆2001年版,第86页。
② 参见修昔底德:《伯罗奔尼撒战争史》第二卷,商务印书馆2004年版,第154页。
③ 参见克琳娜·库蕾:《古希腊的交流》,广西师范大学出版社2005年版,第53页。
④ 参见克琳娜·库蕾:《古希腊的交流》,广西师范大学出版社2005年版,第55页。
⑤ 参见克琳娜·库蕾:《古希腊的交流》,广西师范大学出版社2005年版,第80页。

最闪耀的一面,而这些地方是不允许妇女出现的。女人所看到的,只能是在婚床上的男人。男童的出现恰好能够弥补妻子的缺位。同时,男童的存在也不会对成年男子的妻子构成威胁,因为他们各自掌管着不同的领域,一个是在家门之外、城邦之内,一个是在家门之内、城邦之外。在这种关系的网络当中,男人是不会受到社会舆论的责难的。当然,对于其他具有公民身份的女儿或妻子是不能染指的。

在与成年男子的关系中,男童给予的是双重的满足。但是,双重的给予换来的却是一把双刃剑,男童与成年男性的游戏就像是在这把双刃剑上游走,说不定什么时候就会遇到考验和危险。因为在这个问题上,城邦对男童提出了双重的挑战:一方面,他要在游戏中尽量守住贞操,要发挥一切才智与男人周旋;另一方面,城邦要培养未来的公民,男童要想使自己成为合格的公民,就必须趁着年轻,为自己找到一个模范和老师。可见,这些男童在处理与成年男子的关系上,无疑是在走钢丝。这也是古希腊城邦对他的未来公民的一种训练,既不能让自己出离这个圈子,以至于无人问津;又要尽量长时间地守住贞操,守住对自己对家族来说弥足珍贵的荣誉。这谈何容易?

妻子在处理与丈夫的关系上,只要服从就行了,因为丈夫对于妻子有绝对的权威。男童却不能让自己的命运受任何人的主宰,他首先要主宰自己,城邦也给了他这种权利,他可以接受,也可以拒绝男人的求爱。因为他是城邦未来的主人,一个主人怎么能轻易屈从于他人呢? 当他把自己置于服从地位的时候,就意味着一种主动权的放弃。在性爱当中,必然有一方主动,一方受动;一方进攻,一方服从。前者是男人的特征,男人生来就是进攻型的,后者则是女人的角色。① 在古希腊,放弃男人的角色所要求于他的,反而去服从,或者像一个女人一样嗲声嗲气的,是很让人瞧不起的,阿迦通就是一个受人嘲笑的对象。②

但是,男童却逃避不了这样的命运。在性爱当中,他只能像女人那样接受,但是他却享受不到任何快感。这也是男女之间的差别所在,"有一点,男女之间是有所不同的:做老婆的,无时无刻不希望和丈夫一道享受性爱的欢

① 参见亚里士多德:《尼各马可伦理学》1148b30。
② 参见阿里斯托芬:《地母节妇女》188—192。

愉;另外的一方却要冷静得多,当他的伴侣醉心于阿弗洛蒂忒的时候,他却可以不动声色地看着他".① 女人在性爱当中享受到快感的同时,对于身体也是有益无害的。但对于男人来说,性交对于身体并不是时时都是有利的,这样,男子对于与女人的性交是有一种潜在的抵制倾向的。但是,女人这种性快感的获得也使得男人抵制欲望变得困难,对于男人来说,这就构成了一种潜在的危险。然而男童却不会导致这个危险,因为男童自己享受不到快感,他不会主动去激起男人的性快感。因此,他们之间的性行为就完全控制在男人自己的手里,他知道什么时候继续,什么时候应该停止。

这种在性爱中的主动权和自信是男孩赋予的,因此,对于男童的爱也是较少风险的。但是,对于男童自己,却没有这样简单。他不能轻易屈服于别人,因为这就等于接受一种相当于女人所承受的被动性和低劣性。在古希腊,这是很让人瞧不起的,只有那些本身就不是公民或者不享有公民权的人才会甘愿用自己的身体去换取钱财,对于这样的人来说也没有什么可以指责的。② 然而,尽管男童在与男子的性爱过程中丧失了部分主动性,但是他却可以看到一个主动者是怎样表现的,以便于在成年之后,他也可以把这种主动性在性爱或者公共生活中得以实现。这样,男童愿意服从,就不是出于快感,而是为了公民德性的培养。

这种德性只有在上层公民身上才能学得,因为他们有闲暇在广场、剧院、体育场等地与男孩周旋。这种闲暇一方面是因为他们比较富有,家中有奴隶帮他们处理一些杂事,更重要的是古希腊人的生活方式很简单。我们只要想一想苏格拉底每天连鞋子都不穿,衣衫褴褛,③但还是有一大批追随者,就可以证明苏格拉底这种简化的生活方式,没有什么惹人厌的地方。与自由和闲暇比起来,所有外在的东西都是不值一提的,而前者却是金钱买不来的。相反,大量的金钱只能使人整天提心吊胆,增加心理的负担,这是一种不自由。④

---

① 色诺芬:《会饮》,华夏出版社 2005 年版,第 115 页。
② 参见 Dover, *Greek Homosexuality*, Cambridge, Mass.: Harvard University Press, 1989, p.29。
③ 参见柏拉图:《会饮》174A、220B;Xenophon, *Memorabilia*, chapter2, 1。
④ 参见卡尔弥德关于穷富的辩证法。当他有钱有地的时候,整天提心吊胆地过日子,现在他无钱一身轻,用钱的舍弃换来的是自由。(参见色诺芬:《会饮》,华夏出版社 2005 年版,第 68—69 页)安提斯蒂尼也表述了相近的观点,认为过一种简单而悠闲的生活比什么都更可贵。(参见色诺芬:《会饮》,华夏出版社 2005 年版,第 75 页)

苏格拉底就曾经说过,与智者相比,他虽然没有钱财,但是,却获得了自由。因为前者不得不与付他费用的人交谈,但苏格拉底却可以自由选择交谈的对象。①

古希腊人用这种简单化的生活方式,换来的是闲暇,在这种闲暇里,可以进行各种社会活动,展示自己的德性。在这种闲暇里,可以探讨各种哲学和修辞学的问题,促进智慧。也正是在这种闲暇里,追逐男童,尽享阿弗洛蒂忒带给他的快乐。像亚里士多德所说,闲暇才是生活的本原和目的,②如果有美童来共享这种闲暇,那就更是美事一桩了。

第二节　爱欲与政治、教育和战争的关系

古希腊的城邦制度是在氏族制度的基础上,经过长期的演变而形成的。氏族制度的本质就是民主。③ 在这种制度里,只要是成年的男性公民,都要轮流地统治和被统治。男人生为城邦而生,如果没有这种对政治生活的参与,那么,就不会成为一个完整的人。当然,这种政治生活也是拒斥女性的,在任何涉及政治生活的场合,根本就不见女人的踪影。因为这个缘故,这种政治制度必然把所有的男性成员联系到一起,包括成年男子和少年,那么他们之间发生某种微妙的关系,也就是顺理成章的了。这种政治制度同样决定了对少年的教育,也离不开这种关系模式,因为成年男子主要是在政治生活和在战场上来展示他的德性的。

一、爱欲与政治

(一)雅典政治制度的形成

古希腊由氏族社会进入到城邦社会是经历了漫长的历史过程的,前者以血缘和人身关系为纽带,而后者以地域和财产为标志来划分等级。二者的共同之处都是以民主的原则为核心,都与家族有千丝万缕的联系,但都不以家族

---

① 参见 Xenophon, *Memorabilia*, chapter 2,6。
② 参见亚里士多德:《政治学》1333a5—40、1334a15—20。
③ 参见摩尔根:《古代社会》(上),商务印书馆 1997 年版,第 242、247 页。

为基本单位。对于氏族来说,氏族内部的成员不能通婚,丈夫和妻子必须来自不同的家族,尤其是对于妻子来说,她结婚之后便不得再参加原来氏族的祭奠,而要参加她丈夫所属氏族的祭奠。瓦赫斯穆特指出:"一个处女既已离开了她父亲的家,就不再参加父亲的祭灶,而参加她夫家的宗教团体,由此使婚姻之缔结具有神圣的意义。"①这也是女子在父家不能继承财产的原因。这就表明一个家庭必须是来自两个氏族内的个体成员的结合,这种结合终止了女方与父家的宗教祭祀和财产方面的联系。

她首先以加入夫家的祭灶来表明自己作为妻子的名分,而且在夫家的祭灶面前,要宣誓履行她的神圣职责,这就是要为家族的祭祀传递香火。"在宗教上和在法律上,结婚的结果,是由两个共同的宗教的人结合起来,以生育一个第三者,以永传其宗教。"②这个第三者必须是儿子,因为女儿出嫁之后,就会像她的母亲一样,要为夫家生下儿子,以接续香火,而与她父家的宗教祭祀没有任何关系了。一个家族是以这种祖先和特定的神的祭拜为联系纽带,不仅是同辈人之间的联系纽带,而且是与祖先联系的源泉。对祖先的祭祀,就等于把同辈人、上下辈分的人联系在一起,共享祖先的荫福,这种荫福只能为一个家族内部的成员所享有。这样看来,延续家族的香火就是家族生命的根基所在,既然这样,男孩在家族中就理当享有特殊的地位,因为他们是"圣火的救护者"。③

在政治制度形成以前,这种宗教上的祭祀不仅是家族结合的纽带,也是氏族成员之间联系的桥梁。"氏族观念包含着一个信念,即相信有一位共同始祖。这位始祖或是神,或是英雄——我们的确可以把这样的一部世系谱称为杜撰的,但是,氏族成员却把它视为神圣的而深信不疑,并且以此作为他们之间相互结合的一条重要的纽带。"④尽管二者在以宗教为纽带这一点上存在着共同点,但也仅此而已。只有氏族才是社会制度的基本单元,但它还是停留在这种依靠血缘和宗教联系支撑下去的阶段。因为,一旦走出氏族,人们就会处

---

① 摩尔根:《古代社会》(上),商务印书馆 1997 年版,第 224 页。
② 古朗士:《希腊罗马古代社会研究》,中国政法大学出版社 2005 年版,第 36 页。
③ 古朗士:《希腊罗马古代社会研究》,中国政法大学出版社 2005 年版,第 37 页。
④ 摩尔根:《古代社会》(上),商务印书馆 1997 年版,第 232 页。

于一种相互都很陌生的境地。在这个意义上,在人前面还要加一个限定词,那就是氏族的人。脱离了氏族,人如何生存,将成为一个问题。当然,在氏族的基础上可以形成胞族、部落、民族,这种规模和容量上的扩大,可以暂时解决这个问题。但是,围绕着氏族的圈子在扩大,而这个圈子之外的人的规模和数量也在扩大,这部分人的政治权力如何来争取、又如何来保证,这必将考验氏族制度本身的民主到底达到了什么样的程度。

在英雄时代,雅典有三个相互平等的权力机构:一是酋长会议;二是阿哥腊,即人民大会;还有就是巴塞勒斯,即军事指挥官。① 酋长会议是一个立法团体,政府的官员不论职位的高低都要向酋长会议负责,②它就是后来希腊政治制度中元老院的前身和范本。③ 阿哥腊是否比酋长会议出现得晚,无从考证。因为,既然人民大会有权对公务提出批驳或赞成,那么,它的组成人员的智力水平和能力显然不是低等级的人所能媲美的,④这种制度足以保证人们的权力。

存在最多争议的就是巴塞勒斯之职,它的一个近代的翻译容易引起误解,这就是"国王"。摩尔根认为,"古代雅典人的巴塞勒斯同近代的国王或君主政治毫无相似之处;使用同一个名词来称呼这两种制度显然没有充足的理由"。⑤ 君主意味着无上的权威,而且是世袭的,但是巴塞勒斯却不是这样。虽然表面上来看,好像巴赛勒斯一职是由他的长子来继承的,但却不能断言它就是如此来选举继承人的。因为,"按照惯例,根据一个选民团体的自由选举,他正属于可能被选中的继承人之列……因为,不通过选举或得不到认可,继任者就不可能取得这个职位;而且更因为,选举权或认可权就暗示出保留罢免权"。⑥ 这就表明雅典政治制度中的民主原则与氏族制度是一脉相承的,只不过历史要推进到这个地步——把这种民主加以扩大化和制度化,这个过程的实现是由几个立法家来推动的。

---

① 参见摩尔根:《古代社会》(上),商务印书馆1997年版,第243页。
② 参见摩尔根:《古代社会》(上),商务印书馆1997年版,第244页。
③ 参见摩尔根:《古代社会》(上),商务印书馆1997年版,第245页。
④ 参见摩尔根:《古代社会》(上),商务印书馆1997年版,第245页。
⑤ 摩尔根:《古代社会》(上),商务印书馆1997年版,第246页。
⑥ 摩尔根:《古代社会》(上),商务印书馆1997年版,第248页。

这些立法家当中,首推瑟秀斯。他的卓越功绩之一,是让阿提卡各地区废除本地的会议厅和行政长官,同雅典联合起来,只要一座会议堂和一座迎宾馆,所有的人都纳入到同一城市当中。① 瑟秀斯的另一个举措是按照财产来授予官职,这就打破了氏族的界限,形成了三个等级:"士族"、"农民"、"工匠"。② 在梭伦时代以前所发生的重大事件就是设置"舰区","每个部落分为十二个舰区,共计四十八个;每一个舰区就是一个包括若干户主的地方分区,陆、海军的兵役即从这些户主身上征调,赋税大概也是从他们身上课取。舰区为乡区的雏形,等到地域基础的观念充分发展以后,乡区便成为第二个伟大政治方式的基础了"。③ 十二个舰区组成一个"参一区",参一区就是州的雏形。这些制度在梭伦立法之前就已经存在了,他只不过以宪章的形式对其加以追认而已。④

公元前 624 年,德腊科为雅典人制定了一部法典,这是一个重要的里程碑。从此,雅典告别了陈规陋习,迎来了成文法的时代。⑤ 为雅典系统立法的第一人就是梭伦。梭伦在肯定人民的财产方面,比瑟秀斯走得更远。他把人民分为四个等级——五百斗者、骑士、有轭牲户和雇工,城邦里的各种官职分配给前三个阶层中的人担任。⑥ 只有第一等级才能充任高级官职,第二等级服骑兵役,第三等级服步兵役,第四等级服轻装兵役,最后一个等级的成员最多,不能担任官职,也不纳税。但是,他们共同拥有对公务的赞同权或否决权,

---

① 参见摩尔根:《古代社会》(上),商务印书馆 1997 年版,第 258 页。
② 参见摩尔根:《古代社会》(上),商务印书馆 1997 年版,第 259 页。这里的等级的含义并不是严格地建立在经济基础的划分之上,因为当时的经济分工不见得已经细致到这种地步。这就意味着这种职业的划分是松散的,可以从一种职业换到另一种职业。即使在柏拉图那里,他所划分的三个阶层:哲学王、护国者和工匠,也不能说是一种等级的划分。(参见 Taylor, *Plato: The Man and His Work*, Trowbridge and London: Redwood Press Limited, 1969, p.275)那个高贵的神话告诉人们,人生而为金不一定永远都是金,生而为铜也不等于一锤定音,永世不能翻身了。(参见柏拉图:《理想国》415AB)因此,他们都没有像马克思所做的那样,赋予这种职业的划分某种政治含义。
③ 摩尔根:《古代社会》(上),商务印书馆 1997 年版,第 261 页。
④ 参见摩尔根:《古代社会》(上),商务印书馆 1997 年版,第 262 页。
⑤ 参见摩尔根:《古代社会》(上),商务印书馆 1997 年版,第 262 页。
⑥ 参见亚里士多德:《雅典政制》,商务印书馆 2010 年版,第 11 页。

对文武官员都有投票权。① 所有的自由民，即使不属于任何氏族或部落，现在也成为公民和人民大会的成员，也就在一定程度上参加了政治，这就是梭伦立法最重要的成果之一。②

这种公民权不仅渗透在政治方面，还渗透在法律方面。一是对受害人的诉讼权的扩大，原来，"如果一个人被杀害，首先是他的近亲，其次是他的同氏族人和同胞族人，都可以而且必须去起诉控告凶犯；但是，与死者同乡贯的人却无此起诉权"。③ 梭伦把这种起诉权赋予了所有公民，"如果一个人遭到袭击，受了伤害，任何有这种能力和意愿的人，都有权把罪犯告发，对他提起公诉"。④ 另一方面表现在梭伦对财产继承权的规定上。原来一个氏族内的成员死后，他的财产由本氏族之内的其他成员来继承。因此，如果死者没有长子，为了避免财产转到外族，他的承宗女要在本氏族内通婚。但是，梭伦规定，"一个人如无子女，可以立下遗嘱来处理自己的财产，他这样规定是破天荒地侵犯了氏族的财产权"。⑤

梭伦的立法是不彻底的，因为他和瑟秀斯只想用等级划分的方法来确认公民身份，但是大量的人被排斥在氏族和胞族之外，仍然得不到公民权。⑥ 财产只是确定真正民主制度的一个方面，更重要的是地域关系，只有打破血统和人身关系的依附，完全依靠地域来使不同氏族的人们联系起来，民主的政治制度才能得以建立。但是，如果历史没有发展到这个阶段，那么，无论如何也不能采取激进的办法来打破氏族制度这个障碍。只能在它自己无力承担管理的时候，出现这样的人物，推进这样的改革，方可成功。历史的发展的确推进到了这种程度，大量外族人口的迁入，财富的积聚和增长使得氏族的基础受到威胁，而且它本身的容量也无力承担这种扩大了的形势。真正彻底的改革是由克莱斯瑟尼斯（公元前509年）完成的：

---

① 参见摩尔根：《古代社会》（上），商务印书馆1997年版，第264页。
② 参见摩尔根：《古代社会》（上），商务印书馆1997年版，第264页。
③ 摩尔根：《古代社会》（上），商务印书馆1997年版，第229页。
④ 普鲁塔克：《希腊罗马名人传》（上），商务印书馆1999年版，第186页。
⑤ 摩尔根：《古代社会》（上），商务印书馆1997年版，第231页。
⑥ 参见摩尔根：《古代社会》（上），商务印书馆1997年版，第267页。

他把阿提卡划分为一百个乡区,每一个乡区都以界碑划定范围,各取一个专名。每一个公民必须注籍,并且必须登记他在其所居住之乡区中的财产。这份登记表就是他的公民特权的凭证和依据。各乡区的居民都是一个有组织的政治团体,享有地方自治权,有如现代美国的市镇。这是这个制度中重要的、显著的特色,同时也反映出这个制度的民主性质。政府掌握在基层地区组织的人民手中。乡人选举一位乡长,乡长负责保管民众的籍册;他还有权召集乡人来选举行政官吏和法官,改订公民籍册,登记每年中开始到达成年的公民。乡人选举一位司库,并规定税额和征税办法,规定本乡区为国家所应分担的兵役名额。他们还选举三十名审判员来审讯本乡区内部所发生的一切诉讼案件,在一个乡区之内,全部案件的总数已下降到一定数量限度以下。这些地方自治权是民主制度的根本,除了这些权力以外,每一个乡区都各有其神庙和宗教信仰,各有其祭司,祭司也是由乡人选举的……。凡是注了籍的公民都是自由的,他们的权利和特权都是平等的,只有出任高级官吏的资格不平等。上述的乡区,就是雅典政治社会的新组织单元,同时也是一个自由国家的典范,是智慧和知识的奇迹……。地区组织体系的第二层由十个乡区组成,叫作乡部……。地区组织体系的第三层,也就是最高一层,即雅典联邦,或称之为雅典国家,它由十个乡部组成。这是一个自由组织的政治团体,包括了雅典全体公民。代表这个国家的有一个元老院、一个公民大会、一个阿里奥帕古斯院,若干名执政官、法官以及一个由选举产生的陆海军司令官团体。雅典人就这样创立了以地域和财产为基础的第二个伟大的政治方式。他们以地域结合的体系代替了由人身结合的迭进体系。作为一种政治方式,它奠基于必须永久固定的地域,奠基于多少有些地域化的财产;它通过地域关系来和它的公民打交道,这些公民现在已经定居在乡区中了。①

克莱斯瑟尼斯在前两位立法者的基础上,对公民身份进行了根本性的改

---

① 摩尔根:《古代社会》(上),商务印书馆1997年版,第269—270页。

革,完全依靠地域关系来确定公民的身份。不管是氏族内还是氏族外的成员,不管是属于哪个等级的人,都获得了公民权,这样就打破了瑟秀斯和梭伦建立在财产基础上的等级划分。这种政治制度完全以地域关系为保证和依赖,只要具有公民资格,也就是在某一乡区注籍,那么就具有公民权,能够参加选举或行使否决权。这种改革之所以能够如此彻底和顺畅,是因为这是一个渐进的过程,而不是一种激进的颠覆性的改革。"其理由就在于:他们的制度原来一直基本上推行民主制,固然,曾经并非没有发生过僭主活动,并继之以恢复旧秩序的论战;但他们从来没有丧失过他们的自由,或者说,没有丧失过他们历代相承的自由观念和自治权观念。"①所以,民主制度不是雅典社会形成之后才有的,氏族之下运用的也是民主原则,只不过那时候更贴切的一种概括是"军事民主制"。②

立法家所做的就是把已有的东西加以系统化、程序化和合法化。他是顺势而动,而这种趋势不是任何人为的结果,人所能做的是顺应这个潮流,推动这个潮流,最后使之形成燎原之势。当然,立法家所做的一定是顺民心、得民意的,因为当氏族制度已经在人们心中培养起民主感和自由感的时候,如果再用其他方式决定城邦的事务,那是断不可行的。因此氏族制度留下的这个民主传统,已在人民心里深深地扎根。对于这种历史的渊源,没有人能够操纵和改变,因为人心既已如此,谁又能逆人心而动呢? 在古希腊,谁的政治权利被剥夺,那就是天大的损害。正是这种权利意识沿袭下来,深刻地影响了人与人之间的交往,影响了成年人与少年所建立的关系模式。

(二)城邦生活中的爱欲

城邦生活是在氏族的基础上形成的,二者奉行的都是民主的原则,因此当由氏族制度过渡到城邦制度的时候,社会没有经历较大的动荡。这种公民意识在氏族社会中就已经培养起来了,在政治社会形成之后得到了强化。但是,这也只能归功于男性成员,就像在家族中男性是圣火的传递者一样,在城邦当中,他们也是民主意识这支圣火的继承者。因此,就男性的特殊地位来看,古

---

① 摩尔根:《古代社会》(上),商务印书馆1997年版,第272页。
② 参见摩尔根:《古代社会》(上),商务印书馆1997年版,第249页。

希腊的家族与城邦具有同构性。

当然，二者的不同在于，在家族当中，丈夫对于妻子、儿女和奴隶具有绝对的权威，在这个意义上是少有民主的。但是，在城邦当中，他却不能靠这种威权行事，因为这种行为危及的不仅是城邦的利益，而且使他个人的利益也受到了威胁。当他破坏了别人的权利的时候，他自己的权利也就失去了保障。

总之，他在城邦当中要有自己的角色，梭伦曾经规定，如果一个人在国内出现党派分裂时，不参加任何一方，就要被剥夺选举权。① 因为这样的人，只关心自己的事务。除了自己的家族之外，看不到家外还有一个家，他也是这个家的一员，可他却熟视无睹。对于这样的人，希腊人会讽刺说："'你祭家火'。这句话的意思是说：你不亲近公民，你没有朋友，视同类人如无干，你只为你自己及你的家人而生活。"②对于希腊人来说，离开了公民生活，就找不到真正的自我，因为他的德性都是在城邦生活中培养起来的。

公民生活是家庭生活的目的，家庭如果管理得好，可以让他衣食无忧，留出更多的时间参与政治活动。就像亚里士多德所说，人天生是政治的动物，即便不需要其他人的帮助，照样要追求共同的生活。③ 这种共同生活不仅是为了相互之间满足衣食上的需要，而且，更重要的是要追求完美和自足。因为美好的生活就是在城邦的政治生活中实现的，没有这种共同生活，即使再多的锦衣玉食，也弥补不了对公共生活的欠缺感。

公共生活满足了男人们精神的需要，那就是竞争。竞争都是在平等的人们之间产生的，这就意味着只能在公共活动中获得。除了竞争，男人在城邦生活中还寻求友爱，友爱是在共同的活动培养出的共同的旨趣和道德的基础上形成的。就像亚里士多德所说，只有一块儿吃够了咸盐，人们才能相知。④ 当人们在遵守共同的原则——相互平等——的基础上，生活在一起的时候，首先就会形成共同的道德，即正义。没有正义，人的权利就得不到保障，城邦的利益也要受到威胁。同时，这种正义德性的形成，却离不开友爱。因为共同生活

---

① 参见普鲁塔克：《希腊罗马名人传》（上），商务印书馆 1999 年版，第 187 页。
② 古朗士：《希腊罗马古代社会研究》，中国政法大学出版社 2005 年版，第 72 页。
③ 参见亚里士多德：《政治学》1278b15—20。
④ 参见亚里士多德：《尼各马可伦理学》1156b25—30。

首先培养的是友爱,在友爱当中,人与人之间有一种熟稔和相互认同,这种相互认同感就会使大家培养共同的道德,遵守共同的规则。这种服从不只是考虑自身的利益,他还看到了朋友的利益和城邦的利益。因此,有了友爱,正义也就不远了,或者像亚里士多德所认为的那样,"若人们都是朋友,便不会需要正义;若他们仅有正义,就还需要友爱"。①

在城邦生活当中,既有竞争的一面,也有友爱的一面。竞争存在于成年男子之间,表现在公民大会上,就是在职位的竞争、议案的通过和在案件的审理上,谁能够说服大众获得支持,谁就能获得胜利。友爱体现在维护共同生活的信条上,体现在一个派别内部意见的统一上,以及在战争中的团结协作上,或者表现在对待正义和非正义的态度较为一致,使罪行得以严惩、善行得到张扬,等等。在城邦生活中,能够把这两个方面结合到一起的只有一种特殊的友爱,这就是成年男子与少年的爱。

在这种爱当中,追求者之间存在着竞争,因为爱不能在多个人之间存在。同时对美的感受又是人人共有的,这就要在追求者之间展开竞争。对于被爱者来说,作为一个家火的传递者,作为城邦未来的公民,他有权利在众多的追求者当中进行选择,城邦赋予了他这种权利。但是,如何选择、如何与追求者进行周旋,这能够体现出未来公民的智慧,也是对未来公民的一种初步的训练。

与其他城邦的法律相比,雅典的法律较为复杂。它既不说答应爱者是件好事,也没说不答应有多光荣,它处于一种两可之间。② 这就给智慧的发挥留下了很大的余地。在这种敞开的游戏当中,被爱者一定不会不假思索就答应爱者,因为这是一种耻辱。荣誉对于一个城邦社会的公民来说,就是他的护身符。而对荣誉的争夺恰恰在两个平等的人之间展开,因为少年也是潜在的公民。对于男童来说,这是一场荣誉和贞洁的保卫战。对于爱者来说,不仅是娇童争夺战,也是荣誉的争夺战。任何人如果能够在爱情角逐中赢得胜利,那真是一种莫大的荣誉。但最后能否两厢情愿来成全这种爱欲,也是难以预料的

① 亚里士多德:《尼各马可伦理学》1155a25。
② 参见柏拉图:《会饮》182E。

事。不管怎么说,这都是对男童进入公共生活的一种初次的考验,考验他自我尊重的意识、争取荣誉的意识,与人交往的意识以及辨别善恶的意识。

当然,既然他有选择的权利,那么,假如他拒绝了情人,就能为自己赢得荣誉。如果他认可了与情人的关系,并且证明为自己选了一个好导师,那么他可以从后者身上学得男子的进攻性和主动性。这种主动性不仅表现在性爱当中,而且表现在政治活动当中,首先要学会服从统治,然后才能学会统治别人。

> 但是,一个既能统治他人又能受人统治的人往往受到人们的称赞,人们认为,公民的德性即在于既能出色地统治,又能体面地受制于人;但对这两个方面不能等量齐观。有时人们认为这两个方面是不相同的,学习统治和接受统治并不是同一回事情,而公民必须习知和投身这两个方面,这里的推论是明显的。因为主人即是一种统治者,管辖日常的必需事务,统治者并不必知道如何去做这些必需的事情,而是更多地指使他人;另一方面就是奴仆们的事情了……还存在着另一种统治方式,即自由人对同自己出身一样的人的统治。我们说这便是政治的统治,其统治者必须学习受人统治,例如统领骑兵的人必须学会受骑兵将领的统治,统领步兵的人必须学会受步兵将领的统治,或者说先学会受联队长或分队长的统治。因此俗话说得好,没受过统治的人不可能成为一名好的统治者。这两方面的德性各不相同,但好的公民必须学会统治和被统治;他的德性在于,从两个方面学会做自由人的统治者。一个善良的人当然要通晓这两个方面,尽管统治者的节制和公正有另一种形式。因为善良者若是既受人统治又是一名自由人,他的德性就不能只限于一种,如公正,他需要具有各种不同的德性,有的使他得以进行统治,有的使他得以接受统治。[①]

这样,男童所接受的性爱模式,也将是他进入公民生活的一种德性模式。没有服从过,就不知如何使别人服从,而在政治生活中公民轮流的服从和统治,是民主制度的一种必然结果。因此,一个统治者首先要学会服从和被统

---

① 亚里士多德:《政治学》1277a—b。

治,然后才能很好地统治别人,对于公民来说,这也是相辅相成的两个方面。这种德性与性爱中所培养的德性模式是何其相似,没有比这种一进一退、一伸一缩的配合更能培养一个人的德性了,一者统治,一者被统治,这两种德性是在同一过程中产生出来的。它们也将体现在同一个人的身上,只不过不同的角色要分配不同的德性。

当然,在这个过程中,成年男子完全处于主宰的地位,而男童则处于服从的地位。但是,这种服从的德性却可以使他在成年之后,在行使自己在性爱当中的主动权的时候,更加得心应手。当他成为一个公民之后,他就要结束这种被动的角色,但他在这一模式中所学得的德性完全可以运用到公民生活当中。因为他一定要首先学会接受统治,才能很好地统治。这种服从的德性是在他的爱侣身上学得的,二者的不同之处在于,当他告别自己在性爱当中的被动角色之后,将永不再来,因为那意味着他作为一个公民的羞耻。在那种性爱模式当中,唯一与政治统治模式相通的地方并且被保留下来的痕迹就是他的服从德性。而且,这种德性在他的政治生命中是一直在发挥着作用的,即,不管是作为一个统治者,还是作为一个被统治者,他都要懂得服从。

二、爱欲与教育

（一）美德可教吗

古希腊社会的开放度如此之高,它能为每个成年男性公民提供一个进入政治生活的平台。对于想要参加政治生活的人来说,首要的是学会演说、辩论。这一点不仅对于在公民大会上作为一个意见的陈述者很有必要,而且对于在法庭上为自己辩护的人也很有用。这就使智者——传授演说、辩论技巧的这些人——大行其道。

最初,智者的出现,是因为城邦陷入一种道德和政治的危机当中,需要这批人使城邦重新恢复秩序,比如梭伦的立法改革。改革的结果使城邦建立了正义的秩序,并且确立了每个公民在政治和司法上的权利。① 正是这种权利,

---

① 见前述梭伦立法,他把为受害人起诉的权利,从受害人的家属扩大到全体公民,关于这一立法的意义可参见韦尔南:《希腊思想的起源》,生活·读书·新知三联书店1997年版,第62—66页。

使人们重新团结在一起。这个联系的纽带既靠彼此之间的竞争,即所谓的对赛(agon),也靠一种友爱的情感,"冲突的力量和团结的力量,'厄里斯'(Eris,争吵)和'菲里亚'(Philia,友爱):这两种既对立又互补的神力,在继古老王国而来的贵族世界中,标示出社会生活的两极。人们既赞美战斗、竞争、敌对等价值,又感到属于一个共同的社会集团,要求社会协调统一"。① 这就使政治生活向每个成年公民敞开,每个公民都有参政的意愿和热情。

既然是这样,教育也要向所有公民开放,因为要把每个人培养成公民(不是由身世而来的公民,而是能够履行他的职责的公民),就需要一种大众化的教育。在最一般的意义上,这种教育恰恰是向每个公民传授进入政治生活的技巧和能力,智者的大批涌现就是声称能够使教育在公民当中普及开来。可见,最初智者对于城邦的政治和教育活动是起到积极的推动作用的。不管是在政治生活还是在教育活动当中,着眼于城邦和公民的利益,他们所做的是权利普及化,这是最初智者的贡献。但是后来,智者却利用人们的名利之心,声称能够教给年轻人在政治生活中崭露头角的德性。他们所做的虽然仍是知识的普及化,但却收取一定的费用,这就引起了真正的哲学家——比如苏格拉底——的质疑。

在《普罗泰格拉》篇中,一个叫作希波克拉底的年轻人听说普罗泰格拉来到这里,马上就想找到苏格拉底,让苏格拉底把他引荐给这位智者。天刚破晓他就爬起来,摸到苏格拉底的床前,把他的意图说给苏格拉底听。要知道苏格拉底是什么人,他是电鳗! 把任何一个接近他的人都电得晕晕乎乎的。他是不肯轻信任何人的,也不会轻易追随任何人。这样,在去见普罗泰格拉之前,对希波克拉底的内心进行了审查,目的无非是想知道,他是否明白自己在做什么。结果证明他确实不知道自己在做什么,他也不知道自己盲目"追星"的后果,那就是把自己的灵魂托付给一个他不了解的人(即使他是一个智者)照管,就等于把灵魂置于危险之中。即使对于身体,在接受任何饮食之前,还要审查一下这个粮食的好坏,何况对于灵魂的粮食。② 在意见达成一致之后,他

---

① 韦尔南:《希腊思想的起源》,生活·读书·新知三联书店 1997 年版,第 32 页。
② 参见柏拉图:《普罗泰格拉》313B。

们就去见了普罗泰格拉。果然,他大言不惭,宣称:"年轻人,如果跟随我,你会有所收获的。你和我在一起待一天,回家时就会变得比来的时候要好,第二天会比第一天变得更好,这样你每天都在进步,会变得越来越好。"①

普罗泰格拉为了证实他所传授的德性的重要,讲述了一个神话。在诸神造各种动物的时候,给它们各自配备了特有的武器和装备,唯独把人类给忘记了。后来普罗米修斯把赫淮斯托斯和雅典娜的技艺和火给了人类。但即使这样,由于人类散居各处,没有政治的技艺和战争的技术(后者就是前者的一部分),在与动物进行对抗的时候,还是显得很单薄,面临被毁灭的危险。为了拯救人类,宙斯派赫尔墨斯给人类带来羞耻之心和正义,这让我们想起了神对人的第一次拯救,是在《会饮》当中阿里斯托芬的神话所描述的。

当被宙斯劈开之后,人的一半想念另一半,茶不思饭不想,以至于人类面临饿死懒死的危险。宙斯发起了慈悲心,想到了一个办法,那就是把人的生殖器移到前面,给了他们借交媾来生殖或平泻情欲的能力。这是一种身体上的疗伤,使人恢复到原来的整一状态,最后使人类能够继续生存下去。在普罗泰格拉这里,同样是为了人类的生存,宙斯又把政治的技艺在人们中间进行分配。但是,在如何分配这个问题上,赫尔墨斯产生了疑问,是让其中的少部分人享有还是分配给每个人? 宙斯的意思是要让每个人都拥有这两样技艺。因为城邦要存在,必须每个人都具有这种德性,没有的人会给城邦带来祸害,要立即处死。② 普罗泰格拉之所以认为不具有这两种德性的人应该处死,是因为他认为只要他想学,能够找到像他一样传授这种美德的教师,那么,就不至于不具有这种德性。

苏格拉底给普罗泰格拉所提出的问题是,美德的各个部分像一张脸,而智慧、正义、节制等就相当于脸上的鼻子、眼睛、耳朵呢? 还是作为一个整体来说,美德就像一块金子,它们并没有性质上的不同。③ 起先,普罗泰格拉认为是不同的部分,后来,经过苏格拉底的论证,表明美德是一个整体,就像一块金子一样,它的各个部分并没有性质上的不同。这个整体之中,最重要的德性是

① 柏拉图:《普罗泰格拉》318A。
② 参见柏拉图:《普罗泰格拉》321—322。
③ 参见柏拉图:《普罗泰格拉》329D。

智慧,就像在《斐多》中所说的,智慧是一个通货,有了这种德性,就可以获得其他一切德性。

显然,在苏格拉底那里,还是他一贯主张的"美德即知识",如果他自己相信只要具有了各种美德的知识,而且知识是可教的,那么,就没有理由否定美德是可教的。然而,这种德性可教的力量确实在伯里克利斯、苏格拉底以及柏拉图的身上都遇到了反证:伯里克利斯自己是一个伟大的演说家和政治家,但是他的两个儿子却很平庸,他的大儿子还是一个败家子。① 两个儿子都出现在苏格拉底与普罗泰格拉对话的现场。

虽然苏格拉底指出,他不同于智者的地方在于他不收费,因此他可以选择学生来与他交谈,与智者相比,有更多的自由。但是,最后,他仍然是在他的学生身上翻了船,一个是克利提亚(Critias),另一个就是阿尔卡比亚德(Alcibiades),二者都堪称"典范"。前者是寡头制中最大的窃贼、无赖和刽子手,而后者则是民主制下的骄奢淫逸者和傲慢无礼者。对于后者,有人说,"他在少年时代,把丈夫们从他们的妻子身边拐走;在青年时代,则把妻子们从他们的丈夫身边拐走"。② 他的自负使他在政治生涯上触礁翻船,这种自负也使他丧了命。

当然,作为苏格拉底的学生,柏拉图和色诺芬都为自己的老师进行了辩护。前者是在《会饮》中让阿尔卡比亚德出场,澄清他与老师的关系;后者是在《回忆苏格拉底》中以一种朴素而平实的口吻,有理有据地为他的老师辩护。但是,谁也没有因此改变苏格拉底的命运,这是苏格拉底作为一个老师,作为一个真正的道德信仰的践行者所付出的代价。因此,柏拉图要在他的对话中反思这个问题——"美德可教吗"。

关于柏拉图自己,他的政治生命也是几经坎坷。在他 20 岁已经成年的时候,像大多数这个年龄的年轻人一样,希望自己在政治上能够大展宏图。③ 他要找到一个适当的合作伙伴,这个伙伴是他的亲戚迪翁引荐给他的,就是叙拉古的僭主狄奥尼修。但是,后来他几次来到西西里的遭遇表明,他和迪翁都看

---

① 参见普鲁塔克:《希腊罗马名人传》(上),商务印书馆 1999 年版,第 498 页。
② 福柯:《性经验史》,上海世纪出版集团 2005 年版,第 241 页。
③ 参见柏拉图:《第七封信》324C。

错了人,最后他差点为此丧了命。如果美德可教的话,那么凭着他从苏格拉底身上所成就的美德,还有迪翁的伟大人格为什么不能感化狄奥尼修这个年轻人? 问题的答案到底在哪里? 也许我们可以再把目光转向爱欲,也许爱欲能够部分地回答这个问题。

（二）爱的教育力量

由于古希腊男性在家族和城邦当中的特殊地位,他们是家火的传递者,他们从小的教育也是格外受重视。在家族中的职能是通过婚姻来完成的,因为在成年之后所娶的合法妻子能为家族生育一个继承者。① 同时,他们也是城邦未来的公民,对于男孩子的教育就不只是家族内部的事,等到男孩 7 岁之后,②对他们正规的教育就开始了。就像他们的父兄一样,他们要经历各种教育和训练。长到青春期的时候,少年身上的美丽和朝气必然焕发出来,能够吸引一批成年的追求者。在这批追求者中,选择一个中意的作为伴侣。不仅日夜陪伴在身边,消除寂寞,而且在军事和政治上使他们能够得到指导,使自己越来越接近一个成年公民。

男孩子在家族中的地位是在举行过祭祀之后才确立的,这种仪式就是让孩子见家神或家祖。罗马在男孩子生后第九日举行这种仪式,希腊在第十日,印度在第十或第十二日。③ 这一天,家父把全体家族成员都聚集到一起,请来证人,举行祭祀。过程是这样的:一个女人抱着他,绕圣火跑数周。这样做有两个意义:第一,古人相信生产为不洁净,故须为小儿被除;第二,使其始见于家族祭祀。④ 比较起来,还是第二个意义更为重要,代表男孩在家族中的地位开始确立、责任开始担当的时刻,对他的教育正式开始了。

此后,家族中的一切规矩都要向他展示、灌输,因为只有这样,他将来才能成为合格的家长,并把这一套维系家族和代表家族特色的规矩继承下来,使家

---

① 参见古朗士:《希腊罗马古代社会研究》,中国政法大学出版社 2005 年版,第 36 页。
② 亚里士多德主张,在男孩 5—7 岁的阶段主要是对于将来所要做的事情进行观摩。他把教育分为两个阶段,从 7 岁到青春期和从青春期到 21 岁;斯巴达的法律规定,男孩子一到 7 岁,就全部由国家收养,编入连队。参见普鲁塔克:《希腊罗马名人传》(上),商务印书馆 1999 年版,第 107 页。
③ 参见古朗士:《希腊罗马古代社会研究》,中国政法大学出版社 2005 年版,第 37 页。
④ 参见古朗士:《希腊罗马古代社会研究》,中国政法大学出版社 2005 年版,第 37 页。

族的香火永远传递下去。这个教育的责任是落在他的父母肩上的。他的父亲自不待言，能够承担这种责任，因为他自己就是在这样的模式下培养起来的，但是，对于他的母亲我们要看一看。在《云》剧中，那个可怜的父亲因为娶了一个骄奢的城里姑娘，影响了他的儿子，养成了爱马的贵族习气，把他的家业败得精光，还欠了一屁股债，害得他要哄着儿子去学辩论，以便于赖账。① 这样，他后悔当初娶了个富家女子，害得他的儿子也习染了这种习气，因此，母亲对儿子的影响不可忽视。

妇女在政治上没有地位，对于她们的教育也不受重视。② 我们可以猜想，她们在出嫁之前，所受到的正规教育几乎是零，由于她们结婚很早，那么可以推想她们的教育是在夫家，由丈夫来完成的。"首先，她太过年轻，接受的教育也太少，而且与很少交谈过的丈夫几乎没有什么联系。"③但是，由于妻子在夫家所承担的责任，她必须要有所改变，才能适应她现在的角色。既要看到自己在家族中要延续香火，也要明白自己的地位是通过对家务的管理来巩固和实现的，④而这两方面都需要引导和教育。

承担对妻子的教育的就是她的丈夫，"丈夫必须与妻子建立起教育和引导的关系"。⑤ 而且，这种夫妻关系也最容易实现沟通，丈夫就相当于她的监护人。"这种夫妻关系模式自然具有一种教育和约束行为的形式"。⑥ 如果妻子没有给家族作出贡献，甚至在某方面给家族抹黑了，这就是做丈夫的失职。就像自己的孩子犯了错误，受到指责的当然是他的父母。因此，她能否从一个

---

① 参见阿里斯托芬：《云》38—55、104—118。

② 参见本章第一节的讨论。

③ 福柯：《性经验史》，上海世纪出版集团 2005 年版，第 216 页。

④ 在中国封建社会也是一样，妇女的能力和地位一方面体现为生产子嗣，另一方面就是管理家族的事务。在《红楼梦》当中，王熙凤没有为贾家生下儿子，但是，她的地位却是那样牢固。有她在，贾府上下秩序井然，没她在，就一切都乱了套。可以说，她的管理能力连贾府中的同龄男人都望尘莫及，这样的女人之所以能在贾府呼风唤雨，就是靠了她的能力。可以预见这样一个管理奇才，如果是在男女就业机会平等的今天，那么一定是埋没不了的。当然，不能像古希腊那样推定，是她的丈夫贾琏教给她的。而是在整个家族中磨炼出来的，因为她本身也是大门户出身，见多识广，再加上本人天资聪颖，善于观摩，她的教育不是单个人的功劳，是整个家族培养出来的典范。

⑤ 参见福柯：《性经验史》，上海世纪出版集团 2005 年版，第 216 页。

⑥ 福柯：《性经验史》，上海世纪出版集团 2005 年版，第 216 页。

小姑娘变成一个好妻子,全仰赖做丈夫的。

　　对妇女教育的成功与否也关系到城邦本身,因为她们占到了自由人的一半。① 如果像柏拉图在《理想国》中所建议的那样,能够把这种力量调动起来,让女人也成为护国者,那么,就能为城邦作出大得多的贡献。丈夫要教导妻子,首先自己要作出一个节制的榜样,这种德性对于城邦的管理是必要的,对于家族也是必不可少的。有了这样的榜样,家族成员才有效仿的对象,尤其是丈夫才能在妻子心里树立威信,这是其一。其二是为了维护双方感情的需要,丈夫也需要在性伴侣方面有所节制和收敛,要让妻子接受自己的教导,首先就要向她表明她在自己心中的地位。这样才能建立起一种情感上的相互认同,从而教育上的相互沟通才有可能,这样爱就成为了夫妻之间的教育力量。爱是教育的助力,②不仅在夫妻关系当中是如此,在与男童的关系中也是如此。

　　少年是城邦未来的公民,对于他们的教育更是不能忽视。在对男孩的教育竞争当中,以普罗泰格拉为代表的智者是主导力量。③ 但是,这时智者已经受到了质疑,向智者发出质疑的,就是以苏格拉底为代表的哲学家,后者就是要对流行的东西进行质疑和批判。那么,在苏格拉底与普罗泰格拉的对决之中谁胜谁负呢? 这个结果不是在《普罗泰格拉》这篇对话中揭示的,而是在另一篇专门讨论修辞的对话——《斐德罗》——中揭示的。就像海德格尔所说的,这篇对话谈到了很多主题:美、爱、灵魂、相、修辞、真理和迷狂。④ 但是,这一切却都围绕着一个中心,这就是教育;如果在所有这些主题之外再加上一个教育,也是不错的。

　　这种教育起因于两个人对修辞的爱。斐德罗对莱西阿斯的一篇文章爱不释手,到处示人。这不,遇到苏格拉底也不放过,想让苏格拉底和他一起享受这篇美文。苏格拉底刚好是这样一个热爱修辞的人。只要斐德罗拿一篇文章

---

① 参见亚里士多德:《政治学》1260b15—20。

② 教育是面向个体的,而且它是一种沟通的艺术,只有在沟通之中教育者与教育对象才能建立起一种相互的认同,从而深层次的教育才有可能。虽然现代的教育手段丰富得很,但是有时却忽略了一点,那就是要面对面,心贴心,只有这样,才能产生互爱。不仅老师要让学生喜欢,而且老师要真心去喜欢学生,并让学生知晓老师喜欢他,这也同等重要。

③ 见前述"美德可教吗"这一部分的分析。

④ 参见海德格尔:《尼采》(上),商务印书馆 2004 年版,第 211 页。

在他面前炫耀,那么就像牧羊人拿着草在羊子面前晃一样,羊子哪能不上钩?① 斐德罗自认对苏格拉底这一点是很了解的,"如果我不了解你,我就不了解我自己",②但是,也仅此而已。再加之他经常到城外走,可以为苏格拉底带路,苏格拉底却是第一次出城;他认为,田园草木不能让他学得什么,能让他学得一些东西的是城市里的人民。③ 在他临终前的一篇对话——《斐多》——中,他讲述了自己如何从自然哲学转向对灵魂的研究,这种研究的结果就是"认识你自己"。

他不仅要认识自己,他也要教别人让他们认识他们自己,这就是教育,它的力量在于影响人的灵魂。这里他说能让他学得一些东西的是城市里的人民,又体现了他一贯的反讽,实际上是他要用自己的智慧影响别人,教育别人。在这里教育的对象就是在他面前这个对修辞无限热爱的年轻人,苏格拉底在路途上要靠斐德罗来指引。但是在修辞学上,后者要靠前者来指引,这在对话的开头就已经很明了了:"亲爱的斐德罗,你从哪里来? 向哪里去?"④苏格拉底决定了斐德罗的方向。那么,斐德罗是从哪里来的? 是以莱西阿斯的一篇文章作为起点的。我们也从这篇让他爱不释手的文章看起。

这篇文章,是以一个非爱者(non-lover)的口吻来劝服一个少年,应该接受的是非爱者,而不是爱者。他条陈了爱者的种种不利,不仅在感情上,而且在荣誉上,对于少年带来的种种损害。在感情上,有爱情的人简直就像一个患病的人,对感情的执着使他们近于疯狂。这样,他对美少年的在意,使得他自身的烦恼很多,而且给少年带来的麻烦也多。在荣誉上,爱者对少年的损害也很大,只要是两个人在一起,就会引来不少的闲言碎语。文章中还说,爱者毕竟是少数,而非爱者是多数,从多数中选择就能选择一个更中意的。这里,非爱者把他相对于爱者的优势定义为不动心,正因为不动心,不会给双方带来任何伤害,同时,各自想从对方身上得到的东西也能得到。非爱者得到的是快感,这种快感排斥了对方的个体性,只要能满足他的快感,少年与少年之间是没有

---

① 参见柏拉图:《斐德罗》230D。
② 柏拉图:《斐德罗》236C。
③ 参见柏拉图:《斐德罗》230D。
④ 柏拉图:《斐德罗》227A。

区别的。后者得到的是经济上的好处,这种好处也意味着少年的追求者越多,那么他自身的筹码就越高,可以说,这简直就是在做交易。

如果从生意人的角度来说,必须要用理智战胜感情,自始至终要保持冷静和不动心,才能保证交易的完成。但是,非爱者的这种冷静与哲学家又有相似之处,因为我们可以回想《会饮》中第欧提玛笔下的那个冷静的攀登者。那是一种哲学的冷静,冷静得让人望而却步。但是,哲学需要的不仅是冷静,还有迷狂,这种迷狂就是在《斐德罗》中提到的。它们构成了哲学的两极,"清醒的极点即疯狂的极点"。① 但是非爱者的冷静却没有教给少年任何东西,或者"他的教诲,像许多技艺一样,是个体优异性的替代品,而其特别的劝诱则是对自身利益的一个较好保护,比传统上由爱者断言的优势更好"。② 这样非爱者教给了男孩怎样为自己的身体叫价,怎么保证自己的经济利益,"这意味着,非爱者由于其非个人的、因而也是冷静的或不那么引人注目的神态特征,可以保证男孩的经济利益先于其快乐"。③ 但是,这一点不应该是在爱中学得的,也不应该是男孩应该学得的核心的东西。非爱者给予美少年的是除了爱之外的东西,那么,美少年在这种不动心中显然并没有过爱情的瘾。爱情如果没有瘾,就不是爱情了,冷静的极点就是疯狂的极点,这样,可以跳到疯狂的一极,来看看这边的风景。

在如此接近又如此遥远的两极之间,还有苏格拉底这个隐藏的爱者。为什么说他是隐藏的爱者呢? 一是苏格拉底要蒙起脸,他说的是不想看到斐德罗,④其实是怕斐德罗看到他,"隐藏的爱者的言说是由隐藏的身体传达的;羞愧的行为却有有益的效果(也就是说,教育斐德罗或者将之从莱西阿斯的卑贱中提升出来)"⑤。二是之所以隐藏起来,是因为他在演说中实际上是一个爱者,却以非爱者的口吻来言说,这也是出于对斐德罗教育的必要。因为要把他从莱西阿斯的卑贱中抽离出来,把他从庸俗中解脱出来,那么,既不是以爱

---

① 罗森:《诗与哲学之争》,华夏出版社 2004 年版,第 85 页。
② 罗森:《诗与哲学之争》,华夏出版社 2004 年版,第 93 页。
③ 罗森:《诗与哲学之争》,华夏出版社 2004 年版,第 93 页。
④ 参见柏拉图:《斐德罗》237A。
⑤ 罗森:《诗与哲学之争》,华夏出版社 2004 年版,第 101 页。

者的身份,也不以非爱者的身份,而以隐藏的爱者来进行教导会起到更好的效果。尤其是对于斐德罗这个智者的追随者来说,"正像隐藏的爱者处于非爱者与爱者之间一样,斐德罗,以及斐德罗的同类——那些处于庸俗与文雅之间的中间者,也处于雅典城邦与哲学之间"。①

苏格拉底先从爱的定义开始,就像第欧提玛先从爱神的性质开始。他认为人的行为中有两种原则在起作用,一种是天生的求快感的欲念,另一种是后天的求至善的希冀。② 后者的产生在《会饮》中说得很明白,是因为爱神的不美不善,但这时还没有感受到爱神作为一个神的启示或者说是感应。那么,爱情就是前者压倒了后者,浸淫于美所生的快感,必然会忘了人求至善的一面。结果,深受其害的就是那被爱者,他不能因为爱情,而从这个追求者身上学得任何德性。爱人在德性上的进步,就会对他们的关系造成威胁,这对于想要独占美少年的人来说是不愿意看到的。只有爱人比他弱,而且要弱得多,让他永远依赖他,永远离不开他,这才是他所希求的。

就像泰勒所说,这是一种爱情现象学的表达。这种表达使《斐德罗》达到了《会饮》篇所从来没有达到的普遍性层次。③ 因为这个隐藏的爱者必须要以这种方式来达到引导和教育的目的,"爱者与非爱者的辩证转化,由隐藏爱者这个角色以一种不稳定的方式从中调停,试图以一种更抽象的方式捕获到爱欲的自然——这爱欲的自然已不再是它之所是(what he was),而要变成它所不是(what he is not)"。④ 苏格拉底在作着这篇颂词的时候,就已经被神灵凭附上了。这时,他急忙向爱神忏悔,就像诗人斯忒西科所做的那样。后者骂了海伦,瞎了眼,作了一首认错诗,眼睛就好了。⑤ 是神揭开了苏格拉底作为一

---

① 罗森:《诗与哲学之争》,华夏出版社 2004 年版,第 99 页。
② 参见柏拉图:《斐德罗》237D。
③ 参见罗森:《诗与哲学之争》,华夏出版社 2004 年版,第 99 页。
④ 罗森:《诗与哲学之争》,华夏出版社 2004 年版,第 100—101 页。
⑤ 海伦自己也认为这不是她的过错,当她与特洛伊王子私奔的时候,她自己也是受爱神驱使的,她当时不知道自己在做什么,有萨福的诗为证:
　　　这个很容易明白,
　　　只要你想一想海伦——
　　　那位世上无双的美人——
　　　　　她抛弃了高贵的夫君,

个爱者隐藏的面具，苏格拉底这个时候就以神的名义，作了他的第二篇颂词。

在这篇颂词当中，我们看到了神圣的迷狂把爱、哲学和诗联系到了一起。而且，只有由神灵凭附的诗人才可与爱神、哲学家平起平坐，他们都属于灵魂附身之后的第一类种子、第一流的人。[①]　与之对应的是，全凭技巧而来的诗人，只能排在第六等。[②]　这就说明离开了哲学的诗不是好诗，离开了辩证法的修辞术也只能是一种骗人的伎俩，就像是把驴当马一样荒谬。[③]　苏格拉底坚持的是修辞术背后的真理，当希皮阿斯（Hippias）拿他开玩笑说他总是在说重复的话的时候，苏格拉底反驳道：难道真理还会改变吗？如果我说的不是真理，那么，可以换来换去，但是，如果是真理的话，变化就不正常了。[④]　他遇到一个既会分析又会综合的人，"那么追随他的后尘就像追随一个神明一样"。[⑤]修辞术是用来影响人心的技艺，[⑥]既然是这样，就要懂得人的灵魂，而且要对灵魂进行分类。如果懂得自然哲学的话，那么对于修辞术就更有用，比如伯里克利斯就是因为跟随过阿那克萨哥拉学过自然哲学，才成为那样出色的一个演说家。[⑦]

总之，要成为一个修辞家，一定要了解事物的本质。而不能像那些不管是在医学、悲剧还是音乐方面浅尝辄止的人，在真正的行家面前，他们就像是江湖术士一般。[⑧]　这也是智者当时受到歧视的原因，当希波克拉底说他想成为

不考虑她的孩子，
　　她的年迈双亲，
　　随情郎登上
　　　驶往特洛伊的航船——
（田晓菲编译：《"萨福"：一个欧美文学传统的生成》，生活·读书·新知三联书店 2003 年版，第 60 页）

① 参见柏拉图：《斐德罗》248D。
② 参见柏拉图：《斐德罗》248E。
③ 参见柏拉图：《斐德罗》260B—C。
④ 参见 Xenophon, *Memorabilia*, Book Ⅳ, Chapter 4, 6-10。
⑤ 柏拉图：《斐德罗》266B。
⑥ 参见柏拉图：《斐德罗》261A。
⑦ 参见柏拉图：《斐德罗》270A；普鲁塔克：《希腊罗马名人传》（上），商务印书馆 1999 年版，第 465 页。
⑧ 参见柏拉图：《斐德罗》268—269。

像普罗泰格拉一样的智者时,苏格拉底嘲笑他:不觉得应该为他所说的话而脸红吗? 显然,在当时的人看来,那种职业是不光彩的。阿里斯托芬在《云》中对于这种职业进行了某种诠释,斯瑞西阿德斯让他的儿子费迪庇得斯向智者学习辩论术,以便于和那些讨债的人辩论,这样就不用还债了。结果,儿子学来的是一套打老子的辩证法。这是当时的人对智者那套技巧的评价。

苏格拉底在斐德罗面前,作完了第二篇颂词,完成了振翅向天外的旅程,又开始了向下的道路——回到对修辞学的阐述。上升的路和下降的路不是一条路,但是,它们都离不开爱欲和哲学。苏格拉底还认为,真正的哲学不是写下来的文字,那就像对着一个雕像,你得不到任何回应。但是,对着一个娇童就不一样了,在爱欲的基础上所进行的哲学探讨是最让人受益的,这种探讨的成果也是可以长久留存的。① 只有这样才能达到教育爱人的目的。这里的追求者不以独占爱人为目的,而是要把他培养成近似神明。也就是说,这里的爱情,是对善的希冀占了上风,而不再受求快感的欲望支配。只有这样才能使爱人身心获益。就像《会饮》中阿里斯托芬所揭示的,由于人在分割之前的不同本性(男—男,女—女,男—女),男孩子寻求的是作为男人的另一半,这样的人往往叫人瞧不起。事实上,由于他们是男子气最浓的人,所以强健勇敢,富于男性,急于寻求同声同气的人。这批少年成年之后,才能在政治上显出男子的本性,崭露头角。② 这就是说,只有男子同性爱才能产生这样的政治精英。

苏格拉底在阿尔卡比亚德身上的失败,可以说是因为二者并不了解对方的真正需要。阿尔卡比亚德把苏格拉底看成是一般男子,欲求的是他的身体。但是受挫之后,他就认识到真正的苏格拉底并不能满足他的需要,因为他想要的是一个能辅助他实现政治野心的人。而苏格拉底所做的恰恰相反,他使阿尔卡比亚德的人格产生分裂,认识到他自认为幸福的那种前簇后拥的生活简直不值得过。③ 因此,苏格拉底的教育产生这个失败的案例是不可避免的。再看,柏拉图对狄奥尼修的教育也是一个失败,因为后者是一个僭主。对于僭主的生活,色诺芬在《希爱罗》中让一个僭主表明了心迹,即使他过着锦衣玉

① 参见柏拉图:《斐德罗》277A。
② 参见柏拉图:《会饮》192A。
③ 参见柏拉图:《会饮》216A。

食的生活,却不幸福。因为他不会信任任何人,以为任何人都会与他作对,整天提心吊胆,坐卧不安。① 这样,柏拉图试图与他建立友爱、让他学习哲学这种愿望也必然落空。

柏拉图自己的理想——"要想在这个世界上实现什么希望,那么必须看到同一个人既是哲学家又是一个大城邦的统治者"——终归无法在一个僭主身上实现。② 这种想法只能是一厢情愿,最后甚至身家性命不保。伯里克利斯能够成为一个伟大的政治家和演说家,可以说也归功于他和一个叫作阿斯帕西亚的女人的爱情。后者是雅典少有的受过教育、有知识的女人,有这个女人的指导,不愁伯里克利斯不出人头地。即使是一个羊贩子,在与她结合之后,都能成为雅典的头号人物。③ 对于大多数雅典人来说,是丈夫教导妻子,这里是女方指导男方。但是,在爱欲的名义下,都没有关系,因为都是受到阿弗洛蒂式的感召。

三、爱欲与战争

在古希腊,参与政治是公民生活当中不可缺少的一部分,战争同样是政治生活的组成部分。每个公民在战争中奋勇杀敌是构成他的生活和阿瑞忒($\alpha\rho\varepsilon\tau\eta$)的必要部分。在政治生活中所表现的是人的政治德性,比如羞耻之心、正义感等,而战争是政治艺术的一部分。④ 在战争中人与人之间同样存在竞争,即所谓的对赛。政治生活中的对赛是表现在谁能在公共集会上能言善辩,最终说服众人,使自己的意见得以实现。这种在政治生活中的对赛自然而然地延伸到了战争之中,可以说战争是最能凸显竞争的一面的,是竞争的一种最生动的表达,是人的激情和斗志的最饱满的爆发,是人的德性的最充分的彰显,更是亘古以来竞争和协作、统治和服从的最完满的结合。

在战争中得到彰显的德性就是勇敢,勇敢可以产生相互的感染,由将领传

---

① 参见色诺芬:《希爱罗》III、IV,载科耶夫等:《驯服欲望——施特劳斯笔下的色诺芬撰述》,华夏出版社 2002 年版,第 250、251 页。
② 参见柏拉图:《第七封信》328A;《理想国》473D。
③ 参见普鲁塔克:《希腊罗马名人传》(上),商务印书馆 1999 年版,第 485 页。
④ 参见柏拉图:《普罗泰格拉》322B。

染给士兵,又在士兵之间相互传染。由此就形成了作战的士气,而士气是胜利的一个必要的保证。对于古希腊人来说,在活动中得以培养的是德性,反过来,这种德性又可以促进活动的实现。勇敢就是在战争中培养起来的阿瑞忒。当然,这种勇敢不是蛮勇——明知形势不利却硬要冒死冲击。在柏拉图看来,勇敢是以理智做基础的,是"知道对什么应该感到恐惧,什么不应该感到恐惧的一种德性"。① 但是,如果真的有了对于危险的认识,比如前方地势险恶,可能有敌人埋伏,那么,这个知识可能就会阻止你前进,知识和勇敢有时候很难相辅相成。知识往往会让你畏首畏尾,而战事的发展有时候也是理智无法控制的。不排除其中有偶然的因素,但是,这种偶然却只能是勇敢冲破理智所设的障碍而获得,最后扭转局势,大获全胜。勇敢相比智慧来说,是一种不可或缺的德性,有时它能做成理智自身做不成的事,尤其表现在战争中。

勇敢的动力一方面来自于对敌人的仇恨,对朋友和同胞的爱,另一方面也来自于对自身荣誉的珍视。在恨敌人方面,一定要比敌人对自己做得更狠;在对待朋友方面,要在爱朋友方面胜过朋友爱自己。在爱和恨方面也存在着一种对赛。对敌人如何凶残都不过分,尤其是在两军对垒的时候,因为你的战绩就表现在你杀敌的数量和你对敌人的凶残上,从斯奇提亚人在战争中对敌人的表现可见一斑:

> 至于战争,他们的习惯是这样的。斯奇提亚人饮他在战场上杀死的第一个人的血。他把在战争中杀死的所有的人的首级带到他的国王那里去,因为如果他把首级带去,他便可以得到一份房获物,否则就不能得到。他沿着两个耳朵在头上割一个圈,然后揪着头发把头盖摇出来。随后他再用牛肋骨把头肉刮掉并用手把头皮揉软。用它当作手巾来保存,把它吊在他自己所骑的马的马勒上以为夸示;凡是有最多这种头皮制成的手巾的人,便被认为是最勇武的人物。②

---

① 柏拉图:《理想国》430B。
② 希罗多德:《历史》(上),商务印书馆 2005 年版,第 289—290 页。

当然,这是希腊人所谓的蛮族人的所作所为,而蛮族人在战争中的敌人就是希腊人,因此,希腊人也做好了随时为城邦献出生命的准备。而且,如果在战争中,明知必死无疑,而你却没有死,逃避了死神,这将是莫大的耻辱。哪怕那种死是一种错误,不会带来任何益处。但是,偷生给你带来的却是名誉的丧失,在希腊没有什么比懦夫的名声更让人抬不起头来的了。在对异邦军的铁尔摩披莱战役当中,拉开戴蒙人只有 300 人,而美地亚人是那样的多,以至于当他们射箭的时候,可以把天上的太阳遮住。① 但是,拉开戴蒙人没有退缩,除了阿里斯托戴莫斯和一个叫作潘提铁斯的人没有死之外,全部战死。但这两个人的命运却并不比死好到哪去,后者回到斯巴达受辱后自缢而死,②而阿里斯托戴莫斯回到斯巴达后,受到了非议和蔑视,"他遭到这样程度的蔑视以致没有一个斯巴达人愿意把火给他,没有一个斯巴达人愿意和他讲话。为了使他难堪,斯巴人称他为懦夫阿里斯托戴莫斯"。③ 后来在一次攻城的战役当中,在拉开戴蒙人当中表现最为勇武的就是阿里斯托戴莫斯。但是在斯巴人看来,他是由于受到了责难,而愿意去赴死的,是为了洗清上次的耻辱,最后以至于拉开戴蒙人没有把任何荣誉加到他的身上。④

苏格拉底也曾经救过阿尔卡比亚德,在他受伤的时候,守着他不肯走,结果把他的生命和他的盔甲一并救了出来,⑤而后者就代表着他的荣誉。如果他在战场上丢盔弃甲地回来,那么可能比丢了命还可耻。一个人的勇敢之所以能够给他自身带来荣誉,是因为战争的胜利不仅是他个人的利益所在,也是整个城邦的利益所在。他在战争中表现勇敢,就表明他愿意为城邦的利益付出一切,甚至把自己的生命置之度外。

不管是在政治生活中,还是在战争中,他都不是为自己而战,而是为城邦而战,不是为自身而活,而是为城邦而活。这就像希腊人对于财富的态度,有财富的人并不值得羡慕,财富给人带来的荣誉只在于他用钱的方式,比如能够

① 参见希罗多德:《历史》(下),商务印书馆 2005 年版,第 555 页。
② 参见希罗多德:《历史》(下),商务印书馆 2005 年版,第 557 页。
③ 希罗多德:《历史》(下),商务印书馆 2005 年版,第 557 页。
④ 参见希罗多德:《历史》(下),商务印书馆 2005 年版,第 655 页。
⑤ 参见柏拉图:《会饮》220E。

慷个人之慨,给城邦建神庙、剧场,能够为公共设施的兴建出手大方的人才能得到人们的称赞,因为他的财富能让所有人沾光。但是,把钱花在赌博、嫖妓上,却是不怎么光彩的事。因为,这种花费的好处只为他一个人所得,别人没有份儿。有钱的人,如果不让朋友享受到有钱的好处,也是让人看不起的。

对于一个人的生命也是如此,父母虽然生了你,但是,你的德性却在于你能够用自己的生命为城邦的利益服务。只有在城邦活动中作出贡献的人,让一切公民都享受到你的存在给大家带来的好处,大家才会尊敬你,给你荣誉。而把生命系于城邦战争的命运之上,这就是勇敢——对人的生命来说最大的德性。对于勇敢给人带来的荣誉的珍视和热爱,是人区别于动物之所在。"在吃喝、睡觉以及性爱方面,所有动物的快乐没什么两样。但对荣誉的热爱却不会植根在禽兽的心里,也不是每个人都会有的。而一旦对荣誉和赞美的激情渴望深深地植根于一些人的心中,这些人便与旷野之中的野兽截然不同了,他们就可以算作是真正的人而不再仅仅是作为人的动物了。"①

对于荣誉,只有从敌人手里夺走了他们最可珍贵的东西才值得炫耀,而对于爱欲,却必须是爱人自愿地给予才更可宝贵。而且,只有你在战场上从敌人手里夺走了他们最不愿意交出的东西,那么你想从爱人身上得到的东西,他才能自愿地给予。因为你的胜利能够显示出你的德性,显示出你值得爱的一面,这样才会使爱人折服。而且这种从爱人心里流出的爱是最甜蜜的,"我应当承认,欢悦只有在人家自愿的时候,才会是最甜美的"。② 相反,那种不是发自爱人内心的、由强力施压所获得的爱,即使一开始可能会让人觉得自己是爱情角逐中的胜利者,但是,过后想来是那样的可怜,对于爱人和情人都是如此。

只有用自己的风采征服爱人的心,这样获得的爱情才是让人快乐的,也是长久的。而情人展现自己风采的最好场所就是战场。在战场上,他的体魄、他的速度、他的勇武、他的智慧、他的耐力、他的坚持,都一览无余地展示出来。可以说他从小到大所培养的德性——男子汉大丈夫的风度和气魄,只有在对

---

① 色诺芬:《希爱罗》VII,3,载科耶夫等:《驯服欲望——施特劳斯笔下的色诺芬撰述》,华夏出版社 2002 年版,第 255 页。

② 色诺芬:《希爱罗》I,34,载科耶夫等:《驯服欲望——施特劳斯笔下的色诺芬撰述》,华夏出版社 2002 年版,第 250、251 页。

敌冲杀当中才能展现得淋漓尽致。这个时候，即使是个女人，穿上那身铠甲，骑上骏马，也是英姿飒爽、魅力无敌的，就像阿马宗女人一样。因此，在战场上，不管是男人还是女人，在奋勇杀敌那一刹那，他的魅力都是锐不可挡的。尤其是如果爱人也在旁边，那么所激起的勇武更是平时的不知多少倍。

　　因此，柏拉图也主张，在战役期间，谁都不准被拒绝。理由是：如果他在爱着什么人（男的或女的），他就会更热切地赢得荣誉。① 这也是诗人阿迦通的情人波桑尼亚斯曾经对沉湎于声色犬马的人大加维护的原因，他曾经提出，由爱人之人和人家所爱之人组成的军队一定会战无不胜的。② 在爱人面前通过勇敢所获得的荣誉，由于是两个人分享，所以这种荣誉就会变大，因此很值得享有。另外，爱人所激起的勇气也是战无不胜的，甚至可以为对方牺牲自己的生命，不管是情人还是爱人都是如此。作为一个情人，阿尔刻提斯肯为她的丈夫去死，在这一点上超过了丈夫的父母对他的爱。这种由爱激发的勇气被神灵所尊敬，神让她死而复生。对于爱人来说，阿喀琉斯可以作为典型。他愿意为情人帕特洛克罗斯去死，他既比后者美，也比后者年轻。在爱人身上所表现的这种勇气更为可贵，因为情人是由爱神感召的，而爱人却是凭自愿去做的，因此更加得到神的尊敬。③

　　面对情人和爱人之间如此深厚的友爱，要是再由这些人组成一支军队的话，一定会使敌人闻风丧胆。在僭主政制下，统治者担心情人会提高爱人的情操，而爱人会增进情人的勇气，因此，他们之间的关系被僭主们宣布为丑事，不予承认。僭主吸取了亚利斯脱格通和哈莫第乌斯的教训，二者的坚强友爱把僭主的政权给推翻了。僭主自己得不到真诚的友爱，他也不希望人民之间缔结友爱。因为这种友爱会使臣民的德性提高，使他自己的政权受到威胁。友爱在人们中间和在战争当中所产生的力量是不可估量的。但是，这种爱的力量也会过度，尤其是对于指挥战争的将领来说。对于他的厄洛斯，更需要进行很好的管理。如果他没有管理自己欲望的能力，那么他就不能很好地指挥战争，最后不是贻误了战争，就是使自己或士兵丢失了性命。我们既要看到厄洛

---

① 参见柏拉图：《理想国》468C。

② 参见色诺芬：《会饮》，华夏出版社 2005 年版，第 121 页。

③ 参见柏拉图：《会饮》180B。

斯在战争中起到的激励人心的一面,也要看到它扰乱人心的一面。因此,厄洛斯本身也要进行管理,而不能像泄了闸的洪水一样,任其泛滥。

有的人生来就是为了战争,比如在斯巴达,公民不是要自己参加战斗,就是要生产能够参加战斗的儿子。在那里,到了结婚年龄而坚持不结婚的,是要受到某种处罚的,这就是不许他们观看青年男女的竞技活动。① 而且,男子在结婚之后,也只能和自己的妻子在一起一小段时间,此后还要参加集体的生活,只能偷偷地和妻子约会;一直要等到做了孩子的父亲,才能在白天看望自己的妻子。② 在这个城邦国家当中,没有对通奸的惩罚,人们认为把自己的妻子借给更优秀的男人来生育孩子,这是很正常的。因为这是城邦的需要,不管是男人还是女人,都要忘了自己的存在。婚姻也好,生育也好,都是为了给城邦生产优秀的子嗣,以便于在与其他城邦的战争中获胜。无论对于男人还是女人来说都是一种荣耀,也是他们存在的目的。某个外邦人曾对一个叫戈尔戈的斯巴达妇女说:"'你们斯巴达妇女是唯一统治自己丈夫的女人',这时,戈尔戈回答:'你说得对,我们是唯一生养战士的女人'。"③

在古希腊,对男孩子勇气的培养是从小就开始的。比如在斯巴达,他们从 7 岁开始就要离开父母,编入国家连队,进行一系列的训练,实行共餐制度。大家都要在公共食堂就餐,斯巴达人称这种公共食堂为"菲狄提亚"(phiditia)。"菲狄提亚"与"菲利提亚"(philitia)是同一个意思。④ 因为就像亚里士多德所说的,只有在一块儿吃够了咸盐,才能成为知己。这种共餐制度促进了人们相互之间的友爱。而且,他们从小就被带到战场上观摩,像柏拉图所说的,要让父亲选择有经验的军事教官,带领他们的子辈到战场上去观看。

尽管这是一种冒险,但是对于以后要承担风险的孩子来说,这个险不得不冒,而且也不至于丧失性命。这一方面能够让年长的人更英勇地作战,因为他们知道他们的后辈在背后观看;⑤另一方面,这个场合能让孩子明白自己将来

① 参见普鲁塔克:《希腊罗马名人传》(上),商务印书馆 1999 年版,第 104 页。
② 参见普鲁塔克:《希腊罗马名人传》(上),商务印书馆 1999 年版,第 105 页。
③ 普鲁塔克:《希腊罗马名人传》(上),商务印书馆 1999 年版,第 103 页。
④ 参见普鲁塔克:《希腊罗马名人传》(上),商务印书馆 1999 年版,第 99 页。
⑤ 参见柏拉图:《理想国》467B。

要做的事情,更能培养孩子撤退时的机智。① 孩子在这个场合也许就能明白自己应该找什么样的人作为教官,甚至当场就能为自己树立一个角色模型(role model),也就是自己将来想要成为的人。对于长到一定年龄的斯巴达少年来说,这一点很容易办到。因为经常和他们在一起、指导他们训练的都是一些有声望的青年男子,这样,就给了自己向优秀人物学习的机会,同时也给了杰出人物接触和教导自己的机会。

对于少年来说,他们激励着情人去赢得荣誉,而他们本身的成长轨迹也带着情人的烙印,因此,他们的荣辱也要教官们来分享。"据说,某次某人因为他所宠爱的少年格斗时脱口喊出一句粗话,被行政长官罚了一笔款。"②而且对于某个少年的宠爱,也不是专属于一个人的事。在钟爱少年的人之间没有嫉妒可言,就像男人对于突出的女人一样。"相反,那些把他们的感情集中在同一个少年身上的人,倒把他们的感情变成了彼此发展友谊的基础。通过坚持不懈的共同努力,使他们所钟爱的少年成为尽可能高贵的人。"③在这里,并不是推翻前述的情人与情人,或情人与爱人之间的竞争的游戏,而是让我们看到了斯巴达这个城邦在真正的意义上实现了柏拉图在《理想国》中的构想。在斯巴达,没有任何竞争,甚至对于倾慕同一个女人或美少年的男子之间,也能团结合作,这在其他人看来,是不可思议的。

一个城邦真正发展到这个地步,就像一个人一样协调一致了,那么它发展的潜力也不见得有多大了,因为它身上没有矛盾。没有矛盾就没有成长的动力,这就像一个人一样。或许,它的矛盾存在于与外邦人的战斗之中,可是,战争却不能成为城邦本身发展的源泉,任何把自身的成长系于外部动力的城邦都是不能长久的。一方面,它长久的备战状态使其他城邦草木皆兵,日日都在想着防范,反而助长了外邦尚武的习气,这就是吕库古禁止反复讨伐同一个城邦的原因所在。而且后来也出现了这样的教训,"这就是你从底比斯人那里得到的一笔可观的学费,他们本来不愿打仗,也不会打仗,是你教会了他们怎

① 参见柏拉图:《理想国》467D—E。
② 普鲁塔克:《希腊罗马名人传》(上),商务印书馆1999年版,第110页。
③ 普鲁塔克:《希腊罗马名人传》(上),商务印书馆1999年版,第110页。

样作战的"。①

另一方面,城邦的公民长期处于备战状态,当战争真正爆发的时候,就发挥不出优势来。就像有人对埃及国王阿玛西斯整日饮酒作乐、不理国事不满,向他进谏。他回答道:"要知道,有弓的人只有在需要的时候才拉开的;如果弓老是拉着,它们就会损坏,而等人们需要它的时候,它已经没有用处了。人的道理也和这个道理一样。如果他们总是从事严肃的工作,而不把一部分的时间用来消遣,他们在不知不觉之中便会疯狂起来或是变成傻子。这一点我知道得很清楚,因此我轮流着分配这二者的时间。"②而雅典人在这方面就具有不同的气质,就像伯里克利斯所说的,"我们的勇敢是从我们的生活方式中自然产生的,而不是国家法律强迫的;我认为这些是我们的优点。我们不花费时间来训练自己忍受那些尚未到来的痛苦;但是当我们真的遇到痛苦的时候,我们表现我们自己正和那些经常受到严格训练的人一样勇敢"。③

这表现了两个城邦不同的气质,雅典人开放、善变,能够接受任何外来的新事物,允许任何观念,因为它是自由的、民主的。但是,斯巴达却是固守陈规,虽然这个城邦像一个人一样协调一致,但是,当一个人沉醉于自己已有的习惯时,就会产生惰性,不思进取。也许可以在外来的武力上抵挡一阵,然而对于新思想的冲击,它们却手足无措,功亏一篑。即使对于战争,他们也没有想过为何要发生。但是雅典人想过,战争本身不是目的,战争是为了和平,④或者使和平得到巩固⑤。

伯里克利斯曾经在制止人们进行不必要的牺牲时说过,"人是第一重要的,其他一切都是人的劳动成果",⑥"一棵树木折断了可以再生,但是一个人的生命丢了就再也捡不回来了"⑦。在他临终的时候,大家都以为他已辞世,开始颂扬他的功德。但是他听了,觉得没有说到点子上,"那就是雅典人从来

---

① 普鲁塔克:《希腊罗马名人传》(上),商务印书馆1999年版,第102页。
② 希罗多德:《历史》(上),商务印书馆2005年版,第187页。
③ 修昔底德:《伯罗奔尼撒战争史》上册,商务印书馆2004年版,第149页。
④ 参见亚里士多德:《政治学》1333a35;亚里士多德:《尼各马可伦理学》1177b5。
⑤ 参见修昔底德:《伯罗奔尼撒战争史》上册,商务印书馆2004年版,第96页。
⑥ 修昔底德:《伯罗奔尼撒战争史》上册,商务印书馆2004年版,第116页。
⑦ 普鲁塔克:《希腊罗马名人传》(上),商务印书馆1999年版,第495页。

没有一个是因为我而穿上丧服的"。① 斯巴达人却没有这方面的训练和习惯。这是因为二者不同的政治制度，前者是民主政治，这种民主决定了任何新思想、意见都能得到讨论和接纳；同时，虽然有斗争，但是这种斗争却能使正义和德性得到彰显。

在这种情况下，雅典的教育也是开放的，它允许男孩去和成年男子较量。但是，这种较量却在荣誉和德性之间保持一种张力，这是对于初出茅庐的人最好的考验和锻炼。相反，在斯巴达，就像普鲁塔克所说的，教育就是起着立法的功能。② 谁如果不按照陈规把自己纳入到这种军事化教育当中，谁就是在违法，包括婚姻和生育都要为教育和战争服务，人们也没有觉得有什么不自然。③ 在城邦当中，教育都是为政治制度服务的，而教育和爱欲又有着不可分割的联系，后者承担着主要的教育功能，因此，爱欲也染上了浓厚的政治色彩和军事色彩。

第三节　爱欲与智慧

古希腊城邦规模较小，政治生活和文化生活是敞开的，这是培养成年男子和美少年之间爱欲的土壤。同时，古希腊人哲学思维的活跃和发展也为爱提供了一种思辨的根基。当时的哲学家们企图为宇宙和运动寻找一种始基，并且为这种始基找到某种运动的源泉。在恩培多克勒那里，爱就成为这样的力量和源泉，爱和憎成为宇宙中万物结合和分离的力量。到了柏拉图这里，自然哲学、政治哲学和形而上学结合在一起，而善是这样一种统一的力量。它的基点还是在人的灵魂，而善是灵魂最好的营养，这种营养的获得也是离不开爱欲的支撑的。爱欲指出了向善的道路，那是向天外的路，亚里士多德走了一条向下的路，即他关注的是共同体中的友爱，这种友爱是城邦结合的纽带。

---

① 普鲁塔克：《希腊罗马名人传》(上)，商务印书馆 1999 年版，第 500 页。
② 参见普鲁塔克：《希腊罗马名人传》(上)，商务印书馆 1999 年版，第 101 页。
③ 亚里士多德曾经针对斯巴达以战争为目的的制度提出批评。他认为战争的目的是和平，斯巴达以战争为指向的制度将导致严重的后果，这就是专制和僭主政治。参见廖申白：《亚里士多德友爱论研究》，河南人民出版社 2000 年版，第 208 页。

一、自然哲学家关于爱的观念

在古希腊，人们尊崇的是一种能够带来闲暇的生活方式，这种闲暇可以使人们把更多的时间用来参与公共生活。恰恰是在公共生活当中呈现出了许多问题，这些问题只有上升到哲学层面，才能成为有意义的问题。

在任何时代，能够成为哲学家的都是少数人，他们就像泰勒斯那样，不关心眼前的利益。有人看见他眼望天空观察天象，就讥嘲他，他只顾天上的事，而不关心脚下的事。当时城邦的生活恰恰使人们能够在一种闲暇的文明当中，促进对智慧的热爱。追求智慧是年轻人的时尚，我们从苏格拉底身上可以看到这一点。无论他走到哪里，都会有一批人跟到哪里，不管这些人是抱着怎样的动机——是想辩驳还是想探讨，都能说明一个问题，就是人们对智慧的不懈追求。但是，能够把这种追求坚持到底的只有哲学家，他们是真正热爱智慧并把培养智慧作为终生夙愿的人，他们既不是全知全能的，也不是无知的，而是处在智慧和无知之间。

第一个提出具有哲学意义的命题的就是泰勒斯，尼采称之为"哲学之父"一点都不过分。这个命题就是"水是万物的本原和母腹"。① 这个命题为什么重要，尼采给出了三点理由："第一，因为这个命题就事物本原问题表达了某种看法；第二，因为它的这种表达并非比喻或寓言；最后，因为其中包含着——尽管是萌芽状态的——'一切是一'这个思想。上述第一个理由使泰勒斯与信教和迷信的人为伍；但第二个理由却把他同这些人区分了开来，表明他是个自然科学家；而由于第三个理由，泰勒斯就有资格被看作最早的希腊哲学家。"②

泰勒斯揭开了对世界本原之探寻的序幕，此后有人说是"气"（阿那克西美尼），有人说是"无定"（阿那克西曼德），有人说是"火"（赫拉克利特）。他们每个人都为自己提出了一种可能性，从最初的有形物质到无形无影的无定，从变动不居到不断运动，从感官能把握的到思维才能认识的，每个人都比他的

---

① 尼采：《希腊悲剧时代的哲学》，商务印书馆 1994 年版，第 27 页。
② 尼采：《希腊悲剧时代的哲学》，商务印书馆 1994 年版，第 27—28 页。

前辈高明。他们的高明之处在于每个人所提出的这种关于世界的基质,越来越抽象,而且从不动到变动(火),再到不动(巴门尼德的存在),越来越显现出一种哲学化、体系化和历史化的痕迹。但是,这种痕迹却只能在宗教、科学、医学和形而上学这个大杂烩中去寻找。比如毕达哥拉斯和恩培多克勒,他们既是传教士,又是医生,如果当时有哲学家这个名称的话,他们还是哲学家。

但是,在巴门尼德这里,却没有这种明显混杂的印迹。他提出了"存在者存在,不存在者不存在"这种严格意义上的形而上学的命题,而且,他追求的就是一种哲学上的确切性和可靠性。"巴门尼德的思想毫不沾染印度哲思的醉人暗香,而在毕达哥拉斯和恩培多克勒身上,这种气息或许不是完全不可察觉的。毋宁说,在当时,上述事实的特别之处正在于没有芳香、色彩、灵魂、形式,完全缺乏血肉、宗教精神、道德热情。叫我们惊讶的是那抽象化、公式化的程度(而这竟发生在一个希腊人身上),特别是那追求可靠性、确切性的可怕冲动,竟然出现在一个倾向于神话式思考而想象力又是最奔放、最流动不居的时代。"①

从巴门尼德开始,世界成为一个二重秩序的世界:一个是存在者的世界,另一个是非存在者的世界;一个是思维的世界,另一个是感官的世界。这种二分法后来成为西方哲学的传统之一,这种划分也产生了自身的矛盾。如果只有存在者存在,那么,不存在者如何存在;而且,运动恰恰是这个世界也就是不存在者的一种存在。如果运动也像存在一样,也有自己的不变的质,如何来解释这种质。运动是不能和存在分离的,"真正的存在者是时而这样,时而那样地运动着的;它们彼此间时而结合,时而分离;时而向上,时而向下;时而向内,时而迸奔八方"。②

这种运动的力量来自何方?恩培多克勒告诉自己,来自爱和憎这两种力量。"巴门尼德认为在这个变幻的感官世界之上,有一个世界是物质的、球形的、连续的、永恒的和不动的,恩培多克勒就是从这里出发的。"③他发现了爱,

---

① 尼采:《希腊悲剧时代的哲学》,商务印书馆1994年版,第110页。

② 尼采:《希腊悲剧时代的哲学》,商务印书馆1994年版,第126页。

③ Burnet, *Early Greek Philosophy*, London: Adam & Charles Black, 1948, p.227;汪子嵩等:《希腊哲学史》第1卷,人民出版社2004年版,第809页。

是爱使宇宙成为现在的样子,又是爱使它变成了另外一个样子。这是因为爱的存在必然引来憎,没有爱就没有憎,同时没有斗争,也就没有存在。这种存在永远是与爱结合在一起的,宇宙中的万物都不能没有爱而存在。它既在它们内部,成为组成它们的纤维和细胞,也在它们外部,成为笼罩在它们头上的天空和踩在脚下的大地,正因为爱,它们才成为自身之所是。

恩培多克勒的身上笼罩着一层神秘的面纱,他自己也让众人把他当成神来看待。当时科学的发展水平决定了他的学说似乎带有某种神秘的色彩,他的哲学必然也要戴着自然科学和宗教的面纱。他不同于前人的地方在于,他提出了构成宇宙万物的"四根说",水、火、土、气组成万物的根,而且这四种元素是以神的面貌呈现的。"首先请听真,万物有四根:宙斯造万物,赫拉育生命;还有爱多妞和奈斯蒂,她用自己珍珠泪,浇灌万灵生命泉。"①至于这四位神各自对应哪种元素,学者当中是有争议的。② 虽然恩培多克勒把这四种基本元素看成是神,但是,这并不能表明他的宗教倾向,一般早期希腊哲学家都把他们认作宇宙基质的物质看作神。③

我们要弄清楚的是这四种元素的性质和它们之间的关系,它们的共性是:既不是生成的,也不会消失。关于这一点,恩培多克勒说:"它们永远与自身等同。"④这四种元素自身就是完善的,不会受到变化的影响。尽管有爱和憎这两种结合和分离的力量,但是,它们能改变的是元素与元素之间的结构,而不能改变元素本身的构成。亚里士多德把它们归结为两种,即火和其他三者的对立。"当我们考虑到世界的本原的时候,我们将会发现火起着一种主导的作用,这就是亚里士多德的解释。在生物学当中火也起着一种独特的作用,而其他三种所起的作用多少是相同的,这也是事实。但是,我们一定不要误以为火优越于其他三者,所有元素的地位都是同等的。"⑤

---

① 苗力田主编:《古希腊哲学》,中国人民大学出版社 1995 年版,第 111 页。
② Burnet 认为,奈斯蒂代表水,这毫无问题,但是,在其他三者之间,到底哪个神代表哪种元素在学界是不一致的。参见他的著作注释(Burnet, *Early Greek Philosophy*, London: Adam & Charles Black, 1948, p.229)。
③ 参见 Burnet, *Early Greek Philosophy*, London: Adam & Charles Black, 1948, p.230。
④ Burnet, *Early Greek Philosophy*, London: Adam & Charles Black, 1948, p.230.
⑤ Burnet, *Early Greek Philosophy*, London: Adam & Charles Black, 1948, p.231.

　　恩培多克勒在爱利亚学派结束的地方,开始了新的探索。存在从原来的单一的物质,变成了作为物质构造的基本元素,运动在这里也发生了变化,"他已不再停留在单一的物质本原的表面物态变化上,而是开始进入物质内部构造的堂奥,最早提出了关于物质结构的元素理论。'四根'已不是单一的物质本原,而是物质内部构造的四个基本要素"。① 这四种要素既没有生成,也没有毁灭,万物由两种力量——爱和憎——把它们结合或分离而构成。

　　爱是一种结合的力量,这种力量不仅作用于人,而且作用于宇宙中的一切事物,即一切的生成都不能离开爱。"看看温暖和普照万物的太阳,沐浴着炽热阳光的不朽天体;在万物中阴暗而寒冷的雨水,以及那些从地中涌出的根基坚牢的东西。在'友爱'中,这一切都形相不同,相互分离,一切过去、现在和将来的存在都出于它们。树木、男子和妇女,走兽、飞禽和游鱼,还有长生的神灵,众生膜拜。"②爱是连接存在和非存在的力量,它把原本相异的元素结合在一起,但由于相异元素的争吵和憎恨,又彼此分离。爱的这种力量在古希腊的神话中就有表达,那就是厄洛斯和阿芙洛蒂忒。

　　对于厄洛斯,"在不朽的诸神中数他最美,能使所有的神和所有的人销魂荡魄呆若木鸡,使他们丧失理智,心里没了主意"。③ 后者是从浪花中诞生的,因此被称为"浪花所生的女神"或"库忒拉的华冠女神"。④ 这位女爱神"无论在最初出生时还是在进入诸神行列后,她都有爱神厄洛斯和美貌的愿望女神与之为伴"。⑤ 这种美和爱的力量是无人能够抵挡的,美得无与伦比的海伦,与特洛伊王子帕罗思(Paris)驶往特洛伊的时候,也被爱神附身,根本就控制不了自己。

　　这种爱的神奇除了在相爱的人之间产生,它还被当成了宇宙中的法则和力量。这在巴门尼德那里就开始了,"巴门尼德在这里诉诸一种'隐秘的性质',一种对立面之间互相靠近和吸引的神秘倾向,而且,他用爱神阿芙洛蒂

① 汪子嵩等:《希腊哲学史》第1卷,人民出版社2004年版,第807页。
② 苗力田主编:《古希腊哲学》,中国人民大学出版社1995年版,第113页。
③ 赫西俄德:《神谱》,商务印书馆1996年版,第29页。
④ 赫西俄德:《神谱》,商务印书馆1996年版,第32页。
⑤ 赫西俄德:《神谱》,商务印书馆1996年版,第32页。

忒之名,用日常熟知的阴阳两性的关系,作为这对立面的象征。阿芙洛蒂忒的能力在于,他撮合了对立面,撮合了存在者和不存在者"。① 这种情欲的力量恰恰在于它把相异的元素结合在一起,使不存在变成存在,而这种结合除了爱能够使之实现,其他他都是无能为力的。"纯粹之火充满了这些狭窄的环道,旁边环道为黑暗充塞,随后有适量的火焰注入,环道中心是操纵一切的女神。她到处鼓动着痛苦的分娩和婚媾,把雌性的送给雄性的相匹配,把雄性的送给雌性的为对偶。"②恩培多克勒大胆地把这种情欲的力量变成宇宙万物的组成元素,在"四根"之间起着结合和生成的作用,"同样,那些更宜混合的东西也由于相似而被阿芙洛蒂忒彼此弄在一起"。③

那么,爱到底是怎样的一种力量? 是物质的力量还是精神的力量? 伯尼特认为,恩培多克勒所指的是一种物质的力量,因为爱和憎被看成是"四根"之外的两种物质元素,"火、水、土以及高高在上的气。在它们之外,有毁灭性的'争吵',针锋相对,还有那'友爱',长宽同一"。④ 爱和憎被看成是混合物的一部分,它们与"四根"同为构成万物的元素。

在亚里士多德看来,恩培多克勒也是把爱既看成是动力因,因为它把四种元素结合在一起;同时又是质料因,因为它是混合物的一部分。"如果本原既是质料又是动力,那么爱到底是什么呢?"⑤亚里士多德认为,各种元素都可以再分解为他所理解的物质。而恩培多克勒的元素,即使被爱结合在一起,它们仍然保持自身之所是,⑥而不会使自身消失在混合物当中。这也就解释了为什么爱和憎是无始无终永远结合在一起的,除了它们自身是物质元素,同时,它们作用于其上的"四根"也要无始无终地保持其自身,否则爱和憎这两种并存的力量就不可能无限地保持下去了。

同时,伯尼特认为,从残篇本身来看,毫无疑问,爱和憎是占有大小和形状

---

① 尼采:《希腊悲剧时代的哲学》,商务印书馆1994年版,第93—94页。
② 苗力田主编:《古希腊哲学》,中国人民大学出版社1995年版,第99页。
③ 苗力田主编:《古希腊哲学》,中国人民大学出版社1995年版,第113页。
④ 苗力田主编:《古希腊哲学》,中国人民大学出版社1995年版,第111页。
⑤ 亚里士多德:《形而上学》1075b1—5。
⑥ 参见 Burnet, *Early Greek Philosophy*, London: Adam & Charles Black, 1948, p.236。

的。① 对于那个时代的哲人来说,没有大小、没有形状的物质是难以想象的。即使他们思考的出发点是想象,把爱和憎理解为物质力量也是合情合理的。②从这种对物质的理解出发,上升到某种物质结合的内在力量,这未尝不可。

对于恩培多克勒的爱和憎,我们一定要抓住爱本身结合的是相异的力量,它把相异的元素结合到一起,那么,同时产生的就是相同的元素发生了分离,也就是憎的作用。因此爱在结合的同时也产生了分离,憎在造成分离和破坏的同时也产生了结合,它使相异的元素分离,相同的元素结合。关于这一点,亚里士多德指出:"他设定争吵为某种本原,是消灭的原因,但看起来除了一之外,它全然也能生产……争吵不但是消灭的原因,同样也是存在的原因。同样,友爱也不只是存在的原因,把一切合拢在一起时,也就消灭了其他。"③这样,爱和憎成为天平的两端,一方在破坏的时候,另一方在生产,或者一方在结合,那么另一方就在分离。能够产生这种持续运动的前提就是,不管是在生成还是在破坏当中,四种元素自身都保持不变。它们本身不能被爱或憎所破坏而失去自身的同一,这种同一是不受爱和憎两种力量影响的。

但是,爱是使相异的元素彼此结合到一起,它不同于同类相吸。憎是根据元素本身的性质,把相同的结合到一起。像爱一样,它不是一种构成元素,但爱恰恰是不同类元素之间的吸引和结合。④ 只要元素保持自身,就既能找到自己的同类,也能找到自身的异类。这种不变的本质,必将使爱存在下去,也将使憎存在下去,爱和憎成为了无所不在的力。只要有存在,这种存在的本质不变,就有相同和相异,就有吸引和结合。

我们从恩培多克勒的学说当中,可以看到赫拉克利特的流动的火。只不过他让这种变化的本性成为了不变的本质,这种不变的本质本身不能为爱和憎所改变。正因为如此,爱和憎才能改变它们所能改变的。它们所能决定的

① 参见 Burnet, *Early Greek Philosophy*, London: Adam & Charles Black, 1948, p.232。
② 当然,除了伯尼特的这种观点,还有两种。一种是认为爱和憎是精神性的力量,以克莱芙为代表;另一种是把爱和憎既看成是物质的力量,也看成是精神的力量,以策勒和格思里为代表。参见汪子嵩等:《希腊哲学史》第1卷,人民出版社2004年版,第820—821页。
③ 亚里士多德:《形而上学》1000a25—30、1000b10—15。
④ 参见 Burnet, *Early Greek Philosophy*, London: Adam & Charles Black, 1948, p.233。

是生成的世界，只有在这里它们才有自己发挥力量的空间。这个缤纷的世界都是爱和憎共同作用的结果，它们没有谁高谁低之分。在它们都是物质力量这个意义上，二者是不可分离的。

爱和憎的作用又是机械的，没有任何目的，这一点受到了柏拉图和亚里士多德的批评。前者责备恩培多克勒把一切事物的产生归为机缘和自然，而贬低技艺和人为创造的东西，"他们说，这些东西的诞生不是由于心灵的作用，也不是由于神的作用，更不是由于技艺的作用，而是由于自然和命运"。① 对于柏拉图来说，任何没有目的的活动都是不可理解的。尽管自然有它自己的发展，但是，人的立法恰恰是在自然而然产生的习俗的基础上，为着人的目的而制定出来的，是应该为城邦中的每个人所遵守的。因此，对于恩培多克勒完全依靠自然和机缘的观点，柏拉图当然要持一种批判的态度。而且，哲学本身就是一种批判和超越，柏拉图要超越的就是早期自然哲学家的机械论的观点，而建立一套适合城邦目的和人的德性发展的法律。

亚里士多德也认为，恩培多克勒赋予机缘和必然性如此重要的地位，却没有对这两者作出任何说明和解释。他只是说明了"憎由于必然性或'有力的神谕'而进入世界，但是，比这些更多的我们就不得而知了"。② 这是早期自然哲学的一种特色，即它赋予所描述的任何事物以二重性，比如对于爱来说，它既是物质的力量，也是精神的力量。恩培多克勒自己也逃脱不了这种影响和困惑，到底爱是精神的还是物质的，他也不能给出一种明确的答复。

但是，从伦理意义上来说，爱所带来的世界才是人类的福祉。从爱到憎是人类的灾难，"他自己因为相信憎，也是从天上下来的流浪者，'从那光荣之乡，从那至高的福境，我堕落在这大地，徘徊在这芸芸众生之中'"。③ 从恩培多克勒的自然哲学的角度来看，他把爱和憎看成是两种相辅相成的力量。对于万物的生成和运动来说，二者缺一不可。但是从伦理价值上来看，他还是不希望憎的存在，而希望人类只享有爱以及爱所带来的福祉，这是他当时生活的城邦环境所决定的。战争对于任何时代的人来说都是可憎的，它们代表的就

---

① 柏拉图：《法篇》889C。

② Burnet, *Early Greek Philosophy*, London: Adam & Charles Black, 1948, p.233.

③ 汪子嵩等：《希腊哲学史》第 1 卷，人民出版社 2004 年版，第 859 页。

是憎所带来的结果,因此,这就决定了恩培多克勒的爱的二重性。

二、柏拉图关于爱的观念

苏格拉底作为古希腊的先哲,没有留下只言片语的文字记载。他的学说能够为我们所知,这要感谢两个人:一个是柏拉图,以哲学的辩证法来装点他的老师的人;一个是色诺芬,以朴实的历史手法来记载他的老师的弟子。在前者的对话当中,苏格拉底自称是爱欲的专家,声称自己是唯一认识到自己无知的人,却能够独擅情事。在后者的《会饮》当中,苏格拉底声称自己无时无刻不在爱和被爱。①

在对苏格拉底情欲的描写当中,尤其是在柏拉图的笔下,苏格拉底作为一个又老又丑的情人,却反而被卡尔弥德和阿尔卡比亚德当成爱人来追求。这是哲学对爱欲占了上风,前者在灵魂当中恢复了控制的地位,把爱神从天外拉到半空,成为神人之间的桥梁。在使爱神从神座下降到精灵的所在时,爱神作为一个神的神话被打破了,他成为一个魔或者说是精灵($\delta\alpha\iota\mu\omega\nu$)。这个精灵在神与人之间游走,处在智慧和无知之间。这就是哲学家的化身,爱神就是哲学家,苏格拉底就是这样一个哲学家。爱神和哲学家的这一结合体,能够把柏拉图和色诺芬这两个出色的年轻人聚拢在自己的门下,想必也是由于爱欲的作用。

在柏拉图这里,爱欲不再是弥漫在整个宇宙中的力量,他把它收拢在人的灵魂当中。因为灵魂论是柏拉图哲学的核心,把他关于人、城邦和宇宙的学说结合到一起。没有关于灵魂的学说,也就没有关于人、城邦以及关于宇宙的哲学。灵魂的三分使得每个部分都有相应的德性相对应,理智部分对应智慧,是为护国者阶层所具有的。勇敢对应的是灵魂当中的激情部分,它为卫士阶层所独有。至于灵魂当中的欲望部分,却没有专门的德性与之相对应。节制不专属于任何一个部分,而是贯彻从高到低的各个部分,因为每个部分的本性决定了它特殊的欲望,而且,这种欲望只有特定的东西才能使它得到满足。②

---

① 参见色诺芬:《会饮》,华夏出版社 2005 年版,第 106 页。
② 参见柏拉图:《理想国》438A。

这样,灵魂中每个部分都有它特定的欲望。因此,爱欲弥漫在灵魂的各个部分当中,激情部分爱的是荣誉,欲望部分爱的是金钱和美色,而理智部分爱的是智慧。柏拉图并没有把它们看成是平等的,这几个部分的所爱——男童、酒、荣誉,爱的都是全体。因为对男童的爱,爱的是他的全体,包括外表上的优点和缺陷。只要是爱喝酒的人,总能找到证明酒好的理由。至于荣誉也是,什么样的人都能找到与自己相配的荣誉,柏拉图由这些所爱推出对哲学的爱,爱的也是智慧的全体,没有人满足于一知半解。① 而且,只有对智慧的爱才是最高的爱,因为它直接与理念当中最高的即善的理念相关,而灵魂与善的理念又有亲缘关系,灵魂中的理智部分只有与真实体接近、交合,才能孕育出真知。②

相应地,在《理想国》当中,我们看到的是对哲学王进行理智方面的训练。这种对智慧的追求天生就包含着爱欲,而对智慧的爱是从毕达哥拉斯学派开始的,是他们把爱智慧的人称为哲学家。但是,在《理想国》中所讨论的爱欲被等同于僭主的灵魂而遭到排斥。③ 显然,不管是在灵魂当中,还是在城邦当中,欲望都是一个作恶的对象,应该受到理性的支配和控制。在灵魂当中,欲望部分没有自己相对应的德性,这主要是因为它违背理性去作恶的可能性很大。欲望可能是与理性作对,去做理性不允许做的事,它可以说是放纵和罪恶的渊薮。

但是,随着柏拉图对灵魂的看法发生了改变,相应地,他对欲望的理解也发生了扭转,这就是认为欲望并不是不可救药的。欲望作为一个中立的对象走进柏拉图的视野并得到适当的管理和训练,是在爱成为柏拉图善的世界中的一道亮光之后。对欲望的培养是在《会饮》和《斐德罗》中实现的。④ 当柏拉图对灵魂进行了精致的分析之后,爱神收回了他那大得漫无边际的网。他不再把宇宙中的万事万物网罗在网中央,而是实现了向灵魂的回归,使爱成为灵魂当中一种常驻的力量,时刻与灵魂的命运联系在一起。欲望也由原来的

① 参见柏拉图:《理想国》474—475。
② 参见柏拉图:《理想国》490B。
③ 参见柏拉图:《理想国》573B。
④ 参见 F. M. Cornford, *The Unwritten Philosophy and Other Essays*, New York: Cambridge University Press, p.70;伯纳德特:《苏格拉底与柏拉图:爱欲的辩证法》,载《苏格拉底问题》,华夏出版社 2005 年版,第 164 页。

物质和精神的二重身份,变成了一种纯粹的精神力量。它不可见不可知也不可量,如果不加以引导的话,必然会导致过度和放纵。柏拉图有他自己的一套爱欲接引法。

柏拉图对爱的看法是与他对善的追求结合在一起的。在《理想国》当中,善的通道完全是哲学家的理智所打造的,在那里欲望被当成是横在其间的一个障碍。但是,当理智对于善的世界的攀登已经筋疲力尽的时候,柏拉图转向了爱欲的力量。如果爱欲得到很好的引导、使之向善的话,那么,将给通向善的道路加上双重的保险。柏拉图所做的这种尝试就是在《会饮》和《斐德罗》当中开始的。

在《会饮》当中,前面的五位相继完成了对爱神的赞颂,苏格拉底接着阿迦通的话题。因为阿迦通在赞颂伊始,就想先阐明爱神的本质。但是,他给爱神所做的定位并不是就爱神的本质,而是就爱神的特征,即美和年轻、有福分。① 这样,他也没有摆脱前几位赞颂者的窠臼,仍然是把爱神等同于被爱的人,好像爱神的福分就来自于被爱者的美和善。

男童自有他英俊、迷人的一面。但是,单单从被爱者的美和完善上,关于爱情我们得不到任何东西,或者说得到的也只是被爱者的皮肉色泽带来的快感。可是,在这一点上,我们并没有把自己与动物区分开来。因此,把爱神等同于被爱者我们得不到爱的本质,"从'被爱的'要素那里寻找应该怎样讨论爱情的原则;因此,他们受到了被爱男童的魅力、英俊、完美的迷惑,而且不恰当地把这些优点给予爱情本身。除非有人问爱情是什么,而不是它爱的是什么,爱情是不会展现自己的真面目的"。②

当然,在爱情的两端,除了被爱的人,就是有爱的人。柏拉图把爱神从被爱者身上美和善的光环中剥离出来,并灵巧地从被爱的一端滑向了有爱的一

---

① 参见柏拉图:《会饮》195A—B。

② 福柯:《性经验史》,上海世纪出版集团2005年版,第277页。伯纳德特指出,这种把爱欲与被欲望者相混淆的状况在阿里斯托芬那里避免了。但是,它自身也有无法避免的矛盾,"唯有阿里斯托芬看到爱欲自觉其匮乏,但由于他未能将其联系于心智,认为其目标在于一种乌托邦似的自我实现,且不以美或善为中介——事实上它会导致人的全面重构——它就是全面绝望的根源"(刘小枫、陈少明主编:《苏格拉底问题》,华夏出版社2005年版,第163页)。

端。果然,他发现了爱的新境界,这个境界完全是由有爱的人创造的。爱的存在是由于对美善的匮乏,由此产生的希冀。这样,爱神是神的身份被颠覆了,因为他不美不善,但不能把他等同于丑和恶。因为在美丑和善恶之间还有一种中间状态,就像在智慧和无知之间有一种中间状态,叫作真实的意见一样,而前者是爱神,后者是哲学家。但现在,柏拉图把这个鸿沟给弥合了,爱神也追求智慧,因为智慧是事物中最美的。① 哲学家也追求美善,就这样爱神与哲学家结合为一体了,这个化身就是苏格拉底。

爱神因为自身的不美不善,因此他追求美善。而有了美善,却又希望这种美善永远为自己所有。由于美善可以在男童身上找到一部分,因此,男童之爱能够满足爱者对美善的渴求,这就是通过在美中的孕育。但是,在古希腊的爱欲当中,男童一般被当成快感的对象,这是一种不对等的交易。成年男子用他所具有的政治才能、阅历和德性来影响和教育被爱者,只要后者能为前者的卓越所征服,自然前者就能从被爱者身上得到他想要的一切。

但是,当给予是自愿的时候,所产生的一个问题就是,这种自愿的给予必然带来欲望的无穷延伸,也就是得到的越多,想要的也越多。那么,发展到最后,这种关系就会蜕化为一种快感的艺术,他所具有的教育功能将大打折扣。因为成年男子本身是作为男童的榜样或者角色模型而与男童交往的,但是,如果连他自己都陷于欲望的陷阱而不能自拔,他又如何来影响关系中的另一方?后者在这种行为中所扮演的角色已经决定了他最初的动机难以实现,因为他的主人自己就是欲望的奴仆,他自己是这种奴仆的奴仆。因此,当这种关系蜕化为欲望的满足的时候,所带来的结果是危险的。不仅对于成年男子危险,而且对于男童也是不利的,后者不但没有得到想要的德性,反而成为填充欲望沟壑的牺牲品。对于前者来说,一旦打开欲望的闸门,一切罪恶之流都抵挡不住了。

苏格拉底自己既是有爱的人,也是被爱的人,这两个方面他做得都很好。从有爱的人的角度,他劝人们躲避美色,一见到头都不要回。② 而且,他提醒

① 参见柏拉图:《会饮》204B。

② 参见 Xenophon, *Memorabilia*, Chapter 3,13。

人们沉湎于肉欲的危险，"如果一个人只是以情欲为目的而着手于身体方面，他就一定会使完美而高贵的东西丧失殆尽"。① 那么，情人所应该为爱人做的，"就是要去塑造和调理他们所眷爱的人，使其品德达到一定的高度"。② 从被爱者的角度，这个又老又丑的人——苏格拉底，反而成为漂亮的年轻人——阿尔卡比亚德的爱人，后者想用美丽的身体引诱他。但是，阿尔卡比亚德所遭到的失败，证明了苏格拉底能够抵御自身对肉体的欲望。他之所以能够对如此美丽的身体毫不动心，不是因为他没有欲望，而是他把这种欲望引向了其他方面。他也把爱他的男童引向了其他方面，这就是从肉体之爱到智慧之爱，从身体的交合到智慧的孕育和创造。

男童之爱所遭遇的瓶颈就表现在这样两个方面：一是男童之爱会制造一个欲望的陷阱，使爱人和情人都变成了自身之所不是；二是男童之爱无法培育出后代，而这是人的生命得以延续的方式。因为人人都是有死的，而有死的生物想要不朽，只有靠孕育，留下一个与自己相类似的个体，来代替自己。人在一定的年龄想要结婚，就是这种不朽意识的作用，③以便使整个种族延续下去，在这一点上人和动物没有区别。可是，男童之爱就像把种子种在砂石里，白白浪费。在这样的土壤中，生命的种子绝不会扎根，也不会长出自然的果实。④

对于男子与自己的妻子之外的女人发生关系，这种行为本身就不是以生育为目的。即使它结出了果实，也是不正当的，不是神圣的婚姻的赐予，对于这样的男人要剥夺他的公民权，⑤私生子也有权利不养他的老。⑥ 对于到指定年龄不结婚的人，也要受到惩罚。即使是有名望的人，没有结婚并留下合法的后代，他的这种名望也会因此缩减大半。甚至以他的年龄应该得到一个年轻人的让座的权利也被剥夺了，"因为你还没有生下一个以后能够给我让座

---

① 色诺芬：《会饮》，华夏出版社 2005 年版，第 122 页。
② 色诺芬：《会饮》，华夏出版社 2005 年版，第 122 页。
③ 参见柏拉图：《法篇》721C—D。
④ 参见柏拉图：《法篇》839A。
⑤ 参见柏拉图：《法篇》841E。
⑥ 参见普鲁塔克：《希腊罗马名人传》（上），商务印书馆 1999 年版，第 104 页。

的子嗣呢"。①

　　柏拉图正是从整个城邦的利益考虑,认为男童之爱是不自然的,因为它不产果实,不能为家族和城邦延续生命。即使对于男女之爱,如果只是为了欲望的满足,就像四角兽那样纵情肆欲,②也是不自然的。可见,柏拉图的爱欲是在一种目的论的框架之下来探讨的,对于他来说,爱欲一定要有某种以善为指归的目的,在这个目的的驱使下产生某种结果。就合法的婚姻来说,男女的结合给家族和城邦生产一个子嗣,而男童之爱在这方面是无能为力的,因此受到了柏拉图的批评。但是,我们可以看到柏拉图的爱欲思想,都是在这种男童之爱的背景下探讨的。③ 这就表明柏拉图并没有彻底否弃男童之爱,他使这种爱满足另外一个目的,这就是追求善。求善就是男童之爱的目的。

　　可见,不管是男女结合还是男童之爱,都突破了对身体、对快感本身的追求,而朝向一个更加远大的目标。它的出发点却是人和动物共有的本性,那就是通过孕育来达到不朽。只不过,在人这里,孕育只能播种于美,不能播种于丑。可以说这是有死的人达到不朽的唯一方式,具有这种身体的生殖力的人只愿意接近女人。④ 但是,对于有男子气的人来说,他们做这一切只是习俗所迫。结婚生子都是迫不得已,让他们自己选择,他们宁愿与自己所钟爱的少年待在一起。⑤ 但是,这种爱情给他们带来的是什么呢? 身体之爱是一定要被超越的,肉体的生殖又是不可能的。问题在于,这种爱恰恰与肉体的生殖极为相似,那就是精神的孕育。这种孕育的产儿是智慧,只有这样,才能突破男童之爱的瓶颈。这种爱追求智慧,就使它自身上升到一个更高的境界。

　　男童之爱能突破身体,朝向善,这是因为男童之美是不可抵挡的。这种美在人世的仿影是最真切、最动人、最摄人心魄的。在世俗的景象当中,只有这种美的仿影是最能打动人的,⑥其他本体在人世的仿影都模糊不清。即使对

---

① 普鲁塔克:《希腊罗马名人传》(上),商务印书馆 1999 年版,第 191 页。

② 参见柏拉图:《斐德罗》251A。

③ 参见 Dover, *Greek Homosexuality*, Cambridge, Mass.: Harvard University Press, 1989, p.154.

④ 参见柏拉图:《会饮》208E。

⑤ 参见柏拉图:《会饮》192B。

⑥ 参见柏拉图:《斐德罗》250D。

于哲学家来说,也要费尽大力,最后也辨别不清。对于美却不是这样,是人人都能观照得到的,就像萨福所说,面对这种美,哑然失声了。没有美,就不会有爱。只有美,才会使人回忆起灵魂附身之前的天外的景象,才能使向善之路是如此的吸引人和打动人,使爱的攀登变得不再艰难。

这种哲学爱欲之所以能够在男童身上产生,是因为,一方面他身上带着某种羞涩和矜持的美,让人难以自持;另一方面,古希腊所理解的智慧不是写下来的文字,而是人与人之间的交流和讨论,这种讨论更容易在男子之间产生。① 对于已经完成了身体上彼此了解的两个人,这种一问一答是如此和谐,就像是身体在接触时候的进退和伸缩。当他们不再把爱停留于美的身体的时候,这种对智慧的爱还会使他们的爱延续。但是,这种爱的延续却不是无限的。在柏拉图这里,当看到那些美的形体背后的美都是同一种美的时候,对男童之爱就戛然而止了。如果还停留在这个上面,那么这种爱就是卑贱的了。因为男童不是爱的指归,爱要朝向的是善的世界。在这种攀登当中,男童之爱只能作为一级阶梯,这种爱必然要被超越,而且,只有和美的本体结合,才能孕育出真正的德性。② 这样,男童之爱在突破自身的瓶颈的时候,也就到自身该终结的时候了。

三、亚里士多德关于爱的观念

亚里士多德的一句名言可以代表他和他的老师柏拉图之间的关系——"吾爱吾师,吾更爱真理",他把同老师的感情纳入到友爱的范围,认为"虽然友爱和真两者都是我们的所爱,爱智慧者的责任却首先是追求真"。③ 因此,亚里士多德认为自己如果在某个问题上不同意老师的意见,那么友爱要向真作出让步。

在柏拉图看来,达到真理正是爱的最终目的。如果爱不是以此为指向,只是沉浸于与美童的肉体之爱,那么这种爱就太鄙俗了,不值得追求。同时,在柏拉图那里,不管是通过与美的真实体所孕育出的真正的德性也好,还是通过

---

① 参见 Dover, *Greek Homosexuality*, Cambridge, Mass.: Harvard University Press, 1989, p.164.
② 参见柏拉图:《会饮》212A。
③ 亚里士多德:《尼各马可伦理学》1096a15。

美在人世的仿影所激起的对天外真实境界的回忆也罢,能够获得这种德性的首先是追求者。在前者当中是爱的攀登者,在后者当中是爱的回忆者。然而,这种真实体本身与被爱者是否有缘还要指望有爱的人,当他达到真实体的时候,回头看一看自己走过的路。如果他还能想到被爱者曾经作为一个台阶让他攀登,作为一个仿影引起他的回忆,他是否会起恻隐之心,把他所得到的美好的东西让被爱者也分沾一份?

这个问题只在《斐德罗》篇中有所影射,那就是要把被爱者也塑造成类似自己所追随的神,而在《会饮》中是没有答案的。因此,在师生的友爱当中,亚里士多德是一个被爱者(在接受老师传授的意义上)。但是,他发现了真理,在柏拉图的爱欲观念里,也成为一个爱的攀登者,这是有违柏拉图所认为的爱欲原则的。因为爱把真理首先给予的是有爱的人,而不是被爱的人。但是,亚里士多德迈出了老师所设定的门槛,达到一个真理的境界,同时,他对爱也有了不同于老师的理解。

亚里士多德为自己在真理大原上分得了一杯羹,在真理的神座上可以与老师平分秋色。这表明,如果爱的最高境界是对智慧的爱,这种爱不是爱者一个人所独具的,也不是靠攀登或者回忆的方式才能达到的。恰恰相反,爱智慧同为友爱双方所享有,爱智慧不是向上攀登的路,而是一条向下的路。这条路不是一个人走,而是与朋友一起走。实现德性不是靠回忆,而是靠实践活动,这种实践活动也只有在与朋友的共同生活中才能最好地完成。可见,亚里士多德的爱智之路不是通天的,也不是神秘的,而是向下的、凡俗的。这是因为他把那位于天外的善带到了人间,不是统揽一切的善的型式,而是共同生活当中可获得的各种善。①

总之,不管哪种善都是属人的善,即使是最高的善——幸福,也不是人不可以达到的。柏拉图以爱欲的名义去求善,但是,最终这种善却只能一个人获得。亚里士多德以友爱的名义,与朋友一道来追求智慧。"我们应当与适量的、有选择的朋友进行充分的相互分享,以便我们可以发挥我们的正常发展的

---

① 以终极性来划分的话,善或者是以自身为目的的,或者是实现其他目的的手段(参见亚里士多德:《尼各马可伦理学》1097a30—35);它还可以分为身体的善、灵魂的善和外在的善(参见亚里士多德:《尼各马可伦理学》1098b10—15)。

生命的最好功能,即智的思辨活动,而这种活动就是人生的真实幸福所在"①。

亚里士多德不同于柏拉图最重要的方面就是他使友爱建立在平等的基础上。正是这样一种出发点,可以让他根据人的多种需要,而获得不同的友爱。在这种交互的友爱当中,朋友各取所需,有的获得了利益,即好处,有的获得了快乐,有的获得了更好的德性;因为以德性为纽带结合在一起的人本身就是好人,通过友爱只能使这种好保持下去甚至使他变得更好。只有在最后一种意义上,才类似于柏拉图的爱欲。因为爱的双方在德性的基础上,有最大的相似性。在《会饮》当中,爱者要找一个身体和心灵调和的个体来孕育。② 在《斐德罗》中,那个美的仿影是貌似神明的,③在与神明相似这一点上,爱人与情人达到了最大的相似性。

在亚里士多德这里,除了德性之爱——这种相似性最大的友爱,依次还划分了快乐之爱与有用之爱,它们的相似性依次降低。可以说在亚里士多德这里,相似性发生了分裂,这就为不同的人获得友爱提供了可能,打破了柏拉图所认为的,爱既不能在好人之间产生,也不能在坏人之间产生,更不能在不好不坏的人之间产生,最后,好人与不好不坏之间能否产生友爱也受到了质疑。亚里士多德认为,所有这些种类的人之间都可以产生友爱,因为他们都有相对于自身的善。

对于柏拉图来说,爱的产生只能建立在德性的基础上,因为爱者所追求的目标决定了被爱者的美和善。但是,在现实的同性之爱中,恰恰表现为一种不对等。只有这种不对等才使爱成为可能,一者提供的是美的形体,一者提供的是德性和智慧,这样双方才能达成交易。但是,这种交易似的爱在柏拉图这里受到了排斥,就像莱西阿斯的演讲辞所说的,一个用自己的身体换取金钱,一个用金钱来换取快乐,这就是爱的双方能够对彼此不动心的原因,这是卑下的,但可能是真实的。亚里士多德把老师丢掉的东西捡了回来,他让友爱重新回到共同体的生活当中,为此可以牺牲相似性,但却换回了平等(当然有不平等

① 廖申白:《亚里士多德友爱论研究》,河南人民出版社 2000 年版,第 61 页。
② 参见柏拉图:《会饮》209B。
③ 参见柏拉图:《斐德罗》251A。

的友爱,但是,在与性爱类比的意义上,我们关心的主要是具有相似性的友爱)。

在柏拉图那里,友爱是在爱的基础上产生的。因为是爱者对被爱者的爱在先,这种爱只有在被爱者那里得到了回应,友爱才能产生。对于被爱者来说,他对爱者的爱才是友爱,没有爱就没有友爱,而实质上二者是同一种爱。① 在亚里士多德这里,爱成为具有最大相似性的一种友爱。正因为如此,爱在感情上是更为强烈的一种友爱,因此,它成为友爱的一个特例。

> 爱情是生成在心中的一种冲动,它一旦生成就要运动和生长,最后臻于成熟。一旦成熟它就带来欲望的折磨,在恋人心灵深处,激动在增加,他矢志不移。专心不懈,满怀希望。这把他带向性爱,加强了要求,于是陷入了愁苦和哀伤,无数的不眠之夜,无望的热情和沮丧,终于把心灵摧毁。②

在柏拉图那里,爱只能限定为性爱,它与欲望有不可分割的联系。我们从那驾灵魂马车中的劣马在遇到美少年之后的表现,以及那个御车人使出浑身解数才使这种欲望驯服的过程,可以看到,在爱中这种欲望是多么强烈。它强烈到要使理智失控,把心灵摧毁。在柏拉图那里,爱者灵魂的拯救是通过把爱引导到天外的真实本体,而亚里士多德则是把爱中的欲引导到了感情。因为在他看来,"一般地把感情与欲(性)看作既紧密联系又有所区别的,并主要地把爱本身看作自然地包含着欲的一种过度的感情"。③ 因此,亚里士多德把爱的本质定义为一种感情:④

---

① 参见廖申白:《亚里士多德友爱论研究》,河南人民出版社 2000 年版,第 55 页。

② 亚里士多德:《亚里士多德全集》第十卷,中国人民大学出版社 1997 年版,第 138 页。

③ 廖申白教授指出了亚里士多德的爱的两个方面,一个是感情之爱可以把爱的双方引导到智慧,另一个是肉欲之爱,他分别以情爱和欲爱来区分亚里士多德性爱的这两个方面。但是,他指出,这是出于研究的需要,实际生活中这两个方面是不可分割的。参见《亚里士多德友爱论研究》,河南人民出版社 2000 年版,第 57 页注①。

④ 参见亚里士多德:《尼各马可伦理学》1157b30。亚里士多德也曾把友爱当作一种感情。但这里,他说"友爱似乎是一种品质",但是品质与感情有一种最为自然的联系。因为一个人处理他自己的感情的方式,比如快乐和痛苦,如果处理得正确,并且形成习惯,那么就会成为一种品质在他的性格中沉淀下来。(参见廖申白:《亚里士多德友爱论研究》,河南人民出版社 2000 年版,第 238 页)

*在爱之中,得到感情比性更好。爱追求的是感情而不是性。如果是这样,感情就是它的目的。*①

这样,亚里士多德把感情定义为爱的本质,使爱摆脱了对肉欲的沉迷,让它追求高尚的目标。而且,在他看来,感情也就是怒气,比起欲望更容易受理智的支配,"当逻各斯与表象告诉我们受到了某种侮辱时,怒气就好像一边在推理说应当同侮辱者战斗,一边就爆发出来。与此对照,欲望则一听到(逻各斯以及)感觉说某某事物是令人愉悦的,就立即去享受,所以说怒气在某种意义上听从逻各斯,欲望则不是"。② 欲望是以快乐为指归的,尤其是在性快乐当中,人甚至不知道思考什么了。③ 但是,对于灵魂来说,他所追求的善却不能以这种方式来获得。

灵魂分为有逻各斯的部分和没有逻各斯的部分,在没有逻各斯的部分当中就包含了欲望。之所以说它分有逻各斯,是在它听从理智的意义上,只有对欲望的处理方式,才能决定灵魂能否获得道德德性。④ 因此,一个只听从性快乐支配的人,就无法获得灵魂的善。在这个问题上,柏拉图也认为,灵魂中的怒气即激情部分更容易受理性的支配,容易与理性结盟。但是,欲望却是它们共同对抗的力量,因为它指向的是快乐。⑤ 因此,对欲望,柏拉图有他自己的一套对策,这就是把它引导到爱和善。当欲望变成对美善和智慧的爱的时候,它的力量就会非常强大,可以辅助理智实现自己的目标。

在亚里士多德看来,快乐的友爱一般为年轻人所追求。他们受着欲望的指引,而在朋友身上寻求快乐。可是,这种基于快乐的友爱却不长久,他们可以在一日之内相爱,也可以在一日之后就散伙,⑥这就是欲望本身带来的变化。追求快乐就意味着,使人快乐的事物是不固定的,因此,看起来欲望也是

---

① 亚里士多德:《前分析篇》68b4—5。
② 亚里士多德:《尼各马可伦理学》1149a30—35。
③ 参见亚里士多德:《尼各马可伦理学》1152b15—20。
④ 参见亚里士多德:《尼各马可伦理学》1102b25—30,1103a1—5。
⑤ 参见柏拉图:《理想国》436A。
⑥ 参见亚里士多德:《尼各马可伦理学》1156b1—5。

变化的,"变化是甜蜜的"。① 但是,建立在这种变化基础上的爱却是不牢固的,而感情比爱要牢固得多。在亚里士多德看来,感情是灵魂的一种状态,品质就是基于对感情的处理而形成的习惯。感情本身不是品质,我们不会因为一个人的怒气而责备他,而是根据他发怒的方式对他的品行给予褒贬。② 因此,感情是品质的基础,说爱是一种感情,而友爱是一种品质,并没有把爱与友爱截然分开,二者是有着密切的联系的。

但是,爱与友爱仍然存在着差别。爱出于一种偶性,这种偶性在于你是否遇到了一个让你目不转睛的人。在这种注视当中,你感到了莫大的快乐,爱就是从四目相对那一刹那开始的。但是,他们并不是从相同的东西上得到快乐的,爱者的快乐在于注视被爱者,被爱者的快乐在于得到爱者的注视。③ 因为从被爱者的眼睛当中,爱者能读出那种适度和羞涩。"这种适度是被爱者对爱者的爱的反应,从他的眼睛里显出,他注意到爱者对他的爱了,而且也接受这种爱了。但是,却没有鼓动他去突破这个界限,而去拥抱。"④爱的这种偶性决定了它的目的就是从注视,到拥抱,甚至突破一切界限而得到自己想要的东西。由于这种感情的强烈,它决定了只能为一个人所享有。⑤

在这个意义上,当爱在一刹那燃起的时候,它就要服从自己的欲望。想方设法地接近被爱者,想要永远注视着他,拥抱他,"这就像视觉上的快乐是性爱的始点一样,没有对另一个人的形象上的愉悦感就没有性爱。但是,有了这种愉悦感不一定就是性爱。只有对方不在场时就想念,就欲求着那个人的到来,才是性爱"。⑥ 但是,当对方的目光已经对你产生一种力量的时候,其余的一切就由不得你了。但是谁也不知道哪双眼睛会有那样的魔力,它只能去碰,碰到了就要不顾一切地抓住。在这个意义上,就像普莱斯所说的,"爱的目的并不是像它应该是的那样,去为被爱者着想,而是去享受注视和拥抱所带来的

---

① 亚里士多德:《尼各马可伦理学》1154b25—30。

② 参见亚里士多德:《尼各马可伦理学》1106a1—5。

③ 参见亚里士多德:《尼各马可伦理学》1157a5—10。

④ A.W. Price, *Love and Friendship in Plato and Aristotle*, Oxford: Clarendon Press, 1989, p.242.

⑤ 参见亚里士多德:《尼各马可伦理学》1158a10—15。

⑥ 亚里士多德:《尼各马可伦理学》1167a1—5。

快乐;爱者渴求被爱者的陪伴也不是像理想中的那样是出于选择的,而是被一种注视或抚摸的欲所驱使"。①

因此,亚里士多德以感情和品质区分了爱和友爱。因为在友爱当中,爱者是要为着对方的善而去作的。首先对朋友的选择就显示出一个人的德性,而以德性为基础的友爱当然要使双方都互惠,而不是满足私欲的工具。"人们在因所爱之人自身之故而希望他好时,这种善意不是基于感情而是基于一种品质。"②在这个意义上,友爱比爱更为长久。因为爱是建立在快乐的基础上的,当被爱者青春已逝、年华不再的时候,对被爱者的注视就不能给爱者带来快乐,爱存在的基础也就不复存在了。但是,这个时候,如果两个人在共同的生活中形成了共同的道德,那么,爱就转化为友爱,它还可以保持下去。③实际上,爱转化为友爱,就使双方做到了最大程度的相似,建立在这种相似性基础上的爱也会更加持久。④

---

① A.W. Price, *Love and Friendship in Plato and Aristotle*, Oxford: Clarendon Press, 1989, pp. 240-241.
② 亚里士多德:《尼各马可伦理学》1157b30—35。
③ 参见亚里士多德:《尼各马可伦理学》1157a10—15。
④ 参见亚里士多德:《尼各马可伦理学》1157a10—15。

第 二 章

柏拉图关于爱欲的神话

柏拉图在他关于爱欲的两篇对话中,都运用了神话。① 在《会饮》中,是阿里斯托芬的阴阳人和爱的攀登的神话。尽管前者并不代表柏拉图自己的观点,但是,他却借着喜剧诗人的喜剧手法,为第欧提玛——也就是他的真正代言人——的出场,树立了一面神话对神话的靶子,做了一种学说上的铺垫。在《斐德罗》篇中,爱的语言就是神话和诗的语言,灵魂马车的神话构成了对话的主体。既然在对话当中,柏拉图用神话来展示他的哲学,那么,这些神话一定具有深刻的寓意。本章就是要揭示它们的深刻寓意和内涵。

第一节　阿里斯托芬的神话

阿里斯托芬阴阳人的神话,②显然是柏拉图摹仿诗人的手法创造出来的。在《会饮》中,阿里斯托芬的说辞甚至比阿里斯托芬本人的作品还要出色。我们暂且不去管柏拉图推出阿里斯托芬的真正用意,只是来挖掘神话本身的寓意之所在。

---

① 毋庸置疑,神话是《会饮》和《斐德罗》最重要的组成部分。爱欲这一主题会产生如下问题:爱欲是爱神赋予的吗? 爱神本身是神吗? 他与诸神是什么关系? 这些问题不是靠理智的思辨能够解决的。当柏拉图选择爱欲这个主题时,他一定已经想好了表达爱欲最好的方式就是神话。

② 在这一节当中,我们把《会饮》中阿里斯托芬的神话分为两个部分:一个是对阴阳人分割的经过;另一个是"赫淮斯托斯的问题",指的是阴阳人在找到自己的另一半之后,铁匠赫淮斯托斯提议将他们锻造在一起,问他们愿意与否。(参见柏拉图:《会饮》192DE)也许,这个问题没有答案,但是,它却关系着爱欲的命运。

一、宙斯的作品

（一）切割之前

阿里斯托芬在《会饮》中的出场带着一个小小的插曲，这就是在泡塞尼阿斯之后，本应该轮到阿里斯托芬，但是，他却开始打嗝。这个细节在一个戏剧中是不可忽视的：为什么柏拉图要在这个地方安排这样一个小小的障碍，①使得阿里斯托芬无法在那个医生之前说话；柏拉图又为什么会安排一个喜剧诗人来说出这样一番话②。不管各家如何解释，柏拉图在戏剧中所构思的情节和人物，都是服务于整个戏剧的，而用戏剧来展开的哲学留给人们的是无限的想象和研究的空间。我们接下来看阿里斯托芬在他的神话中都说了些什么。

---

① 施特劳斯认为这个打嗝虽然是以一种不太雅观的方式，来拖延阿里斯托芬的说辞，但是，却解决了泡塞尼阿斯和厄里什马克提出的男子同性爱问题，因此这三个人的发言可以算作一组。（参见 Leo Strauss, *On Plato's Symposium*, Chicago and London：the University of Chicago Press, 2001, p.120）而布鲁姆认为这三个说话者并不能算作一组，因为阿里斯托芬的打嗝是对医生那种自得言辞的最大讽刺，虽然它是出于最低位的身体的反抗，但却符合喜剧诗人的身份，产生喜剧效果。（参见刘小枫：《柏拉图的〈会饮〉》，华夏出版社 2003 年版，第 171 页）Dover 则认为柏拉图安排阿里斯托芬出场是因为他把喜剧、神话故事和传说当成是反映大众的态度和价值的题材，并为第欧提玛的演讲辞树立一个靶子。（参见 Dover, *Symposium*, London：Cambridge University Press, 1980, p.113）我们认为这一打嗝就把阿里斯托芬放在了七个先后发言的人当中居间的位置上了，这种位置上的重要性好像是由这个颇具偶然性的打嗝所引起的，而实际上是阿里斯托芬的讲辞赋予它的。无疑阿里斯托芬的讲辞是除了苏格拉底之外最重要的讲辞，他也被看作苏格拉底真正的对话者。

② 在这里关于喜剧诗人的出场，使人联想起阿里斯托芬在他的喜剧《云》中也让苏格拉底出场，把苏格拉底当成诡辩派哲学家的化身，这一形象在喜剧当中显得不信奥林匹亚神，显得败坏青年。巧合的是，在《云》剧上演 25 年之后，苏格拉底恰恰就以不信神和败坏青年的罪状而被城邦处死。许多学者都在猜想阿里斯托芬对于苏格拉底之死所应承担的责任，在《云》剧上演 7 年之后，阿里斯托芬又在《会饮》当中登场了，又使得这些学者猜想柏拉图是否出于怨愤和申冤之意而这样做的。但是，《会饮》诞生的时候，苏格拉底的命运还没有展现出来，又何谈申冤。我们只能说英雄惺惺相惜，阿里斯托芬爱惜苏格拉底，才让苏格拉底在《云》剧当中出场，以示警醒；柏拉图爱惜阿里斯托芬，才让阿里斯托芬在《会饮》当中出场，柏拉图认为唯有阿里斯托芬能够把《会饮》推向一个艺术的高度，颇显爱才之意。（参见李丽丽：《会饮中的诗与哲学》，《自然辩证法研究》2012 年第 1 期）柏拉图还写过两句诗作为诗人的墓志铭："秀丽之神想要寻找一所不朽的宫殿，毕竟在阿里斯托芬的灵府里找到了。"（阿里斯托芬：《阿里斯托芬喜剧六种》，上海人民出版社 2004 年版，第 6 页）

阿里斯托芬与其他三位的不同之处就在于,他又回到了人,①从这个基点上展开他对爱神的赞颂。对于人的本性,他分为三种:除了男人和女人,还有第三种,即阴阳人。那时这种阴阳两性的人并不像现在这样是一种骂人的字眼,阴阳人在形体上和在名称上都兼有阴阳两性。② 这样,阴阳人就有三种:原始的男性[阳、阳],原始的女性[阴、阴],两性人[阴、阳]或[阳、阴]。③ 人具有这些性别种类,同时在形状上如下所述:

从前人的形状是一个圆团,腰和背部形成了一个圆。④ 他们有四只

---

① 斐德罗虽然是讲人的事,但他主要是引证英雄的事迹,用来证明爱神的功用,而颂扬的并非爱神本身;泡塞尼阿斯也从人的角度来讲,他区分了天上女爱神和凡俗女爱神,指出了两者各自的功用,但他偏向于天上女爱神,即娈童之爱;厄里什马克则把这种爱的力量从人扩展到宇宙自然中的万事万物,这些说辞明显带有诡辩的色彩,难怪阿里斯托芬从第二个人讲话起,就开始打嗝,后来用打喷嚏来制止打嗝这个贯穿始终并让人忍俊不禁的现象,带有喜剧诗人的嘲讽和幽默。

② 参见柏拉图:《会饮》189E。之所以说"阴阳人"是一种带有"侮辱性"的字眼,是因为阴阳人代表那些胆怯、懦弱的男性,这在阿里斯托芬的戏剧当中很常见,比如《地母节妇女》中的阿伽通。"在一次就《谬论》中的名词的衰落现象进行讨论时,阿里斯托芬把古希腊语中的阳性名词'克莱奥尼莫斯'(Kleonymos)变为阴性名词'克莱奥尼梅'(Kleonyme)。"(布里松:《古希腊罗马时期不确定的性别》,广西师范大学出版社 2005 年版,第 73 页)柏拉图在《法篇》中也曾指出,对于战场上弃械逃跑者的最恰当的惩罚就是把他变成女人。(参见《法篇》944E)

③ 参见布里松:《古希腊罗马时期不确定的性别》,广西师范大学出版社 2005 年版,第 90 页;Harry Neumann,"On the Comedy of Plato's Aristophanes",*The American Journal of Philosophy*,87(Oct.,1966),No. 4,p.421;K. J. Dover,*Symposium*,London:Cambridge University Press,1980,p.112。

④ 这里关于阴阳人的形状是圆的还是球状的存在着争论。Morrison 专门就这个问题进行了讨论,认为把阴阳人看成是球状的是不符合原意的。他给出了四点理由:一是我们根据自身的现实,去想象两个人合到一起,不会是球状,而是圆的。二是既然能够直立行走,那么也不可能是球状的。三是关于希腊语 περιφερη 的翻译,他指出对于希腊语的翻译,唯一的根据就是这个词所描绘的形象。他还举了《斐多》中的 σφαιπαι(110B),在那里只能翻译为"球状"。最后就是根据阴阳人的父母分别是太阳、大地和月亮,也可推断出它们的子女只能是圆形的。[参见 J. S. Morrison,"Four Notes On Plato's Symposium",*The Classocal Quarlterly*,New Series,14(May,1964),No. 1,pp. 46-49]我们认为他的说明比较有说服力,至于球状的说法,Morrison 认为是根据那个截青果和鸡蛋的比喻而推断出来的。但是,那个比喻实际的用意不在于证明形状方面的相似,而是过程,比喻对人的切割速度之快。[参见 J. S. Morrison,"Four Notes On Plato's Symposium",*The Classocal Quarlterly*,New Series,14(May,1964),No. 1,p.48]

手,四只脚,一个圆颈项上安着一个头。头上有两副面孔,朝相反的方向看,形状完全一模一样,耳朵有四个,生殖器有一对,其他器官的数目都可以依此类推。①

这里的描写的确带着滑稽的意味,我们可以想象这样一个圆球似的人,用他的两张脸来回地面对着我们,使我们几乎无处躲闪。而且,他的两张脸是一模一样的,这也是为什么两个情人见面,大家都评论他们可否有夫妻相,有夫妻相就证明有前世的缘分。(难道是个两性人变来的?)然而,这里的阴阳人是一个人,他们不可能对自身产生爱,而且,只要自身是完整的,爱就永远不会产生。但是,他们自身的傲慢和力量改变了这一切。因为他们长着四只手、四只脚,在直立行走的时候,和我们没有什么差别。等到需要跑快的时候,他们可以手脚并用,所以翻滚得顶快。② 为什么他们会有这样的种类和构造呢? 这是因为他们的身世,男人是由太阳生出来的,女人是由大地生出来的,至于阴阳人则是月亮生出来的。这就表明阴阳人的来源是自然神,他们的产生不是靠性的结合。在他们保持自身的时候,他们就不需要性。但问题是,由于力量过人,他们是不安分的,想要对抗神(奥林匹亚诸神)。等待他们的是什么呢?

(二)切割之后

宙斯和众神不能容忍这样的挑衅发生,但他又不能用雷电把他们灭绝,虽然宙斯有这个力量。③ 因为还要考虑神所需要的献祭和牺牲,那么人被灭绝了,对于神也不是一件好事。神的存在是需要人来证明的,不管是以崇敬的方式,还是以这种斗争的方式。当然,斗争的结果证实了神的力量。宙斯想出了一个办法,他提议把每个人切割成两半,这样不仅他们的力量被削弱了,同时,献给神的礼物也无疑会加倍。最残酷的是,如果他们还不屈服,那么就要把他们再截成两半,每个人用一只脚走路;当然,这只是个威胁。但把人切割成两半这一点宙斯是说到做到的,他果然把人截成两半,就像截青果做果干或用头

---

① 柏拉图:《柏拉图文艺对话集》,人民文学出版社 2000 年版,第 238 页。

② 参见柏拉图:《会饮》190A。

③ 他与巨人们的战斗就以这种方式。参见柏拉图:《柏拉图文艺对话集》,人民文学出版社 2000 年版,第 239 页。

发截鸡蛋一样。① 阴阳人就这样被切割了,既然他们在逃避切割上都没有力量,那么就只能任人摆布了,而这个按照宙斯的吩咐摆布他们的人是阿波罗。这个过程充满了艺术感,同时也带着一种无奈的感伤:

> 截过之后,他吩咐阿波罗把人的面孔和半边颈项扭转到截开的那一面,使人常看见截痕,学乖一点;扭转之后,再把伤口医好。阿波罗于是把他们的面孔扭转过来,把截开的皮从两边拉到中间,拉到现在的肚皮地方,好像用绳子封紧袋口一样。他把缝口在肚皮中央系起,造成现在的肚脐。然后他像皮鞋匠把皮放在鞋模上打平一样,把皱纹弄平,使胸部具有现在这个样子,只在肚皮和肚脐附近留了几条皱纹,使人永远不忘过去的惩罚。②

在这个充满艺术感的创造中,那些来自自然神的阴阳人,失去了自然神赋予他们的第一自然,③而获得了以宙斯为首的奥林匹亚神创造的第二自然。宙斯想要结束人的自然状态,这种状态既等同于原始的、野蛮的状态,④也等同于混沌的状态,⑤这种状态就好比是天神乌兰诺斯与大地该亚天衣无缝的融合。但这种融合却对繁衍生殖构成了威胁,他们的儿子克罗诺斯使出计谋,

---

① 参见柏拉图:《会饮》190E。可能这里真像 Morrison 所认为的那样,这个比喻是指切割的速度非常之快,不然,以阴阳人的翻滚速度,他们即使不抵抗,也会逃避一阵子的。但这里,宙斯以截苹果或鸡蛋的速度使他们没有机会反抗。

② 柏拉图:《柏拉图文艺对话集》,人民文学出版社 2000 年版,第 239—240 页。

③ 布鲁姆区分了第一自然和第二自然,前者拥有的是整全,被宙斯切割之后,获得爱欲来治疗伤痛。这个伤痛是因为神摧毁了他们的第一自然。参见柏拉图:《柏拉图的〈会饮〉》,华夏出版社 2003 年版,第 176 页。

④ "最早的希腊人相信自然神"(柏拉图:《克拉底鲁》397CD),在苏格拉底的时代,只有野蛮人信自然神。"不管思维迟钝(unthinking)的公众的意见如何,但不管是受过教育的希腊人,还是野蛮的波斯人都相信,在过去的时代,希腊人相信过自然神"[Harry Neumann,"On the Comedy of Plato's Aristophanes",*The American Journal of Philosophy*,87 (Oct.,1966),No.4,p.422],而且,相信自然神就等同于未开化的状态。

⑤ 因为,既然阴阳人的父母是自然的神,那么,这就表明人和神的界限没有划定。而现实的自然是天/地、男/女,只有这种界限的存在,才能保证神/人、天/地、男/女各司其职,和谐有序,秩序就代表着文明。而阿里斯托芬所设计的阴阳人,却要向这样的世界挑战,想要恢复原始的未分化的状态。参见布里松:《古希腊罗马时期不确定的性别》,广西师范大学出版社 2005 年版,第 91 页。

趁他父亲不备,把他父亲的生殖器割下来,抛入水中,从浪花中诞生了一位少女,这就是阿弗洛蒂忒。① 有了阿弗洛蒂忒和厄洛斯神,诸神的结合和孕育才有可能,并使得宇宙万物有了秩序。

宙斯的切割使得人失去了原初的完整,这种完整不一定意味着自足,而且后来发生的情况表明了阴阳人恰恰是不自足的,只不过他们的傲慢使他们不知道自己的这种不自足。为此,他们付出了代价——失去了自己的另一半,人都像身体的断片一样在到处寻找自己的另一半,他们相互想念,想再合拢到一起,但是,却没有了结合到一起回到原来的希望。在这种绝望之中,许多人都饿死懒死,能活下来的仍在继续寻找伴侣,但却很盲目,全然不知自己所需。不管对方是全女人截开的一半,还是全男人截开的一半,只要遇到就上前拥抱。显然,这种混乱的状况不可再持续下去,否则人类就有灭亡的危险。即使不是因为饿死懒死,也会因为这种混乱而没法生存。

宙斯不愿看到人类的灭亡和无序,他又想到了一个办法来拯救人类(实际上也考虑他自己),那就是把人的生殖器移到前面。原来都是在后面的,生殖不是借男女交媾,而是像蝉那样把卵下到土里。经过这种改造,男人和女人结合可以传下人种,男人与男人的拥抱可以平泻情欲,再重新投入日常的工作(他没有提到女人,显然是不屑于谈女人与女人之间的情欲,大概认为那是难以启齿的)。这样,作为治疗伤痛的药方,作为引入无序当中的秩序,情欲被赋予了人。但是,一半与另一半的相拥,再也无法回到从前那种整一的状态。而且身体的分离,才使他们从一种盲目的自足状态中走出来,去寻找一个完整的自我。但这个完整的自我不是身体上的完整,而是心灵上的一种自知,这种自知就相当于知道自己的不完整。②

---

① 参见赫西俄德:《神谱》,商务印书馆 1996 年版,第 31—32 页。在布里松看来,只有在天地分离之后,诸神的孕育才有可能,而且,各自都获得了在宇宙中的相对位置,找到了平衡点,才能维持彼此的相互关系以及宇宙的运行。(参见布里松:《古希腊罗马时期不确定的性别》,广西师范大学出版社 2005 年版,第 99 页)

② 在这里,体现了阿里斯托芬和第欧提玛的区别,前者只要找到了自己的另一半,就算达到了自知;但在后者那里,自知恰恰是知道自己的无知,她的爱去治愈的是这种无知的状态。因此,只有善能治愈这种无知的状态,爱寻求的是善,而不是什么一半或整个。参见柏拉图:《会饮》205E。

　　有了爱欲,就等于有了自知。这种自知就是知道自己只是人的一半,①就像一条鱼剖开的半边,也像一个残缺的符。② 治愈这种残缺的只有爱神,所以我们万万不能得罪神,如果再被宙斯切割,那么我们寻找的任务会更加麻烦。因为不仅要找到原来的四分之二,而且还要找被再次切割出去的四分之一,那将真正是一件麻烦的工作。而宙斯在把我们的一半从身上割走以后,使他始料未及的是,由于对自己的另一半的渴求,我们甚至可以饿死懒死。正是这种对爱的信仰,以及追求爱情的艰辛,才使得爱是如此的美丽和令人向往,甚至,人们可以用生命去换取。

　　阿里斯托芬抓住了人最深切的渴求,一向善于使自己的人物在舞台上嬉笑怒骂的他,如果不懂得人的需求,就无法达到引人入胜和令人捧腹的效果。与哲学家相比,他们更懂得人的事,③柏拉图则"或者把人性看得太高,或者把

---

① 这里指的是阿里斯托芬所说的一半,因为原来的人是由现在的两个合在一起的,那时把它翻译成 double-male(双阳性),double-female(双阴性)其实是一种误导,在阿里斯托芬看来,原来才是一个整体,是"一"。但是现在,由于神的惩罚,只能是人的一半和残片,不是两个真正的个体。正是在这个意义上,阿里斯托芬的爱欲是克服这种残缺的状态,去寻求整全,即恢复原来的状态。[参见 Harry Neumann,"On the Comedy of Plato's Aristophanes",*The American Journal of Philosophy*,87(Oct.,1966),No. 4,p.421]但是,阿里斯托芬这种爱欲却在人恢复整全之后,必然要消失,也就是,要人的第一自然,就没有爱欲,要爱欲就没有第一自然。因此,在阿里斯托芬这里,爱欲是一种矛盾的存在,它是对整全的渴求,可是真正拥有了整全,就不再拥有爱欲了。所以真正的恢复是不可能的,一方面是找不到自己的另一半;另一方面,即使找到了自己的另一半,由于人从自足的状态中醒过来,这就意味着人可能无法满足于整全,他会有新的渴求。由于阿里斯托芬是从最低位的身体的整全出发,所以这种爱欲是人与人之间身体的横向交错关系。然而,苏格拉底就尝试了某种拓展,向上拓展到绝对的美,爱欲是纵向的,是不美不善向美善的攀援。阿里斯托芬的爱欲给苏格拉底提供了一个攀登的起点。(参见柏拉图:《柏拉图的〈会饮〉》,华夏出版社 2003 年版,第 179 页)

② 在阿里斯托芬的说辞中用了七个生动的比喻:(1)形容阴阳人走路速度之快,如玩杂技的人翻筋斗一样;(2)把阴阳人截开就像截青果或鸡蛋一样;(3)在缝合肚皮的时候就像用绳子封紧袋口一样;(4)在切割之前的生殖,就好比蝉把卵下到土里;(5)每个人都像一条鱼剖开的半边或是半个符;(6)神对我们的分割就像拉凯代孟人分割阿卡迪亚人一样;(7)我们如果再被截开一次,就会像墓石上那些侧面浮雕的人物。这些比喻体现了阿里斯托芬的喜剧风格。[参见 Walter N. Stevenson," *Plato's Symposium* "(190d7-e2),*Phoenix*,47(Autumn,1993),No. 3,p.259]而且由于他讲的是人的事,可以用这些日常生活中的比喻使它生动起来。

③ 参见柏拉图:《柏拉图的〈会饮〉》,华夏出版社 2003 年版,第 173 页。

人性看得太低",①这些都是无法让大众接受的。就好像这场宴饮,得到掌声最多的是诗人,而不是苏格拉底。但苏格拉底得到的爱欲却是最深刻的,这就是来自他忠实的爱人亚波罗多洛和阿尔卡比亚德的爱。因为他们看到了苏格拉底内里的神像。但是,在苏格拉底和阿尔卡比亚德之间却没有性,只有爱,爱和性是可以分离的。而且苏格拉底也满足于这种爱,性在爱面前显得那样微不足道。

但是,在阿里斯托芬这里,他太了解人了,人不能没有性而生存。如果没有性的存在,人的欲望就无法平复,这种欲望的搅扰必然使人无法投入正常的生活,甚至连传宗接代都不可能。这一点,柏拉图实在觉得难以启齿,因此,一方面他让阿里斯托芬说出了自己无法说出的话;另一方面,他让苏格拉底借第欧提玛之口,来提升这种爱欲,甚至生殖这种人人熟悉的现象,在她那里也是为了获得不朽,肉体上的生殖只是作为引子,来阐扬精神上的生殖。

在阿里斯托芬这里,爱欲和性并不是一开始就结合在一起的。爱欲是在人被分割之后产生的,是对另一半的渴求。但是,这种渴求是宙斯没有想到的,他为了人类不至于被这种思念折磨致死,就稍稍做了一下改动——把人的生殖器移到前面,这样就把性的能力给了人类。这是宙斯的一个谋略,有了平泻和表达这种思念的途径,人就能活过来,宙斯的这种治病的方法的确收到了奇效。有了爱欲,人就可以找自己的另一半,可能不是真正意义上的另一半,但却是能够满足自己需要的另一半。而不再像原来那样,不管对方是全男人的一半,还是全女人的另一半,一碰到就上去拥抱,全无章法,又显得很荒谬。但现在不同了:

> 凡是由上文所说的阴阳人截开的男人就成为女人的追求者,奸夫就是这样产生的。同样,阴阳人的另一半女人,则成为男人的情妇。凡是由原始女人截开的女人在男人中找不到自己的相好,她们就成为女人的追

① E.R. Dodds, "Plato and the Irrational", *The Journal of Hellenic Studies*, 65(1945), p. 19.

求者,于是就产生了女子同性恋者。① 凡是由原始男人截开的男子在少年时代还是原始男人的一截面,爱和男人做朋友,睡在一起,乃至于相互拥抱。他们在少年男子中是最优秀的,因为具有最强烈的男性。②

这几种情欲的产生,使得人与人之间的相互关系确定下来。在这三种关系当中,男子同性爱是最受推崇的,因为他们能够借助爱欲,顺利地从事政治活动,从而能够维持生存。③ 宙斯使人告别了原初自然,实现了与爱欲的结合,找到了自己在宇宙中的位置。可以说爱欲的存在,是宙斯用来管束人的一种规则(nomos),这种规则是与自然相对的。阿里斯托芬的神话把二者都纳入进来,但是,他不接纳其中的任何一种。人的自然是一种混沌无序,神人不分,阴阳不分,而且对于这种状况人却是一种无知的自足;失去了第一自然的人则获得了情欲的治疗,使得人从失去另一半的悲伤中走出来。当然首先要使人能够生存下来,在情爱关系中找到自己的恰当位置。但是,这种自我认识必然也使人不得逾越这个界限,这个界限在人们都找到自己合适的对象中鲜明地表现出来。

---

① 关于女子同性恋者,上文在谈到性能够平泻情欲之时,没有提到。(参见柏拉图:《会饮》191C)这可能和当时对女同性恋者的态度有关,女人只能做男人的娼妓或者妻子,而且,女人之间只能通过一种"特殊"的方式——口交——来完成。何为特殊,就是极为下流,为人所不齿。(参见布里松:《古希腊罗马时期不确定的性别》,广西师范大学出版社 2005 年版,第 80 页)女同性恋没有地位,是与性别在古希腊罗马的定位分不开的,"同性恋女人失去了自身原有的性别特征,她们被看作是穿着古怪、长相丑陋的男性,这是大自然中的怪现象"(布里松:《古希腊罗马时期不确定的性别》,广西师范大学出版社 2005 年版,第 81 页)。即使是妓女,她也会认为,和另一个女人做爱是一件应该受到指责的、丢人现眼的勾当。(参见布里松:《古希腊罗马时期不确定的性别》,广西师范大学出版社 2005 年版,第 82 页)
② 柏拉图:《柏拉图文艺对话集》,人民文学出版社 2000 年版,第 241 页。
③ 在这里,似乎有一种倒转,德性的存在是为了生计,而不是活着是为了培养德性。在《普罗泰格拉》中也有这样的观点,没有正义,羞耻等德性,人就无法生存下去。(参见柏拉图:《普罗泰格拉》320C—323C2)政治活动不是为了培养德性,德性的存在是为了人能够生存下去。众所周知,亚里士多德认为,基本的生存是靠家庭来维持的,而城邦的存在是为了人能活得更好,活得高贵。[参见亚里士多德:《政治学》1252b9—30, Paul. W. Ludwig, "Politics and Eros in Aristophanes' Speech: Symposium (191e-192a) and the Comedies", *The American Journal of Philosophy*, 117 (Winter, 1996), No. 4, pp. 543 - 544]

　　人在这种寻找中失去了自由，却具有了人的高贵。但是阿里斯托芬的出发点不是高贵的人，而就是一个"人"，甚至从人的最低位的东西——身体——谈起，即人的自然。人如何来维护这个自然，尤其在人的第一自然被破坏之后，人又如何生存，将爱欲与人的最基本的生存结合起来，是阿里斯托芬的最高诉求。不管是在原初自然中人的自足和傲慢冒犯了神，面临着第一次生存的危机，还是第二次当他失去了自己的另一半，面临着思念之苦的煎熬所带来的生存危机，危机的解决都是为了人能生存下去。第一次是宙斯对人的切割，改造了人的自然；第二次是情欲的出现，尤其是性的出现，让人类得以生息繁衍，不管是政治活动还是情欲都是为了人的生活（βιου）。

　　可见，阿里斯托芬关注的是人。他认为自然哲学家不关心人的事，是一些缺乏爱欲的家伙，苏格拉底在《云》中就是以这种形象出现的。当然，他并非从现实中的苏格拉底出发。同时，我们也不能肯定柏拉图笔下的苏格拉底距离现实中的更近，然而，柏拉图对话中呈现的苏格拉底可以与阿里斯托芬笔下的苏格拉底进行对比。恰好，诗人与哲学家同时出现在柏拉图的《会饮》当中，而柏拉图是欣赏并模仿诗人才让阿里斯托芬出场的。

　　同样，苏格拉底在《云》剧中的形象，是阿里斯托芬的某种虚构。哪怕是像苏格拉底这样高贵的人物，到了阿里斯托芬的笔下，也难免显出可笑和滑稽的一面。况且，我们已经领教了苏格拉底临终之前所陈述的他是如何从自然哲学转向人的灵魂的研究的。① 苏格拉底一生不是吊在半空中，活在"思想所"里，而是时时在观照人的灵魂，他自己的、和他在一起的年轻人的以及同时代人的灵魂。而对灵魂最大的观照就是用哲学来滋养人的理智部分，它超越了身体爱欲，这也是阿尔卡比亚德在苏格拉底面前受挫的原因。他首先不了解自己，其次不了解他的对象。苏格拉底的爱欲必然要超越人的身体，这在第欧提玛的讲辞中说得很清楚。爱不是对自己的一半或整体的爱，如果这一半或整体不善，爱只能爱善，因为善是我们并不具有的东西。甚至，不通过绝对的美来孕育至善和至德，爱就不会善罢甘休。这样，苏格拉底就在阿里斯托

---

　　① 　参见柏拉图：《斐多》97A—98A。

芬所开启的地方,①实现了对爱欲的"第二次航行"。

二、赫淮斯托斯的问题

由于丧失了自己的另一半,人们在不停地寻找,他们在找回原来的自己,恢复原来的完整性。如果找不到,就坐立不安,总感觉自身是一种欠缺,不知道自己的另一半在哪里,这是对自身的一种深切的渴望和想往。人在失去自身的完整性之后,对自身的认识却更全面了。首先,他认识到了除了他们的来源——自然神——之外,还有其他的神。这些神不是仅凭着两双手脚就对抗得了的,这样在人和神之间起码要保持一定的界限和距离。而且,如果再对神有所不敬的话,还要面临被再次分割的危险。那时对于自身的寻找,将是一件更加麻烦的事。

其次,分割之后,人认识到了自己情欲的存在。这种情欲是给予自己的另一半的,也就是对自身的爱。我们越是爱自身,越是感到自身的欠缺。这种欠缺表现在阿里斯托芬的"人"身上,就是对另一半的渴求,表现在苏格拉底的身上,就是毕生追求智慧。在他那里,爱神恰恰是不美不善的,是处于智慧和无知之间的。正因为他认识到了自身的欠缺(在智慧方面),他要追求智慧,却永远无法达到全知全能,这种欠缺意识具体表现为人达到至善(智慧)的距离。这个距离只能用爱欲来缩短,你越爱它,你离它就越近。但真正对善的绝

---

① 之所以把诗人与哲学家联系起来,是因为他们还是有共同点的,那就是对爱欲本身的赞美。前几位都是从爱的神奇力量以及爱能够培养的各种德性谈起,爱成了某种手段和工具。从整体来看,对厄洛斯的赞颂,先从中层即德性开始,到阿里斯托芬这里,是身体——最低的,再到苏格拉底那里是最高的——至美和至善,从中到低再到高。[参见 Paul W. Ludwig, "Politics and Eros in Aristophanes' Speech:*Symposium* (191e-192a) and the Comedies",*The American Journal of Philosophy*,117(Winter,1996),p.547]另外一种是认为阿里斯托芬的爱欲是对人的历史存在状况的描述,把时间分成三维,过去(未分割之前),现在(被切成两半,爱欲出现),未来(找到自己的另一半,医治好存在的裂伤),那么爱欲仅仅存在于现在,这是第欧提玛反对的地方。如果把爱欲确定为对善的爱,就会超越时间中的三维,达到不朽。(参见柏拉图:《柏拉图的〈会饮〉》,华夏出版社 2003年版,第 81 页)阿里斯托芬是从身体出发,把欲求身体的完整当成爱欲,但是,宙斯切割他们的目的是要使他们由不自知到自知。而且如果自知是完整性的一部分的话,那么即使找到了自己的另一半,实现了身体上的完整,但是,这种自知还是永远留在那里的伤疤,提醒着他曾经的不完整,也提醒着他爱欲是不可缺少的。

顶的到达却不是人人都能实现的，每个人都怀着这样的希望。因此，表现在每个人都想占有善，而且想永远地占有善，即是把自己变成善的，永垂不朽。

在阿里斯托芬这里，人越是认识到自己的欠缺，越是不能停止对自己的另一半的寻找。而且，找到之后，他们马上就会心生爱意，互相亲昵，一刻都不肯分离。① 因为这另一半正是对自身欠缺的补足，没有这另一半，自己就找不到归属感——因为你不知道自己的另一半在何方漂流。既然你们同命相连，只有找到这另一半，才能找到自己的归属感。但对自身的认识，却不能停留于找到自己的另一半。找到之后，人就满足了吗？这种满足感来源于何处，仅是身体上的满足吗？好像不是。身体上的需要不是只有另一半才能满足的，就好像美的形体不是只有一个，它只是美的一个个例。这就是苏格拉底不能停留于某个美的形体，而要从这许多个美的形体中瞥见形体美的型式本身的原因。同样，如果我们找到自己的另一半，仅是为了获得肉体上的消遣和满足，那么不至于找得这样辛苦，这样执着。

可是，这世上你的另一半只有一个，你爱的终点也就在这另一半的身上。如果你只想得到性的满足，不至于非要找到这另一半。可是，我们找到这另一半又是为了什么呢？好像说不出。我们只知道，这个世界上，只要有自己的另一半，一定不能让他流落在外，一定要找到他，和他在一起，而在找到他之后，爱有了，家有了。我们看不到苏格拉底在每一个美的形体身上所看到的美本身，我们眼中只有我们的爱人，我们的爱也终止于我们的爱人，不管是从爱人身上我们能够得到什么。如果非要说出个中原因来，那就等于非要给爱抹上世俗的色彩，而那是我们的爱所不屑的。

但赫淮斯托斯在拿着他的铁匠工具防不胜防地站到两个躺在一起的人面前时，②又要问这个问题："你们这两个人，彼此想从对方身上得到的究竟是什

---

① 参见柏拉图：《会饮》192C。

② 赫淮斯托斯是一个火神，精于手工技艺，为赫拉在与宙斯吵过架后所生（参见赫西俄德：《神谱》，商务印书馆 1996 年版，第 53 页）；在希腊城邦，由于工匠技艺有利于战士的德性，而享有第二尊名，而且由于赫淮斯托斯与雅典娜的神秘邂逅，他成为了第一任王 Erichthonios 的真正的父亲，从而成为雅典人的祖先。因此，只有在雅典城，赫淮斯托斯在神话和传说中有特殊的地位——有纪念铁匠的节日和庙宇（参见 Walter Burkert,

么呢?"①他说:"如果你们的愿望是紧紧地结合在一起,日夜都不分离,我可以把你们放在炉里熔成一片,使你们由两个人变成一个人,只要你们在世一天,你们就一天像只是一个人在活着。假如你们死,那也就在一道死,走到阴间的就不是两个人而只是一个人。想一想看,你们是否愿意这样办?"②

这个时候可能没有人会不愿意恢复自身的完整状态,这正是被切割的人所日夜企盼的。现在,有人做了这样的提议,当然不会拒绝了。但赫淮斯托斯的问题还是没有得到答案,即使两个人以一体的方式活着或者死去,却还是不知道为什么要彼此相守,而且非他不行。这也是喜剧诗人的说辞为人所津津乐道的原因。我们此生都在寻找自己的另一半,找到了恨不得与他融为一体,此生永不分离,但让我们说出原因来,我们却不知道,认为这是一个没有答案的问题。即使梁山伯与祝英台、罗密欧与朱丽叶,对这个问题也会不置可否。答案只有一个,"因为爱",因此对于爱欲,我们不能问为什么,任何一个答案都破坏了爱的神秘和美丽。

但苏格拉底要揭开笼罩在爱情头上的神秘面纱,使它呈现出一种果不其然的神圣来。因为在他那里,爱只能是对善的爱。善是神圣的,但不是神秘的,因为人的理智可以窥见它,只要这个人具有对智慧的爱,爱神即是哲学家。因此,循着爱所指引的方向,我们走向美和善,只要后两者是可知的,那么爱就不应该是神秘的,因为它是美善的伴侣。苏格拉底自称是爱欲的专家,最懂得情事。因为他是一个真正地被智慧所吸引、始终不渝地追求真理的人,他可以为思考哲学问题而原封不动地站在一个地方一天一夜;他也可以对躺在身边的美男子无动于衷,保持一夜相安无事,保持一种冷酷的平静;而对于哲学的爱,既可以表现为这种冷静的阶梯式的上升,也可以表现为一种神圣的迷狂,二者难分伯仲。

阿里斯托芬的阴阳人的命运到底如何,这引起了人们无限的遐想。他能

Greek Religion, Cambridge, Mass.: Harvard University Press, 1985, pp. 167-168);赫淮斯托斯曾经抓住他的妻子阿弗洛蒂忒与战神阿瑞斯(Ares)通奸(参见 *Odyssey*, Chapter 8, pp. 266-366)。

① 柏拉图:《会饮》192D。
② 柏拉图:《会饮》192E。

否找到自己的另一半,如果找不到,这不就是一个喜剧诗人在讲述一个悲剧的故事吗?①　但重要的可能不是这个故事是悲剧还是喜剧,而是柏拉图在这里让阿里斯托芬说出了什么。他用阴阳人的神话说明了爱欲是由于神对我们原初状态的破坏而产生,爱欲就是对自我完整状态的一种渴求。这是最低位的,是身体,因为阿里斯托芬这个喜剧诗人代表着的是大众的意见,②而大众不能不要身体,不能不要生计,不能不要快乐。当然,这种快乐不单纯是性的快乐,如果他不能得到自身的完整,他宁可不要这种性的快乐。正是对自身的完整的追求,推动他去寻求自己的另一半。③

爱欲就是对身体的不完善性的认识,因此当找到自己的另一半之后,这种爱就达到了终点,因为他停留于自己的另一半身上。但是苏格拉底却要在阿里斯托芬停留的地方前行,因为他认识到自身对善的欠缺,因此,爱就是爱善永远归自己所有。他不能停留于某个爱的对象上,就像多弗所说,④这个爱的

① Neumann 不赞成对阿里斯托芬的神话做一种悲剧的解读,毋宁说它是一出喜剧。[参见 Harry Neumann, "On the Comedy of Plato's Aristophanes", *The American Journal of Philosophy*, 87(Oct., 1966), No. 4, p.420]而施特劳斯认为,阿里斯托芬的讲辞既有喜剧的成分,也有悲剧的元素。(参见 L. Strauss, *On Plato's Symposium*, Chicago and London: the University of Chicago Press, 2001, pp.135,141)我们认为施特劳斯的说法比较客观。

② "内含在阿里斯托芬说辞中的价值和假定本质上是大众的,这个喜剧英雄,至少在这个方面,是一个普通人。他能够作出反应,但他极少反思。他的精明和才干都指向了对那个产生他所能够充分享受的快乐之环境的创造和保持上了,这种快乐却不包含理智的投入。"[K.J. Dover, "Aristophanes' Speech in Plato's Symposium", *The Journal of Hellenic Studies*, 86(1966), p.48]

③ Jaeger 把对自身的爱,连同苏格拉底对善的追求,合为一种最高的自爱。认为亚里士多德的自爱就是对这种爱的最好概括,并且把自爱看成是道德完善的最后阶段。"他(亚里士多德)从柏拉图那里接受了这个原则,来源就是《会饮》篇。第欧提玛的话是对亚里士多德自爱概念的最简洁最出色的评论。厄洛斯被看成是对善的爱,同时又是自身对真正的自我实现和自我完善的渴望,因此在最本真的意义上,是朝向教育和文化的冲动。"[Jaeger, *Paideia: The Ideals of Greek Culture*(Vol. II), Guildford and Esher: Billing and Sons Ltd., 1947, p.190]但是,这种观点遭到了 Neumann 的反驳,后者认为第欧提玛对阿里斯托芬的这种解读,既不包含亚里士多德自爱概念中的无私的特征,甚至也没有阿里斯托芬的成分,因此,无法把它们用自爱统一到一起。[参见 Harry Neumann, "Diotima's Concept of Love", *The American Journal of Philosophy*, 86(Jan., 1965), No. 1, p.47]

④ "对于第欧提玛来说,厄洛斯是对于不可消逝的事物的爱,由于它是真实的,它是知识的对象;也可以公正地说,由于它的善,它是欲望的对象。对于一个美丽的个体,或者是一个阶梯,只要把它看成是指向正确的方向的阶梯;或者是一个错误,因为你把他看成

对象是一个阶梯,他必然会被超越。如果从现代人的观点来看,可以作不同的理解。对于一个执着于爱的人,它是令人失望的,因为她告诉你,爱不能停留于对个体的爱。对于放纵的人,它是一个借口,因为所有个体身上的美都只是一种"美",你要尝试一下是否所有美的个体身上的美都是一种美,给你寻求新鲜感找到了理由。对于一个野心勃勃的人,它是一个陷阱,因为她告诉你要寻求善,爱是对善的爱,这样你为了追名逐利,可以不择手段,因为这一切都是为了善。但最后你会发现,自己两手空空。这不能怪第欧提玛误导你,是你误解了第欧提玛。只有对于真正追求哲学的人,才会不偏信第欧提玛,不偏信任何人,只相信真理,因为真理是最不容易反驳的。①

苏格拉底认为阿里斯托芬所说的不是真理,所以他才进行反驳,②认为人所寻求的既不是什么一半,也不是整体,而是求善。阿里斯托芬知道是针对他的,所以在苏格拉底结束对爱的赞颂之后,想要起来反驳,但却被阿尔卡比亚德的突然闯入给打断了。③ 这就说明喜剧诗人并没有被哲学家说服,作为代表大众观点的诗人,只要想让自己受欢迎,那么他对大众心理的揣摩、对大众生活的描述就不会停止。

在这个意义上,诗人和哲学家所追求的都是知,一种是对人的知,对世俗的知,从这种知当中,才能思考并作出深刻的批判,进而抨击世俗,揭露人性,才能赢得观众的笑声和认同;另一种是哲学家追求的知,即苏格拉底所谓的"认识到自己的无知",一个真正的哲学家毕生都在追求的就是知,但首先是认识到自己的无知。因为根据第欧提玛,哲学家和爱神都是处在知和无知之间,在这两者之间保持张力;不管哲学家是通过死亡——灵魂和肉体的分离——来实现,还是通过爱欲来实现,哲学家永远都处在这样一个没有终点的旅程之中。当这种旅程达到至美和至德的时候,爱欲就结束了,就像阿里斯托芬的爱欲在找到自己的另一半之后,也结束了一样。虽然诗人和哲学家都追

不仅是个阶梯。"[Dover, "Aristophanes' Speech in Plato's Symposium", *The Journal of Hellenic Studies*, 86(1966) , p.49]

① 参见柏拉图:《会饮》201D。

② 参见柏拉图:《会饮》205E。

③ 参见柏拉图:《会饮》212C。

求爱欲本身,但却因为爱的对象不同,而使他们的旅程截然不同。在这方面,诗人没法说服哲学家,哲学家也不能说服诗人,诗与哲学之争没有结束。

第二节　爱神的渴求

从爱神的身世来看,①爱神的父亲是丰富神,智慧而富有,爱神的母亲则穷困潦倒,这样爱神结合了双方的品性,既不美不善,也不智慧。因此,爱神追求智慧,是一个哲学家,因为哲学家就是介于有知与无知之间。这样就推翻了阿里斯托芬从身体出发所追求的爱欲——追求自己的另一半,而是超越了身体,追求美善,希望永远与美善在一起。这只能通过在美中孕育,或是凭身体,或是凭心灵。

一、爱神的本质

在阿里斯托芬之后,发言的是阿伽通,他给自己提出的任务是先认识爱神的本质。只有知道爱神是什么,才能对其进行赞颂,但他自己的颂辞却偏离了这个方向,这也是苏格拉底不满意的原因。

苏格拉底指出阿伽通要先弄明白爱神的本质是一个好的开始,但是接下来的话却偏离了他的初衷。也许是他本人对阿伽通爱神本质的定义不满意,在他的颂辞里,他既反驳了喜剧诗人,也对悲剧诗人的赞颂颇有微词。但是,他并不是以自己的名义说出这番话的,在他的颂辞正式开始之前,与阿伽通的一番对垒,使得阿伽通节节败退,在这个时候,他承认这番对话也原原本本发生在他和一个叫作第欧提玛的女人之间,而阿伽通现在所说的正是当时他所认为正确的。那么,第欧提玛当时是如何引导苏格拉底从迷误当中走出来的,现在苏格拉底就要引导诗人和当时在场的各位走出对爱神看法的误区。

就像现实中的苏格拉底把哲学从天上拉到人间,使哲学成为观照人的灵魂的学问,同样,在这里,苏格拉底也把爱神从天上那个高不可及的世界拉到

---

①　根据《会饮》中第欧提玛关于爱神诞生和爱的阶梯的神话进行分析。参见柏拉图:《柏拉图文艺对话集》,人民文学出版社2000年版,第260页。

我们的身边,让他与我们每个人建立关系。因为,在他之前的几位(除了阿里斯托芬)都把爱神看成是伟大的神,完美无缺,但是,爱神到底与我们——人——有什么关系呢? 如果不把这个问题说清楚,那么,爱神距离我们还是很遥远,我们为什么要赞颂一个与我们有天壤之别的、不能给我们带来任何福祉的神呢? 因此,苏格拉底首先在爱神与我们的关系中来确立爱神的本质。

爱是有对象的,就像说起父亲、母亲或兄弟一样,如果不是某某的父母兄弟,那是毫无意义的。苏格拉底在这里给我们指出的是最亲近的关系,这种关系不是建立在爱欲的基础之上,而是一种血缘关系,是每个人出生就带来的。由生殖而产生的血缘关系非常之牢固,它是家庭乃至城邦存在的基础。但是,这种血缘关系一定要与爱欲划清界限,即爱欲不能在与你有血缘关系的人——父母兄弟——之间产生,否则,家庭和城邦都将遭到破坏。

苏格拉底提到父母兄弟的用意在于,一方面,爱欲不能触碰乱伦这个底线;另一方面,爱欲是有对象的。① 爱和它的对象之间是一种欲求的关系,爱欲求它的对象,就表明对这种对象的欠缺,人不能欲望已有的东西,这是不言自明的。就如渴欲望的是水,饿欲望的是食物,性欲望的是身体的快感。在这种种欲望存在的时候,就表明对欲望对象的欠缺。爱同样也如此,爱有它特定的对象,这就是美。而且对欲望对象的占有,要克服暂时性,这就是为什么有的人拥有强还要强,拥有捷还要捷,拥有健康还要健康的原因。因为,强的人想以后总要强,捷的人今后时刻迅捷,健康的人愿意永远拥有健康,同理,爱对于它的对象也希望永远占有。

---

① 在这里,爱欲的对象性首先就说明爱欲是一种关系,正是这种关系使爱欲具有了某种伦理意蕴。甚至在亚里士多德那里,友爱和公正一样,成为维系城邦的纽带,立法者们重视友爱胜过公正。(参见亚里士多德:《尼各马可伦理学》1154a20—25)但是,众所周知,柏拉图的爱欲是有差等的爱欲,这种爱之差等的最底端是对一个美的形体的爱,而且这种爱必然要被对善的爱超越,在这个意义上,以 Vlastos 为代表,批评柏拉图的爱欲不是因为某个个体本身而产生。(参见 Gregory Vlastos, "The Individual as the Object of Love", from *Platonic Studies*, New Jersey: Princeton University Press, 1981, p.31) Levy 则认为问题并不在于柏拉图把对人的爱看得很低,而是撇开它的对象,爱有没有内在价值。[参见 Donald Levy, "The Definition of Love In Plato's Symposiu", *Journal of the History of Ideas*, 40(Apr.-Jun., 1979), No. 2, p.289]我们认为 Levy 提出的问题并不是真正的问题,因为任何人都不能脱离爱的对象来讨论爱,否则,不仅这样的爱是空洞的,而且对这种爱的讨论也是毫无价值的。

爱既然希望占有美，就说明它对美有一种欠缺，这种欠缺就表明爱本身不美。这就打破了"爱神是美的"的神话。同时，美的事物同时也是善的，爱既然缺乏美，它一定也缺乏善。谈话到这里为止，阿伽通已经没有退路了，除了他那所谓爱神的本质的提议，几乎被苏格拉底反驳得体无完肤了。这时，苏格拉底话锋一转，给阿伽通和当时在场的各位一点安慰，就推出了第欧提玛。说这一切关于爱情的深密教义都是一个来自曼提尼亚的女人，叫作第欧提玛的教给他的。关于这个女人，唯一能够得到大家（指当时在场的各位）公认的历史记载，就是她把一场瘟疫成功地延迟了十年。[①] 这就可以证实她的预见能力，以及一种消灾禳疫的本事，是为了使众人信服她在爱情学问上具有同样的权威。

当介绍完他的导师之后，苏格拉底就接着上面没有讨论完的关于爱神本质的话题。但是，此时的讨论使得苏格拉底陷入了一种尴尬的境地。因为由前面的讨论，爱神是不美不善的，苏格拉底认为必然的结论就是爱神是又丑又恶的。这使得第欧提玛很紧张，因为说爱神是丑且恶的，这无异于谩神，也等于是把她的论证引向了歧途。

她首先引证了在真知和无知之间有一种中间的状况——真实的意见。[②]

---

① 关于苏格拉底用这个"历史事件"来验证第欧提玛在爱情问题上的权威，学者中有不同的看法。Nussbaum 认为苏格拉底用来说明的是，只要学会了第欧提玛关于爱情的教义，那么，我们就可以治好在爱情方面的疾病——以人为中心，以荣耀人的方式来谈爱，这是一种病态，就像《普罗泰格拉》篇中所描绘的那种状态。因此，这里提到瘟疫是为了说明第欧提玛的教义对我们是一种治愈和挽救（参见 Martha. C. Nussbaum, *The Fragility of Goodness*, New York：Cambridge University Press, 1986, p.177）；还有的学者从历史事实的角度分析，如果不是第欧提玛把那场瘟疫延迟十年，那么，瘟疫的危害就不会那么大。因为十年后，正好赶上伯罗奔尼撒战争，大批的人涌向城市，住房的紧张导致这个时期发生灾疫是那样的可怕。这就表明第欧提玛虽然能够预知自然灾害，但却无法预见战争的发生——一种政治上的远见，由此可以看出，苏格拉底在这里的用意，是与前几位讲演者区分开来，他所谈的爱欲是与政治无关的（apolitical）。[参见 Arlene W. Saxonhouse, "Eros and the Female in Greek Political Thought", *Political Theory*, 12（Feb., 1984）, No. 1, p.20]有一点可以达成共识，这就是他提到这场瘟疫，是为了证实她的预言家的身份。在这个基础上，学者们可以各执一端。

② 在《美诺》篇中，苏格拉底论证到，真实的意见在引导人的行为方面与真知没有区别（参见柏拉图：《美诺》97C—98C），它们之间的差别在于前者像奴隶一样容易跑掉（参见柏拉图：《美诺》97D—98A）。

同理,在美与丑、善与恶之间也分别有一种中间的状况。① 这就存在一个悖论,证明以前几位把爱神当成神来赞颂是错误的。因为,爱神不美不善,而神是至美至善的存在,这样爱神就不是神。但是,也不能走向另一个极端,把爱神看成是有死的存在,②这同样等于谩神。那么,这样一种介于人神之间的存在是什么呢? 是精灵(δαιμων)。有了这样一种精灵,人与神之间就能够进行沟通了。把神的意旨报应由上界传给人,把人的祈祷祭礼由下界传给神,那么在人与神之间的空隙就由精灵来填补了。③ 由此把大乾坤联系到一起,而且

① 善的理念是柏拉图思考的出发点。在他的伦理思想当中,善的理念是绝对的标准,也是一切行为的目的。它高高在上,远不是智慧、正义、节制所可比拟的,但如何来认识善呢。如果有人要在智慧和快乐两者之间确定哪个更善,那么首要的是确定善本身,这就是柏拉图后期对话《斐力布》所讨论的内容。它得出的结论是善自体可以由美、比例和真理这三者来构成。(参见柏拉图:《斐力布》64C—65B)关于使善成为尺度这个思想显然是受到毕达哥斯学派的影响,因为数本身就是一种比例和尺度。在希腊人的眼里,有比例尺度的事物才是美的。善本身就意味着一种永恒不变的、自身同一的、可认知的事物,而且,只有尺度的事物才能为人所认知,因此,善自身就是尺度。但是,在《会饮》等中期的对话当中,善作为尺度这个维度还没有体现出来,只是把善作为一个最高的目的,那么显然,在最高的存在以下有很多善的等级。美同样如此,这样爱神在本质上就成为这样一个中间物。这种中道的思想为亚里士多德所继承并在他的伦理学理论当中得到了深入的阐发。亚里士多德认为,感情和实践是有过度和不及的,道德德性就在于选取那个适度。"因此,德性相关于一种选择的品质状态,是一种适度,这种适度相关于我们本身,并且为逻各斯所规定,为明智的人所选择。"(亚里士多德:《尼各马可伦理学》1107a)虽然在亚里士多德早期的伦理学当中,他接受了尺度或绝对的标准的概念,但是在这里,亚里士多德对绝对标准问题的看法发生了变化。他已经放弃了普遍标准的概念,而认为这种标准只能是明智的人对于适度的选取。当然,明智(phronesis)在这里仍然具有重要的意义,但它不再是确定普遍的标准,而是寻求为道德意志所决定的、实现目的的正确手段。(参见 Jaeger, *Aristotle: Fundamentals of the History of His Development*, Oxford: The Clarendon Press, 1955, pp. 241–242)显然,对于善,从一种最高的存在到善成为尺度,柏拉图肯定了善作为最高标准的地位,亚里士多德则是从最高的普遍的标准(由理智或神确定的),到明智的人根据逻各斯作出的决定,使得好人自身成为尺度。

② 爱神不是神,因为他不美不善,同样爱神不是有死的存在,因为有死的存在不会认识到自己在美善方面的缺乏,从而去追求美善。这就如同哲学家,并非全知全能,但也并非无知,只有介于二者之间才能去追求哲学,成为爱智慧者。参见柏拉图:《李思》218a2—b3; Margalit Finkelberg, "Plato's Language of Love and the Female", *The Harverd Theological Review*, 90(Jul., 1997), No. 3, p.239。

③ Stewart 在这里区分了柏拉图对话中出现的精灵的两种含义,"一种是在赫西俄德意义上的,指的是已死的人的灵魂在大地上游荡,就如品达的神圣的英雄(柏拉图:《美诺》

他们感发一切占卜术和司祭术,凡是通这些法术的人都是受精灵感通的人,至于通其他一切技艺行业的人都只是寻常的工匠。①

说到爱神的诞生,就不得不提到阿弗洛蒂式。众神设宴庆祝阿弗洛蒂式的诞生,丰富神也在场,由于多饮了几杯琼浆,最后在公园里睡着了。贫乏神前来乞讨,恰好动了这样的心思,即要和丰富神生一个孩子,以改变自己贫乏的命运。② 这里,可以看出采取主动的是贫乏神,由于她的主动,使得爱神的降生得以可能,这是自足的丰富神想不到的,也不屑于去做的。爱神诞生的过程表明:第一,爱本身是一种欲求,尤其是对于美善的欲求。第二,爱和孕育关系密切,贫乏神能够诞下爱神,基本是一种内在的孕育,而爱神的父亲只是起到某种外在和偶然的作用。也就是说,贫乏神来到丰富神身边的时候,已经怀孕了,丰富神只是作为外在的引导,使得爱神得以出生,这种诞生不是凭两位神的交合。③ 第三,爱神既然是在阿弗洛蒂式的生日投胎的,那么,他生性爱美,虽然他自己不是那么美,但他渴求美。

爱神的身世就决定了他的特殊命运,因为他的母亲,他永远是贫乏的,粗

81C)。在《理想国》中,柏拉图使用精灵这个词就是严格的赫西俄德意义上的——他在谈论的并不是什么神,而是指黄金阶层已死的人的灵魂。(参见《理想国》486E)另一方面,在《法篇》和《政治家》中,黄金时代统治人们的却不是已死的人,而是被造的神,他们由最高的神任命,就如在《政治家》(272E)中所描述的。第欧提玛讲辞中出现的精灵,本质上是超人的,属于神圣存在物。就如我们所认为的,他们确实可能与《蒂迈欧》篇中由神所创造的神是一致的,在造人之前被创造,成为代表最高的神对人的事务进行管理的统治者"(J. A. Stewart, *The Myths of Plato*, London: Centaur Press Ltd, 1960, p. 387)。

① 参见柏拉图:《会饮》203A。这可以解释第欧提玛为什么是一个预言家,她一定是受到了爱神这个精灵的感发,才会精通爱情的学问,至于她为什么是一个女人,Halperin 在一篇文章——"Why Diotima is a Woman"——中专门讨论过。(载 D. M. Halperin, *One Hundred Years of Homosexuality and Other Essays On Greek Love*, New York & London: Routledge, 1990, pp. 113-153)在《斐德罗》篇中把由神灵感召而预言的人们看成是神赋予的一种迷狂,因此迷狂高于仅仅作为一种技术的占卜术。(参见柏拉图:《斐德罗》244C—D)

② 参见柏拉图:《会饮》203B—C。

③ 在这个意义上,爱神更像他的母亲。[参见 Arlene W. Saxonhouse, "Eros and the Female in Greek Political Thought", *Political Theory*, 12(Feb., 1984), No. 1, p.21]同时,不能把他的母亲看成是无知,这是一种误解。[Harry Neumann, "Diotima's Concept of Love", *The American Journal of Philosophy*, 86(Jan., 1965), No. 1, p.53]

鲁丑陋,赤着脚,无家可归,常是睡在地上、路旁,没有床褥,没有着落;这种形象与苏格拉底是多么的吻合呀。读到这里,似乎可以明白为什么这番赞颂不能由苏格拉底本人来说出,因为他既不能在众人面前自夸,又不觉得这种形象、这种生活有什么不好,因为他不在乎这些关乎人的外在的东西。他就时常赤着脚,甚至冬天在冰上行军他都不穿鞋。不管谁用满足身体欲望的手段来引诱他,都注定失败,就如阿尔卡比亚德所遭遇的那样。

作为哲学家,苏格拉底是自足的,这里的爱神却时常处在生灭流转当中,资源不断地流进和流出,几乎没有一刻他能保持住什么,因此,他永远既不穷,也不富。也许,生灭财富已被哲学家置之度外了,面对死亡,没有人像苏格拉底那样坦然。但是,是什么使得哲学家活得自足,死得那样坦然呢?是对哲学的爱。爱神恰恰是这样一位哲学家,他抓住的唯一的生命稻草就是哲学,对于哲学,他不是全知,但更不是无知。无知的人不知道自己的无知,更不会去追求哲学,这样爱神就介于知与无知之间,成为爱智慧的哲学家。①

爱神的身世既然如此,那么,我们把他当成一位神来赞颂,就是一种误解。这是由于我们从被爱者的角度来看待爱神,被爱者当然是美而善的,可是爱神在本质上更是一个爱者,是不美不善的,但是他追求美善。在这里,爱的最迫切的需要就是在认识到自己不美不善之后产生的这种欠缺,不是像阿里斯托芬所说的是身体的另一半,而是美善,这种美善来自对灵魂的观照,也是灵魂内部的迫切需要。

也许柏拉图认为这种需要是每个人都有的。作为一种神灵,爱神都只能

---

① 关于苏格拉底和第欧提玛的关系,Harry 认为不能把苏格拉底看成是第欧提玛口中的理想的爱人的模型。虽然阿尔卡比亚德可能把苏格拉底当成爱神的化身,但是,阿尔卡比亚德在苏格拉底这个被爱者面前遭到的羞辱,却与贫乏神利用丰富神的那种无畏大相径庭。[参见 Harry Neumann, "Diotima's Concept of Love", *The American Journal of Philosophy*, 86(Jan., 1965), No. 1, p.59]问题是第欧提玛代表的是柏拉图的观点,还是苏格拉底的,有的学者把第欧提玛的讲辞划分为低级神话(lesser mysteries)和高级神话(higher mysteries),认为后者代表柏拉图的观点,是对苏格拉底的超越。[参见 Cornford, *The Unwritten Philosophy and Other Essays*, New York: Cambridge University Press, 1950, p.75; Doneld Levy, "The Definition of Love in Plato's Symposium", *Journal of the History of Ideas*, 40(Apr.-Jun., 1979), No. 2, pp.285—286]即使实现了哲学上的超越,以苏格拉底的伟大人格也完全有可能被柏拉图当成是爱神的化身。

处于一种不尴不尬的中间位置,何况人呢,因此他未免把人看得过高了。爱神并不一定来到每个人的身边,只有本身像爱神或爱神的母亲的人,才有追求美善的热情,才有一种与命运抗争的力量,才有改变命运、接近美善的勇气。可是,柏拉图告诉我们,追求美善是我们每个人都能做到的。在柏拉图和亚里士多德的眼里,人是动物,其关键在于前面的修饰语。在亚里士多德那里,人是政治的动物;而在柏拉图这里,人是生殖的动物,这到底是对人的抬高还是贬抑?

二、在美中孕育

苏格拉底的神话揭示了爱神的本质,即爱神是既不美也不善之后,必然不能停留于此。因为爱神虽然不美不善,但他不能甘心于目前这种状态,而要像他的母亲一样,抓住机会改变自己的命运。所谓的改变,就是追求美善,自己永远占有美善。何况爱神还有这样的条件,因为他立于神人之间,把整个大乾坤联系起来,没有爱神,神和人将无法沟通。

在柏拉图看来,宇宙、城邦和人都是统一在一起的。神把秩序引入进来,在宇宙中先造出可见的神,再让这些神去造人,用理智说服必然,而且这种说服是无时无刻不存在的;在城邦当中,引入了正义,最好的城邦就是正义的城邦,该统治的人去统治,该服从的人去服从。但是,对于人,与神的沟通只能靠爱神来传语,有了爱神就有了向善的动力和接近神的希望。爱神本身的不美不善正是这种动力的源泉,苏格拉底所呈现的爱神就是要把我们引向一种更善的生活,他决不会满足于现状。因为通过爱神,他看到了神的至善,那是人——为爱神所附的人——应该追求的目标。这就是通过美的指引,坚定地攀登爱的阶梯,最后在与绝对的美孕育出至德之后,就会邀神的宠爱,永远与神在一起,实现不朽。

爱神的本质是以神话的形式揭示出来的,但是,中间也不乏辩证色彩。比如说到爱是一种欲望,只能欲望自己所没有的东西。美和善正是爱神所缺乏的,因此爱神欲求美善。在这一点上,苏格拉底与《会饮》中其他几位的讲辞明显不同。他们几乎都认为爱神是至美至善的,没有任何欠缺。从这样的出发点来赞颂爱神,只能赞颂爱神的功用,而不是爱神本身。其中,唯一对爱神本身进行赞颂的是阿里斯托芬,他的神话所呈现的是一种神造人的过程,这种过程只能是想象的结果,而不是论证的结果,在斯图尔特看来,这是神话和科学最大的区别。①

如果要对柏拉图的神话进行划分(当然不可能是严格地非此即彼),那么,阿里斯托芬的神话只能属于最低层次的,其中没有任何辩证的成分,用艾伦的话说,是一种前反思阶段的神话。这种神话的对与错、合理或不合理都无法得到论证。但是,由这个阶段的神话可以进到下一个阶段,这个阶段的神话能够推进辩证法的讨论,然而,对于真理仍然没有绝对的把握,它的目的是把意志引向更高的事物。② 这个阶段典型的就是关于爱神本质的神话,这个神话虽然有创世起源的色彩(关于爱神的身世),但是关于爱神本质的论证无疑推进了爱欲的讨论,进入了爱欲的核心。关于这个阶段,虽然很少寓言的色彩,但是,关于爱欲,变成了预言家想象的语言来予以表达。③ 此时,我们进入这样的世界,即以想象呈现出来的世界,这时,哲学成为对不朽的渴望。④ 这是当之无愧的神话。

那么,在神话的语境当中,苏格拉底把我们引向了何处?引向了美。爱者

① Stewart 举出斯宾诺莎的例子,后者认为自然科学追求的是确定性,而预言家与自然科学讲师的最大区别就是前者具有一种想象能力,只有通过想象预言家才能接受神的启示,才能超越科学理解力的限制。参见 Stewart, *The Myths of Plato*, London: Centaur Press Ltd, 1960, p.381。

② 参见 Christine Garside Allen, "Plato on Women", *Feminist Studies*, 2 (1975), No. 2/3, p. 133。Allen 是对 Friedlander 的概括,后者则将柏拉图的神话区分为三种:最低层次的神话是站在苏格拉底辩证法的门槛之外的,比如阿拉斯托芬阴阳人的神话。第二个层次是苏格拉底自己创造的神话,它指明了达到理念的道路,即爱若斯为人的生活所指引的道路,是死亡引导灵魂超越人的存在的限制。苏格拉底用他的生命在可能的程度上对这些道路进行了尝试,最后引向的是知识。第三个层次是苏格拉底完全陷入了迷狂,典型的神话出现在《斐德罗》篇中。(参见 Friedlander, *Plato: An Introduction*, New York: Princeton Universtity Press, 1969, p.207)Allen 对 Friedlander 的概括基本没有离开作者的原意,不过有相当地展开,他认为在第二个层次上,还可以举出《美诺》和《理想国》末尾关于生命轮回的神话,而《蒂迈欧》中的神话是介于第二和第三个层次之间。对于柏拉图的神话还有一种划分,这就是来自 Frutiger 的,他也把柏拉图的神话分为三种,即寓言的、创世的和超科学的。当然,这三种并不是界限分明的,而是有相互交错的地方。(参见 Hackforth, *Plato's Phaedrus*, London: Cambridge University Press, 1952, p.72)

③ 参见 Stewart, *The Myths of Plato*, London: Centaur Press Ltd, 1960, p.378。

④ 参见 Stewart, *The Myths of Plato*, London: Centaur Press Ltd, 1960, p.378。

爱的既然是美,那么,他对美的爱究竟能怎么样呢?"爱那些美的事物终于归他所有。"①那么,美的事物归他所有之后,他又能怎么样呢?苏格拉底不知如何回答了。第欧提玛适时地引入了善,因为公认为把美换成了善,这个问题就好理解了。的确,人人都知道,有了善就等于有了幸福,凡是想得到幸福的人都想要善。在这里,关于美和善的关系引起了许多学者的讨论,就是美和善哪个更为根本,②这要从柏拉图自己的对话当中得到答案。

柏拉图的对话自始至终关注的是善,善从一开始就成为最根本的目的和问题,只不过在不同的对话当中善表现为在不同的领域的实现问题。无论是在宇宙还是在城邦当中,善的问题都是最根本的,只不过善实现的路径不同,比如在《理想国》当中,是通过对哲学王的教育,而在《会饮》和《斐德罗》当中,则是在美中孕育或是通过对美的回忆。

在希腊人的观念中,美和善是并行不悖的,只因为柏拉图赋予了善以本体的地位,使得美只能屈居其下。但是,这并没有取消美的独立地位,尤其是在爱当中,美更是具有不可替代的作用。没有美就没有爱,这在《会饮》和《斐德罗》的神话当中以不同的方式表达了出来。不过共同之点在于通过爱美,把生命(不管是爱者的生命还是爱者和被爱者共同的生命)和善联系起来。区别在于,前者是通过美来孕育和创造,后者是通过美来回忆。不管怎样,爱都是对生命本真状态的接近。因为,在后者,美和善是灵魂化身肉体之前所看到的,借助美的仿影重新回忆起所看到的景象,而前者是运用一种生命的本能——孕育——来创造身体的子女和精神的子女,这也是生命本身最深的渴望。因为只有这样,才能超越生命的有限性,达到不朽。

当然,在柏拉图那里,精神子女比肉体子女更长久,这也是他以诗人或创

① 柏拉图:《会饮》204D。

② Harry Neumann 认为,在柏拉图这里,很明显,是善,善更为根本,因为有善才会有幸福[参见 Harry Neumann,"Diotima's Concept of Love",*The American Journal of Philosophy*,86 (Jan.,1965),No.1,p.38],而且,后文也明确指出,爱情的目的并不在美,而是凭美来孕育生殖。(参见柏拉图:《会饮》206E)当然,柏拉图自己的文本也支持这个观点,比如在《理想国》中,"没有一个人在知道善之前能够真正知道公正和美"(《理想国》506A),以及在《斐力布》篇当中,善被分解为三个要素,即美、比例和真理(参见《斐力布》64C—65B),美成为善的一个维度。

作家来类比爱人的缘故。因为并不是一切渴求善的人都称为爱人,我们只把爱人赋予有一类特殊欲望的人。正如我们不把一切手艺人都称为创作家,而单提有关音律的一种出来把它叫作创作或诗歌,因而从事这种创作的人才叫作"诗人"。① 他们孕育的是使人能够不朽的精神子女,比如荷马和赫西俄德。而爱人这个名称也单独给予那些有这样一种欲望的人,即要凭借美来生殖,或是凭身体,或是凭心灵,有这样欲望的人才是爱人或钟爱者。

柏拉图对于生殖这种渴望并没有单独赋予哲学家或诗人,每个人到了一定的年龄,都要起生殖的欲望。这种生殖只能播种于美,而对于丑,即使忍痛怀着生殖的种子,怀孕的人也蜷身退避,不肯靠前;对于美则相反,它刺激起了人生殖的欲望,想要凭借它来把孕育已久的东西种下种子,解除人生殖的痛苦。而且美本身就是一个消灾除病的医生,在美面前,人生殖的苦痛全消,美就是命定神和送子娘娘。② 如果没有美,人还要忍着生殖的欲望,直到遇到美为止。柏拉图首先从男女的肉体结合来解释生殖,而且,生下肉体子女之后,为人父母者会奋不顾身地保卫自己的孩儿,哪怕牺牲自己,也要顾全孩子。这一点甚至在动物那里也可以找到证据,但动物更多的是出于一种本能,在人这里,这种行为却可以用一种目的论来解释,这就是要达到不朽。

因为人不比神,神可以始终如一,保持不变,神本性上就能保持不朽,但是人却不同。人的身体,每天都处在变化不定当中,毛发骨血每时每刻都在更新,长出新的,代替旧的。不仅身体如此,心灵也是如此,性格、心情、欲望、苦乐等也不是常驻不变的,甚至知识也不例外,同样处在生灭流转当中。③ 这样的一个存在如何让别人认识他呢,因为只有恒定不变的事物才能为人所认知。神是拥有至善的,属于可知的事物,善的理念也属于这样的事物,而对善的认识就是知识和真理。由于善是这二者的原因,它们的善和美是由善的理念这个最大的知识赋予的,在美的方面是无法和善的理念本身相比的,④这是属于可知世界的善的不同等级。

① 参见柏拉图:《会饮》205B—D。
② 参见柏拉图:《会饮》206C—E。
③ 参见柏拉图:《会饮》207D—E。
④ 参见柏拉图:《理想国》509A。

但是，在可见世界当中，一切都是变化的。对这种变化事物的认识，所得到的是介于知识和无知之间的意见，这种意见如果不拴牢的话，也像奴隶一样容易跑掉。在柏拉图这里，这样两个世界并没有彻底地断裂，能够把神和人、把可知世界和可见世界联系起来的是爱神。因此，即使人是属于可见世界的，也不必绝望，那个善的世界还是有希望达到的，这个希望就在于爱神。

爱神的力量来源于他的不美不善，而且他认识到自己的不美不善，追求美善。只要这样一个精灵笼罩在你的头上，他就会保护你，①感发你，使你产生向善的希望和力量。这种力量推动你去寻求美，在美中把孕育已久的东西种下种子，留下新的个体以代替旧的。凡人在爱神这个精灵的感发下所能达到的不朽，也只能依这种方式。不管是留下一个肉体子女来代替你的身体的存在，还是留下精神的子女来代表你的知识和灵魂，哪种方式都离不开美，离不开孕育。爱就是在美中孕育，以达到不朽。

了解到这一点，那么世间人的野心我们就可以一目了然了。不是没有为了爱人而牺牲生命的人，也不是没有为了救国而舍身赴死的人，所有这些常人眼中爱情的忠贞者和国家忠义的模范，都是在追求不朽的动机下诞生的。如果不是为了自身的不朽，没有人会去冒死。柏拉图把世人眼中所谓的崇高从天上拉到眼前，用世间人追求不朽的野心这面镜子去审视。果然，世间没有所谓的崇高，只有出于建立自身不朽英名而去行事的人。柏拉图的爱，把人在身体方面的最基本的功能——生殖——抬到了最高位，即追求不朽的方式，而把精神方面的最高位——崇高，即为爱人、为国家把个人的生命置之度外——降低到最低位，即个人的不朽野心的实现。

---

① "所有这些品质以及具有这类品质的其他事物，都可以看作处于中间品行的精灵。因为他们位于我们和神之间，由于他们处在这样一个居间的位置，所以他们灵魂的运行，既分有在他们之上的神的不朽，也分有在他们之下的人的感情。"（Stewart, *The Myths of Plato*, London: Centaur Press Ltd., 1960, p.397）精灵无限之多，而且从不化身肉体，因此在每个人出生之后都有一个作为守护者的精灵伴随着他。"宙斯给每个人都派了一个精灵，作为他的统治者，并且保护着他。他从不睡觉，也不会受骗，我们之中还会有谁比他守护得更好，更细心呢？因此，当你关上门，陷入黑暗的时候，记住千万不要说你是一个人。你不是。神在你的内里，神就是你自己的精灵。"（Stewart, *The Myths of Plato*, London: Centaur Press Ltd, 1960, p.399）

可见，在爱欲名义之下，身体不见得是最低位的，而灵魂不见得是最高位的，只要剥去层层的伪装，那么，人的灵魂只剩下追求不朽的野心和欲望了。当然，这种欲望并不是柏拉图所否定的，因为它向美向善，所以在爱欲中它具有不可替代的地位。而且，理智在这里也隐身了，隐居到了欲望的背后，成为一个隐身的驭手，指导着爱的攀登。这就打破了柏拉图自己在《斐多》中给身体和灵魂所做的定位，能够不朽的只有灵魂，而身体是追求哲学和不朽的障碍。在这里，没有身体，尤其是没有美的形体，身体的生殖和心灵的孕育都是不可能的。这倒不是表明一种彻底的颠覆——身体位于心灵之上，但起码，身体和心灵在爱欲的名义之下，是相通的。

柏拉图区分了身体上的生殖力和心灵上的生殖力，前者愿意接近女人，以求生育肉体子女。① 但是，在心灵方面有生殖力的人却不然，他们擅长于孕育心灵所特宜孕育的东西，这就是思想智慧以及心灵所特宜孕育的美质。② 诗人就属于这类生殖者，这是苏格拉底在这篇颂辞中第二次提到诗人。这里，已经不再把诗人看成只会摹仿而不会创造的一类人，这可能是诗与哲学之间的调解，而且当时在场的有两位是当时的大诗人，他一方面站在真理的一边，另一方面也要照顾到宴饮的气氛。苏格拉底在这篇对话中有哲学家睿智的一

---

① 在柏拉图这里，无论是异性结合，还是同性结合，都要服务于一定的目的。异性结合，要为城邦诞下最优良的后代。为了这个目的，甚至只有最优秀的男人和最优秀的女人才允许结合。比较起来，他认为单纯为了快乐的同性（男性之间）爱欲是不自然的，因为他们不能种下种子，结下果实。但是，从柏拉图对精神孕育的推崇可以看出，这种男性爱欲只适合哲学的讨论和精神的孕育。很多女性主义的研究者想要知道柏拉图对女人的态度，认为柏拉图推出了第欧提玛这样一个女预言家，而且用生殖来获得不朽，这是对女人对身体看法的一个根本的转变。［参见 Arlene W. Srxonhouse，"Eros and the Female in Greek Political Thought"，*Political Theory*，12（Feb. 1984），No. 1，p.22；Christine Garside Allen，"Plato on Women"，*Feminist Studies*，2（1975），No. 2/3. p. 136；Margalit Finkelberg，"Plato's Language of Love and the Female"，*The Harvard Theological Review*，90（Jun.，1997），No. 3，p. 239］作为一个严格的目的论者，柏拉图把一切事物都按照严格的秩序来安排它们的位置，只有这样才能达到最好的目的，实现最大的善，对于哲学家是如此，对于女人也是如此。为了城邦的善，女人要受到同等的教育；为了宇宙的秩序，女人要作为一个没有任何形式的承载器，来接受理智的压模；为了个人的不朽，女人要奉献出自己的身体。在柏拉图这里，一切事物都在做着它应该做的，为了善而做，女人也不例外。

② 参见柏拉图：《会饮》209A。

面,有爱神执着的一面,也有诡辩家圆滑的一面,真不愧是爱神的化身——终身在玩哲学,是一位特出的魔术家、幻术家和诡辩家。①

虽然诗人也在创造,但最高最美的思想智慧是用于齐家治国的,这就是中和与正义。② 由此可以看出身体的孕育和精神的孕育孰优孰劣。虽然二者都能达到不朽,但前者却限制在身体的范围内,这种孕育的结晶只能影响到他自身。但是,精神孕育却不然,既可以用于齐家,也可用于治国。这种孕育已远远超出了自身,那么,它一定是精神上生殖力旺盛的人所追求的。他们的精神更为自由,因为他们能够走出自我,进行挥洒自如的创造。如果这种创造很忘情的话,那么,他们根本不会记得这是为了他自己的不朽,只有这样的人才是自由的,野心也更大。因为他想的是创造一个世界,他就是这个世界的王者。的确有很多这样的王者——亚历山大、拿破仑、歌德、康德、贝多芬,人们甘心拜倒在他们所创造的王国面前,顶礼膜拜。

柏拉图自己作为一个孕育者,虽然在哲学上是成功的,但是,在政治上却没有实现他的理想,这就表明哲学家和政治家的身份很难集于一身。虽然哲学与政治有密不可分的联系,可以由同一个父母孕育出来,柏拉图和亚里士多德就是这样的父母,但是他们自身却不能既当哲学家,又当政治家。不然,只会给自身带来危险,也会危及城邦的安全。包括柏拉图提到过的吕库古和梭伦,虽然成功地创制了法律,但是,要让他们同时作为推行这些法律的人,不免就使他们陷入危险之中。史实记载他们确实去推行了,也确实经历了流亡的生涯,③因为他们孕育的杰出子女,历史终究要记住他们。

说到底,孕育也需要运气,有的人可能怀孕已久,但是,只是遇不到一个美的对象,解除这种生殖的痛苦。因为不仅身体的生殖要依靠一个美的形体,心

---

① 参见柏拉图:《会饮》203D。
② 参见柏拉图:《会饮》209A。
③ 梭伦在创制法律的时候,不偏袒任何一方(贵族或平民),因此遭致双方的仇视,不得不远走他乡(参见亚里士多德:《雅典政制》,商务印书馆 2010 年版,第 17—18 页);吕库古在给斯巴达创制法律以前,由于受到嫉妒和怀疑,不得不扬帆远航。在流亡期间,他研究对比了各种法律,积蓄力量,为他自己在斯巴达创制法律打下基础。[参见普鲁塔克:《希腊罗马名人传》(上),商务印书馆 1999 年版,第 89 页]

灵的生殖同样如此,只有找到(恰当地说是碰到)一个美的对象,①他才会钟情。而且,他对于一个美好高尚、资禀优异的心灵,更会爱慕有加,面对这样一个对象,思想就被激发出来,源源而来,可以津津谈论品德以及善人所应有的性格和所应做的事业。② 这样,他就把孕育许久的东西种下种子,让它生育出来。这种生育精神子女的夫妻,恩爱情分比寻常夫妻深厚,而且这种精神子女能够给它们的父母带来不朽的英名。只要看看荷马和赫西俄德这两位大诗人,他们的诗歌还为后人所传颂;看一看梭伦和吕库古,他们所创制的法律使多少代人都受益无穷。这样的子女无异于给它们的父母立下了不朽的丰碑,让后人永远怀念。但是,在爱神的感召下,人所能达到的不朽,还不止于此,还有更高的阶梯等着你去攀登,否则,就难以达到真正的不朽。

三、绝对的美的到达

苏格拉底一向以"认识到自己的无知"示人,这种无知是哲学探讨的终点。因为在多数对话中,任何一个主题——友爱、节制、正义等——都没有最终的结论,苏格拉底不能得出一个最终的结论,因为他是哲学家。哲学家就是爱神,拥有向着真理、向着善进发的力量,这种力量的始点就是他所谓的情欲之知。

在面对一个美少年时,苏格拉底就会与美碰撞出情欲的火花。这时,思想就会源源不断地产生,像潮水一样来势汹涌,势不可挡。就像在斐德罗面前,能够接连完成两篇美妙的颂辞,这不能不说是一个奇迹,它是情欲之知的最好证明。没有情欲之知,哲学探讨和修辞创造,都是不可想象的。苏格拉底把这种爱欲的力量融入到与美少年的哲学探讨之中,尽管少年身上的美是激发他的力量,但是,这种力量却发生了转向,由爱到性,自然地转到由爱到哲学——

---

① Dover 认为,希腊人所说的用于形容一个人的美仅指在体型、色泽、结构和运动上的美,而把德性、理智、能力和性情排除在外。(参见 Dover, *Greek Homosexuality*, Cambridge, Mass.; Harvard University Press, 1989, p. 16)关于古希腊所认为的外形上的美的特征包括,宽阔的肩膀,深深的胸膛,大块的胸肌,髋部以上的肌肉很健硕,腰部很苗条,突出的臀部,强壮的大腿肌肉和腿肚。(参见 Dover, *Greek Homosexuality*, Cambridge, Mass.; Harvard University Press, 1989, p. 70)

② 参见柏拉图:《会饮》209B—C。

精神上的孕育。而这种力量的总爆发就是在《会饮》当中,通过第欧提玛所描述的:爱是什么,爱是在美中孕育,或是凭身体,或是凭心灵。①

苏格拉底的一生没有留下什么著述,但却从没有停止凭借美所进行的孕育。这种孕育最好的产物就是柏拉图这样的学生,能够传承他的学说。最坏的典型就是阿尔卡比亚德,因为阿尔卡比亚德身上还残留着政治上的野心。如果哲学被政治野心利用的话,将会产生灾难性的后果。阿尔卡比亚德为这种后果付出了代价,也连累他的老师为此付出了代价,因为苏格拉底是以败坏青年之名被处死的。

他们之间的爱欲在《会饮》中有所描述,尽管这种情欲一波三折,但却表明苏格拉底俘获了全雅典最漂亮的男子的心,苏格拉底在少年男子中受欢迎的程度可见一斑。这种痴迷走向极端的表现,就是阿尔卡比亚德想要用自己的身体来换取苏格拉底身上的智慧和德性。也许,在希腊人当中有这样一种观念,即通过与一个人肉体上的融合,就可以从这个人身上吸取德性,就像精子的流入一样。② 苏格拉底自己坐到阿迦通身边的时候,也不无戏谑地说:"如果智慧能像一满杯水,通过一根羊毛,就引到一个空杯里去,如果两个人只要挨着坐,智慧就从盈满的人流到空虚的人,那是多么好的事。"③无疑,阿尔卡比亚德的失败是由于自己欺骗了自己,苏格拉底是一个更擅长于精神孕育的人,这一点他没有看清楚。可是,这种精神上的孕育却给自己带来了危险,如果他能永远保持一个助产士的身份,也许就安全了。

> 我的助产士的身份一般来说也像他们的工作一样;唯一的区别是我的病人是男人,而不是女人,我关心的是他们的灵魂而不是身体,这个灵魂正受到孕育的煎熬。我的手艺的最高超的地方在于,能够用各种方式检验出这个年轻人的思想的胎儿是怪异的变形的,还是天生就具有生命和真理的成分。在我自己不能孕育真正的智慧方面,我和一个助产士是

---

① 参见柏拉图:《会饮》206B。
② 参见 Dover, *Greek Homosexuality*, Cambridge, Mass.: Harvard University Press, 1989, pp. 202-203。
③ 柏拉图:《会饮》175E。

如此相像,我们都受到责难。因为尽管我能对别人提出质疑,但是我自己却不能孕育,因为内里没有真正的智慧。原因就在于老天只限定我做一个助产士,剥夺了我孕育的能力。因此,就我自己来说,我没有任何智慧可言,也没有任何发现可以作为我灵魂的产物。那些与我为伴的人第一眼看上去,似懂非懂的,但是,随着我们讨论的深入,所有为上天眷顾的人则在一定程度上取得了进步。这种进步既令他们自己,也令其他人感到惊奇,尽管他们从没在我身上学到任何东西。许多令人钦佩的道理都是从他们内部孕育而生的,但是这种引产的工作却是上天派给我的职责。①

苏格拉底自认为一个助产士,是因为他本人没有孕育,没有智慧。他所能做的就是把别人(主要是年轻人)思想中的胎儿,如果是正常的就引发出来,如果是不正常的就让他胎死腹中。在这里,苏格拉底不是孩子的父母,这种引产没有爱欲的色彩。但是,作为爱神,苏格拉底自己不得不怀孕。这种"怀孕"的苦痛只能在遇到一个美少年之后方能解除,即把思想的产儿孕育出来。

在这里,苏格拉底由帮助别人把胎儿引产出来,变成了自己"怀孕",而且要找一个美少年来把这个孕育的产物加以释放。苏格拉底由一个助产士变成了一个孕育者,这是因为苏格拉底爱神的身份日渐明朗,而且这种爱欲只能在创造中完成。虽然,苏格拉底在阿尔卡比亚德的口中由一个爱者变成了一个被爱者,发生了在希腊人看来的一种角色的逆转;但是,这并不妨碍苏格拉底作为一个不美不善者的孕育,②他完全占据着主动权,就像一个年长的男子与少年或女人在性爱中所扮演的角色一样。而且,孕育完全是在被爱者出现之前的一种先在的状态,美的形体的出现使得这种孕育最终得以实现。

---

① 柏拉图:《泰阿泰德篇》150C—D。
② Margalit 认为苏格拉底在这里是作为一个被爱者,是作为这种思想的产物的父亲而存在的,而爱者只能作为母亲,这与柏拉图对于父亲和母亲各自在孕育中的主动与被动的区分是不一致的。爱者因为他的不美不善,他采取主动,就像爱神的母亲贫乏神一样。而不管在性爱还是在孕育当中,起决定作用的只能是作为父亲的男性。包括在这里,柏拉图把孕育的功能赋予了男性,同时给予他们以主动权。[参见 Margalit Finkelberg, "Plato's Language of Love and the Female", *The Harvard Theological Review*, 90 (Jun., 1997), No. 3, p.241]

但是,对一个美少年的爱,在柏拉图看来,只是爱的一个初始的阶段,或是爱的一个最低点。而且,第欧提玛说得很明白,以上所说的关于爱情的教义,你或许还可以领会,不过对于知道依正路前进的人,这些教义还只是达到最深密教的门径,你能否理解他就不知道了。[①] 对于苏格拉底来说,情欲之知是哲学探讨的起点,也是爱欲的起点,这个起点离不开一个美的形体。

这在高级神话中也是如此,爱的旅程要从一个美的形体开始。凭这一个美的形体进行孕育,把自己已怀有的美妙道理呈现出来,与这个美的形体共享。但是,由一个美的形体到另一个美的形体,他们之间的形体的美是贯通的。在李思身上的美在卡尔弥德身上也能找到,最后会发现,一切美的形体身上的美都是一种美。这些美的形体只是分有了这一个形体美的型式而成其为美,这样,任何一个美的形体在这个形体美的型式面前都显得微不足道了,因为只有这个美才是完善的、不变的。但即使这样一个形体美的型式也不能使爱停留,爱必然要超越形体的美,而进到心灵的美,凭着这样一个美的心灵,才能进行孕育。这就是孕育使年轻人得益的道理,苏格拉底一直在对着美的心灵进行口口相授,这种传授只有在面对着一颗美好高贵的灵魂才会起到意想不到的效果。因为这样一个心灵无论在理解上,还是在回应上都堪称卓越,可以激发你更大更美的创造。对着这样一个美好的心灵,无数的美妙道理自然源源而来。

这是爱的攀登的中途。还要继续攀登,从美的心灵再到美的行为和制度,这种行为制度当然也是孕育的结果。不过在这里,并没有指出孕育美的行为制度的父母,但是爱者在这里只需要能够看到这种美,并且看到这种美也是到处贯通的,就足够了。个体的美——不管是形体的美还是心灵的美——能够实现的是孕育,但它超出个人之外,个人的美是在城邦生活中体现出来的。没有城邦的共同生活,那么任何个体的存在都是不可能的,更不要说他的德性的

---

① 参见柏拉图:《会饮》210A。这里是柏拉图的低级神话（lesser mysteries）和高级神话（higher mysteries）之间的分野,也是柏拉图和他的老师苏格拉底的学说的一个分界线。（参见 Cornford, *The Unwritten Philosophy and Other Essays*, New York: Cambridge University Press, 1950, p.75; Friedlander, *Plato: An Introduction*, New York: Princeton Universtity Press, 1969, p.50）

培养了。① 因此,任何一个爱人都不能忽略城邦中美的行为和制度,因为这是城邦公民沟通和交往的基础,也是城邦实现正义和秩序的保证。只有这一点得到保证,人对美善的爱欲才有可能实现。

在这里,见到了行为和制度的美,就会把形体的美看得比较微末。可以说,在这个神话当中,爱人走出了对人的爱,走进了城邦的政治制度。那个最初激发他的个人已经渐行渐远了,由一个立体变成了一个面,由一个面变成一条线,又由一条线变成了一个点。尤其在从城邦制度的美中走出来,走进那个美的知识的广阔世界时,人就无影无踪了。② 至此,那美的学问知识才呈现出来。但是正如知识和真理本身没有善的理念美,同样,美的学问知识也只是相对于美本身的。没有美本身的存在,哪来美的学问知识? 因此,还要从美的学问知识进到美本身,这就是绝对的美。这样,从美的个体和所有美的形体到形体美本身,从形体的美到心灵的美,从美的心灵到美的行为制度,再到美的学问知识。走过了这广大的美的领域,涵盖了人的美、城邦的美和理智世界的美,最后突然窥见那绝对的美本身,即以美为对象的学问。这种美把天、地、人、城邦和宇宙都涵盖进来,成为涵盖一切的学问,即绝对的美。

　　一个人如果随着向导,学习爱情的深密教义,顺着正确次序,逐一观照个别的美的事物,直到对爱情学问登峰造极了,他就会突然看见一种奇妙无比的美。他的以往一切辛苦探求都是为着这个最终目的。这种美是永恒的,无始无终,不生不灭,不增不减的。它不是在此点美,在另一点丑;在此时美,在另一时不美;在此方面美,在另一方面丑;它也不是随人

---

① 亚里士多德说过,人是政治的动物,而且人的幸福就在于他的实现活动。这种实现活动就是在城邦的事务中,使灵魂的各个部分发挥出最大的功能和效用,这种活动离不开相互的友爱,在友爱当中才能使各自的活动完成得最好。

② Cornford 认为,《会饮》中的低级神话和高级神话可以对应《理想国》中的体育和音乐教育,它们在被爱者身上培养了节制、正义等德性的摹本,这个摹本只有爱者能够辨识出来,并且与之孕育真正的德性。但是,在高级神话当中,教育就转向了理智方面,而且爱也从个人转向了美本身,就像哲学家从洞穴中的仿影转到太阳光下,最后见到了真正的善一样。参见 Cornford, *The Unwritten Philosophy and Other Essays*, New York:Cambridge University Press,1950,p.76。

而异,对某些人美,对另一些人不美。还不仅此,这种美并不是表现于某一个面孔,某一双手,或是身体的某一其他部分;它也不是存在于某一篇文章,某一种学问,或是任何某一个别物体,例如动物、大地或天空之类;它只是永恒地自存自在,以形式的整一永与它自身同一;一切美的事物都以它为泉源,有了它那一切美的事物才成其为美,但是那些美的事物时而生,时而灭,而它却毫不因之有所增,有所减。①

此时,爱者的攀登才算是达到登峰造极的地步,凡人可以达到的生活也不过如此。当回忆起以前所过的那种专注于某一娇童的美,或者看到别人还在过着这样的生活时,这位处于爱的顶峰的人必然会觉得那一切都不值一提,甚至会嗤之以鼻,会觉得那种生活可怜至极。面对这种绝对的美,才能生育出真正的德性,即这种绝对的美才能引发真正的德性——智慧,达到了这种境界,也就达到了真正的不朽,与神在一起,邀神的宠爱。

苏格拉底这种攀登几乎是直线式的,中间没有任何挫折和阻碍。以美为指归的这条道路是如此顺利,几乎让人怀疑这种攀登的动力是来自于欲望,不是来自于理智。因为这种攀登是如此的冷静而有条不紊,即使是来自于欲望的指引,也不能不让人想到欲望背后站着神色严峻的理智。② 当更多的人沉浸于声色之美,我们的爱人却在进行着艰苦的攀登。尽管有美相伴,但是,这种美却时时在转换,让人不仅去看(从视觉上),还要借助美去孕育创造(从精神功能的发挥上),最后,到达真正的美本身,凭借它,才能孕育出真正的德性。这是对追求美善的人的最好回报,也是对爱神的最高奖赏。

第三节　灵魂马车的驾驭

在《斐德罗》的神话中,柏拉图用来论证灵魂不朽的是灵魂的自我运动。

---

① 柏拉图:《柏拉图文艺对话集》,人民文学出版社 2000 年版,第 272—273 页。

② Neumann 认为在这里,理智服务于欲望,而不是相反。参见 Harry Neumann, "Diotima's Concept of Love", *The American Journal of Philosophy*, 86(Jan., 1965), No. 1, p.54。

灵魂本身是一辆马车,由御车人和两匹马构成,①这样一种动感的形象与灵魂本身的自我运动是协调的。但是,在随神观照天外景象的时候,御车人和马之间并不是始终和谐一致的,这就导致了灵魂的附身。对于附身的灵魂,只有通过美所引起的回忆才能使它得到滋养,那就是爱欲对灵魂的滋养,它只有对于有爱的人才有可能。

一、灵魂的化身

(一)灵魂化身之前

柏拉图在论述灵魂的问题时,一般都用神话来描述灵魂的命运,比如在《斐多》和《理想国》的末尾所讲述的厄洛斯的神话,都是来向灵魂宣判它们的命运的。而且这种命运都是它们在附到肉体上之后的所作所为决定的,是它们自己选择的,神不为它们这种命运负任何责任。但是,这两个神话都没有成为整篇对话讨论的核心,它们是对话讨论的主题的一个必然的推论。前者讨论的是正义,而正义者和不正义者的命运就是在灵魂离开肉体后得到宣判的;后者讨论的是灵魂不朽,作为灵魂不朽的一个说明,不同的灵魂所选择的生前的生活必然在死后脱离肉体得到不同的补偿。但是,在《斐德罗》中,对灵魂的讨论成为整篇对话的核心,而且这种讨论是以神话形式呈现的,这就是弗鲁提格(Frutiger)所说的第三种神话。②

《斐德罗》中关于灵魂的神话所描述的与《斐多》和《理想国》的神话所描述的另一个不同之处在于,《斐德罗》关于灵魂马车的比喻,不仅运用于人,而且对于神也是同样适用的。二者的区别在于神所使用的马和御车人本身都是好的,而且血统也是好的,此外一切生物所使用的马和御车人都是复杂不纯的。③ 在神和人的灵魂当中,都作了这样三个部分的区分,人的灵魂在追随神的时候,如果不受到顽劣的马的阻碍,就和神一样,也能观照到天外的景象。《斐德罗》的神话详细地描述了灵魂在附到肉体上以前随神周游诸天时的景

① 根据《斐德罗》中灵魂马车的神话进行分析,参见柏拉图:《斐德罗》246—257。
② 见前述 Friedlander 对柏拉图神话的三种划分。
③ 参见柏拉图:《斐德罗》246B。

象。而《斐多》和《理想国》中的神话则没有对此作出揭示,我们不能从中得知灵魂在附到肉体上以前的情况,只是了解到灵魂在与肉体结合之后所选择的生活——正义或不正义,追求哲学还是追求与肉体结合的快乐——决定了灵魂在离开肉体之后的必然命运。

灵魂之所以能够向高飞升,飞到神的境界,这是因为灵魂本身是一种协合的动力,有一对飞马和一个御车人。这对飞马和这个御车人虽然不像神的飞马和御车人那样能够始终完全地协调一致。但是,在灵魂附到肉体上之前,经过御车人艰难地驾驭,二者还是能够朝着共同的目标前进的。这样就使人的灵魂可以追随神,向着那天外的境界高飞,因为人的灵魂也是长着羽翼的。如果灵魂是完善的,羽毛丰满的,它就飞行上界,主宰全宇宙。[①] 而且,羽翼的本性是带着沉重的物体向高飞升,升到神的境界的,所以在身体的各部分之中,是最近于神灵的。灵魂的这部分就像神灵的一样,也要靠美、善、智来滋养,遇到与之相反的品质就要遭毁损。[②] 因此,不管是神的羽翼还是人的灵魂的羽翼,都要靠这种品质来滋养生长。这种品质只能在天外的真理大原上找到,那里长着灵魂的最高尚部分所需要吃的草。[③] 因此,灵魂要费尽心力到达真理的大原,从那里获得营养,灵魂能否如愿以偿呢?

凡是灵魂都要跟着由宙斯率领的神仙队伍,列队巡行。随从宙斯的有 11 个神,排成 11 队。只有赫斯提亚留守神宫,她是象征贞洁的女神,终生不嫁。[④] 因为她的留守,使得以宙斯为首的巡行这幅图景鲜明可见,如在眼前。因为赫斯提亚代表的是地球,她的留守就意味着地球位于宇宙的中心,其他星体(神)都围绕着中心转动,包括神们巡行天外,也是围绕着地球运行。[⑤] 这个神话已经显现出宇宙论的色彩,柏拉图在《斐德罗》中的神话明显带有宇宙天体的想象的成分,比如灵魂的自我运动、灵魂的羽翼、载神的车马、天外的巡

---

① 参见柏拉图:《斐德罗》246C。
② 参见柏拉图:《斐德罗》246E。
③ 参见柏拉图:《斐德罗》248C。
④ 参见柏拉图:《柏拉图文艺对话集》,人民文学出版社 2000 年版,第 121 页。
⑤ 关于赫斯提亚的中心地位,最早是在荷马对阿弗洛蒂忒的颂辞当中阐释的(在荷马笔下赫斯提亚并不是一个女神);关于赫斯提亚作为地球的象征,有诗人的残篇为证(参见 Hackforth, *Plato's Phaedrus*, London:Cambridge University Press,1952,p.73)。

行、宙斯所带领的 11 位神、真理的大原等,每一个都让人想起天外的世界,对那个世界充满了向往。

对于柏拉图来说,那个世界是哲学和理念的世界,是永恒不变的,而且位于天体之外才能观照得到。这种宇宙想象的成分,在他的后期对话当中变得越发明显,比如在柏拉图晚期的对话《蒂迈欧》当中,他从对人和城邦事务的关注转变为思索天外的事务。在那里,他似乎看到了人的根,人的根是在天上,而不是在地上。"灵魂的最高级部分乃是神给予人作为指导者。它居住在我们身体的顶部,把我们的视野从地上提升而向着天体的无限性。它好像是一棵根不在地上而在天上的树。确实是这样的,因为灵魂出生时乃是神把神圣部分置于人头或本位中,使整个身体挺直向上。"①

人随着神向天外世界的进发就是向自己的本来状态的回复,这本来的状态是灵魂在进入肉体以前,随神在天外所看到的景象。这个天外的世界给予人无限的遐想,在这个天外的世界来谈人的事,似乎是在人的最初状态下来重新塑造人。这个塑造的过程不能没有迷狂,也即神赐的迷狂。这也是贞洁女神不能随队出行的原因,因为固守贞洁的人无法理解迷狂,无法理解内心里对这种原初状态的渴望,以及这种渴望所唤起的对美的向往,还有对美的向往本身对灵魂羽翼的滋养。

在《斐德罗》中所呈现的灵魂的居所(从灵魂在这里吸取营养这个意义上可以称为居所),是最高的。对于神们来说,由于载神的车马是听调度的,所以上升起来很容易,而且当不朽者们到达绝顶时,还要进到天外,站在天的背上,随着天运行,观照天外的一切永恒的景象。② 柏拉图把最美的最真实的理念放在最高的世界,即使这样灵魂也能在神的带领下观照得到。这个高度超过了《理想国》中那个善的儿子——太阳——所在的天空,甚至从洞穴刚刚出来的人也不过是在太阳光下,凝视太阳,才实现了灵魂的转向。所谓灵魂的转向就一定是转向高处的某个地方,人不能像畜牲那样始终低头对着大地。

在《理想国》那个厄洛斯的神话当中,灵魂有两种选择:一条是通往天上

---

① 柏拉图:《蒂迈欧》90A。
② 参见柏拉图:《斐德罗》247B。

的路,一条是下到地下的洞口;前者是正义者的灵魂所走的路,后者是因为种种恶行而遭到的命运。这样,灵魂就依着自己的选择穿行,在天地之间往来回转。在《斐多》的神话当中,灵魂住在大地的一个洞穴里,①最好的灵魂能从地下的洞穴当中出来,到大地的表面,②只有那些把肉体洗刷干净的灵魂,才能一心追求哲学。

可见从地下的洞穴中出来,到大地的表面,再到太阳所在的天空,最后进到天外,理念世界在这种神话的描述中站得越来越高,灵魂也随神飞得越来越高。这是因为灵魂本有的羽翼,在得到爱的滋养之后,将产生更大的力量。这让我们想起了但丁的第十重天,那是不动的、静止的世界,居住着神和各种福气的精灵,而在它之下的第九重天,则是一个结晶体,是清澈透明的,被称为"基本的动力"(primum mobile)。它的运行速度极快,因为在它之下的天体都推动着它向着那最高的神圣的天体前进,它可以相比于亚里士多德的不动的推动者,也可以用柏拉图的真理的大原的神话来解释。它们就是灵魂飞升的目标,在柏拉图那里是哲学,在但丁和亚里士多德那里是神学。③

(二)灵魂的下沉和化身

灵魂在随神周游诸天的时候,由于受到马的拖累,所以在飞升上界时不能像神的车马那样顺畅。这样,御车人能否对马进行有效地教练,最后灵魂的马车能否协调一致将决定灵魂自身的命运——是下沉化为肉身还是待在上界,永远与神在一起。

上界的景象不是尘世的诗人能够赞颂的,只有那些观照过的人才能进行真实的、如其本然的描述。柏拉图把这种景象归于理智的观照,因为理智本身与这里的景象有相像之处,二者都是不变的,也是不动的。虽然在这个神话当中,柏拉图赋予理智一个动感的形象,但是,对于永恒的真实体来说,只有同样永恒的纯洁的事物才能与它接近,④灵魂当中最能代表这个部分的就是理智。而且,理智的营养就是这真理大原上放射出的光辉,其他的都不能成为滋养理

---

① 参见柏拉图:《斐多》109D—E。

② 参见柏拉图:《斐多》114B。

③ 参见 Stewart,*The Myths of Plato*,London:Centaur Press Ltd.,1960,pp. 316-318。

④ 参见柏拉图:《斐多》79D—80B。

智的东西。至于两匹马的营养,很清楚,在灵魂围绕着天的运行满了一周之后,就回到天内,回到它的家,御车人把马牵到马房,拿仙露琼浆给它们吃。①

在这里,灵魂的最高尚部分得到了它的营养,怡然自得。同样,两匹载车的马也得到了自己的食物。柏拉图并没有像在《会饮》当中那样,当爱者在攀登到绝对的美的时候,对美本身进行细致的描写和赞颂,而是从真理大原与灵魂的关系,即它能为灵魂的理智部分提供营养这个角度来写。至于这个天外境界的景象,柏拉图并没有写得多么细致。也许,在理解了《会饮》中美的本体的景象,也就能想象得出这里真理大原上的辉煌景象,所以不需要浓墨重彩地再对之进行描写了,这是判断《会饮》在《斐德罗》之前写成的一个根据。②

以上能够如其本然地见到真实体的是神,但是,对于人来说,命运就不是如此了。有的灵魂,虽然受到马的拖累,但是最终还是见到了事物的本体;有些灵魂由于马太过顽劣,只能窥见事物本体的部分。最糟糕的就是那些有愿心而无真力的灵魂,在下界的扰攘之中挣扎而不能自拔,结果陷入了一片混乱,失了阵脚,灵魂也受伤了,羽翼也损坏了,只约略窥见了真理的一小部分。③ 因为,向来没有见过真理的灵魂是无法附到肉体上来的,所以,对于他们来说,大部分营养只能来自妄言妄听的意见了。④

在这里,似乎呈现了灵魂的三种境界:第一种是认定了自己所要做的事情,尽管内心的欲望有过干扰,但他能够马上排除干扰,重新走上自己认定的道路。第二种人虽然也知道自己要做什么,但是,内心的欲望受到外界的诱

---

① 参见柏拉图:《斐德罗》247E。

② Von Arnim 认为,柏拉图对灵魂初次化身的描述极其简略(参见《斐德罗》248D),如果没有《理想国》中的厄洛斯的神话,这里的神话几乎是难以理解的。据此,他判断,《斐德罗》是在《理想国》之后完成的。(参见 Hackforth, *Plato's Phaedrus*, London: Cambridge University Press, 1952, p.88) McGibbon 根据柏拉图对灵魂的描写,作出这样一种关于写作顺序的判断:《斐多》→《理想国》→《斐德罗》→《蒂迈欧》。[参见 D.D. McGibbon, "The Fall of the Soul in Plato's Phaedrus", *The Classical Quarterly*, New Series, 14(May, 1964), No. 1, p.57]

③ Hackforth 认为这里的第三种情况,虽然没有全部看见真理大原上的景象,但是应该也看到了一点。他指出,正如 αρετη 指的是功能的良好的发挥,相应地,这里的 κακια 指的是功能发挥得不完善,但不能说一点都没发挥,即一点真实体都没看见。参见 Hackforth, *Plato's Phaedrus*, London: Cambridge University Press, 1952, p.79。

④ 参见柏拉图:《斐德罗》248B。

惑，那仅有的理智的力量在欲望和满足欲望的诱惑面前，显得很单薄。自己的理想在外界的繁华景象面前，又显得太遥远，因此对目标的追求仅能维持一段时间。最后一种显然对于前方的路只看了一眼，就失去了信心，但是，他的精力要有发泄的地方，发泄到人与人之间的争名逐利、勾心斗角之中。这时候，他就像一个被牵着走的绵羊，身不由己了，自己最初想要做的事情全忘了。即使他想做，那也由不得他了，因为他已陷入到种种名利的纠缠当中不能自拔了。三种灵魂，三条道路，最后是三种命运。就像赫拉克勒斯可以选择的生活道路，①一条唯其艰辛，但却是通天的光明大道；一条看起来好似幸福并唾手可得，但它却使你的灵魂日渐懒惰，失去了与命运抗争的力量，那种生不是生，而是一种接近死亡的生。

　　永远顺遂神的，就能见到事物的本体，一直到下一次运行的开始，都可不受伤害。相反，不顺遂神，没有见到事物本体，或是由于不幸受着昏沉和罪恶的拖累，它就要失去羽翼，沉到地上。因为没有经过挣扎的羽翼是没有力量的，没有见过真理的就不能获得灵魂羽翼所应获得的营养。② 但是，在下降的时候，依照一种定律，不能投生于任何兽类。因为兽类没有理性，只要是见过真理的灵魂，那么就不可能没有理性，没有理性就等于没有灵魂，但是见过真理的也要依见的多少以及程度的大小来决定他们投生之后所从事的职业。③

---

①　摆在赫拉克勒斯面前有两条道路：一条是由"幸福"所引导的，不费力气就能得到所有的一切；另一条是由"美德"提供的，不管要获得任何好事物，都要历经艰辛，赫拉克勒斯选择了后者。（参见斯威布：《希腊神话和传说》，人民文学出版社 1984 年版，第 113 页）同样的神话也被色诺芬引用（参见 Xenophon, *Memorabilia*, Book II, Chapter 1）

②　Bluck 认为，柏拉图虽然也像品达和恩培多柯勒一样，相信灵魂的轮回，但是，他却不像前两者那样以尘世的奖励来成就德性和幸福的生活。[参见 R. S. Bluck, "The Phaedrus and Reincarnation", *The American Journal of Philosophy*, 79 (1958), No. 2, pp.60, 162] 但是，柏拉图相信，见过真理的灵魂就可以永不受伤害，否则，就要等待灵魂的坠落，并且化为肉身，体现出某种因果效应。

③　关于这里的投生是否是第一次投生，Bluck 对这个问题持怀疑的态度。因为，如果灵魂以前没有过尘世的生活，他怎么会染上尘世的罪恶，就像《斐多》中，如果灵魂在走的时候不干不净，那么他还会被束缚到肉体中来，这里也无法肯定这是灵魂的第一次投生。[参见 R.S. Bluck, "The Phaedrus and Reincarnation", *The American Journal of Philosophy*, 79 (1958), No. 2, p.163] 关于这个问题的争论，参见 D.D. McGibbon, "The Fall of the Soul in Plato's Phaedrus", *The Classical Quarterly*, New Series, 14 (May, 1964), No. 1, p.57。

见过真理最多的就在附到肉体上之后,变成一个爱智慧者,爱美者,或是诗神和爱神的顶礼者。① 因为爱智慧者必然是爱神,而不管是爱神还是诗神都是由神灵凭附着的,因此他们所过的生活是同一种生活。第二流的投生之后,成为守法的君主、战士或是长于发号施令者。显然,这里反映的是当时斯巴达的生活景象,一个男人生是为了成为战士,死也一定要死在沙场上,甚至女人也是为了生养战士而活。② 第三流的种子成为一个政治家,或者至少是一个经济家或财政家,这里的政治家大致对应着我们的行政长官,财政家是指一个家长,而经济家是一个生意人。之所以把这三者并列在一起,是因为他们并没有对应着在战争中的任何权力和职位,在道德价值上也低于另外两种,只不过为害较少,而且能够为城邦做一些善事。③

第四流是爱好体育和以治疗身体为业的,这里对身体的评价列在第四位,说明它即使不是具有很大的价值,却也不会为害过甚。因为运动员、身体教练员和医生关注的是身体,如果它们为音乐所熏陶的话,可以对灵魂产生有益的影响。④ 第五流是一个预言家或掌宗教典礼的,第六流最适宜于诗人或其他摹仿的艺术家,这两者都不是柏拉图在前述所说的神圣的迷狂所赋予的。第七流是一个匠人或农人,这二者在古希腊是没有地位的,因为他们关注的是身体,而身体在柏拉图那里一向是看得很低的,理解了这一点,就明白了为什么劳动者在古希腊没有地位。⑤ 第八流为一个诡辩家或煽惑群众者,这与柏拉

---

① Hackforth 认为,除了爱智慧者指的是哲学家之外,爱美者、诗神和爱神的顶礼者指的都是哲学家的不同方面,爱美者和诗神是同义词,而只有在了解了全篇的对话之后才能了解爱神。参见 Hackforth, *Plato's Phaedrus*, London:Cambridge University Press,1952,p.83。

② 斯巴达的少女要和男人一样接受训练,是为了以后生育孩子的时候,可以减少分娩的痛苦,又可以生育健康的孩子。当斯巴达的妇女受到外邦人的赞誉时,她们说:"我们是唯一生养战士的女人。"(普鲁塔克:《希腊罗马名人传》(上),商务印书馆 1999 年版,第103 页)

③ 参见 Hackforth, *Plato's Phaedrus*,London:Cambridge University Press,1952,p.83。

④ 参见柏拉图:《理想国》410D;Hackforth, *Plato's Phaedrus*, London:Cambridge University Press,1952,p.84。

⑤ 工匠者阶层在《理想国》当中是属于第三个等级,尽管经济上必不可少,但是政治上却受到压迫。虽然压迫是这种秩序造成的,然而只有维护了这种秩序,才能维护正义,在《法篇》中甚至禁止公民从事手工劳动。参见柏拉图:《法篇》846D;Hackforth, *Plato's Phaedrus*, London:Cambridge University Press,1952,p.84。

图对诡辩家的一贯态度是一致的,也和喜剧诗人对辩护士的嘲讽一致。最后一种也是为害最甚的就是僭主,僭主在厄洛斯的神话中也得到了报应。① 在《理想国》中,柏拉图对哲学王的生活和僭主的生活进行比较,前者的快乐是后者的 729 倍。②

对于这九种生活来说,凡是依正义生活的,以后就可以升到一种较好的情况,不依正义生活的就要降一级。就像《理想国》当中,生而为铜铁等级的可以因为自己的表现而升到银或金的等级,反之,生而为银金的也可以降级。这里每个灵魂都要过一万年,才能回到他原来的出发点,也才能恢复他的羽翼。③ 仅有的例外是爱智慧的哲学家,或是以哲学的爱去爱少年人的。他们的灵魂如果连续三次都维持这样的生活不变,到了千年运行一度的第三度,就可以恢复羽翼,到了三千年满了,就可以高飞而去。④ 对于其他的灵魂,则要在每一生终了之时,应传受审。这一生,在厄洛斯的神话中是一百年,那么受到的惩罚即使是十倍于罪恶,也不过一千年。可是,这里一个轮回就是一千年,而且每过完这一千年的光阴,就要受到审判,依审判的结果,或是下到地狱里,或是飘然升到天上的某一境界。每过完一千年,这两批灵魂都要回来选择次一生的生活,这选择是全凭自愿的。

在厄洛斯(Eros)的神话当中,灵魂对自己命运的选择是自愿的,这样灵魂就要为自己的选择负责;在《蒂迈欧》中,人的灵魂是被造的神根据不朽的摹本造出来的,而且在他们被造出来之后,每一个灵魂对应天上的一颗星,他们统一上了战车,由造物者向他们宣示命运的法则,因此,这些灵魂的命运都是一样的。⑤ 而且,当年轻的神用身体来装备他们之后,就让诸神做人类的统治

① 参见柏拉图:《理想国》615D。
② 参见柏拉图:《理想国》587D—E;Stewart 关于这个数字作了细致的分析,729 这个数字的特别之处在于,它既可以成为 9 的立方数,也是 27 的平方数。(参见 Stewart,*The Myths of Plato*,London:Centaur Press Ltd.,1960,p.310)
③ Hackforth 认为,在这里虽然每个灵魂都要过一万年后恢复羽翼,但是,关于他们的羽翼能够保持多长时间,他们跟随神周游的意图是否立即就能实现,这些问题在神话当中都没有答案,而且,我们也不应该去寻求答案。参见 Hackforth,*Plato's Phaedrus*, London:Cambridge University Press,1952,p.87。
④ 参见柏拉图:《斐德罗》249A。
⑤ 参见柏拉图:《蒂迈欧》41E。

者,这样日后所产生的种种罪恶都与他无关了,在这之前,灵魂在命运已定的时间里也要经历轮回。① 灵魂中能够保持最好的本性的是男人,他们能到指定的星星中去过和谐幸福的生活,如果做不到这一点,再次投生就要变成女人,比这还要糟糕的是再次投生要变成动物,而关于人投生于相应的动物,在《斐多》中也有描述。② 但是,在《斐德罗》中的灵魂投生,第一次一定要投生为人,而在一千年终了之时,可以由人转到兽类的,也有由人到兽再到人的,但是向来没有见过真理的灵魂,就不能投生为人。③

二、灵魂的回忆

(一)知识就是回忆

灵魂的羽翼作为最近于神的部分,只能由真理大原上的景象来滋养,但是对于真理大原上的一切并不是每个灵魂都能如其本然地看到。这样,在灵魂的羽翼失去了最珍贵的营养之后,它就要下沉,附上一个尘世的肉体。而且,第一次投生的肉体一定是人,否则人的理智能力就不知从何而来,在灵魂长羽翼之前的一万年当中,灵魂可以由人转为兽,也可以由人转为兽再转为人,就这样经历着生之巨轮。

这种灵魂轮回的学说是从奥菲斯教传过来的,④为了摆脱生之巨轮,奥菲

---

① 参见柏拉图:《蒂迈欧》42B。
② 参见柏拉图:《斐多》82A。
③ Hackforth 认为,从动物轮回到人之前,必须有相反的情况发生,即要从人到动物开始,这是因为没有在上界见过真实体的人就不具备人区别于动物的概念推理能力。因此,如果灵魂一开始就进入一个动物的身体,那么它的推理能力从何而来就无法解释了。参见 Hackforth, *Plato's Phaedrus*, London:Cambridge University Press,1952,p.91。
④ "波尔费留曾说,在毕达哥拉斯的教义中只有三件事是知道得很清楚的,这就是灵魂是不死的;它会转移到不同种类的各种动物身上,以及按照一定的时期,生物会重新开始它们以前的生命(正如世界本身一样);最后,一切有生命的东西都是'同种的',这些论点似乎都是源出奥菲斯教的。"(莱昂·罗斑:《希腊思想和科学精神的起源》,广西师范大学出版社 2003 年版,第 70 页)克赛诺芬在一篇挽歌中引证了灵魂的轮回学说,歌中写道:"现在我将开始讲到另一个故事,并指明一个道理。这是一个有关毕达哥拉斯的传说。有一次他从一条被鞭打的幼犬旁经过,他同情地恳求:'住手吧,别打了,因为在它的哀鸣中我听出:这里面寄居着我一位朋友的灵魂'。"(苗力田主编:《古希腊哲学》,中国人民大学出版社 1995 年版,第 63 页)这个关于毕达哥拉斯的逸事莱昂·罗斑也有引用。(参见莱昂·罗斑:《希腊思想和科学精神的起源》,广西师范大学出版社 2003 年版,第 70 页)

斯教采用的是一种原始形态的净化。但到了毕达哥拉斯这里,指出"净化人的心灵的是音乐,净化人的身体的是医药"。① 伯尼特把毕达哥拉斯所谓心灵的净化解释为致力于科学研究,在古希腊,科学和哲学还没有明确的分野。②因此,毕达哥拉斯所指的就是哲学家,能够实现这种灵魂净化的只有哲学家。③ 柏拉图把这种思想加以系统化,引入了理念,作为那根拴住灵魂的绳索。那么,灵魂或是以摆脱肉体的方式,或是以美为向导回忆起自己本来状态的方式,来实现自身的纯净和永恒,而只有永恒才与永恒的相通,④并且缔结神圣的婚姻。这样,死亡和爱同样是灵魂达到理念的方式,也是灵魂实现不朽的方式。而且,灵魂的不朽是在理念和知识的亲缘关系中才有意义,也才有可能,这种可能性就是通过回忆来实现的。

　　这种灵魂的不朽在《美诺》篇中也有呈现,当美诺对苏格拉底关于美德是什么的问题的回答不能令苏格拉底满意时,讨论就陷入了僵局。美诺说苏格拉底简直就是一条电鳗,把每一个接近他的人都电呆、电傻,一句话都说不出来了。⑤ 苏格拉底说自己又何尝不是陷入了困境呢,这个时候,美诺就乘机

----

① 参见 Burnet, *Early Greek Philosophy*, London: Adam & Charles Black, 1948, p.97。

② Dodds 认为,在古希腊直到恩培多克勒才开始哲学与其他职业的区分,但是恩培多克勒本身仍然是这样一个典型。"如果我的判断没有错,恩培多克勒代表的不是新的而是旧的人格类型,也即萨尔满教士,他将不加区分地将幻术家、自然科学家、诗人、哲学家、传道士、医治者和公共顾问的职能集于一身。在他之后这些职能之间发生了分裂,这样哲学家将不再兼有诗人和幻术家的职能,的确,这样的人在 5 世纪的时候已经过时了,但是,像恩培多克勒和毕达哥拉斯这样的人还演习着我所提到的所有功能。"(E. R. Dodds, *The Greeks and the Irrational*, Berkeley: University of California Press, 1951, p.146)关于毕达哥拉斯的身世,也有着许多带有传奇色彩的描述。比如恩培多克勒就把他当成一个超人的存在(假定恩培多克勒《残篇》129 确实就是关于他的),并且有一个公式认为"有一类理性动物是神,另一类是人,毕达哥拉斯是第三类的一个例子",他被认为是介于人神之间的一种存在,是有神灵感通的或有鬼神附身的人之一。参见莱昂·罗斑:《希腊思想和科学精神的起源》,广西师范大学出版社 2003 年版,第 49、52 页)这种传说是毕达哥拉斯集哲学家和宗教领袖于一身的产物。

③ 伯尼特认为,虽然这样归纳毕达哥拉斯的学说有点鲁莽,"但是,这些确实是毕达哥拉斯的思想,而且只有以这种方式,我们才能弥合作为一个自然科学家的毕达哥拉斯和作为一个宗教教师的毕达哥拉斯之间的沟壑"(Burnet, *Early Greek Philosophy*, London: Adam & Charles Black, 1948, p.98)。

④ 参见柏拉图:《斐多》79D。

⑤ 参见柏拉图:《美诺》80B。

说，"一个人不能寻求他知道的东西，因为他已经知道了，用不着再去寻求了；他也不能寻求他不知道的，是因为他也不知道他应该寻求什么"。① 言外之意就是要放弃对美德本质的探求，但苏格拉底引入了一个神话，这个神话就说明你不知道的只是暂时没有唤起，其实它早已存在于你的灵魂之中了。因为灵魂在你出生之前就已经存在于某处，灵魂是不死的，它一会儿完结了，也就是死了，一会儿又回转了，却永远不消灭。

> 犯有过失的人们不免沉沦，
>
> 九年之后贝塞坡娜却放回他的灵魂，
>
> 让它重见天日，从其中产生高贵的国君，
>
> 以及富于智慧和强大的人们。
>
> 在以后的日子里，他们被崇奉为英雄和圣人。②

关于灵魂不死并不是柏拉图的发明，但是，只有柏拉图把灵魂不死和知识学习联系起来。由于灵魂在以前的生存中已经学过人世间的所有的一切，所以，只要回想起一个事物，不懈地追求和钻研，就会回想起其余的一切。所以，完全不像美诺所说的那样，对于他所不知道的东西，他就永远保持这种无知的状态，那只是一种表面的想法，而实际上他的灵魂早就知道了一切知识。只不过没有这样一个人、这样一种方法把它唤醒，只要方法适当，那么即使是奴隶，也能重新获得知识。

苏格拉底当场示范，随便叫出一个奴隶，用一种循序渐进的引导法，逐步引出他的几何学方面正确的知识。而且，关键的问题是他要让美诺知道，这个奴隶在回忆，而不是在学习，但如果在学习就是回忆的意义上，他也在学习。这样一种引导，就像苏格拉底自己曾经说过的，是一个助产士的工作。他本人不孕育，却要把别人怀孕的胎儿首先进行一番考察鉴定，看它是正常的还是不正常的，然后再把正常胎儿引产出来。这个过程是如此神奇，连怀孕的人自己

---

① 柏拉图：《美诺》80E。

② 品达的残篇133，参见柏拉图：《柏拉图对话集》，商务印书馆2004年版，第172页。

都不知道,经过助产士的手,原来自己能够孕育出这么伟大的产物。

在苏格拉底看来,虽然知识本身是灵魂以前就有的,但是,人凭现世的经验也可以正确地指导行动,二者在有益于行为上是一致的。然而,苏格拉底的任务却是引出真正的知识。因为二者最大的区别还是在于意见像没有捆住的雕像一样,容易跑掉,因此没有多大价值。但是,如果捆住的话,就留下了,成为灵魂本身的一根绳索。因为维系灵魂的不能是容易跑掉的意见,而应该是常住不变的东西。这样,任何人都不能满足于意见,而要从意见追索出它们的原因,①使人的灵魂真正地被知识拴牢。

但是,在关于灵魂的不朽这一问题的论证方面,似乎知识也不是顶点,知识也有些在生,有些在灭,在知识方面我们也从来不是同一个人。② 比知识更稳定的、更加常驻不变的,就是理念。知识和真理都来源于理念,理念是不变世界中的王,在尊荣和美两方面都超过知识和真理。③ 这样如果能够使灵魂和理念建立一种亲缘关系,那么,灵魂本身的永恒不朽就是不言自明的了。在《斐多》中就引入了理念,找到了美本身、大本身、小本身等,而且灵魂在生前就要远离肉体,不自觉地演练接近死亡的状态。这样在灵魂离开肉体的时候,才能走得干净利落,才能接近永恒的理念,进入一个跟自己一样不可见的、神圣的、不朽的、智慧的境界,④这样就会永远与神在一起,获得幸福。

虽然,柏拉图在灵魂和肉体的关系问题上,极力地排斥肉体以及肉体感官,但是在回忆这个问题上,他却无法排除感官知觉的作用。因为他说,"如果一个人听到、看到或者以其他方式觉察到一件东西的时候,不仅知道那件东西,而且觉察到某个别的东西",⑤由这个东西引起对另外一个东西的回忆。但柏拉图在前面却说,人的视觉和听觉没有一点真理性,这两种感官都靠不住,其他的都不如这两种,就更不用说了。⑥ 如果一个人看到的某样东西都是不真实的,那么何况凭这样东西引起的对另一样东西的回忆? 但他还是举出

---

① 参见柏拉图:《斐多》98A。
② 参见柏拉图:《会饮》207E。
③ 参见柏拉图:《理想国》506B。
④ 参见柏拉图:《斐多》81A。
⑤ 柏拉图:《斐多》73C。
⑥ 参见柏拉图:《斐多》65B。

由类似的东西和不类似的东西所引起的回忆。不类似的,比如竖琴和人,类似的例子比如由辛弥亚的画像能想起辛弥亚本人,再由相等的木块或石头想起等本身等等,这些都是回忆。但是,最强最美的回忆是由美引起的,美是可见世界呈现给我们的最耀眼的事物,是最能刺激我们的视觉的东西。因此,只有美所引起的回忆才是最真切的,也是最直接的。

(二)美是回忆的引子

柏拉图在《斐德罗》的神话当中论证的灵魂不朽是根据灵魂的自我运动,这种自我运动的根源在于自身,因此,它从不假借于外物,能够永动不止。这种运动既没有开始,因为它不是创生的,也没有终结,因为它是不可毁灭的,那么,显然自动者就是不朽的。灵魂既然是自动的,那么,它就是不朽的。

柏拉图把整个灵魂比譬为一种动感的形象———一个御车人和一对马,这种动感就来自于灵魂的运动。不仅御车人代表着一种驾驭和操纵,而且在御车人和两匹马之间也在不断地发生着相互的交往和纠葛,这都代表着一种运动。而且在灵魂附身之前,这种运动就是存在的,没有止息的,因为灵魂要随神周游天外。在这个过程中,对于真理大原上的景象,要运用理智这双灵魂的眼睛去看。可是,在这个过程中,马匹却要不断地干扰,如果御车人没有对马进行很好地教练,那么就会连累整个灵魂,不能完整地、如其本然地看到真理大原上的景象。有的灵魂甚至只能满足于约略地看到,结果灵魂得不到它的最高尚部分所需要的营养,它的羽翼就载不动整个灵魂向上界飞升,只好向下沉,附到一个尘世的肉体。

在附到一个肉体之后,不同的灵魂将会面临不同的选择和命运。只有哲学家的灵魂能在三千年之后恢复羽翼,重新追随神,周游那天外的景象。但是,所有的灵魂都可以在一万年之后恢复羽翼。哲学家的灵魂之所以能够在如此短的时间内恢复羽翼,是因为哲学家常专注于对上界景象的回忆。他的灵魂的最高尚的部分永不止息地进行着这样的运动,即运用理智对上界的真实体进行追索,而常人的灵魂却不易做到这一点。因为他们的灵魂在附上尘世的肉体之后,就失去了原有的主动权,为欲望所左右,而沉迷于与肉体的结合,忘记了上界所看到的景象。即他们的灵魂发生了断裂,在附上肉体之前的生活和化身之后的生活是两种完全不同的生活,看似好像不是一个人过的。

而哲学家靠着回忆,却可以实现灵魂的一致和连续,把自己在上界所看到的真实景象,在化身之后仍然回忆出来,并且沉浸在这种回忆当中,他们前后永远是同一个人。

在柏拉图看来,只有这样的生活才是值得过的。因为,由理念这根绳索把灵魂拴住,不管它是否化身,永远与不变的理念在一起,实现永恒。这种永恒能够超越时间,从灵魂附身之前到灵魂附身之后,一直延伸到灵魂重新恢复羽翼,即将来,用海德格尔的话说,就是"曾在源于将来":

> 承担被抛状态却意味着:如其一向已曾是的那样本真地是此在。承担被抛状态却只有这样才是可能的——将来的此在能够是它最本己的"如其一向已曾是",即能够是它的曾在或"曾是"[Gewesen]。只有此在如我所曾在那样地存在,此在才能以回来的方式从将来来到自身。此在本真地从将来是所曾在。……只有当此在是将来的,它才能本真地是曾在。曾在以某种方式源自将来。①

海德格尔认为只有把曾在展示在未来,此在才是有意义的,此在作为曾在而存在,曾在是此在要去承担的。② 如何去承担呢,这就是靠了回忆,是回忆把曾在展示于存在。曾在并没有逝去,或者化为虚无,曾在在回忆中保持到此在,此在承担着存在。而且,要把曾在带到未来,在这个意义上,曾在源自未来。曾在能够延展到未来,靠的是回忆,而且只有对理念的回忆,才能真正地把曾在承担起来,并带到未来,这是对《斐德罗》神话的一个很好的注脚。

在《斐德罗》中,曾在没有逝去,因为没有灵魂的这种曾在,即观照过真理大原上的景象,就取消了人的存在。人的存在的根本就在于灵魂的理智对理念的观照和思索,没有这一点,人不能成其为人,灵魂也就不能化到一个人的身体上来,过今世的生活。但是,今世的生活却并不代表着对以往的彻底的决绝,意味着灵魂的一种自我的断裂。灵魂是完整的,是始终如一的,正如理念

---

① 陈嘉映:《海德格尔哲学概论》,生活·读书·新知三联书店2005年版,第121页。
② 参见陈嘉映:《海德格尔哲学概论》,生活·读书·新知三联书店2005年版,第121页。

一样。只有把曾在——灵魂化身之前的光辉景象——通过回忆展现于此在，人才能真正进入存在。人也才能超越有限，永远地拥有存在，即拥有时间。灵魂是不朽的，只有在它永远地拥有存在，保持存在这个意义上才能不朽。

这种不朽不是单单靠理智来完成的，因为灵魂在附身之前，在御车人之外还有那两匹马。没有这两匹马，灵魂真的能够像神那样如其本然地观照到真理大原上的景象吗？相应地，灵魂没有像神那样观照到真理大原上的景象，是因为这两匹马的缘故吗？倒也不见得。因为神的灵魂马车也不是没有代表欲望的劣马，仍然完满地观照了天外的景象，而人的灵魂呢？还需要御车人对马进行好的教练。① 马的存在，还是有其独到之处的，这就是对美的感受。只有这种对美的敏感性，才能使整个灵魂向着美，由美的仿影到美本身。由于美本身只有在那真理大原上才能见到，因此，由美的本体而到其余的一切真实体，这就是由美所引发的回忆。而理智本身，对感性事物的不屑与迟钝，可能就与美擦肩而过，而有马的存在，却不会放过美，不会错过任何一个与美接近的机会，只要有御车人的好教练，那么他对美也不会轻举妄动。这样，大大加速了回忆的历程，也就大大缩短了人与神、人与天外景象的距离，这是灵魂的自我回复。灵魂回到他的家园，这是美指引的结果。

为什么正义、智慧这些灵魂所珍视的品质却不易做到这一点呢？这是因为"正义和审慎，以及人类根本上必须首先尊重的其他东西，所有这一切并不具有某种作为假象与人照面的光辉"。② 可以说，在尘世中，并没有这些最真实的本质的仿影。即使有，也是零零散散的断片，让人一时无法收集拼接。就像柏拉图所说的，"人类理智须按照所谓'理式'去运用，从杂多的感觉出发，借思维反省，把它们统摄成为整一的道理"。③ 感觉搜集来的也是正义、智慧的碎片，而且在不同的时间、不同的人身上所呈现的这些碎片本身也是千奇百态的，何况用思维去统摄它们，更是难上加难。这种任务只有像柏拉图这样的哲学家才愿意去承担，有了这样的人，对正义智慧的认识才不至于永远是零散断裂的。

---

① 参见柏拉图：《斐德罗》247B。
② 海德格尔：《尼采》（上），商务印书馆2004年版，第216页。
③ 柏拉图：《斐德罗》249B—C。

　　同时,认识这些真实体的工具也是不敏锐的,"相反,我们是用愚钝不堪的工具来把握存在的,可以说模糊而又勉强"。① 只有极少数人才能借昏暗的工具,从仿影中见出原本的真相。但凭借着美,几乎每个视力敏锐的灵魂都能最直接地感受到美本身,"但只有美本身才分得了这种命运(亦即在存在之照耀的本质秩序中),就是成为最能闪耀的、却又最令人出神的东西"。② 这是因为美自身的完整性和动人的魅力,没有人能够对美无动于衷,因为我们是用最敏锐的器官——眼睛——来观照它。

　　"通过我们所具有的最明亮的感知方式,美本身在这里为我们人所拥有,而且我们所拥有的美乃是最明亮的闪光者。因为对我们来说,观看就是能够通过身体完成的最清晰的觉知方式。"③由于美本身的动人之处,它能使我们保持对存在的观看。这种观看是通过对感性领域的最明亮者的觉知,来达到对存在的观看,"观看达到最高和最广的存在之遥远境界,同时又进入最近、最亮的假象之切近处"。④ 因此,观看从美通达到存在本身,美就是那最近、最亮的切近处,"美使一种对存在观看的重新赢获和保持成为可能,也就是说,它使我们有可能从那种容易把我们吸引入遗忘状态的最切近假象中重新赢获和保持存在观看"。⑤

　　从美的仿影这个对观看的最切近处,到达存在本身——真理大原上的景象——这个最深、最远的所在,灵魂就完成了一次回归,本然的回归。正义、智慧本身也不会因为自身在尘世中没有仿影或者这个仿影很黯淡,而落于寂寞,无人探访。由于美的吸引,它把灵魂引到真理的大原上来,因此,发现了这里有比美本身更美的东西,这就是正义本身、智慧本身。在尘世,无人能比得过美的闪亮和动人,没有人能够对美以外的东西出神和着迷,但是,在天外就不一样,美本身在一切的本体存在中不见得是最光辉灿烂的。因为这里,是用灵魂的眼睛来观看,而灵魂的眼睛只对灵魂本身最为珍视的品质最为敏感,这就

---

① 海德格尔:《尼采》(上),商务印书馆 2004 年版,第 216 页。
② 海德格尔:《尼采》(上),商务印书馆 2004 年版,第 216 页。
③ 海德格尔:《尼采》(上),商务印书馆 2004 年版,第 217 页。
④ 海德格尔:《尼采》(上),商务印书馆 2004 年版,第 217 页。
⑤ 海德格尔:《尼采》(上),商务印书馆 2004 年版,第 218 页。

是正义、智慧以及灵魂所珍视的其他的一切。① 这一切都对灵魂闪耀着，美本身就不突出了，它已经完成它的使命，或者说它已经把自身融入到天外的一切真实体中，使一切真实体都变成美的，都在闪耀着。

但是，美本身还是存在着，只要爱神存在着，就不能没有美。这个美在《会饮》中是作为创造和孕育的引子，在《斐德罗》中，又作为回忆的引子。无论如何，美必然要作为一种独立的存在，使爱神得以产生。这就是为什么爱神要在美中孕育，而且首先要从一个美的形体开始。从美的形体到美的心灵，再到美的行为和制度，到美的知识，最后参悟美的本体，孕育出真正的德性。美的领域容纳了如此广阔的事物——美的行为、制度、知识，但对这些美的事物的认识也是从一个美的身体开始，要从这个具体的美开始，因为它是最吸引人的。由这样一个美的指引，才能瞥见美的行为制度，其实，这都是同一种美，是美的不同的个例。

只有最后由美的知识到美本身，那才是纵身的一跃，到达了美本身。这个攀登是在创造中观看，在观看中创造的过程，美的形体永远是这种攀登的始点，最后由美本身孕育出真实的德性。这是在创造中回归，在回归中创造，以美为指引，以善为指归的创造，最后是美和善融为一体，因为美也是善——真实的德性——的一个承载者。就像在那真理的大原上，美把自身作为指引者的同时，消融自身于真理大原上一切真实的本体中，使一切都显得出色和可爱。但美仍然是美，在尘世中最迷人闪亮者，在天外最可爱者。

三、灵魂羽翼的滋养

灵魂在附身之前，曾经随神周游观照过天外的景象。但是，由于人的灵魂不同于神的灵魂，神的灵魂血统是好的，车马都是听调度的，因此，能够如其本然地观照天外的景象。但是人的车马却不同，尤其是在没有御车人的好教练的时候，人的灵魂就不能顺利地如其本然地参照天外的景象，而只能满足于约略地见到。

在御车人和马争执的过程中，灵魂的羽翼受到了损害，而且，它也不能从

---

① 参见柏拉图：《斐德罗》250B。

真理大原上获得充分的营养，无力高举灵魂继续随神攀升，只好向下沉，附到一个尘世的肉体，变成了一个可朽的动物。这是灵魂的转世，因为灵魂在附到肉体上之前，所观照的景象是完整的、单纯的、静穆的、欢喜的，沉浸在最纯洁的光辉之中让我们凝视。而我们自己也是一样纯洁，还没有葬在这个叫作身体的坟墓里，还没有束缚在肉体里，像一个蚌束缚在它的壳里一样。① 可见，灵魂的转世意味着要与肉体结合，结果就不免染上肉体的欲望和罪恶，失去了灵魂曾经观照过的天外景象的纯洁、静穆和永恒。但如何来唤起灵魂对上界景象的回忆，这又离不开肉体，一个美丽的形体，一个美少年。能够观照这样一个美少年，就等于获得了一个重生的机遇，这个重生就是通过美的仿影所唤起的对真理大原上的景象的回忆。

只有美本身具有这样的力量，因为它本身是最能闪光者，使每一双瞥见它的眼睛都惊诧不已，肃然起敬。所以，美生爱，爱和生又联系在一起，因为是爱使灵魂想起了它自己的家，想起了它的本来状态，使它接近这个本来状态。所以，爱是回归的力量，爱是生的力量，爱使灵魂重新与神结伴，与不朽站在一起。虽然，灵魂脱离肉体的死亡也是一种生，但是，那种生不是人人都能达到的。因为不是每个人都排斥肉体，而在那种一切肉体都要禁绝的情况下，即使美的形体对于人也无能为力了。在那里，与肉体相关的一切都是可朽的、变化的、不真实的，肉体所呈现的美不是生，是灵魂要极力摆脱的东西。灵魂要与永恒的理念在一起，只有自身达到了纯洁才能做到，生是死亡的演练，生和死的统一使灵魂获得了他的完整性和连续性。

这是灵魂不易做到的，在这里，灵魂的附身使他看起来好像是发生了遗忘，忘记了他随神周游时所见到的景象。但是，只要他具有一双慧眼，同时要有运气，见到了美，那么，由这个美想到了他曾追随过的神，敬美如敬神，他就会回忆起天外的景象，实现灵魂与自身的统一。这就是灵魂重新与真理大原上的光辉景象照面，重新进入存在。这就是为什么只有哲学家或以哲学的爱去爱少年人的，才能在三千年之后举翼飞升。因此，这一点也不是每个灵魂都

---

① 参见柏拉图:《斐德罗》250C。

能做到的,尤其是对于那些对少年人没有爱情的人,即非爱者。①

苏格拉底在被神附体之前,听到斐德罗朗诵莱西阿斯的一篇演说辞,是赞颂非爱者的。赞颂他的冷静和不动心,赞颂他不会伤害被爱者的利益。为什么二者在这样一种关系中能够保持相安无事,甚至连争吵都不会有呢,这是因为二者的关系建立在一种利益交换的基础上。"男孩并不是受到爱欲的激发而是基于经济的考虑,或者至少是对其声誉的考虑",②可以说彼此的冷静在于,这种关系使他们各取所需。而且,这种需要也是出于肉体的层面,是最低的,因为经济也是为了满足身体的需要。这也就是罗森所说的,"由于对自我所进行的新的和较低水平的解释,使得自我控制有了可能"。③

但是,非爱者的快乐只出于身体的需要,出于理智的打算。凡是人,都不会从这种快乐里得到真正的满足,尤其是爱,虽然出于身体,但又要超乎于身体。这就表明非爱者还有一段很长的路要走,④这也是苏格拉底认为非爱者要在地面滚来滚去,滚过九千年的原因。⑤ 而当有爱的人已经在爱的滋养下重新长出羽翼,高飞远举的时候,非爱者和他的男童还在愚昧状态里滚,这就是爱者和非爱者不同的命运。

但是,爱者与爱者之间也有不同。有的对美很迟钝,不能从观照人世间叫作美的东西,而高升到上界,到美本身。他把自己抛在淫欲里,像畜牲一样纵

---

① 参见罗森:《诗与哲学之争》,华夏出版社 2004 年版。

② 罗森:《诗与哲学之争》,华夏出版社 2004 年版,第 92 页。这首先是因为非爱者与男孩接触,也不是出于爱欲,而是一种生理快乐的满足和社会地位的炫耀,因此他一般性地将他与男孩的关系称作爱(philia)而非欲爱(eros),是"快乐"而不是"欲望"。(参见罗森:《诗与哲学之争》,华夏出版社 2004 年版,第 92 页)在古希腊,只有地位优越的人才会有男童相伴,也是这个道理。

③ 罗森:《诗与哲学之争》,华夏出版社 2004 年版,第 92 页。

④ 罗森认为非爱者面前的确是一条上升的路,即"上行的路是将卑劣的或非爱欲的欲望辩证地转化为高贵而具有爱欲的欲望,伴随着对非爱者合法因素的扬弃(Aufhebung)"(罗森:《诗与哲学之争》,华夏出版社 2004 年版,第 102 页),这也是罗森专门讨论这篇常被人们忽略的对话的原因。在他看来,苏格拉底虽然赞成的是神圣的爱的迷狂,可是清醒的极点即疯狂的极点。(参见罗森:《诗与哲学之争》,华夏出版社 2004 年版,第 85 页)讨论哲学家的迷狂,就不得不先认识一种极端的清醒,二者在本质上是有共同之处的(参见罗森:《诗与哲学之争》,华夏出版社 2004 年版,第 87 页),前者很容易变成后者,或者说后者不能没有前者。

⑤ 参见柏拉图:《斐德罗》257A。

情任欲,违背天理,既没有忌惮,也不顾羞耻。① 只有对于上界还怀着敬心向上张望的人,在尘世遇到一个美的仿影,有神明相,他就先打一个寒颤,仿佛从前在上界挣扎时的惶恐再来侵袭他。他凝视这美形,于是心里起一种虔敬,敬他如敬神。当他凝视的时候,寒颤就经过自然的转变,变成一种从未经验过的高热,浑身发汗。他从眼睛接受到美的放射体,因它而发热,它的羽翼也因它而受滋润,羽翼在久经闭塞之后又生长起来了。② 这就是情人在凝视爱人之时,所发生的一种自然的过程,柏拉图用一种物质的有形的东西来解释,也许是有道理的。

因为爱首先是写在眼睛里的,一个人爱另一个人,最不能隐藏的就是他的眼睛。当他在注视的时候,就开始喜欢了,他从这种注视当中,得到了无比的兴奋和满足。当他的目光不肯离开的时候,他就是在爱了,他的眼神同样也舍不得离开半刻。而当他在注视中已经忘了自我的时候,他就是在深爱了。如果看不到他的对象,他就日不能安寝,夜不能安睡,只盼望着再看他的爱人一眼。哪怕一想起爱人的美,他就可以把思念的苦痛消化大半了。

这就是爱,总是从注视开始。"这就像视觉上的快乐是性爱的始点一样。没有对另一个人形象上的愉悦感就没有性爱。但是,有了这种愉悦感不一定就是性爱。只有对方不在场时就想念,就欲求着那个人的到来,才是性爱。"③之所以欲求那个人的到来,是想永远注视着他,这样就能解脱爱者的思念,并且从对爱者的美的凝视里,获得滋润羽翼的情波。没有这种情波的滋润,羽翼就干枯窒涩住,这些窒涩住的幼毛和情波融在一起,就像脉搏一样跳动,每一根幼毛都刺戳它的塞口,因此,灵魂遍体受刺,疼得要发狂。④ 那么,能解除这情人的苦痛的只有爱人的美,从这美中吸取情波,原来那些毛根的塞口就都开

---

① 参见柏拉图:《斐德罗》250E。Hackforth 认为,这里表明了柏拉图对异性爱欲的态度,它与只追求快乐的同性爱欲同样不值得提倡,也没法与他自己所描绘的同性之间的哲学爱欲相媲美。尽管这样,要禁绝男人与女人之间的所有性爱是不可能的,对于城邦来说也是不利的。(参见 Hackforth, *Plato's Phaedrus*, London: Cambridge University Press, 1952, p.98)

② 参见柏拉图:《斐德罗》251B。

③ 亚里士多德:《尼各马可伦理学》1167a1—5。

④ 参见柏拉图:《斐德罗》251D。

起来,他吸了一口气,刺痛已不再来,他又暂时享受到极甘美的乐境。①

但是,这种对羽翼的滋养不是每时每刻都在发生的,爱人不在身边,就感觉苦痛、干涩,爱人一来,就使羽翼的毛孔张开,从对爱人的注视中吸取了营养。因此,有爱的人,仿佛被看成疯狂的人,这种疯狂表现在对爱人的极度渴望,渴望他回到他的身边,让爱人在他的目光中沐浴和嬉戏,只有这样才能给情人带来快乐。他也被看成是一种病态,因为对爱人的爱如此痴狂,使他看起来患得患失。爱人在身边,他会欢天喜地,但暂时的别离,居然也让他难以忍受,落落寡欢。在他眼里,爱人就是那消灾除病的医生,因为爱人的出现能够给予他爱的滋养,使他受损的羽翼得以生长,解除他对美的欲求之痛。在阿里斯托芬眼里,人在被切割之后,就是一个病人。② 但是,对这个病人的治愈是要找到自己的另一半,只要找到自己的另一半,就能恢复自己本来的完整,不管他是美是丑。而这里治愈病人的只有美和善,不管他是否是自己的另一半。③ 而美少年就代表了这种美和善,对美少年的爱就能治愈情人的病痛。

这种爱在人间就叫作厄洛斯。"凡人叫他做凭翼而飞的厄洛斯;但神们叫他做羽客,因为他生性能长羽翼。"④在神话当中,就是爱神。⑤ "爱神厄洛

---

① 参见柏拉图:《斐德罗》251E。
② 参见 Stanley Rosen, *Plato's Symposium*, New Haven and London: Yale University Press, 1968, p.145。
③ "柏拉图在《阿尔卡比亚德》(132e—133a)中写到,'当我们盯着我们对面某人的眼睛瞧时,我们的形象会反映在人们所说的瞳人[kore,小姑娘]中,就像在镜子中那样:那个往里头瞧的人,从中看到他的形象[eidolon,虚形,重影]。这很正确。当眼睛盯住另一个眼睛时,当它把它的目光固定在这个眼睛最好的一部分,正在看的那部分时,它从中看到的正是它自己。'"(韦尔南:《神话与政治之间》,生活·读书·新知三联书店2005年版,第75页)韦尔南认为,我们不能在自身内部达到自己,只能在别人的眼睛中看到,就像在镜子中看到我自己的反映一样。(参见韦尔南:《神话与政治之间》,生活·读书·新知三联书店2005年版,第75页)情人在爱人身上所看到的美,是他在上界看到过的,这种美的本体就成为他自身的一部分。因为灵魂只有参照过真理大原上的景象,才能附到肉体上来,也就是只有与真实体结合的灵魂才可以附到人的身体上来。在这个意义上,美的真实体已经成为灵魂的一部分,这样,一个人从他所爱的人身上看到的美,是他在灵魂附身之前的一部分,即是他自身。
④ 柏拉图:《斐德罗》252B。
⑤ 在《神谱》中还有爱神阿弗洛蒂忒,克洛诺斯割下他父亲的生殖器,将它抛入水中,在水中漂流了一段时间,这不朽的东西周围就出现一簇白色的浪花,浪花中诞生了一位少女,她就是女爱神阿弗洛蒂忒。参见赫西俄德:《神谱》,商务印书馆1996年版,第32页。

斯——在不朽的诸神中数她最美,能使所有的神和所有的人销魂荡魄呆若木鸡,使他们丧失理智,心里没了主意。"①在赫西俄德的《神谱》中,他给诸神安排了各自的位置,使整个宇宙获得了秩序。

在柏拉图关于神的观念中,虽然神也是传统上的人格神,但却成为一种完美的象征,不再是传统上行为卑鄙、无恶不作的神。在《理想国》中,柏拉图针对对神的这种描写,提出了批评。他指出神并不是善变的,而是不变的、永恒的,神要变化只能是向坏的方面变,因为神具有至善至德。② 同样,在《斐德罗》中,神的世界也有它的秩序,比如在灵魂随神周游的时候,宙斯领队,其余的神和仙们各依指定的次序,排成 11 队。每个神根据自己的职守率领一队。③ 正是神的世界自身秩序井然,再就是神自身内的御车人和马之间的协调一致,才使得神如其本然地观照到天外的景象。而对于其余的灵魂却不如此,这主要是因为灵魂内部御车人和马伴无法达到完全协调一致。而且,神不仅掌管着自己世界的秩序,还掌管着人的世界的秩序。

每个灵魂都追随着一位神,只要他追随这位神,就能实现所有灵魂之间的秩序。即使在灵魂附身之后,这种秩序依然保持着,这就是看到人世间一个美的真实的仿影。这个美有若神明相,让他追忆起自己曾经追随过的某位神。他不仅努力使自己尽量类似那个神,也使他的钟爱者类似那个神。这就等于把神的世界的秩序带到了人间,使人间也获得了类似神的世界的秩序。追随宙斯的要找性格像宙斯的爱人,要看他本性上是不是一个哲人,是否宜于督

---

① 赫西俄德:《神谱》,商务印书馆 1996 年版,第 29—30 页。

② 参见柏拉图:《理想国》381。韦尔南认为,"赫西俄德本身是一个农人,他不同于传统的行吟诗人,因为他不必讨好任何人。他为了"让人听到'真理',歌唱神的谱系,解释世界的起源与秩序,展现出什么是对人类而言的正义,展现出人类是如何通过工作,通过耕种他们的土地,得到不朽之众神的青睐"(韦尔南:《神话与政治之间》,生活·读书·新知三联书店 2005 年版,第 97—98 页)。赫西俄德本身是对行吟诗人的超越,同时,柏拉图又把赫西俄德笔下的神给完美化了。因为柏拉图要给自身构建一个理念的世界,而在这个世界和人的世界之间要有一个存在,这就是神的世界。而且,在人和理念之间,神更接近理念,人只有与神接近,才有希望达到那个理念的世界。就像《斐德罗》中的神话所描写的那样,灵魂只有追随神,才能到达真理的大原。在附身以后,只有见到一个有若神明相的面孔,才能回忆起神来,也才能重新与实体结合。

③ 参见柏拉图:《斐德罗》247A。

导;①追随赫拉的人要一个具有帝王气象的少年;②追随过战神阿瑞斯的,也要找勇敢好战的少年;③追随阿波罗及其他神的,依此类推。

那么,情人对于爱人是如何进行督导的呢? 是通过言说的方式进行督导吗? 这个在神话当中并没有明确指出,只是说情人首先要自己追忆那神,受到神的感发,学得他们的性格和习惯。然后,他才能把从宙斯那里所汲取的甘泉——像酒神的女信士饮酒一样——拿来灌注到爱人的灵魂里,使他尽量类似他们所追随的神。④ 而且,在情人和爱人之间不存嫉妒,⑤就像在神之间一样。⑥

把人间之爱提升到神的境界之后,就应该是静默的,因为用言说解决不了的问题,就用静默来对付。用冷静解决不了的问题,就需要把它上升到神圣与迷狂,这是莱西阿斯的非爱者理解不了的问题——把那种出于冷静和理智而对美无动于衷,变为对美产生某种神圣的迷狂。这种迷狂胜过言说,它是没法言说的。如果情人与爱人之间被这种迷狂占据,那么,也是没法言说爱的。⑦因此,前者对后者的督导就只能是在一种爱的迷狂之中进行,而不能在一种清醒和理智的言说之中进行。而且,那种把这种爱的迷狂拉到下界的,就是修辞的技艺,它所进行的是一种真正的言说。这时的爱已转化为对言说的爱,因为对话中的两个人都爱言说。在这个意义上,罗森认为斐德罗的命名是合适的,"因为它将完美的写作描述为生命存在,而斐德罗则是一个热爱言说的生命存在"。⑧

情人对爱人的爱(注视)不仅使自己的灵魂得到滋养,而且天长日久,爱人被情人对他的好所感动,不再理会世俗的劝告,也对情人产生友爱(philia)

---

① 参见柏拉图:《斐德罗》252E。
② 参见柏拉图:《斐德罗》253B。
③ 参见柏拉图:《斐德罗》252C。
④ 参见柏拉图:《斐德罗》253B。
⑤ 参见柏拉图:《斐德罗》253C。
⑥ 参见柏拉图:《斐德罗》247A。
⑦ "如果爱是一种疯狂,那么,对爱的言说则多多少少是冷静的。人在完全疯狂的时候无法言说爱,更准确地说,不管它是不是预言和诗的真实,哲学言说需要超脱于爱欲的疯狂。"(罗森:《诗与哲学之争》,华夏出版社 2004 年版,第 97 页)。
⑧ 罗森:《诗与哲学之争》,华夏出版社 2004 年版,第 85 页。

了。这就好比在情人对美的凝视中,那美发射出的情波流注到情人的灵魂当中,它一部注进他身体里面,一部分在装满之后又流出来了。① 流出来的部分就又窜回原出发点,那从美出发的情波又回到美少年,由天然的渠道——他的眼睛——流到他的灵魂,这样,爱人的羽翼也得到了营养,开始生长。

爱人的灵魂也像情人一样装满爱情了,但爱人的爱情与情人的爱情不是同一种,就像在凝视爱人的美的时候,"爱者的快乐在于注视被爱者,被爱者的快乐则在于爱者对他的注视。当被爱者的青春逝去,友爱有时就会枯萎"。② 显然,在爱中,爱人对他的所爱是被动的,不知其所爱为何物,只不过受了情人的熏陶,就像看了别人的沙眼,自己也得了沙眼一样。③ 所以,这种爱的源头不在于爱人,而在于情人。因此,情人对爱人的爱可以称为爱情,但是,爱人对情人的爱只能称为友谊(φιλια)。这种爱不能逾越必要的界限,要记住美与节制并肩坐在神座上。④

只要爱人与情人之间维持这种有纪律且有哲学意味的生活,那么,他们就可以在去世的时候,身轻如燕,举翼升天了。在三次奥林匹亚竞赛中,他们得过第一次胜利,凡人凭人的智慧或神灵的迷狂而得到的福分也不过如此。⑤ 对于做了一般人都会做的事的情人和爱人,到了临终的时候,他们固然没有羽翼,但也并非没有在长羽翼上努力过,他们的灵魂也离开了肉体,到了该长羽翼的时候,也会长羽翼。这就是有爱情的人所获得的神仙福分。对于没有爱情的那些充满尘世的寒酸打算的人,则注定要和那个可怜的非被爱者一起在地面和地下滚来滚去,滚过九千年,而且常在愚昧状态里滚。⑥

---

① 参见柏拉图:《斐德罗》255C—D。
② 亚里士多德:《尼各马可伦理学》1157a5—10。
③ 参见柏拉图:《斐德罗》255D。
④ 参见柏拉图:《斐德罗》254B。
⑤ 参见柏拉图:《斐德罗》256B。
⑥ 参见柏拉图:《斐德罗》257A。

第三章
从爱欲神话走向爱欲哲学

柏拉图引出爱欲的神话,是为了探讨爱欲的哲学和本质。[①] 那么要研究爱欲的本质,首先要了解灵魂的性质,在这里灵魂的不朽是通过永恒的自我运动实现的。这种自我运动对于附身之后的灵魂,只能通过灵魂的回忆来实现,回忆起随神周游时的景象。这种真实体就是灵魂羽翼的营养,包括善的理念和美的理念。但是,与善的理念相比,美是更闪亮、更动人的,由美的仿影引起对上界一切光辉景象的回忆,也并非是人人都能做到的。只有遇到一个有神明面孔的人,才能引起对神的追忆,才使回忆成为可能。

第一节 爱欲之形而上学

在研究爱欲之前,首先要了解灵魂,因为灵魂的不朽性只表现在它与理念的相似性上,因此它要亲近理念。而灵魂和理念之间这种亲缘关系首先在灵魂与美的理念之间表现出来,有美这个人世间最能闪耀和最让人出神者,才能引起对上界的回忆,包括对一切真实体的回忆。

---

① 事实上,柏拉图在用神话的方式言说爱欲的时候,已经开始了哲学上的探讨,神话与哲学是密不可分的。我们为了研究的需要,做了这样一种区分,在第二章侧重于对他的神话进行分析,本章则是侧重于从哲学思辨的角度进行研究。在这里为了不至于给读者造成混乱(认为神话与哲学是断然分开的),我们做了这一说明,希望能在一定程度上减轻读者的困惑。

一、灵魂的性质

如果把柏拉图的研究划分为三个领域——对自然的关注,对人的观照还有对神圣领域的想象——的话,①那么,柏拉图的灵魂论就是把其余两者联系起来的一个核心的环节,不管是人的问题还是神的问题都离不开灵魂。把哲学从天上带到人间的是苏格拉底,他认为人最重要的就是要观照他的灵魂。②在这里,观照灵魂,就是培养勇敢、节制、虔诚、友爱等德性。如果把这些概念从日常生活的层面剥离,对之进行哲学的审视,那么经过苏格拉底的诘问,人们会发现这些概念的日常观念是站不住脚的。

苏格拉底的这一信念——未经审视的生活是不值得过的——就是为德性的概念建立一个哲学的基础,③这个基础就是知识,用知识把德性统一起来④。这种把灵魂等同于理性,进而把德性和知识等同起来的观念,遭到了亚

---

①　参见 Michiel J. B. Allen, "Marcilio Ficino on Plato's Pythagorean Eye", *MLN*, 97 (Jan., 1982), No. 1, Italian Issue, p. 171。我们引证 Marcilio 的观点,认为柏拉图对自然界的学说来源于赫拉克利特,对人的研究受到苏格拉底的影响,而对神圣事物的关注则来源于毕达哥拉斯,苏格拉底和毕达哥拉斯影响的主要是柏拉图的灵魂论(因为柏拉图的灵魂论统摄着他的理念论、德性论、宇宙论等)。

②　参见柏拉图:《申辩篇》30A。

③　参见柏拉图:《申辩篇》38A。

④　"美德即知识"是苏格拉底在道德上的一贯主张。当他得知阿那克萨哥拉把心($\nu o \upsilon \varsigma$)看成是万物的原因时,他兴奋异常,但阿那克萨哥拉并没有深入研究这个问题,让他很失望。(参见柏拉图:《斐多》97—98)当他转而研究人的问题时,就把努斯所获得的知识看成是德性的基础。在希腊语中,$\alpha \rho \epsilon \tau \eta$ 包括智慧、勇敢、节制在内的一切德性。所以,苏格拉底所说的观照人的灵魂,就是尽量使之获得知识。这里的知识,也不全是理论上的知识,还包括什么是对于灵魂有价值的事物的认知和信仰(参见 Zeller, *Outlines of the History of Greek Philosophy*, London: Routledge & Kegan Paul Ltd., 1931, p. 102),是对于人的本性($\varphi \upsilon \sigma \iota \varsigma$)的认知,也就是"认识你自己"。(参见汪子嵩等:《希腊哲学史》第2卷,人民出版社 1997 年版,第 435 页)这一点影响了后来的伊壁鸠鲁、普鲁塔克以及斯多葛主义,他们把它看成是"关切自身",并且只有通过哲学(等同于医药,医治人的灵魂)才能关切自身(参见福柯:《主体解释学》,上海人民出版社 2010 年版,第 77—78 页),由此产生转向自身的运动。在《普罗泰格拉》篇中,当那个年轻人希波克拉底急于见到普罗泰格拉,以便从他身上学到知识和智慧的时候,苏格拉底对他的一番询问,表明他既不知道普罗泰格拉能够提供什么样的知识,又不了解他自己的灵魂的本性,不知道他的灵魂需要什么样的营养,这种盲目只能把自己的灵魂置于危险之中。(参见柏拉图:《普罗泰格拉》312C、313、314A—B)

里士多德的批评。① 尽管柏拉图对灵魂的关注是从他的老师那儿继承来的,但是,与苏格拉底相比,他对灵魂的看法更为系统和全面,这一点也得到了亚里士多德的肯定。

（一）灵魂的不朽

柏拉图的灵魂不朽学说受到奥菲斯教的影响,后者认为死后的生活对于善者将与神灵同住,而对于恶者将置身于污泥之中。② 这种为不同灵魂在死后分配不同命运的做法,为柏拉图所继承。在《斐多》篇中,柏拉图认为,一个好人就不会害怕死亡,因为等待他的是一位更为善良的神灵,神灵给好人准备的赠品比给坏人准备的好得多。③ 苏格拉底在行善与幸福、为恶与不幸之间建立了高度统一的关系。④ 同时,柏拉图把这种关系延续到人死后的生活,人生前的所作所为将决定灵魂脱离肉体后的命运,这种联系是建立在灵魂不朽的基础之上的。

在如何实现灵魂的不朽的问题上,柏拉图与奥菲斯教的看法是不同的。后者是通过某种神秘的宗教仪式来摆脱"生之巨轮",⑤ 从而达到灵魂的净化($\kappa\alpha\theta\alpha\rho\sigma\iota\varsigma$)或纯洁(purification)。而柏拉图在《斐多》篇中所明白表示的是,灵魂只有脱离肉体这个监狱($\sigma\omega\mu\alpha\ \sigma\eta\mu\alpha$)的束缚和干扰,⑥ 专心于哲学的思考,以达到智慧和真理,才能实现灵魂的不朽。⑦ 因为肉体有各种各样的需要

---

① 参见亚里士多德:《大伦理学》1182 a15—25;《欧台谟伦理学》1212 b5—25。

② 参见柏拉图:《斐多》69C;John Burnet, *Early Greek Philosophy*, London:Adam & Charles Black,1948,p.84;W. K.C. Gutherrie, *Orpheus and Greek Religion*, New Jersey:Princeton University Press,1993,p.243。

③ 参见柏拉图:《斐多》63C。

④ 参见 Zeller, *Outlines of the History of Greek Philosophy*, London:Routledge & Kegan Paul Ltd.,1931,p.102。

⑤ Burnet 认为,"生之巨轮"也就是使灵魂不再进入动物或植物的形体(参见 Burnet, *Early Greek Philosophy*, London:Adam & Charles Black,1948,p.82);Jaeger 也持有同样的看法,即奥菲斯教的净化是通过"禁绝动物的躯体或通过抑制所要求的宗教仪式"实现的,在这个意义上,他指出把柏拉图当成一个奥菲斯主义者是错误的(参见 Jaeger, *Aristotle: Fundamentals of the History of His Development*, Oxford:The Clarendon Press,1955,p.50);另参见罗素:《西方哲学史》上卷,商务印书馆 2003 年版,第 183 页。

⑥ 参见柏拉图:《斐多》83A。

⑦ 参见柏拉图:《斐多》66、67A—D、79D、80B、81A。

和欲望,给灵魂带来无尽的麻烦,使之不能专注于对真正存在的思考。① 而且,肉体的快乐或痛苦就像铆钉一样,把灵魂钉到肉体上,灵魂越是以肉体的感官所接触到的为真,②离真理也就越远,因为感觉是带有欺骗性的。③ 因此,只有当灵魂与肉体分离的时候,才能真正达到智慧和实在。④ 生对于真正的哲学家来说就是死亡的演练,⑤因此,真正的哲学家就不会惧怕死亡,死亡是灵魂从肉体的解脱,只有这样才能达到永恒的真理。⑥

　　柏拉图在《斐多》中对灵魂不朽的证明是建立在理念论的基础上的,如果相反者之间各自有一个理念或型存在,那么它们是不能相互转化的。⑦ 既然有死和不死是一对相反者,不死的不能容纳有死的,灵魂不能容纳死亡,因此,灵魂是不死的。⑧ 在这里,灵魂本身也达到了理念才有的永恒和不朽,灵魂的不朽和神圣是通过它对理念世界的认识和接近而达到的,⑨灵魂与理念之间的亲缘关系再次得到确证。⑩ 而那个可见的变化的世界完全被灵魂所抛弃,只为感官所感知。在《斐多》篇中,代表灵魂自身的只有那个理智的部分,灵魂的不朽也只有通过这个部分把握了实在(ου 或 ουτι)才能达到。但是,这只是论证灵魂不朽的一种方式,在灵魂不朽的问题上,柏拉图在《斐德罗》中提

---

① 　参见柏拉图:《斐多》66B。

② 　参见柏拉图:《斐多》83D。

③ 　参见柏拉图:《斐多》65B。

④ 　参见柏拉图:《斐多》66E—67A。

⑤ 　参见柏拉图:《斐多》67E 、80E。

⑥ 　这是柏拉图对奥菲斯教义的哲学化,哲学本身就是一种净化(参见柏拉图:《斐多》82D),是逃脱"'生之巨轮'的一种方式"(Burnet, *Early Greek Philosophy*, London:Adam & Charles Black,1948,p.83)。这种学说被认为是受到毕达哥拉斯的影响(参见 Burnet, *Early Greek Philosophy*, London:Adam & Charles Black,1948,pp.83,278),因为毕达哥拉斯认为净化人的身体的是药物,净化人的灵魂的是音乐。(参见苗力田主编:《古希腊哲学》,中国人民大学出版社1995年版,第64页)在苏格拉底看来,"哲学就是最伟大的一种音乐"(柏拉图:《斐多》61A、82D)。Melling 认为,这里的音乐包括缪斯(参见赫西俄德:《神谱》,商务印书馆1996年版,第28页)掌管范围的所有艺术(Melling, *Understanding Plato*, New York:Oxford University Press,1987,p.67)。

⑦ 　参见柏拉图:《斐多》103B。

⑧ 　参见柏拉图:《斐多》105E。

⑨ 　参见柏拉图:《斐多》80B、81A。

⑩ 　参见柏拉图:《理想国》490B。

出了另一种方式,也是另一种看待灵魂与感觉世界的关系的方式。①

"凡是灵魂都是不朽的",这里的灵魂是在个体的意义上还是在集体的意义上,存在着很多争议。② 这种灵魂理论既不同于《斐多》篇,也不同于晚期

① 关于柏拉图达到灵魂不朽的两种方式,Roberts 认为,这两种方式对应灵魂的两种功能——认知(以理念为对象,参见《斐多》)和运动(与感觉世界相联,参见《斐德罗》245D—E 和《法篇》896A)(参见 Eric J. Roberts,"Plato's View of the Soul",*Mind*,New Series,14(Jul.,1905),No. 55,pp.372,375);Taylor 认为柏拉图之所以没有在《斐多》中提到灵魂的运动的功能,并不是柏拉图没有考虑到这一点,而是为了在一个没有分歧的前提下(因为埃利亚学派的 Euclides 和 Terpsion 不同意灵魂运动的观点)去探讨灵魂不朽的问题(参见 A.E. Taylor,*Plato:The Man and His Work*,Trowbridge and London:Redwood Press Limited, 1969, p. 184)如果说感官(参见 Cornford,*Plato's Cosmology*,London:Routledge and Kegan Paul Ltd,1937,p.152)只有在满足之后才能得到快乐,那么,由感官与快乐之间的密切联系可以断定,从柏拉图对快乐的看法的转变可以看出他对感觉世界观点的变化。在《普罗泰格拉》篇中,柏拉图否认了所有快乐都是善,痛苦都是恶的说法,因为有些快乐会引起更大的痛苦,而有些痛苦能引起更大的快乐(参见柏拉图:《普罗泰格拉》354),从而否认了快乐是善这种说法;在《斐多》中,由于快乐是由于感官的满足引起的,身体的各种欲望正是使灵魂不能专注思考的原因所在,只有包含智慧在内的德性是善,而加上或减去快乐没什么关系(参见柏拉图:《斐多》69B);在《理想国》中,苏格拉底试图在正义和快乐之间建立关系(参见柏拉图:《理想国》354),区分了由匮乏引起的快乐,因为它们伴随着事先的痛苦,因此是一种虚假的快乐(参见柏拉图:《理想国》584A)。在这个基础上,也反驳了快乐就是痛苦的停止这种见解(参见柏拉图:《理想国》584B),但《理想国》也发现了一种纯粹的快乐,不与痛苦相伴(参见柏拉图:《理想国》584B),可以说这是对快乐看法的一个转折点;在《斐力布》中系统地阐述了这种纯粹的快乐,而且,善的生活不能只有智慧,还要结合纯粹的快乐,这种生活才是最值得过的(参见柏拉图:《斐力布》22);在《法篇》中,柏拉图重新肯定了快乐与善、正义之间的关联(参见柏拉图:《法篇》663B),并且把理智以及与它相伴的快乐的培养看成是教育要达到的目标(参见柏拉图:《法篇》653B)。从柏拉图对快乐看法的轨迹,可以看出他对感觉世界从一开始的一味拒斥,过渡到辩证地分析感觉世界与理念世界——在道德哲学上就表现为理智和快乐——的关系。能够使这种关系得以澄清的就是对灵魂的讨论,只有理解了柏拉图的灵魂论,才能理解柏拉图对这种关系的描述。

② 是"all soul"还是"every soul",并没有明确的结论,倾向于后者的居多。(参见 Hackforth,*Plato's Phaedrus*,London:Cambridge University Press,1952,p.64;Charles L. Greswold,*Self-Knowledge in Plato's Phaedrus*,New Haven and London:Yale University Press,1986,p.84;G.R.F.Ferrari,*Listening to the Cicadas:A Study of Plato's Phaedrus*,New York:Cambridge University Press, 1987, p. 124;Eric. J. Roberts,"Plato's View of the Soul"*Mind*,New Series,14(Jul.,1905),No. 55,pp. 384-385)Blyth 给出了第三种解释,既不是个体的灵魂,也不是世界灵魂,而是这两者的折中,"指的是一个我们每个人只要活着就分有的共同灵魂"[Dougal Blyth,"The Ever-Moving Soul in Plato's Phaedrus",*The American Journal of Philosophy*,118(Summer,1997),No. 2,p.186]。他认为,虽然《斐德罗》中的神

《蒂迈欧》篇中的世界灵魂,如果把它当成是两者之间的一种过渡的话,就平添了理解上的复杂性。尽管这样,显而易见的是灵魂的不朽来源于它的自动性。苏格拉底首先论证的是自动的都是不朽的,自动的能够永远保持运动的状态,因为它运动的动力来源于它自身,只要它自身存在,那么它就不会停止运动。[①]如果它停止了运动,它也就不是它自身了。在这个意义上,它是一切动的本源和初始,不仅自己永动不止,而且推动它物运动。既然作为初始,那么它就不是创生(ungenerated)的,如果初始也有一个使它产生的原因,那么那就不成其为初始了。[②] 从它没有初始可推断出它是不可毁灭的,若是初始毁灭了,自身便没有了存在的原因(来源于内部),而且依它而创生的它物也没有了产生的原因。这个初始关涉到整个宇宙和万事万物的运动和生存。[③] 苏格拉底证明了自动的都是不朽的,而自动又是灵魂的本质和定义,因此,灵魂的不朽就可以得到证明。[④]

话带有宇宙论的倾向,但还没有明确提出一个"世界灵魂"的概念,而且这种集合意义上的灵魂概念也不能充分地说明灵魂的心理学构成。(参见 G.R.F.Ferrari, *Listening to the Cicadas*: *A Study of Plato's Phaedrus*, New York: Cambridge University Press, 1987, p.124)即使是在集合的意义上来说,未尝不可运用于个人的灵魂不朽。(参见 Hackforth, *Plato's Phaedrus*, London: Cambridge University Press, 1952, p.65)我们认为,通观《斐德罗》篇的神话,从灵魂追随诸神巡游天外(参见柏拉图:《斐德罗》247B),到灵魂自身御车人和劣马的调协(这种协调的程度关系着洞见事物的本体的程度)(参见柏拉图:《斐德罗》248A),由于观照和回忆上界景物的能力不同而给灵魂分配了不同的命运(参见柏拉图:《斐德罗》248D—E、249A—B)。到最后因为遇到了一个少年,类似于自己追随过的神,神的个性也赋予了追随过他的人,这样人就因为追随的神的不同而具有不同的个性[参见 M. Dyson, "Zeus and Philosophy in the Myth of Plato's Phaedrus", *The Classical Quarterly*, New Series, 32(1982), No.2, p.310],这时才能产生爱情(参见柏拉图:《斐德罗》251—252)。所有这些情节都是在个体灵魂的意义上才有可能,因此,我们也认为这里的 πασα φυσις 是在个体的意义上讲的。

① 参见柏拉图:《斐德罗》245D。
② 参见柏拉图:《斐德罗》245D;柏拉图:《法篇》895B。
③ 灵魂与生命的关系(参见柏拉图:《斐多》71D—72D、105B—106B),古希腊早已有之。(参见 David J.Melling, *Understanding Plato*, New York: Oxford University Press, 1987, p.73)
④ 把自动性归于灵魂,从而证明它的不朽,被认为是来源于 Alcmaeon(参见 Aristotle, *de anima*, A2, 405A30),这一点得到了 Taylor 的肯定。他认为,把这一讨论归于柏拉图自己的发展,有些鲁莽,实际上这一讨论是属于 Alcmaeon 的(参见 *Plato: The Man and His Work*, Trowbridge and London: Redwood Press Limited, 1969, p.184);Hackforth 则认为,本质上把它看成是 Alcmaeon 的,就忽略了柏拉图对他的发展,柏拉图只是借用了他的"运动"的概念(参见 *Plato's Phaedrus*, London: Cambridge University Press, 1952, p.68)。

凡是自动的可以叫作有灵魂的,而由它物推动的叫作无灵魂的。①

灵魂由自动所获得的不朽使它成为宇宙万物的生成和运动的原因,因此,这种性质就使它与感觉世界,尤其是与身体建立了牢固的关系。但是,在《斐德罗》中,对那个理念的世界仍然充满着向往,对这个世界的接近只能通过灵魂的回忆才能达到,这点与《斐多》有共通之处。②

（二）灵魂的三分

《斐多》和《斐德罗》两篇对话,不仅在实现灵魂不朽上是不同的（前者是通过灵魂与身体的分离,后者是通过自动来论证灵魂不朽）,而且灵魂的性质（即在单一还是复合的方面）也是不同的。《斐多》中代表灵魂的只是理智（努斯）本身,灵魂的不朽也只有通过这个部分对真理和智慧的追求才能达到。它认为欲望、感情等只与身体相关,对于灵魂实现不朽只能起到阻碍的作用。但是,在《斐德罗》中,从那个著名的御车人的比喻当中,灵魂被看成是复合的,既有理智部分（御车人）,也有感情（良马）和欲望的部分（劣马）,这种变化在比《斐德罗》稍早一些的《理想国》（或者更早）就已经发生了,③我们的分析也从《理想国》的相关论述开始。而亚里士多德在情感服从理智、永远是理智的盟友的意义上,对灵魂的三分进行了简化,变成了两种相互对立的力量。如果还是沿用柏拉图御车人的比喻,那么,这两种力量就是"驾驭和抵抗,如果那匹良马始终是听从驭手的,为什么它和它的主人应当是二而不是一"。④

相应于灵魂当中的理智和激情部分,苏格拉底赋予它们的德性,分别是智慧和勇敢,但唯独对于灵魂当中的欲望部分,没有一种德性属于它。但这里,虽然苏格拉底不会像在《斐多》中那样,否定欲望存在的合理性,但是,它同样会破坏灵魂的和谐。这样欲望部分所能做的就是它该做的——服从理智部分的指导,在这个尺度之内,获得自身存在的合理性。如果说欲望部分有德性的

---

① 参见柏拉图:《斐德罗》245E。

② 参见柏拉图:《斐多》73A—74。

③ 参见 J.L.Stocks, "Plato and the Tripartite Soul", Mind, New Series, 24 (Apr. , 1915), No. 94, p.210. 他认为,把灵魂三分看成是从《理想国》开始的,是一种误解。在《理想国》之前和之后都有这种学说的痕迹,在它之后阐述的是《斐德罗》篇,在它之前具体是哪篇还有待查证。

④ 廖申白:《亚里士多德友爱论研究》,河南人民出版社 2000 年版,第 229 页。

话,那也是与其他部分共有的德性——节制,因为节制就是灵魂的各个部分在谁应该统治、谁应当服从这个问题上的一致性和协调。① 这样,节制这种德性不单独属于灵魂中的一个部分,它本身最像是和谐,把灵魂或城邦中的各个部分贯通起来,因此,它又为灵魂中的每一个部分所具有。② 只有每个部分认清了自己的职责,才能实现节制和正义。③

正义的实现在于每个人都做好自己的事,对于个人来说,就是灵魂中的每个部分都实现自己的德性,这样才能实现个人的正义。对于城邦来说,正义的实现是每个阶层都具有相应的德性,做好自己的事,护国者要具有智慧这种德性,而卫士阶层要勇敢。只有每个阶层都实现了自己的职守,不干涉其他阶层的事,才能实现这种正义。但这不等于说,勇士阶层没有智慧这种德性,或者护国者可以不勇敢。只有护国者阶层的智慧才可以看作城邦的智慧,勇士具有勇敢的德性才能说城邦是勇敢的。但是,勇士能认识到他要具有勇敢的德性,并履行他相应的职责,也要有一种知识。护国者阶层是经过系统的教育选拔上来的,他从小所经历的体育训练,不是针对身体,而是心灵,④那么这种训

---

① 参见柏拉图:《理想国》432A。

② 参见柏拉图:《理想国》432A。

③ 关于节制与正义的关系,参见 R.G. Bury,"The Ethics of Plato",*International Journal of Ethisc*,20(Apr.,1910),No.3,p.277。Bury 把正义看得更重要,虽然正义的实现离不开节制,但是,在一个限定的意义上,正义可以等同于德性(αρετη)。还有人认为正义是一种较高的德性,在智慧、勇敢和自制之上。(参见汪子嵩等:《希腊哲学史》第2卷,人民出版社1997年版,第777页)根据柏拉图自己的观点,他认为在神圣的好事物中,首要的是智慧,其次是心灵的节制,第三位的是正义,它是智慧、节制与勇敢相结合的产物(参见柏拉图:《法篇》631D),这表明正义这种德性兼具了智慧和节制的特征,这是正义的独特之处。节制这种德性在早期的《卡尔弥德》篇中也讨论过,但在那里,讨论的前提是灵魂是单一的,对话者是从"我该怎么做"这个角度去定义节制;在《理想国》当中,这种关于节制的讨论是因为灵魂的复合性,尤其是理智和欲望之间的冲突,那么,节制的实现就要求理智要坚守自己的统治地位,而欲望也要甘于自己的服从地位,节制是协调理智和欲望之间的矛盾的一种德性。波普尔也认为,"正义意味着保持自己的地位,节制意味着知道自己的地位"(卡尔·波普尔:《开放社会及其敌人》第一卷,中国社会科学出版社1999年版,第197页)。因此,站在自身之外,如何看待自身与他者的关系,这是节制所关涉的,在这一点上,它与正义有共同之处,但要在它们之间的关系中得到一个确定的结论是很难的。

④ 参见柏拉图:《理想国》410D。

练培养的就是心灵的忍耐和勇敢。① 对于理想的城邦来说,每个部分都是不可或缺的,既要有经济功能(由工匠阶层履行的),更要有军事和政治功能(分别由卫士和护国者阶层实现)。②

对于灵魂来说,每个部分都有自己天然的欲望,③这些欲望的满足就是它的特定的快乐。而且,灵魂各个部分不能同时追求不同的快乐,这就好比万千支流汇成一条河一样,④它只能专注于一种欲望的追求和满足上。相应灵魂的三个部分,根据它们各自的欲望可分为爱智的、爱名的和爱利的生活。⑤ 毕达哥拉斯也曾经在一个隐喻里表述过三种生活,这就是把来参加奥林匹亚运动会的人分为三种,一种是经商的,一种是来参加比赛的,最后一种是来观看的;毕达哥拉斯恰恰把这最后一种看成是最高的,⑥是真正爱智慧的人所追求的。这一点连同灵魂不朽一起为柏拉图所继承,在《斐多》中有系统的体现

---

① 参见厄奈斯特·巴克:《希腊政治理论——柏拉图及其前人》,吉林人民出版社 2003 年版,第 267 页。

② 根据 Stocks 的讨论,这三种职能在城邦发展的不同阶段占有不同的地位,由低到高依次占主导的是经济职能→军事职能→政治职能,这种划分对于一个人的发展是可能的。随着从生理到心理的成熟,相应地,他也从身体的需要上升到精神层面的需要。(参见 J.L.Stocks,"Plato and the Tripartite Soul",Mind,New Series,24(Apr.,1915),No.94,pp.215-216)但对于柏拉图来说,虽然设计这样一个理想的城邦,最初是为了满足人们生活的需要,但是,当护国者阶层被剥夺了大部分财产而被认为不幸福时,柏拉图说城邦的建立是为了城邦整体的幸福,而不是为了某个阶层的幸福。如果要实现城邦整体的幸福,那么对于护国者阶层的要求一定更为严格,尽管他们人数很少。这就表明,柏拉图理想城邦的建立主要是系于护国者阶层,在任何时候,这个阶层把他的智慧用于城邦的治理,能够很好地履行他的职能,对于城邦都是最重要的。

③ 参见柏拉图:《理想国》437E。

④ 参见柏拉图:《理想国》486E。

⑤ 参见柏拉图:《理想国》580D;关于灵魂三分与三种生活的联系(毕达哥拉斯意义上的),出色的讨论可参见巴克(厄奈斯特·巴克:《希腊政治理论》,吉林人民出版社 2003 年版,第 66 页)和 Stocks[J.L.Stocks,"Plato and the Tripartite Soul",Mind,New Series,24(Apr.,1915),No.94,p.209],但二者的讨论都是以伯奈特的讨论为基础,可见后者对这个问题的讨论多么重要(参见 Burnet,Early Greek Philosophy,London:Adam & Charles Black,1948,p.98)。

⑥ Burnet 把这种最高的生活解读为某种灵魂的净化,也就是致力于对理论和科学的思考,这也是毕达哥拉斯意义上对灵魂的净化。(参见 Burnet,Early Greek Philosophy,London:Adam & Charles Black,1948,p.98;罗素:《西方哲学史》上册,商务印书馆 2003 年版,第 60 页)

（见上述"灵魂的不朽"这一部分）。在那里，理智部分对智慧和真理的追求是灵魂不朽的保证；同样，即使对灵魂的复杂性有所认识，但是，灵魂中理智部分的主导地位是不可动摇的，智慧这种德性的获得，关系的是个人和城邦这双重的存在（甚至在后期对话中还关涉到他的神论和宇宙论）。

对这种爱智生活的偏向，表现在柏拉图所区分的三种生活所获得的快乐的比较上。爱智的人是最幸福的（等于说哲学家是最幸福的），①因为他们亲身经历了三种生活，最后才得出这样的结论，②而且，他们的感受是值得相信的。③对智慧的推崇，一直延伸到亚里士多德，他也区分了三种生活，④认为不管是享乐的生活，还是爱荣誉的生活，都不是因为自身而值得追求，只有沉思的生活才是因为它自身就是目的而值得追求。因为，我们过沉思的生活，是因为那个用于沉思的部分——理智——才代表真正的自我，⑤只有爱这个部分的人才是真正的自爱。对这个部分的爱就是对知识和智慧的爱，只有这种

---

① 巴克在柏拉图所使用的幸福的意义上，与快乐做了区分。（参见厄奈斯特·巴克：《希腊政治理论》，吉林人民出版社 2003 年版，第 363 页注②）他认为，柏拉图的幸福和快乐主要是灵魂善的内省所获得的那种，与肉体的感官快乐无涉。联系后来他在哲学家和僭主所获得的快乐之间所做的比较（哲学家比僭主快乐 729 倍）来看，哲学家在所获得的快乐的量上也能取胜。柏拉图对快乐的考察，散见于他的各篇当中（见上述的讨论）。

② 参见柏拉图：《理想国》583A。

③ 亚里士多德认为好人自己的判断本身就是可靠的，他能够在每种事物当中看到真，而且，自身就是标准。（参见亚里士多德：《尼各马可伦理学》1112a30—35、1128a31、1176a18）亚里士多德在《劝勉》篇当中，完全继承了柏拉图的善的标准，认为"善就是尺度"，而且，伦理学和政治学都是具有自身精确性的科学。但是，在《尼各马可伦理学》当中，亚里士多德的观念发生了改变。由于它们处理的题材的关系，伦理学和政治学只能追求题材所允许的确定性（参见亚里士多德：《尼各马可伦理学》1098a25—30），这时善已不再是德性的标准，好人自己在各种环境下所作出的判断（涉及道德的），可以成为尺度和标准（参见 Jaeger, *Aristotle*, Oxford: The Clarendon Press, 1955, p.88）。柏拉图在这里比较三种生活所获得的快乐大小时，引入的是哲学家的判断，因为他们具有推理这个工具，而且在经验和判断上也优于爱利和爱名的人，因此他们的结论更可靠。（参见《理想国》582D）在《理想国》当中，柏拉图虽然确立了善的理念的绝对标准，但对于快乐是否是善，他还不确定，不能用善的标准去衡量，因此，引入了哲学家的经验这样一个尺度。

④ 参见 Aristotle, *The Nicomachean Ethics*, 1095b15—25, 1104B30—35。

⑤ 参见 Aristotle, *The Nicomachean Ethics*, 1166a15、1168b30。

生活,才能使灵魂自身的功能发挥得最好,才能超越人这种有死的存在,达到不朽。①

但是,亚里士多德与柏拉图的不同之处在于,亚里士多德推崇沉思的生活,但他也看到了这不是人人都可以达到的,因为哲学家要思考天上人间全体的存在。② 同时,亚里士多德肯定了人世的生活,他的伦理学就是告诉生活当中的每个人如何实现德性和幸福。而且,由于灵魂当中有逻各斯的部分中,还有欲望的成分,对这一部分的培养就形成了道德德性,而真正的逻各斯的部分培养的是理智德性。③ 对应着沉思的生活和一般的生活,把理智德性分为智慧和明智(实践的智慧),④前者掌管的是整体存在(不管是宇宙还是人事)的运行,而后者虽然也从整体上来思考,但它考虑的是对人有益的事(不管对于个人还是城邦),考虑的是实现目的的手段。这就回避了柏拉图的这一悖论,对于走出洞穴的哲学家来说,他的智慧并不在于治理城邦,也不在于统治城邦,可是,柏拉图却要求他们重新回到洞穴当中,承担起哲学王的重任。亚里士多德回避了这一矛盾,⑤他不勉强哲学家来治理城邦,有比哲学家更适合的人来履行这种职能。在亚里士多德看来,人只要把他自身的功能发挥得最好,

① 参见 Aristotle, *The Nicomachean Ethics*,1177b30;参见《亚里士多德全集》第十卷,中国人民大学出版社 1997 年版,第 172 页。

② 参见 Aristotle, *The Nicomachean Ethics*,1141b5—10;参见《亚里士多德全集》第十卷,中国人民大学出版社 1997 年版,第 164、166 页。

③ 参见 Aristotle, *The Nicomachean Ethics*,1103a5—10。

④ 最初智慧和明智在亚里士多德那里是不加区分的(参见亚里士多德:《亚里士多德全集》第十卷,中国人民大学出版社 1997 年版,第 166—167 页),这里的明智就是毕达哥拉斯和柏拉图意义上的纯粹的智慧,只是到了《尼各马可伦理学》才把明智从智慧当中区分出来,也就等于把伦理学从形而上学当中区分出来(参见 Jaeger, *Aristotle*, Oxford: The Clarendon Press,1955,p.85)。

⑤ 关于柏拉图和亚里士多德的灵魂理论受到毕达哥拉斯的影响,Stocks 有出色的分析。[参见 J. L. Stocks, "Plato and The Tripartite Soul", *Mind*, New Series, 24 (Apr., 1915), No. 94, p.219]他指出了三种——一一对应之关系的划分,以及灵魂三分与三种生活在柏拉图和亚里士多德那里的区别和联系:

    毕达哥拉斯:观看者——参赛者——经商者

    柏拉图:哲学王——卫士——工匠(纯粹理智——激情——欲望)

    亚里士多德:立法者、政治家——普通人——工匠(明智—目的——激情、怒气——欲望)。

他就获得了幸福。

二、善的理念和美的理念

在柏拉图这里,灵魂的理智部分对智慧的爱是灵魂不朽的一个源泉。正是因为灵魂在它的前在当中关照过理念,而且,只有观照过理念的灵魂才能附到尘世的肉体上来,①因此,对于理念的回忆又使它进入了今世的存在,即通过对曾在的回忆使灵魂获得了此在。这样,灵魂与理念之间的关系,就贯穿了过去、现在和将来,灵魂自身也因为对理念的亲近而获得了不朽。但是,灵魂对理念的回忆却不能通过灵魂或理念自身来完成,这种回忆只能由美的理念在尘世的仿影——美的形体——来激起,从而实现回忆。

（一）灵魂和理念

对灵魂本性的三分,表明柏拉图认识到人复杂的本性。因为人的幸福不仅在于他的理智部分得到满足,还有欲望和激情,它们爱的是不同的对象,使它们得到满足的也是不同的对象。这不同于《斐多》中把灵魂等同于它的理智部分、把人的幸福完全归结于灵魂在脱离肉体之后对真实和智慧的到达。这种改变是源于城邦不能单独由爱好哲学的人来组成,它还需要卫士和工匠。前者以荣誉为至爱,以保卫城邦为己任;后者以利益为所求,为城邦中的其他阶层提供衣食之需。他们从各自的工作当中获得了满足,也保证了整个城邦的正义。

对于卫士和工匠阶层来说,他们对荣誉和利益的爱,并没有排斥理智部分的支配地位,恰恰是他们对自身需要以及对自身应该去做的事情的认识,是他们获得幸福的来源,也是他们的理智部分占支配地位的表现。这并非是柏拉图所排斥的,反而是他要鼓励的。只要灵魂当中的理智部分占主导地位,那么,在这个尺度之内,人的情感和欲望都有满足自身欲望的正当性。这不仅是个人幸福的保证,也是整个城邦正义的保证。这也是柏拉图承认灵魂的三个部分有不同的欲望,并由不同的对象予以满足的原因。

但在《理想国》当中,最高的教育还是给予了哲学家,这是因为他们所追

---

①　参见柏拉图:《斐德罗》250A。

求的对象——善的理念——的至高无上性。只有对善的理念的爱才是最高的爱（在《会饮》当中，这种最高的爱给予了绝对的美），哲学家的生活也是最幸福的生活。哲学家对智慧的追求就是对善的理念的向往，但是，灵魂对善的理念的观照却不能是直接的，就像人不能直视太阳——可见世界中的最高存在（柏拉图把她比喻为善的儿子）——一样，①因为这会使眼睛受到损害，而灵魂也是有视力的。因此，眼睛要从水中的倒影来看太阳才不至于受伤，灵魂对善的理念的观照也需要中介（这是线喻的作用）。②

而且，眼睛在看见可见事物之前一定要有媒介，这就是光，而光的来源就是太阳，她是万物产生、生长的原因，但她本身却不是产生。③ 这就好比一切事物都从善得到了它们的存在（不懂得善就不懂得正义和美），④但善本身却不是实在，而是在地位和能力上都高于实在。⑤ 眼睛从光得到了视力，灵魂从善的理念得到了理智，理智对真实的把握，是灵魂不断趋向于善的动力。这种动力来源于灵魂与理念之间的亲缘关系，⑥正是对真实的爱，使灵魂不会放弃对智慧和真理的追求，从而使自身也获得不朽的性质。

---

① 参见柏拉图：《理想国》508C；柏拉图对太阳和光的比喻，并不是首创，古希腊的哲学家、诗人早就运用过。只不过柏拉图赋予它哲学意义，即从哲学的角度去运用当时早已为人熟知的比喻。［参见 James A. Notopoulos, "The Symbolism of the Sun and Light in the Republic of Plato（I）", *Classical Philosophy*, 39（Jul., 1944）, No. 3, p.164］

② 在《理想国》当中，灵魂对善的理念的关照主要是在线喻当中体现出来的，这是典型的辩证法；而在《斐德罗》和《会饮》当中，灵魂对理念的回忆主要是美在人世的仿影——美少年——所唤起，这是柏拉图意义上的 Eros，从辩证法到神话，这一转变将在下节论述。

③ 参见柏拉图：《理想国》509B。

④ 参见柏拉图：《理想国》506A；善和美之间的关系，在柏拉图这里也如在古希腊的观念中一样，是不可分割的。善就包含着美，美也包含着善（参见 G. M. A. Grube, *Plato's Thought*, p.21），正如在《说文解字》中，"美"即"甘也，从羊从大，在六畜，主给膳也，美与善同义"（许慎、徐铉：《说文解字》，中华书局1963年版，第78页）。柏拉图也无意把二者割裂开来，只不过在《理想国》中把至高性给予了善的理念，而通达善之王国的道路就是把可见世界和可知世界沟通起来的辩证法，在这里较少涉及美。而在《会饮》和《斐德罗》当中，Eros 使美的形体成为对视觉最鲜明的存在，美在人世的仿影是最接近美的理念的，由美的理念通达善的理念的王国（这并不等于说美本身不是目的，在《会饮》篇中已鲜明地表明了这一点），这是柏拉图对爱的阶梯的攀登。

⑤ 参见柏拉图：《理想国》509B。

⑥ 参见柏拉图：《理想国》490B。

　　但是，灵魂对理念的观照却不是直接的，这个可见的世界是不可跨越的，就好比在攀登绝对的美的阶梯，不能逾越对形体的美的爱。在灵魂攀登善的理念的高峰时，也不能跨越对可见世界的认知。柏拉图的线喻就表明了由可见世界到可知世界的旅程，把两个世界用一条线段联系起来。① 它把可见世界分为两个部分，依次是影像和实物，可见世界的实物又作为可知世界中的影像，作为从假定下降到结论的研究对象，而由假定上升到原理的研究对象只能是理念本身。② 这是对理念的认知的上升过程。当然，对可见世界的认知最后是为了达到对可知世界的认知。这里的可见世界，不像在《斐多》中被完全的否定，③但是，与可知世界相比，它仍然是比较低的。

　　柏拉图用日喻和线喻描述了善的理念以及对善的理念的认知，接下来，他所使用的这个比喻——洞喻，却是对现实的观照，即人与理念世界到底有多远。柏拉图这种描述是相当悲观的，因为走出洞穴见到阳光下的真实事物的只有哲学家，而芸芸众生仍然对自己的无知状态一无所知。那么，在这种情况下，哲学家的处境是非常不利的，一个人奔走呼号说，"你醒过来吧，你醒过来吧"，这个人一定被当成个疯子，"我明明醒着呢"，④甚至想把他消灭掉。⑤ 那

---

① Notopoulos 认为线段的比喻可以达到同光喻一样的明晰性，只不过线段可以表达"或多或少"（more or less）的性质。参见 James A. Notopoulos, "The Symbolism of the Sun and Light in the Republic of Plato（Ⅰ）", *Classical Quarterly*, 39（Oct., 1944）, No. 4, p.233。

② 参见柏拉图:《理想国》509D。

③ 参见柏拉图:《斐多》79C。

④ 苏格拉底就是常人眼中这样的一个"疯子"，他想把陷于惰性的城邦和公民唤醒，结果招来了杀身之祸。也许，真正的哲学家都是这样的惊世骇俗之人，为惊世骇俗之事，发惊世骇俗之语，但有些如此言行的人却是冒牌货，这是时间可以鉴别出来的。真正的哲学家还有一点就是勇于赴死，不是战士般的死，战士是为保卫城邦，哲学家却是对真的追求和践行。苏格拉底死了，本来他有生的机会；尼采疯了，对于他是另一种更好的生，他们生的给养不同于常人，他们的结局也出乎意料。他们为人类创造了一个世界，在常人看来他们很不幸（生的孤独，死的凄凉），但时间证明，他们让人们生活得更好，让你认识你自己，这在给你带来烦恼和沉重的同时，也给你带来理智和清醒。不过总体来说，人的幸福还是要有一个清醒的理智去认识这种幸福，既认识了这种幸福，又得到了这种幸福，才是真正幸福的人。

⑤ 参见柏拉图:《理想国》517A。

么,哲学家用什么方式来唤醒洞穴中的人们呢?① 人,如何达到那个善之理念的王国呢?

(二)美和善

柏拉图在用日喻、线喻和洞喻描述了善的理念之后,如何接近善的理念呢? 他认为只有灵魂转离变化的生灭世界,朝向实在,才能观看所有实在中最明亮者,也就是善者。② 而灵魂这种观看实在的能力并不是后天学得的,而是生来就具有的,就像人的眼睛天生具有视力一样,只不过整个灵魂不实现转向,灵魂这种学习的能力就无法被发现。柏拉图在《理想国》当中,对哲学家的教育旨在恢复他们的灵魂的这种能力,哲学家朝善的旅程是辛苦的、超拔的,但是,这不是朝善的唯一方式。既然人的灵魂天生具有学习的能力,那么它既可以通过教育来激起(这是针对人的理智部分),也可以通过对美的回忆来实现(对哲学家的欲望部分的培养)。③ 因为不管是通过灵魂的转向还是回

① 在另一种选择当中,苏格拉底仍然是一个典型,这就是他是爱神的化身,他通向真理的道路就是爱神指引的道路。它何其轻松、何其愉悦,而为每个人所接受。柏拉图在《会饮》和《斐德罗》中褪去了哲学家的沉重(在《斐多》中只有死后才能达到不朽;《理想国》中对哲学王的教育和训练也不是一般人能够胜任和承受的),而使爱神和哲学家结合到一起。美变成了一个领路者,由美所指引的这条道路何其轻松、何其愉悦。

② 参见柏拉图:《理想国》518C;在柏拉图这里,灵魂的转向是朝向天上那个神圣的本质的世界,而在斯多葛学派那里,灵魂是转向自我,"它只以根据自身来确立自己、'寓于自身之中'和停留其中为目的和终点。转向自身的终极目标就是确立某些与自身的关系"(福柯:《主体释义学》,上海人民出版社2010年版,第384页),而且,前者的转向是通过回忆实现的,而后者则要求"接受通过教学、阅读或劝告得到的真理;而且,大家要予以消化,直到它成为自身的一部分,化为内在的、永恒的和总是积极的行为准则"(福柯:《主体释义学》,上海人民出版社2010年版,第387页)。在基督教那里,灵魂是从上帝那里获得恩赐而得以转向的。(参见艾克哈特:《艾克哈特大师文集》,商务印书馆2003年版,第194页)

③ 在《理想国》中,虽然柏拉图承认了灵魂的三分,而且承认它们各有自己的欲望,但是,他对爱名和爱利部分所获得的快乐却看得很低,相应地,把爱名者和爱利者的地位看得也很低。由于善的至上性,决定了求善者——哲学家——的地位的至上性。(参见 Martha. J Nussbaum, "'The Story Isn't True'Poetry, Goodness and Understanding". From J. Moravcsik and P.Temko, *Plato On Beauty*, *Wisdom and the Arts*, Totowa, New Jersey: Rowman and Littlefield, 1982, p.88)柏拉图对哲学家的教育主要是理智部分的教育,而在《会饮》和《斐德罗》中,却是对欲望部分的教育(参见 Cornford, "The Doctrine of Eros In Plato's Symposium", from Cornford, *The Unwritten Philosophy and Other Essays*, New York: Cambridge

忆,都可以恢复灵魂的这种天生的学习能力。①

在灵魂不朽和理念之间,回忆搭建了二者结合的桥梁。它使灵魂的曾在通过对理念的回忆,通达了此在。灵魂要想进入存在,那么就要进行回忆,这是灵魂永恒的自我运动,是灵魂不朽的源泉。回忆也是生命永无止息的涌动,把过去呈现于现在,过去与现在的交融一起推动生命走向未来。回忆的存在使生命自身得到了完整性。这种完整性,是有层级的完整,对过去的回忆只能使人超越于过去,充满激情地完成现在,完成生命的攀登,推动它攀登的力量就是爱欲。②

《会饮》告诉我们,爱的层级等同于美的层级,正是这不同层级的美,推动生命向上攀登。同样,对于观照过所有理式的灵魂,并不是所有的理式在人世的仿影都可以激起灵魂的回忆。对于视觉来说,③只有美是如此的鲜明和清

University Press,1950,p.70),通过 Eros 使欲望得到彻底的翻身(神圣的迷狂)。在这里,欲望与理智并不是如此尖锐的对立,却在对哲学的爱上达到了融合,甚至,没有神圣的迷狂,对理念世界的到达是不可能的。

① 参见汪子嵩等:《希腊哲学史》第 2 卷,人民出版社 1997 年版,第 799 页。

② 在《会饮》当中,爱欲是向上攀登的力量,从美的形体、美的心灵,到美的行为制度和美的知识,最后参悟那美的本体,是否每个人都能见到这美的本体,柏拉图没有明确表态。因为这种攀登充满了挑战,在这里,生命之流是涌动向前的。但是,在《斐德罗》中,柏拉图指给我们的是一条回到自己本来状态的路。我们的灵魂在附到肉体上之前,曾经到达过真理的大原,领略过那光辉的景象。但是,回到凡间,却因为人的欲望的殊异,使对这种光辉景象的回忆遇到不同的困难。在这里是一条回复的路,回复到灵魂本来的状态。同样具有挑战意味的是,真正的回复只有极少数人能够达到,这种差异的根源在于他们所追求的爱欲不同。因此,不管是向前的路,还是回复的路,爱欲都是指引者。没有爱欲,生命没法涌动,没有爱欲,灵魂没法安家。

③ 在希腊语当中,视觉的能力即"看见"(ειδω)和理念、理式(ειδος)是同一个词源,这表明视觉与理念之间的密切关系。柏拉图常常以灵魂的能力(理智)与视觉的能力(视力)作类比。(参见《理想国》中的日喻;《斐多》99E)在所有官能当中,柏拉图最看重的是视觉(参见《斐多》65B;《斐德罗》250D),认为它能够给人带来最大的福气,能够观赏天上智慧的运行(参见《蒂迈欧》47A—B),视觉与智慧是不可分割的。但是,能够与视觉直接照面的还是美。在美和善之间,美是视觉直接观照的对象,善却是灵魂的理智能力才能把握的。但是,在《会饮》和《斐德罗》当中,美的理念和善的理念同居天外,视觉对美之本体的回忆,必然引起灵魂对整个天外"光辉景象"(参见柏拉图:《柏拉图文艺对话集》,人民文学出版社 2000 年版,第 125 页)的回忆,从这个意义上说,美是朝善必经的路途,即,爱欲是追求哲学的必经之路。

晰,只要让视力与美照面,就能够引起不可思议的爱。① 对于在尘世生活的我们来说,最敏锐的感官就是视觉,美在人世的仿影最接近于美本身了。它能给视觉最大的触动和刺激,使它自己显得最出色且最可爱。

作为一种协和的动力,灵魂曾经随神周游,领略过天外的光辉景象。由于神的车马都是好的,可以一览无余地观赏真理大原上的光辉景象。但对于人来说,却受到代表欲望那匹劣马的阻碍,不可能像神那样直接观照美好的景象。同样,与正义、智慧等灵魂的特质相比,欲望的存在,使得美在人世的仿影显得更可爱。虽然正义、智慧等在天外的景象当中是最耀眼、最可爱的,但是,回到人世,灵魂附到肉体上来之后,美就显得比这一切更耀眼、更可爱。海德格尔认为,这是因为,在存在的被遗忘状态中,最纯粹的、最本质的东西对于唤起那种光辉景象来说却是最遥远的东西,是最不易引起人的回忆的东西。

如果人人都能轻而易举地回忆起正义、智慧、节制等分别是什么,那么,也就不必柏拉图这样的思想家再去思考这样的问题。即使他的探求本身没有结果,他也要给人们指出一条回复的路。他自己也是为对智慧的纯粹的爱所引导,智慧是最光辉的一种美,因为求见到真理大原上的美是最纯粹的。虽然他自己对哲学的爱不需要美(指的是美在人世的仿影)来引导,但是,他指给人们回忆的路,却不能没有美。美是这样一种指引者,因为"美本身是最能闪光者,而且作为这种东西,它也是最有吸引力、最让人出神的东西"。② 只有它能够把我们从存在之被遗忘状态中唤醒,重新面对美本身,重新回忆自己在天外的所见,踏上回复自己本来状态的征程。

这种征程却不能自正义、智慧始,因为它们在尘世的仿影中都黯然无光,只有极少数人借昏暗的工具,费极大的麻烦,才能从仿影中见出原本的真相。③ 这种探求是困难的,因为生活本身并不直接告诉我们什么是正义、什么

---

① 参见柏拉图:《斐德罗》250D。

② 海德格尔:《尼采》上卷,商务印书馆 2004 年版,第 218 页。

③ 参见柏拉图:《斐德罗》250B;Hackforth 认为这里"昏暗的工具"是指"没有充分发展的推理能力"(Hackforth, *Plato's Phaedrus*, London: Cambridge University Press, 1952, p.95),这种观点也得到 Nussbaum(Martha. J. Nussbaum,"'The Story Isn't True': Poetry, Goodness and Understanding", from J. Moravcsik and P. Temko, *Plato On Beauty*, *Wisdom and the Arts*, Totowa, New Jersey: Rowman and Littlefield, 1982, p.88)和 Gully 的赞成。同时, Gully 认

是智慧,甚至它们的摹本也是我们用不正义和无知的代价换得的,对这种摹本的思考可能需要很长的时间。美本身却能够立即呈现给我们的感官,让我们对它爱不释手。但是,对美在人世的仿影却不能一味地沉浸其中,那就像四角兽一样,肆情纵欲,①因为美与节制并肩站在神座上。② 只有御车人驯服了那匹代表欲望的劣马,才敢靠近那美少年,并且敬他有若神明。在这样一个有若神明状的美少年启发下,他回想起自己所追随过的神,不仅自己极力模仿神,而且使他的所爱也更加类似神,这就是爱欲的力量,它是推动着爱人向美和向善的力量。

三、理念和神

柏拉图在《理想国》中想象了一个理想的城邦,这个理想城邦的实现,关键在于哲学家根据他们所追求的善的理念来统治,也就是使哲学家为王。一方面,柏拉图设定了哲学家必然是真正追求智慧的人,他们以实现灵魂的最高尚部分的活动——爱智——为快乐。另一方面,柏拉图又要求哲学家一定要在观照过理念的世界之后,回到城邦中来,即返回到洞穴之中,把他们所知道的什么是最好的运用于城邦的治理和公民德性的培养。但是,对理念最好的体现是神。

为,正义、智慧、节制等道德的理式在尘世就没有可感觉的摹本。[参见 Norman Gully, "Plato's Theory of Recollection", *The Classical Quarterly*, New Series, 4(Jul.-Oct., 1954), No. 3/4, p.206]对于它们,只能通过类比(παραδειγμα και ομοιοτης),而且这也是回忆的一种形式。(参见 Norman Gully, "Plato's Theory of Recollection", *The Classical Quarterly*, New Series, 4(Jul.-Oct., 1954), No. 3/4, p.208) Ferrari 认为,美之所以能够为视觉所认识,是因为它直接呈现给感官。在这里,他引用了《理想国》中手指的类比(参见柏拉图:《理想国》523B—524D),手指是立即能为感官抓住的,但其大小长短却需要感官之外的能力去把握(参见 Ferrari, *Listening to The Cicadas:A study of Plato's Phaedrus*, New York:Cambridge University Press, 1987, p.144)。这里,我们赞同他的观点是因为,他认为正义、智慧等道德理式的摹本不是立即就能形成的,即使形成之后也需要很长时间才能加以辨认,而美是立刻就能为感官抓住的。这种美让我们回忆起美的本体,而美的本体和善的本体是在一起的。

① 参见柏拉图:《斐德罗》250E。

② 参见柏拉图:《斐德罗》254B。

（一）神的根基建立在理念之上

在柏拉图整个体系的构想中，都预先设定了神的位置，只要有理念存在，就有神存在。不管是他的道德哲学、政治哲学还是自然哲学，都贯穿了理念的学说。神和善的理念二者如影随形。但神和理念并不等同，神从理念获得了他的实在性。这一点可以从《欧悌甫戎》和《理想国》中得到证明。

在《欧悌甫戎》中，苏格拉底和欧悌甫戎讨论什么是虔诚，当欧悌甫戎说为神所喜爱的就是虔诚的时，苏格拉底反诘道，究竟是虔诚的事是因为虔诚所以被神灵们所爱呢，还是它被神灵们所爱所以虔诚。① 虔诚之所以虔诚是因为它是一个本质，这个本质不能因为任何事物的喜恶——即使是神也不例外——所改变。在柏拉图这篇早期对话当中，已经有了理念的雏形。这种理念或理型是自在的，不为任何事物所改变，神在理念面前也是无能为力的。但幸运的是，神分有理念的自在完善和不变性，才使神和理念享有共同的命运。

在《理想国》当中，针对诗人对神的各种丑恶的描写，②柏拉图为神进行了翻案。首先，不能把一切善恶的产生都归为神。由于神本身是善的，善的是有益的，③因此，神只能是善的事物的原因，神不是不好事物产生的原因。④ 其次，神本身的形象不能像诗人所描绘的那样变来变去，真正神圣的事物是自足的，不会为任何事物所改变，也不能为了任何事物而改变，⑤因此，神本身只有一个单一的相。最后，神不会因为任何事情而说谎，他不必为了任何事情而离开自己，而他自己就代表着完善和真实。这样，神获得了善的完善、自足和不

---

① 参见柏拉图：《欧悌甫戎》10A。

② 柏拉图之所以要把诗人从城邦当中驱逐出去，是因为诗人在舞台上扮演多种角色，他们的表演越逼真，神的形象越丑恶，对城邦青年的危害就越大。这有悖于柏拉图一贯的正义原则，那就是城邦中的每个人只能发挥一种功能，扮演一种角色。柏拉图对诗人的排斥，就是想把神的形象与诗人赋予他们的形象分离开来，使之与抽象理念的唯一性结合起来。参见 Joanne Punzo Waghone, "A Body for God: An Interpretation of the Nature of Myth Beyond Structuralism", *History of Religions*, 21(Aug., 1981), No. 1, p.32.

③ "善是有益的"是苏格拉底的观点。（参见汪子嵩等：《希腊哲学史》第 2 卷，人民出版社 1997 年版，第 442 页）这是善的基本的含义，与善的目的性直接联系在一起，这一点为柏拉图和亚里士多德所继承。

④ 参见柏拉图：《理想国》379B、380。

⑤ 参见柏拉图：《理想国》380DE。

变性。在柏拉图引进善的理念这种最大的学习以前,先为善找到了守护者,①
同时,也为进行这种学习的人找到了指引者,这就是神。在柏拉图看来,就像
用眼睛直视太阳,会把眼睛弄瞎,我们直观善的理念也会把灵魂弄瞎的。② 因
此,比较安全的是从水里看太阳的反光,对于理念来说,就是看它的影像。③
有了神这个善的理念的生动再现者,那么,我们对善的探求就有了安全感和方
向感。

在柏拉图的太阳喻当中,太阳这个可见世界的最高的王,被看成是善的儿
子。而太阳在古希腊一向是作为神来崇拜的。④ 因此,认识那不可见的世界
的善的理念,对于哲学家来说,不仅是把灵魂的眼睛弄瞎的问题,而且存在着
可能与否的问题。但是,有了太阳,这个可见世界中最高的神,哲学家就有希
望接近理念。在柏拉图的洞喻当中,哲学家走出洞穴,见到了太阳,才明白了
一切事物的原因所在。但柏拉图给他们的任务不仅是见到太阳,而且要回到
洞穴当中,把那些处于洞穴中的人们(从无知当中)拯救出来,也就是用善的
知识来治理城邦,培养公民的灵魂。

事实上,哲学王做到了吗? 柏拉图自己也承认,"那些被允许终身从事知
识研究的人,都是不能胜任治理国家的"。⑤ 一个摆在眼前的例子,就是苏格
拉底。他说,如果自己很早以前就从政,早已被处死,就不会做这些好事了。⑥
苏格拉底最后的命运也是被处死,不是以政治家之名,而是以败坏青年之名,

---

① 说"守护者",有忠实的追随者、志同道合的朋友、伙伴之意。一方面,神的完善不变这
　一点,是不逊于理念本身的,因此,神可以作为善的理念的守护者,有平等之意;另一方
　面,善的理念是可知世界的最高的认知对象,而神虽然也是完善的,但这种完善的存在
　只能从善的理念获得,在一个较弱的含义上,神在善的理念之下。这里的"守护者"不
　同于神作为我们的守护者。(参见柏拉图:《斐多》62DE)那里,神是我们的主人,而我
　们作为主人的财产,不应该自己放弃这种命运(自杀)。显然,在那里,神是高于我们的
　存在。在《法篇》中也指出了我们只是神的玩偶(参见柏拉图:《法篇》645),我们存在的
　意义在于服从代表神意的法律。
② 参见柏拉图:《斐多》99E。
③ 参见柏拉图:《法篇》897D—E。
④ 太阳神是阿波罗。
⑤ 柏拉图:《理想国》519C。
⑥ 参见柏拉图:《申辩》31E。

这个出名的青年据说就是阿尔卡比亚德。① 苏格拉底的确认为自己看这个世界是不动的,尽管它有生命,并且渴望它像一个真正的生命体那样运动起来。② 但能推动这个生命体运动的不是哲学王,而是真正的王,这就是治国者和立法者。

这样,从哲学王的模式进到立法者(神的代言人)的模式在柏拉图的晚期著作——《法篇》——中才体现出来。③ 在《法篇》当中,柏拉图着重反驳了自然和命运是一切事物产生的原因,而且,只有由它们产生的事物才是最好的;技艺也是自然和命运的产物,不如自然和命运。在这样的学说中,当然把神和法律归于技艺的发明,完全是可以更改的,因此不那么值得尊敬。但柏拉图把这一切颠倒过来,④认为事物产生运动的原因是灵魂,它是第一位的。如果最先产生的才是最自然的,那么灵魂才是最自然的,⑤他的相应产物——技艺、法律、智慧、预见等——也是先于自然的。这里一切事物存在、生成、运动的原因,就是神。神按照完善的、最好的原则来安排一切事物,任何事物的命运都是神意的安排。⑥ 因此,对于立法者来说,坚持诸神的存在,说服人们相信和尊敬诸神才是最重要的。对于整个立法来说,这是最高尚和优秀的开

---

① 柏拉图在《会饮》中推出阿尔卡比亚德,据说就是为苏格拉底辩护。(参见柏拉图:《柏拉图文艺对话集》,人民文学出版社 2000 年版,第 281 页)但哲学对政治的影响,在苏格拉底和阿尔卡比亚德的关系上,表现出了双重性。(参见 Taylor, *Plato: The Man and His Work*, Trowbridge and London: Redwood Press Limited, 1969, p.489)

② 参见柏拉图:《蒂迈欧》19B—E。

③ 见上述讨论。在《理想国》和《法篇》中,神的位置大致作如下示:

《理想国》:	《法篇》:
善的理念	神(灵魂)
太阳(神)	——
哲学王	政治家、立法者(神意的代言人)
理想城邦(王政)	现实城邦(神政)

④ 参见柏拉图:《法篇》889E。

⑤ 参见柏拉图:《法篇》892C。

⑥ 这里是神给每个灵魂指定命运,虽然有每个灵魂自身的选择(参见柏拉图:《法篇》904C),但由于它们各自的选择不同,因此,承受的命运也不同,这是通过《理想国》、《斐德罗》和《蒂迈欧》中的神话体现出来的。柏拉图这种目的论的观点统摄了他的道德哲学、政治哲学和宇宙论。

场白。①

（二）神的说服（πειθω）和爱的征服（πειθω）

城邦法律的制定是神的授意，立法者要把这种授意传给人们，不是靠强制，而是靠说服。② 这种说服的力量在于法律代表正义，而过一种正义的生活也会带来快乐。最正义的生活和最快乐的生活是统一的，③没有人会选择过一种只有正义而没有快乐的生活。④ 这就使得在《理想国》中走入死胡同的论证（正义对正义者有害，而不义只要不被发现对于不义者却有巨大的好处）重现生机，⑤因为正义会给正义者带来快乐和福祉。

同时，《理想国》中那些遭到驱逐的诗人，如果在立法者的劝导之下，能够使他们的创作符合城邦法律的要求，用他们所创作的好人的形象来影响年轻人的灵魂，那么，他们就是可以接受的。在那里，立法者用法律对诗人进行说服，诗人用他们的创作对城邦的年轻人进行灵魂上的说服（说服他们服从法律和正义）。说服是教育的主要形式，也是立法者的主要目的。尤其是在诸神存在这个问题上，立法者更应该用论证去说服，而不是恐吓。⑥

在城邦法律的实现上，立法者要对公民进行说服。同样，在影响人的灵魂

---

① 参见柏拉图：《法篇》887B。

② 参见柏拉图：《法篇》722B—C；"说服"这个概念在希腊语当中是（πειθω），它的被动语态（πειθομαι）意为信任、相信［参见 Glenn R. Morrow, "Plato's Conception of Persuasion", *The Philosophical Review*, 62（Apr., 1953）, No. 2, pp. 236-237］。波普尔解释为（a）"用正当方式说服"及（b）用不正当方式说服，有时甚至可以指"以礼服人"，即贿赂。（参见卡尔·波普尔：《开放社会及其敌人》第一卷，中国社会科学出版社1999年版，第257页）无疑波普尔是从政治哲学的角度来阐释的，对于"说服"进行研究的还有Morrow，他亦从政治学和修辞学的角度切入，依据的主要是《法篇》、《理想国》、《高尔吉亚》和《斐德罗》篇。［参见 Glenn R. Morrow, "Plato's Conception of Persuasion", *The Philosophical Review*, 62（Apr., 1953）, No. 2, p.236］他还从柏拉图宇宙论的角度分析了"说服"，那是"理性对必然的说服"，依据的是《蒂迈欧》篇。［参见 Glenn R. Morrow, "Necessity and Persuasion in Plato's Timaeus", *The Philosophical Review*, 59（Apr., 1950）, p. 147］

③ 参见柏拉图：《法篇》662D。

④ 参见柏拉图：《法篇》663B。

⑤ 参见柏拉图：《理想国》359—360。

⑥ 参见柏拉图：《法篇》885D、890C。

的问题上,修辞学家即当时的智者具有说服的技巧可以传授,①从而赢得年轻人的追捧(比如《普罗泰格拉》中的希波克拉底对普罗泰格拉的崇拜)。但是,柏拉图不放过让他的老师再做一次"牛虻"的机会,把对所谓修辞学家进行盲目崇拜的年轻人叮醒,就像《斐德罗》中苏格拉底对斐德罗所做的那样。②

说服是一种力量,它可以是理智的力量,③比如在《蒂迈欧》中理智对必然的说服;也可以是一种爱欲的力量,比如在遇到一个美若神明的面孔所引起的回忆。这不是理智所能控制的,是一种神赐的迷狂。我们就先从说服的理智方面说起。

当遇到一个美的对象时,灵魂中代表欲望的那匹劣马就要不顾一切地向前冲,企图占有这个美的对象,满足自己的欲望。但御车人却不能由着他的性子,要说服他,④只不过这种说服在神话的描述当中,就显得有些暴力的痕迹:

> 但是,御车人又感到前次的那种情绪,而且更强烈,象赛跑人跑到终点的栅栏一样,向后一倒退,缰子比前次拉的更猛,把那匹顽马的口铁往后猛扯,扯得它头破血流,屁股和腿子都栽在地上栽破了,惹得它只好挨

---

① 智者们就以能够教授年轻人说服别人的技巧而自命,并收取不菲的费用。当时,对于那些想要在政治生活中崭露头角的年轻人来说,掌握说服别人这种技艺是很重要的。当时没有哪个大政治家不同时是演说家(说服别人的专家),最典型的就是伯里克利斯。当然,有些人学习修辞也有别的目的,像阿里斯托芬在《云》剧所表现的那样,用这门技艺来赖账。喜剧诗人用的手法是讽刺,而柏拉图则用辩证法进行反驳。

② 关于《斐德罗》的主题,朱光潜先生给加的副标题是"论修辞",也可以说"论美"、"论爱"等,正如海德格尔所说,爱、美、修辞、灵魂等这些问题都谈到了。(参见海德格尔:《尼采》上卷,商务印书馆2004年版,第211页)如何把爱和修辞这两个主题统一起来,就在于"说服",修辞是理智的说服,而爱是情感和欲望的征服(说服和征服是分不开的)。

③ Morrow认为,"说服在最宽泛的意义上,是一种理智的技巧(technique of intelligence)"(Glenn R.Morrow,"Necessity and Persuasion in Plato's Timaeus",*The Philosophical Review*,59(Apr.,1950),No.2,p.156),我们想就柏拉图在《蒂迈欧》中,理智对必然的说服来作一类比,说明《斐德罗》中理智对欲望部分所施加的力量。在这个意义上,它是一种理智的力量,但是,就爱欲的产生是由于美的说服(征服)来说,这又超越了理智,而是一种迷狂($\mu\alpha\nu\iota\alpha$)。

④ 波普尔认为,说服可以用正当和不正当的方式,包括口头宣传和暴力。参见波普尔:《开放社会及其敌人》第一卷,中国社会科学出版社1999年版,第256—257页。

痛。这经验重复了许多次，那匹坏马终于学乖了，丢掉它的野性了，低头贴耳地听御车人的调度，一看到那美的对象就吓得浑身发抖。①

这里代表欲望的劣马让我们想起了在《蒂迈欧》中出现的得穆革在创造宇宙的过程中，理智对必然的说服。② 这里的理智是一种统治力量，而必然则是一种不规则、无秩序的运动。这种无秩序的运动给神创造宇宙所带来的可能是积极（在偶然的意义上）的作用，也可能是消极的影响。因此，这种必然性是一种不定因（errant cause 或 wandering cause），它与偶然联系在一起，而且一定要由理智来说服，才能使神的创造工作得以顺利进行。但它的存在却不能被取消，就好比木匠的产品不能没有材料一样。木匠可以根据需要改造材料，来符合它的目的。理智也要认识必然存在的必然性，不是消灭这种必然，而是认识必然，说服必然，与必然和睦相处，③才能共同完成宇宙的创造。神把秩序引入到宇宙之中，同样，他也要把秩序引入到人的灵魂当中。

理智的存在也不能取消欲望，欲望是灵魂中不可缺少的一部分，它有自己独立的存在。如果能够被理智说服，那么它就会成为理智的盟友，共同去追求美善。但如果任由它自身去行事，那么可能就要出乱子。所谓罪恶的发生只在一念之间，这"一念"就是欲望的蠢蠢欲动。在这个意义上，柏拉图没有赋

---

① 柏拉图：《柏拉图文艺对话集》，人民文学出版社 2000 年版，第 132 页。

② 参见柏拉图：《蒂迈欧》48A。

③ 这种观点得自于 Morrow，他认为理智和必然之间不存在冲突，"说服是在以前互不相干（如果不是敌对）的力量之间引起合作的一个过程"［Glenn R. Morrow，"Necessity and Persuasion in Plato's Timaeus"，*The Philosophical Review*，59（Apr.，1950），No. 2，p. 162］。这一点看似与《斐德罗》中御车人和劣马之间的冲突相互矛盾，但是，如果通观柏拉图关于爱欲的哲学，那么，这种理智与欲望之间的冲突便消解了。（参见《会饮》和《斐德罗》）而且，我们将要说明的是，理智对欲望的说服是说服的一个低级阶段，上升到更高的阶段，即理智和欲望——作为灵魂的整体——在凡间看到一个美的仿影，回忆起以前追随诸神所看到的景象，被这种美所征服（说服），追求这美，奉若神明，使自己和所爱的对象都尽量类似于追随过的神。这种被美说服、被爱征服才是说服的更高的境界。就好比修辞学用文字来说服，但这只是修辞的一个低级阶段，真正的哲学是无法用文字来表达的（参见柏拉图：《斐德罗》275C；柏拉图：《第七封信》341C—D），或者说用言词表达出来的文字不如口头的演说。而后者只能在找到一个相契合的心灵，即只能在爱人与情人之间产生，而且如此收获的果实是更加丰硕的。修辞学的最高境界是没有修辞，说服的最高境界就是爱欲。

予灵魂的这个部分任何单独的德性,它可能向善,也可能趋恶,也就是说它处于无序和无定的状态。但与理智相比,欲望无论是向善还是趋恶都更为果断和迅速,它代表着一种动力。因此,如果得到理智的引导,那么欲望可能在向善和向美的方面比理智本身更有力量,这种力量也就是秩序,是神通过爱的迷狂而赋予欲望以力量和秩序。

柏拉图在《斐德罗》中指出了说服的理智方面——真正的修辞术是什么,它不是哗众取宠,为了得到听众的赞同而歪曲真理。真正的修辞术就是辩证术,它的原则就是分析和综合,如果有懂得这两种法则的人,那么,苏格拉底就会把他当成神一样追随。① 这种辩证术首要的是要了解人的灵魂,②对灵魂性质的分析在前面的神话里已经做了说明。但是,一个人要用理智的力量来说服人,那么对灵魂的这种了解是不够的,还要对灵魂进行分类,看哪类说话适合哪类灵魂。③ 总之,要充分运用理智的力量。但是,这只是说服的一种形式,就像修辞学的最高形式是情人之间的口口相授,说服的更高境界也是爱的征服,这种征服的实现是神的赐予,即神圣的迷狂。

爱的说服的实现,是因为灵魂在附到肉体上以前,随神周游,关照过天外的光辉景象。回到凡间,各个灵魂在天外看得真切与否,决定了他们在尘世能否回忆所看到的真理大原上的景象。但是,由于他们追随过神,神对真理大原的观照是一览无余的,因此,在凡间如果遇到一个有若神明的面孔,也有助于使他回忆起天外的美,回忆自己所追随过的神,而且,尽量使自己和爱人都类似这个神。可见,神的存在,由于把爱赐给追求美的灵魂,使那个真理的大原不再陌生和遥远。神与人这种有死的存在实现了海德格尔所说的"切近",这种近化是保持着疏远的近化。④ 因为人与神的完全合一是不可能的,在这种迷狂的爱欲里,人使自身和所爱的人尽量类似所追随过的神。神用这种迷狂的力量推动着灵魂奔向善的理念。与理念相比,神与有爱的人更近,甚至爱人可以使自己和所爱的人类似所追随的神。

---

① 参见柏拉图:《斐德罗》266B。
② 参见柏拉图:《斐德罗》271。
③ 参见柏拉图:《斐德罗》271D。
④ 参见海德格尔:《演讲与论文集》,生活·读书·新知三联书店2005年版,第186页。

第二节　爱欲是对哲学和不朽的追求

灵魂与理念之间的亲缘关系,在爱欲和在死亡中有不同的表现。① 在死亡中,灵魂的不朽——与理念的亲近——是通过死亡的演练达到的,即生时就练习达到死亡的状态。这样在灵魂真正脱离肉体的时候,才能走得纯洁,走得干干净净,才能真正与理念结合,与神在一起。但是,在爱欲中,灵魂与理念的联姻是通过对哲学的爱实现的,这种爱缘于爱神与哲学家之间的同一关系,爱神即哲学家。他们都追求美善,对美善的追求是通过孕育,在攀登了爱的阶梯之后,就到达了美的本体,孕育出真实的德性。

一、两种追求不朽的方式

柏拉图在《斐多》中谈到了关于死亡的问题,那个场景正是苏格拉底即将赴刑但还没有去赴刑的时刻。因此,在本应笼罩着悲伤的氛围中,苏格拉底用他对死亡的无所畏惧平抚了人们失去老师和朋友的悲伤。苏格拉底向众人解说,在灵魂与肉体分离之后,他是到更好的主人——神——那里,可以获得更大的幸福。因为对于真正的哲学家来说,生就是死亡的演练。哲学家毕生都在等待着这一天,那就是摆脱肉体,可以专心于哲学,这是灵魂达到不朽的一种方式;另一种方式就是爱欲,在《会饮》当中说得很清楚,爱就是在美中孕育,或是凭身体,或是凭灵魂。但这两种方式都离不开哲学,一种是灵魂通过死亡达到与哲学的结合,一种是哲学与爱欲的结合。

（一）哲学是死亡的演练

苏格拉底在临刑之前没有一般人面对死亡时的那种悲哀,他异常镇定,在见到朋友们之后,把他的那个一直号啕不止的妻子克桑提贝打发走,自己则从床上坐起来,把腿扳弯,用手摩擦着,边擦边和朋友们交谈。② 后来他的姿势

① 本节主要是根据《会饮》和《斐多》中追求哲学的不同方式进行分析的,前者是以对哲学和智慧的爱来达到不朽,后者是以灵魂离开肉体可以专心研究哲学来达到不朽。
② 参见柏拉图:《斐多》60A。

有一个变化,谈着谈着,就把脚伸到地上,以后谈论一直保持这个姿势。① 这完全好似平常与朋友交谈一样,或者在做好准备等待好人的召唤。

苏格拉底能够保持镇定,是因为他内心的信念,即一个真正的哲人,只有在死亡——灵魂与肉体分离——之后,才能专心地研习哲学。因为灵魂与肉体结合在一起的时候,是不纯粹的,而不纯粹的东西是没法研究纯粹的事物的。② 也就是,对于理念这种纯粹的事物,只有灵魂也同时达到了纯粹的状态——与肉体彻底的分离——才能认识。一个人对哲学的追求就是死亡的演练,练习使灵魂不受肉体的拖累和诱惑,回到灵魂自身,思考那真正的存在,这就是灵魂的净化,没有经过净化的灵魂是无法研习哲学的。真正的哲学家毕生都在做着死亡的准备,经过这种练习,习惯于尽可能地处在接近死亡的状态中。这样,当死亡来临的时候,如果哲学家表现得惊惶失措、悲不自胜,那就是不可理解的了。③

哲学家对肉体及其欲望的蔑视是显而易见的,因为肉体是各种欲望的根源,它追求欲望的满足所带来的快乐,而为了满足身体的欲望,各种争斗、战争和革命的发生就是不可避免的了。④ 这样,灵魂不能自顾自地专注于思考那真正的实在,常常受到身体欲望的打扰和拖累。而各种身体感官以自身所获得的快乐为指针,发给灵魂的信号是不真实的,带有蒙蔽性的。如果灵魂以此为行为的指令,那么,只能在迷途上越走越远。因为每种快乐和痛苦都像一颗铆钉,把灵魂束缚在肉体上,而越是与身体结合得紧密的灵魂,达到灵魂的净化就越是艰难。"净化身体的是药物,净化人的灵魂的是音乐",⑤而哲学是最大的一种音乐。⑥ 因此,如果身体对于哲学家研究哲学造成了妨碍,那么灵魂

---

① 参见柏拉图:《斐多》61D。
② 参见柏拉图:《斐多》67B。
③ 参见柏拉图:《斐多》67D。
④ 参见柏拉图:《斐多》66C。
⑤ 这是毕达哥拉斯的话,见前引苗力田主编:《古希腊哲学》,中国人民大学出版社 1995 年版,第 64 页;巴克认为,这个支系的成员践行医学以净化肉体,修习音乐以净化灵魂,这里的医学是指节食和预防,而净化灵魂的音乐的最高形式是哲学。这里的哲学是指科学,尤其是数学研究,后者是巴克援引伯内特的观点(参见厄奈斯特·巴克:《希腊政治理论——柏拉图及其前人》,吉林人民出版社 2003 年版,第 68 页)。
⑥ 参见柏拉图:《斐多》61A。

的净化只能通过与肉体的分离来实现。但是,对于哲学家来说,在他们生前就要进行这样的演练。

苏格拉底毕生都在践行这样一种演练,我们从《会饮》里亚里斯脱顿和阿尔卡比亚德的转述当中,可以看到这一点。苏格拉底经常打赤脚,甚至冬天在冰上行军的时候亦复如是。① 弃绝身体感官的需要,还有比这更甚的吗? 他可以在想到一个问题的时候,随时停下来,像着迷一样站着不动,一站就是半天甚至一整天。② 在自己所创造的世界里沉迷不能自拔,还有比这更深的吗? 阿尔卡比亚德怀着极大的信心,以为自己的身体对于任何一个成年男子都是一种吸引,相信对苏格拉底也不例外。恰恰在苏格拉底这里,他几经努力——可以说步步为营,苏格拉底仍然纹丝不动,与苏格拉底睡这一夜,就像与自己的父亲或兄弟睡了一夜,③对哲学的爱欲如此之旺以至于吞没了对身体的欲望之火。④ 爱欲还有比这更强的吗? 苏格拉底为自己创造了一个世界,这个世界只有两者——他和哲学,这个世界既是他和哲学的结合(灵魂与哲学的结合),也使他与哲学分离,这就需要把身体拒斥在门外。

但是,这个世界真正建立起来却是在灵魂和肉体分离之后,既然这样,我们何不缩短这个旅程,直接奔向更好的存在——获得更好的神的庇护? 不过,苏格拉底告诉我们,真正的哲人愿意死,但是不能提前对自己下手,只能等待神的召唤,神不允许的时候我们不能自杀。虽然身体是灵魂的监狱,但我们却不能自行越狱逃跑,这个学说很玄妙,不易理解。⑤ 它的深奥之处在于,哲人在生的每时每刻都在演练着死的状态,而且也准备和意愿着死亡的来到,因为那意味着灵魂与肉体的分离,可以专心于哲学,那是他们的福祉之所在。但为

---

① 参见柏拉图:《会饮》174A、220B。
② 参见柏拉图:《会饮》174D、220C。
③ 参见柏拉图:《会饮》219D。
④ 当然,我们这里谈的主要是哲学与死亡的关系。但是,柏拉图笔下的苏格拉底,既是死亡哲学的践行者,也是爱欲哲学的典范,这两种践行哲学的方式统一在一个人身上,说明了哲学家生为哲学而生,死也为哲学而死(哲学就是死亡的演练),爱为哲学而爱,这种爱欲贯穿了哲学家的生生死死,之所以能够实现灵魂的不朽,是因为他对哲学的爱欲。
⑤ 参见柏拉图:《斐多》62B。

什么我们不能决定这个死亡的降临呢？这是格贝提出的问题。① 因为在我们之上有神,他是我们的主人,没有主人的允许,我们就了断自己,是不明智的。一是会引起神的怒气;二是离开了神,虽然获得了自由,但是,没有神的庇护,我们不如从前生活得好,因此作出这种选择是愚蠢的。②

无论何时何地,哲学家的头上都有神的跟随,而且,他不能无视神的存在,哪怕他可以不要自己,③也不能不考虑神的感受。哲学家面对死亡可以无所畏惧,④但是,对于神却要怀着敬畏之心。这种畏既保持着哲人与神的距离,也在拉近他们之间的距离,在畏中,不是神低了,而是哲人高了,是人畏着走向神。但是,首要的是,在畏中,人返回自身,从世俗凡物中走出来,实现自身的个别化。⑤ 畏袭来,而不是我们能唤来的。⑥ 畏也只能到达真正能畏的人那里,否则,即使它袭来了,或者你抓不住它,或者它趁机溜掉了。

---

① 参见柏拉图:《斐多》61D。
② 参见柏拉图:《斐多》62D—E。
③ 这里指哲学家弃绝感官的需要,专心研究哲学,这正是神所喜欢的,神喜欢与他相像的事物(参见柏拉图:《法篇》716C),神是全知全善的,哲学家追求智慧就等于使自己类似神。
④ 在无所畏惧的通常的意义上,用在哲学家对待死亡的态度上,是不太适合的。因为哲学家毕生努力的目标就是不断接近死亡(接近死亡也就是达到灵魂与肉体的分离,这是追求哲学的最高境界),对于一个你不断想接近的事物,在它面前所表现的品质不能用勇敢来形容。但是,从另一方面来说,哲学家对身体感官的态度是置之度外,即是无所谓的态度。如果在这个意义上来理解,那么"无所畏惧"也是勉强适合的。这两个方面结合起来,就可以理解为什么柏拉图在《斐多》中认为勇敢为哲学家所独具。(参见《斐多》68C)因为在勇敢是知道什么可怕什么不可怕这个意义上(参见《理想国》429C),哲学家认为灵魂与肉体分离是值得想望的,而灵魂被束缚于肉体则是可怕的,认为明智(节制)为哲学家所具有(参见《斐多》68C),也是在摒弃肉体欲望的意义上。总之,在《斐多》篇中,哲学家所具有的每种德性都来自于他对死亡的态度。而在《理想国》中,哲学家所独具的德性是智慧,这是服从于哲学王统治城邦的需要,二者并不矛盾。
⑤ 参见陈嘉映:《海德格尔哲学概论》,生活·读书·新知三联书店 2005 年版,第 92 页。
⑥ 参见陈嘉映:《海德格尔哲学概论》,生活·读书·新知三联书店 2005 年版,第 92 页。孔子曰:"君子有三畏:畏天命,畏大人,畏圣人之言。"(《论语·季氏》)钱穆指出:"畏者,戒之至而亦慧之深也。禅宗去畏求慧,宋儒以敬字矫之,然谓敬在心,不重于具体外在之当敬者,亦其失。"(钱穆:《论语新解》,生活·读书·新知三联书店 2005 年版,第 435 页)

但是,在苏格拉底这里,他抓住了畏。因为他抓住了死,即使他的友人(克力同)给他制定了周密的越狱计划,但是,他不放手这个死,同时,又没有违逆神的意愿强求死。畏把他引向了死,"畏令此在先行到死,因此也就从烦忙于世务混迹于众人的羁绊中解放出来"。① 虽然苏格拉底在哲学面前,会忘却此在,那是对哲学的沉迷,同时,又唤醒了此在,让他不再迷失于众人的意见。但是,又不免疏离于众人,使他孤独,使他痛苦,孤独是灵魂的孤独,痛苦是灵魂受缚于肉体的痛苦。从孤独和痛苦中的解脱就是死,这个死不是自己死,但这个死却是自己的,是畏引向了死,从此灵魂回到了自己,获得了自由。"而畏却在死亡的空无面前敞开了生存的一切可能性,任此在自由地纵身其间。"②在畏和死中,苏格拉底回到了自己。

(二)爱就是在美中孕育

1.为欲望正名

在《斐多》篇中,柏拉图给我们呈现的是苏格拉底这样一个哲学英雄面对死亡的从容,这种从容来自于哲学家在生的时候就不断地演练着死亡。尽量使灵魂专注于自身,思考存在本身,可以说哲学家在生的时候已经死了。死亡的到来使他们完成了灵魂真正的净化,因为哲学家彻底摆脱了身体和欲望。

但是,这终究只能成为一种不朽的幻影,③因为即使是苏格拉底这样的人,也不能没有欲望。他能喝酒,却从来没有醉过。④ 他也不能没有美丽的年轻人围绕左右,只要是有漂亮的年轻人出现,他就要把自己打扮得漂亮一点。⑤ 他还要用自己的哲学征服年轻人,赢得爱欲,有这样的机会他不能错过,而且,他会成为宴饮的主角。所有这些都是在柏拉图的另一篇对话《会饮》中展现的。如果说《斐多》篇是理智的独角戏,因为代表灵魂的只有理智,

---

① 陈嘉映:《海德格尔哲学概论》,生活·读书·新知三联书店 2005 年版,第 97 页。
② 陈嘉映:《海德格尔哲学概论》,生活·读书·新知三联书店 2005 年版,第 97 页。
③ 参见 Kenneth. Dorter, "Plato's Image of the Immortality", *The Philosophical Quarterly*, 26 (Oct.,1976),No. 105,p.304。
④ 参见柏拉图:《会饮》176C。
⑤ 参见柏拉图:《会饮》174A。

那么,在《会饮》篇中,柏拉图所展现的是欲望的反攻。① 前者是死的凄美,后者是爱的壮丽。死是为哲学而死(也为哲学而生),爱欲是与哲学融为一体(爱神与哲学家统一在苏格拉底的身上),死和爱因为都关涉到哲学而使灵魂达到不朽,只不过前者是灵魂与肉体的分离,后者是在美中的孕育(或者凭身体,或者凭心灵)。

柏拉图从理智向欲望的转折,②代表着他对人性的真正回归。理想的人性是他从毕达哥拉斯学派那里继承过来的,那就是人的灵魂只包含理智,理智对智慧的追求就是人生活的全部。但现实的希腊人又使他对人性产生失望,③人性没有毕达哥拉斯学派所想象的那样纯净,只以知识和智慧为生活的指归。这样,柏拉图用毕达哥拉斯那双注视天上世界和神圣世界的眼睛来注视人的世界,结果发生了偏差。这种偏差如果继续下去,那么,不仅他的理想之城邦的建立是不可能的,甚至人的生活——不管是道德生活、政治生活还是物质生活——都是不可能的。如果道德哲学、政治哲学有存在的必要的话,那么,一定像亚里士多德所认为的那样,它们研究的是人的整个灵魂,而不只是灵魂中的神圣部分。

---

① Cornford 认为,对于哲学王的教育,在《理想国》中完成的是理智方面的培养,而在《会饮》当中涉及的是对哲学王欲望的教育(It involves the education of desire)。而且他承认,欲望本身是中性的,既不好也不坏,它因为所欲求的对象而获得它的价值。(参见 F.M. Cornford, *The Unwritten Philosophy and Other Essays*, New York: Cambridge University Press, 1950, p.70)

② 究竟是从理智到欲望还是从欲望到理智,这只能由《斐多》和《会饮》的创作先后来判断。但是,在学者当中,取得共识的只是二者的创作时间挨得很近,但具体确定谁先谁后是困难的。有的学者根据《会饮》中的不朽和理念论的联系,认为《会饮》的创作在柏拉图的不朽三部曲——《美诺》、《高尔吉亚》、《斐多》之后。[参见 J.S. Morrison, "Four Notes in the Symposium", *The Classical Quarterly*, New Series, 14(May, 1964), No. 1, p.43] 有的认为根据两篇对话的内容无法判定谁先谁后,因为它们所论证的不朽都是人的神圣部分——灵魂——的不朽。(参见 A.E.Taylor, *Plato: The Man and His Work*, Trowbridge and London: Redwood Press Limited, 1969, p.228) 再有就是以 Hackforth 和 Cornford 为代表,倾向于认为《会饮》的创作在《斐多》之后,虽然他们的判断没有确凿的证据,但任何思考都要有一个始点。这个始点的获得或者是通过归纳,或者是通过感觉和习惯(参见亚里士多德:《尼各马可伦理学》1098b1—5),为了研究的需要,我们也通过感觉获得这样一个始点,即《斐多》的创作在《会饮》之前。

③ 参见 E.R. Dodds, "Plato and the Irrational", *The Journal of Hellenic Studies*, 65(1945), p. 20。

幸运的是，柏拉图的思想没有像他的理念那样永恒不变。他认识到了自己的有限性，这种有限性就在于"把人性看得太过高尚，同时把人性看得又太过渺小"。① 把人性看得太过高尚是因为在灵魂当中他只看到了理智的力量，太过渺小是因为他把欲望看得太过疯狂。他自己纠正了这种偏差，肯定了欲望在灵魂中也有自己的地位，而且，只要它追求的快乐在一定的尺度之内，那么就没有理由否定这种快乐的合理性。

在《会饮》中，可以看到对欲望的引导过程。与理智相比，欲望更有力量。起码在对善的追求中，欲望会提供更强的动机，因为美对欲望产生的不可思议的力量。正是承认了欲望和情感在求善历程中的作用，使得他对善的论证柳暗花明。即使在《斐多》这篇被认为是理智的绝唱的对话当中，也到处弥漫着感情。② 它是师生和朋友之间的那种至深的感情，没有这种感情的存在，甚至理智的教导和信念的传达都是不可能的。

柏拉图还是用那双毕达哥拉斯的眼睛，但是，不管是天上的世界（宇宙自然），还是人内心的世界，都不如他料想的那样。在那个宇宙当中，存在着需要理智去说服的不定因，在人的灵魂当中，也存在着随时可能发生对理智的背叛的欲望。只有那个神的世界是完美的，像理念世界一样完美，但是，却不能如理念一般岿然不动。他要想办法把自身的秩序引入到无序之中，使那种无定的状态转入有限。对于天上的世界，只要有理智对必然进行说服就可以了，虽然这种说服也是没有终止的。但是，对于人的灵魂，他知道理智不是唯一的力量。虽然它一直是最高的力量，然而，这种最高的力量要想发挥作用仍然不能离开欲望。③ 如果发掘出欲望这种潜在的力量，那么，就可以感受到欲望的

---

① E.R. Dodds, "Plato and the Irrational", *The Journal of Hellenic Studies*, 65(1945), p.19.

② 参见 Stella Lange, "Emotion in Plato's *Phaedo*", *The Classical Journal*, 33 (Feb., 1938), No. 5, p.297。如果从戏剧角度来理解这篇对话，那么，苏格拉底的一举一动都是饱含感情的，比如他对斐多的爱昵的动作，"他摸着我的头，把我项后的头发挽在手里"（柏拉图:《斐多》89B）。

③ 罗素在谈到巴库斯教时，虽然承认巴库斯教就是对审慎的反动，但是仍然认为，"人类成就中最伟大的东西大部分都包含有某种沉醉的成分"（罗素:《西方哲学史》上卷，商务印书馆 2003 年版，第 39 页）。接着他又做了一个妥协，认为"理智和欲望的结合才能成就伟大的事业"（罗素:《西方哲学史》上卷，商务印书馆 2003 年版，第 46 页）。我们认为，可以把欲望比作一匹奔驰的骏马，而理智就是那个缰绳，决定着它何时走，何时

爆发力。只要把欲望导向它应该朝向的目标——哲学与爱欲的结合,那么,它所能做到的必然令我们为之惊叹,这一点可以在《会饮》中看到。

2.身体的孕育和心灵的孕育①

《会饮》无疑是一场戏剧,而且它的发生是从头一天傍晚到第二天早晨。而《斐多》的场景是在苏格拉底临刑前,从清晨到傍晚。两者合起来刚好是一整天的时间,②体现了哲学对整全的理解。在布鲁姆看来,这种整全是死亡和爱欲不可分离,综合上述的观点是理智和欲望所构成的灵魂整全。

《会饮》的场景无疑是在古希腊人都熟悉的背景之下发生的,那就是男风。在参加宴饮的几个人当中,斐德罗和厄里什马克是一对,泡赛尼阿斯和阿伽通是一对,甚至阿尔卡比亚德和苏格拉底也有这样的倾向,只不过从阿尔卡比亚德的口述中,得知他们之间的爱欲已经不是庸俗意义上的那种爱了。恰恰在这一群精英男性之间的讨论之中,苏格拉底所代表的竟是一位女性,来自曼提尼亚的一个名叫第欧提玛的女人。③

停,从哪个方向走,没有缰绳的骏马是危险的。但是,能够走完这个旅程的还是骏马本身,它的激情决定了它走的速度和距离。弗洛伊德也做了一个类似的比喻,即把情感或激情(本我)比作马,把理智(自我)比作骑手。即便如此,自我还是本我的一部分,有时还要依马所要去的方向跑(参见万俊人:《现代西方伦理学史》下卷,北京大学出版社 1997 年版,第 192、194 页),在他看来,社会生活取决于那匹马本身,即取决于无意识的情感、本能(参见瓦西列夫:《情爱论》,生活·读书·新知三联书店 1984 年版,第 183 页)。我们无意于在两种理论中作出抉择,但我们的内心声音告诉我们,欲望和情感同样能决定一个人的命运。

① 关于这个问题的讨论,可参见 J.S. Morrison, "Four Notes on Plato's Symposium", *The Classical Quarterly*, New Series, 1 (May, 1964), No. 1, pp. 51–55; R. Hachforth, "Immortality in Plato's Symposium", *The Classical Review*, 64 (Sep., 1950), pp. 43–45; E. E. Pender, "Spiritual Pregnancy in Plato's Symposium", *The Classical Quarterly*, New Series, 42(1992), No. 1, pp. 72–86; K.J. Dover, *Greek Homosexuality* (1978), *Plato's Symposium* (1980); 等等。
② 参见柏拉图:《柏拉图的〈会饮〉》,华夏出版社 2003 年版,第 7 页。
③ 关于这个曼尼提亚女人,首先从她的名字说起,意思是"Zeus-honor"(参见 M. C. Nussbaum, *The Fragility of Goodness:Luck and Ethics in Greek Tragesy and Philosophy*, Cambridge University Press, 1986, p.177),或者"Zeus-honor from Prophetville"(Halperin, *One Hundred Years of Homosexuality and Other Essays On Greek Love*, Routledge, 1990, p.121),即为宙斯所荣耀的,这显然和她的职业有关。她是预言家,曾经成功地把雅典的一场灾疫延长了十年。(参见柏拉图:《会饮》201D;柏拉图:《斐德罗》244B)关于她的历史真实性,有不同说法,Bury 完全否认她的历史存在 (参见 Helperin, *One Hundred Years of Homosexuality*

苏格拉底在他的开场白之中，与阿伽通有一段对话，他颠覆了阿伽通对爱神的看法。同时，他承认这场对话也发生在他和第欧提玛之间，在谈话之中，他和阿伽通所想所说的一模一样。而实际上，这是诗在哲学面前的无能为力，因为在一问一答之中，苏格拉底步步紧逼，而阿伽通则节节退让。虽然，引出第欧提玛是苏格拉底的一种隐身和自谦，但是，还是抵挡不住他身上所散发出来的哲学的光芒。这同样体现在苏格拉底对阿里斯托芬的观点的反驳上，他认为人想要的根本不是什么另一半，而是想要好的、善的归自己所有。① 无疑苏格拉底一出场，就展示出一种哲学的锋芒，这种哲学的锋芒在爱欲的衬托下熠熠闪光。

那么，如何才能使善好的事物归自己所有，而且永远归自己所有呢？只能是在美中孕育，或是凭身体，或是凭心灵。②

一切人都有生殖力，苏格拉底，都有身体的生殖力和心灵的生殖力。到了一定的年龄，他们本性中就起一种迫不及待的欲望，要生殖。这种生殖不能播种于丑，只能播种于美。男女的结合其实就是生殖。这孕育和

---

and Other Essays On Greek Love, New York & London: Routledge, 1990, p.119）；Taylor 则认为苏格拉底和第欧提玛之间的对话确实在阿伽松赢得比赛胜利之前发生过（参见 A.E.Taylor, Plato: The Man and His Work, Trowbridge and London: Redwood Press Limited, 1969, p.224）；Helperin 则认为这个问题对于了解柏拉图为何把这样一个女人引入《会饮》并不重要，但他倾向于认为这是个虚构的人物（参见 Helperin, One Hundred Years of Homosexuality and Other Essays On Greek Love, New York & London: Routledge, 1990, pp. 120-122）。Dover 则认为由一个女人来谈同性爱这个问题，显得他对这个问题的看法很公正（参见 Dover, Greek Homosexuality, Cambridge, Mass.: Harvard University Press, 1989, p.161）；而 Pender 则认为 Diotima 的出现是为了谈生殖这个问题的时候能够避免某种尴尬［参见 E.E. Pender, "Spiritual Pregnancy in Plato's Symposium", The Classical Quarterly, New Series, 42（1992）, No. 1, p.73］。总之，为了服务于自己的目的，每个人都做某种猜测，就像 Dodds 所说，"每个人都以自己的方式误解柏拉图"［E. R.Dodds, "Plato and the Irrational", The Journal of Hellenic Studies, 65（1945）, p. 16］。在这个问题上，重要的是这个女人所说的都得到了苏格拉底的理解和赞同，在这一点上达成共识就足够了。
①　参见柏拉图：《会饮》205E。
②　参见柏拉图：《会饮》206B。

生殖是一件神圣的事,可朽的人具有不朽的性质,就是靠着孕育和生殖。①

在这里,第欧提玛把身体的生殖力和心灵的生殖力并举,是用身体生殖来比喻心灵的生殖。② 在古希腊,"生殖"这个词可以由"τικτειν γενναν τοκος γεννησις"来表示,③但是 κυειν 和 κυησαι 专指女性生殖,而 τικτειν 既可指女性,也可以指男性。在这里,第欧提玛这两个词都加以使用,但还是用 τοκος 和 τικτειν 的次数偏多,这就可看出第欧提玛用生殖意在指男性的生殖。而且,她所说的生殖只能播种于美(εν καλο),不能播种于丑(εν-αισχρω),这里的 εν 也明显是男性性交的特征。

这一点也为莫里森所指出:"从这段以及在《蒂迈欧》(73B、86B)当中,看起来柏拉图认为神圣的种子来自于男人的大脑和骨髓,而男性和女性的生殖器作为容器(receptacle)和在适当的时候作为种子的发泄出口(outlet),具有相似的功能。"④彭德则是在这种观点的基础上,补充了女性生殖在这个精神生殖的隐喻当中的作用,⑤而这一点恰恰为莫里森、多弗等所忽略。但是,不管怎样,在这段话当中,柏拉图意指男性从性刺激、勃起再到孕育的表现,是无可争议的。男人的性趣只能用美来激起,他一遇到美,就产生兴奋,激起他凭这美来生殖的欲望,美就是主宰生育的定命神和送子娘娘。⑥ 但是,如果遇到

---

① 柏拉图:《柏拉图文艺对话集》,人民文学出版社 2000 年版,第 265 页。

② 参见 E.E. Pender, "Spiritual Pregnancy in Plato's Symposium", *The Classical Quarterly*, New Series, 42(1992), No. 1, p.75.

③ Dover, *Symposium*, London: Cambridge University Press, 1980, p.147.

④ J.S. Morrison, "Four Notes on Plato's Symposium", *The Classical Quarterly*, New Series, 14 (May, 1964), No. 1, p.54.

⑤ 参见 E.E. Pender, "Spiritual Pregnancy in Plato's Symposium", *The Classical Quarterly*, New Series, 42(1992), No. 1, p.80.

⑥ 参见柏拉图:《会饮》206D;Dover 指出,送子娘娘是在生育的时候出现的,使得分娩的过程容易或者困难,而命运女神中的一位或者多位也在场。他认为在这个场合,第欧提玛把抽象的"美"拟人化,把它看作一个神,赋予了它定命神和送子神的角色,有了它,所有在身体或精神方面具有生殖力的人都能进行生育。(参见 Dover, *Symposium*, London: Cambridge University Press, 1980, p.148)

丑,他就兴味索然,全身退避,宁可忍痛怀着沉重的种子。[1]

人之所以要起这种生殖的欲望,是因为凡人的生命不像神那样始终如一,不管在他的身体方面,还是在心灵、思想和知识方面每时每刻都在发生着变化。正因为这样,为了使自己不朽,就想创造一个新的来代替旧的。[2] 这就是为什么动物和人都有保护自己后裔的本性,因为这个与他相似的生命是他自身生命的延续,他只能以这种方式来获得不朽。

> 凡是可朽者都是依这个方式去绵延他们的生命,他们不能象神灵的东西那样永久前后如一不变,而是老朽者消逝之后都留下新的个体,与原有者相类似。苏格拉底,凡是可朽者在身体方面或其他方面之所以能分享不朽,就是依这个方式,依旁的方式都不可能。[3]

这里面,και ταλλα παντα,在哈克福思看来,"指的是上文刚刚提到的(《会饮》207E)精神上的装备,尤其是指知识(επιστημη)。这样,表明在这个方面灵魂和身体一样,不通过'替代'的方式也不能达到不朽"。[4] 对于灵魂不朽的替代物就是精神生殖的产物,这就是思想智慧以及其他心灵所特宜

---

① Dover 也指出,在这里第欧提玛是把男性射精的过程看成是生殖(在这个过程中男人已经怀孕——忍痛怀着沉重的种子),而并非是生育孩子的一个全过程。他还就柏拉图对男性的性反应所用的词汇进行了分析。参见 Dover, *Symposium*, London:Cambridge University Press,1980,p.147。

② 人的不朽只能在"替代"(vicarious)的情况下达到,参见 R. Hackfouth,"Immortality in Plato's Symposium",*The Classical Review*,64(Sep.,1950),p.43。

③ 柏拉图:《柏拉图文艺对话集》,人民文学出版社 2000 年版,第 268 页。

④ R. Hackforth,"Immortality in Plato's Symposium",*The Classical Review*,64(Sep.,1950),p.43。《会饮》中的灵魂到底是可以消逝的,即可朽的,还是不可消逝的,即不朽的,在这一点上,Taylor 坚持后一种观点。他认为,"《会饮》中没有一句话表明灵魂是可以消逝的"(Taylor, *Plato: The Man and His Work*, Trowbridge and London:Redwood Press Limited,1969,p.228),在这个意义上,他把《会饮》中的灵魂论(不朽)和《斐多》中的灵魂相互等同。而 Hackforth 则坚持,《会饮》也没有在相反的意义上指出灵魂是不可消逝的"[R. Hackforth,"Immortality in Plato's Symposium",*The Classical Review*,64(Sep.,1950),p.44],在这个基础上,他指出,《会饮》中的灵魂不朽只能像身体的不朽一样通过某种替代的方式——精神上的生殖——来实现。

孕育的东西。① 这种孕育也只能在美的载体中才可行，或是美的形体，或是美的心灵，或是内外兼修的人。而且，由于爱的对象不同，他们能够孕育的果实也是不同的。② 比如，对着一个美的形体，你可能只是约略瞥见形体美的本质。但是，对着一个心灵美的对象，你可能会产生源源不断的灵感，能够和这样一个心灵美的对象孕育品德和善人所应有的性格、所应做的事业，③这样孕育出的公共果实远远优于只凭美的身体所孕育的果实。

凡人想要不朽，最好是找到这样的对象，孕育这样的心灵子女，因为他们更长久，也能够给他们的父母留下不朽的英名。④ 这一点只要看一看大诗人荷马和赫西俄德的心灵子女，直到现在还为人们传唱，就可以知道。也可以看看梭伦和吕库古在雅典和斯巴达所创制的法律直到现在还在发挥作用，就可以知道心灵子女的不朽性和他们的父母的不朽功绩。⑤ 虽然，第欧提玛没有指明大诗人和立法家所爱的对象是谁，但凭想象可以猜测得到。然而，不管是诗还是法律，可能都还不是最高的孕育，这最高的孕育是爱者与美的本体的结合。

> 只有循这条路径，一个人才能通过可由视觉见到的东西窥见美本身，所孕育的不是幻相而是真实本体，因为他所结合的不是幻相而是真实本体。只有这样生育真实功德的人才能邀神的宠爱，如果凡人可以不朽，也只有象他这样才可以不朽。⑥

---

① 参见柏拉图:《会饮》209A。

② 在古希腊的思想当中，一般认为孩子的整个诞生都归功于父亲，父亲才是孩子的真正来源。"正如泰勒所看到的，《蒂迈欧》(91D)表明，孩子的整个身体来源于父亲，母亲只是作为一个暂时的承载物，在这个容器里，就像种子在土地里成长一样，或者作为一种标志而存在。"[J.S. Morrison, "Four Notes on Plato's Symposium", *The Classical Quarterly*, New Series, 14(May, 1964), No. 1, pp. 51-55)] Pender 正是在这个关节上，引入了女性生殖的类型作为比喻，即作为承载体的母亲可能决定了精神生殖的产物的优劣。[参见 E.E. Pender, "Spiritual Pregnancy in Plato's Symposium", *The Classical Quarterly*, New Series, 42(1992), No. 1, p.85]

③ 参见柏拉图:《会饮》209C。

④ 参见柏拉图:《会饮》209C。

⑤ 参见柏拉图:《会饮》209D。

⑥ 柏拉图:《柏拉图文艺对话集》，人民文学出版社 2000 年版，第 274 页。

爱者和美的本体的交合才可以产生真正的美德,[①]只有这种真正的美德产生,并把它传导到被爱者身上,才可以使灵魂达到不朽。[②] 如果说这是一个达至灵魂不朽的阶梯,那么以前所说的,与美的心灵的交合所产生的善的品德、思想、法律制度等等,都只是攀登过程的一个阶梯。而最后的巅峰是与美的本体的结合所孕育的真正美德,它才能使人达到不朽。

二、爱的阶梯

在柏拉图这里,爱神本身是不美不善的。[③] 这是由于他的出身:母亲是贫乏神,父亲是丰富神,他们结合的产物是处于富贵和贫乏、美与丑、知与无知之间。由于爱神缺乏善,因此他追求善,渴求好的东西永远归他自己所有,那么唯一的办法就是在美中孕育,或是凭身体,或是凭心灵。[④] 只有通过这种方式,才能永远与美善在一起。我们追求善,是因为我们缺乏善;我们追求美,是因为凭借美来孕育我们可以得到善。这种孕育主要是指精神的孕育。精神孕育的过程可以形象地比喻为一个攀登爱欲阶梯的过程。

（一）爱美还是爱善

爱神的出身决定了他既缺乏美,也缺乏善。他在同一天当中可以变得富有,马上又变得贫穷,一会儿奄奄一息,一会儿又活过来,充满生机。他总是处于贫富交替,生灭流转之中(flowing in and flowing out)。在柏拉图看来,这是一种无定的状态,永远处于变动不居之中,即属于无限。[⑤] 不仅这种存在自身

---

① 灵魂与真实本体的交合在《理想国》中就已谈到(参见柏拉图:《理想国》508B、490B、496A),这一点 Taylor(参见 *Plato : The Man and His Work*, Trowbridge and London: Redwood Press Limited, 1969, p.281) 和 Pender(参见 E.E. Pender, "Spiritual Pregnancy in Plato's Symposium", *The Classical Quarterly*, New Series, 42(1992), No. 1, p.81) 都有论述。

② Hackforth 认为,哲学家的不朽只能是在真正的美德产生之后,也就是在参悟美的本体并与之交合,孕育出真正的美德之后才能产生。停留在对美的本体的关照,还不能说哲学家达到了不朽,而这也是许多学者所赞同的。参见 Hackforth, "Immortality in Plato's Symposium", *The Classical Review*, 64(Sep., 1950), p.44。

③ 参见柏拉图:《会饮》202B。

④ 参见柏拉图:《会饮》206B。

⑤ 柏拉图在《斐力布》当中,把事物分成四种:有限、无限、混合和原因,在他看来,最不好的状态就是处于变动不居状态的"无限"(苗力田先生译为"无定"、"有定"似乎更符合原意,参见苗力田主编:《古希腊哲学》,中国人民大学出版社1995年版,第363页)。

没法确定,而且也是无法被人所认识的。因此,爱神要改变这种无定的状态,就要抓住一点东西。而且,被他所抓住的东西本身,至少应该具有永恒的本质,这就是善,善的完美性、永恒性和可知性是没有人能否定的。只要抓住了善,爱神就能改变自己的命运,获得幸福。

但如何来实现呢?我们先来看第欧提玛是怎样引出这个话题的。一开始她提到的是美,爱神爱的是美,但爱美又能怎样呢?爱美就希望美的事物归自己所有。但美的事物归自己所有之后,又能怎样呢?苏格拉底答不上来了。这个时候,第欧提玛提醒他,如果把美换成善,人们拥有善的事物之后会怎样?这个问题对于每个人来说都显而易见,那就是有了善的事物之后,人们会获得幸福。①

人都渴望获得善,但是这个求善的旅程极为艰难,就像《理想国》中的哲学王一样,要经过一系列的教育和训练。也像《斐多》中的哲人,必须在生前就进行死亡的演练,禁绝肉体欲望对灵魂的玷污。而且,我们越接近善,我们会觉得自己离它越远,就像莎士比亚所说过的,"我给你的越多,我自己产生的越多"。② 爱给予别人的越多,你自己产生的就越多。善也是如此,你拥有的越多,你会觉得自己在善事物上拥有得越贫乏,也即是善给予你的越多,它自身产生的越多。

因此,人指望通过善来获得幸福,无异于是一种空中楼阁,但对于柏拉图和亚里士多德的时代来说,还允许这种理想主义的存在。然而,到了伊壁鸠鲁和斯多葛那里,幸福不是至善,只有德性和快乐才是善,才是人可以获得的。这可以看出善正在经历一个逐渐降级的过程,从幸福到德性再到快乐,人越来越现实,善也越来越近。在柏拉图那里,那个真正从现实出发去接近善的旅程已经开始了,这个现实就是美的现实,不管是美的形体还是美的心灵,这个旅程就是攀登美善的高峰。因为有美做引导,人们怀着求善的希望,对幸福加以

---

① 原文是 Ευδαιμων,古希腊语的意思是有天赋、好运气、繁荣、富裕、幸福等(*Liddelland Scott Greek-English Lexicon*)。朱光潜先生用"快乐"来翻译这个词(参见柏拉图:《柏拉图文艺对话集》,第262—263页),而王晓朝和刘小枫老师都译为"幸福"。在柏拉图这里,还没有明确区分快乐和幸福,只是到了亚里士多德那里才做了明确的区分。

② 参见莎士比亚:《罗密欧与朱丽叶》,载《莎士比亚全集》第5卷,译林出版社1998年版,第120页。

企盼，哪怕是这种希望的存在，也给了人们无限的攀越的动力。

在柏拉图这里，人到了一定年龄，是怀着生育的种子的，①不管是在身体方面，还是在心灵方面，这个怀孕的人都要找美的对象来孕育。一遇到美，不仅激发性的勃起，而且马上要把怀孕已久的东西种下种子。这个种子只能播种于美，不能播种于丑，就像海德格尔所说：美本身是最闪耀的，也是最能让人出神的。没有美，人只能怀着这沉重的种子，不肯生殖，也就不能留下新的个体来代替自身，超越自身的可朽性，以实现不朽。在这个意义上，许多人把这里的美当成手段，而人真正爱的对象是善。② 但是，把美和善做这种手段—目的关系的理解是过于简单化的，而且，也使本来笼罩在爱头上的光环暗淡无光了，爱本身不能只是作为手段而存在。

爱虽然不是美，③但爱不能离开美，因为美是定命神和送子娘娘。只有美能释放他生殖的欲望，解除他生殖的痛苦，实现孕育和不朽。他不仅靠美来孕育生殖，而且他所孕育的品质当中也不能没有美。④ 如果不美，那么，就不能说他的精神子女是善的，但从他心灵孕育的过程来看，没有一个不是同时具有美和善。最初是与美的形体所孕育的美妙的道理（λογους καλους），接着是与心灵美的对象孕育的更美好的道理（βελτιους λογους）。而且，最高最美（μεγιστη και καλλιστη）的思想智慧是用于齐家治国的，即中和与正义（σωφποσυνη και δικαιοσυνη）。接着是美的行为制度（επιτηδευνασι και τοις νομοις καλλος），就像梭伦和吕库古所孕育的那样，最后是美的知识（επιστημων καλλος）。

在这里，只有对于美的形体和美的心灵才用"爱"（εραν）这个词，而对于

---

① "怀孕是在交合之前发生"，这是许多学者的一致看法。[参见 J.S. Morrison, "Four Notes On Plato's Symposium", *The Classical Quarterly*, New Series, 14 (May, 1964), No. 1, p. 54; Harry Naumann, "Diotima's Concept of Love", *The American Journal of Philosophy*, 86 (Jan., 1965), No. 1, p. 39、51; E. E. Pender, "Spiritual Pregnancy in Plato's Symposium", *The Classical Quarterly*, New Series, 42 (1992), No. 1, p. 74]

② 参见 Harry Naumann, "Diotima's Concept of Love", *The American Journal ofPhilosophy*, 86 (Jan., 1965), No. 1, pp. 38–39; F.C. White, "Love and Beauty in Plato's Symposium", *The Journal of Hellenic Studies*, 109 (1989), p. 153。

③ 参见柏拉图：《会饮》206E。

④ 参见柏拉图：《会饮》209B。

美的行为制度、美的知识等用的是"看"（分别对应的是 θεασασται 和 βλεπων），即"思索"的意思。可见,爱欲的本质在于孕育和创造,而不是思考。① 孕育就意味着爱者与美的融合,这种融合给人的感觉是爱把美揽入怀中,但当孕育出精神的子女之后,即推它出怀,反而善成了怀中新宠。不过,不要忘了,爱不能与善进行孕育,包括最后那纵身的一跃,②即突然看到那绝妙无比的美,连这美的本体也不放过,爱者与它孕育出真正的德性,实现不朽。如果说爱是孕育,那么,与美相比,善在这个方面无可奈何。如果爱所孕育的精神子女不能不美,那么,爱者没有理由不爱自己所出,只要他想获得不朽。

（二）美的吸引和爱的攀登

在柏拉图的爱欲当中,我们看到了美的力量。这种美既体现在身体的美的吸引,也体现在心灵美的魅力,前者适于在身体方面生殖力旺盛的人,而后者则适于精神生殖力强的人。之所以作出这种区分,是因为可以用身体生殖来比喻精神生殖的过程,二者都只能播种于美。

作为有死的生物,我们不仅在身体方面时时发生着变化,而且在心灵和思想知识方面也都不是常驻不变的。那么,如何克服这种变动和有死的状态,只能通过人所能做到的唯一方法,那就是生殖。作为一种生理现象,它对于一个人的自我保存和创造起着巨大的作用,是有死的生物达到不朽的唯一方式。

---

① 参见 Harry Naumann, "Diotima Concept of Love", *The American Journal of Philosophy*, 86 (Jan., 1965), No. 1, p.44. 但是, Mr. Santayana 却认为,只有在思考当中才能真正去爱,并揭示对象的本质。这种本质在行为上表现为动物生殖的冲动,对于思考来说,它就是爱的全部,也是爱唯一的收获。(参见 Cornford, *The Unwritten Philosophy and Other Essays*, ew York: Cambridge University Press, 1950, p.76)他认为,人通过占有并不能使爱得到满足,只有思考才能懂得爱,同时,懂得爱人。

② 这些美的事物之间到底是什么关系,如果用阶梯来形容的话,那显然是逐渐上升的过程。但是 Chen 不同意这种观点,他认为只有从美的知识到美的本体才是纵身的一跃(leap),其余的都没有超越美的属,而不过是美的个例(instances)。[参见 Ludwig C.H. Chen, "Knowledge of Beauty in Plato's Symposium", *The Classical Quarterly*, New Series, 33 (1983), No. 1, pp. 68-69]这一点也得到 Nussbaum 的赞同,她认为各种美——不管是美的心灵还是美的行为制度——都是一种美(uniform),只要你缺乏其中的一种,你就缺乏所有的美,因此,没法在高低次序上对美作出区分。(参见 M. C. Nussbaum, *The Fragility of Goodness: Luck and Ethics in Greek Tragesy and Philosophy*, New York: Cambridge University Press, 1986, p.179)

我们在这里看到了自我的弱小,他是有死的,他要凭借另一个人的力量来克服这种有死,而这个对象又一定是美的。在与美的对象的交合中,他释放出自己怀孕已久的种子,解除了生产的痛苦,完成了孕育。在与美的融合中,他体验了新的自我,并且在孕育当中,创造了新的自我或自我的替代物,无疑这是自我的延伸。而且,这种延伸只能从一个美的形体开始。

但可悲的是,尽管人认识到了自己的弱小,却还有那样令人惊叹的野心,那就是想要不朽。这种不朽的英名甚至冠之以为爱而死、为崇高而死的美名,而说到底,就是想把自己的名字流传万代。在这个方面,显然肉体子女不如精神子女来得长久,这样必然要把爱的对象从美的形体转移到美的灵魂,因为后者更适于精神的生殖。

而且,在一个美的形体上,我们感到的不是这个美的对象因为自身而被爱,只是因为他身上的美,一旦爱者认识到这种美在一切美的形体上都能找到之后,他就不会钟情于这样一个美的形体。① 人的野心何其勃勃,一切美的形体都不放在眼里了。而且,从以下的讨论中,我们可以看到不仅这个可见世界的美被这样一个爱者一览无余,并且,社会的美、宇宙的美和理念世界的美都要一一去领略。可见,只要是美善的事物,就一个都不漏,只有这样才能成就人的不朽。至于爱本身,当达到这样美的至高境界之后,爱也被抛到脑后了。

在柏拉图这里,爱欲是向理念世界的攀登。因为有美相伴,这个过程不那么艰难,也不那么枯燥,而且充满了创造的乐趣和挑战的意味。那么,这种攀登,必然要从最低的地方——山脚下——开始,也就是从可见世界中美的形体开始。这是因为爱的对象是美善,在可见世界中的都是美善的摹本,是不完美的,因此是无法让柏拉图的爱停留于此的。这也就是当以某个人为爱的对象时,我们要从最高处着眼,即要审视他的灵魂。我相信这也是柏拉图所赞许的,因为人的灵魂比身体高贵,应该得到人更多的珍视和关照。②

正因为凡人的爱情都是从人的最高处着眼,因此,他的落脚处就是这个

---

① Taylor 把它解释为,只要认识了一个美的形体,那么,在接触别的美之形体时,能立即洞察这种美的性质,而不必亲身去体味这种形体的美。参见 Taylor, *Plato: The Man and His Work*, Trowbridge and London: Redwood Press Limited, 1969, p.229。

② 参见柏拉图:《法篇》727D—E。

人,他的爱也终止于这个人。他不必去发现他身上的美与别人身上的美有何不同,他认定的唯一的事就是,这是世上独一无二的美,是他一松手就要错过的。因此,他的爱就终止于他抓住了这个美,他们两个就构成了爱的世界。但在柏拉图这里,由于爱者的野心太大,他不能满足于两个人的世界,他要拥有整个善的世界。即使这样一个美的对象,如果构成他实现这个目的的绊脚石,那么,他也会毫不留情地一脚踢开。柏拉图的爱虽然是美,但美得让人发寒,让人望而却步。

但即使这样,爱者却不能停止自己在美中的创造,和美的形体孕育出美妙的道理,和美的灵魂创造出更加美好的讨论。从美的灵魂进到美的行为制度,是爱者攀越计划的下一步,即走出他与爱的对象的关系,想要观照他与社会政治的关系。在柏拉图的时代,如果年轻人想要在政治上发挥影响,那么只能向智者学习辩论的技巧,以便实现政治的野心。由行为制度的美进到美的学问知识,也可想到在《理想国》中,对哲学王高级部分的教育就是数学、几何、天文学和辩证法的教育。这种学问知识显然是进到美的本体的最后一个阶梯,因为它们所研究的正是接近不变的事物,而善和美的理念本身就是不变的。

最后,凭临这美的汪洋大海,一旦贯通,参悟了美的本体,凭借这美的本体孕育出真实的德性,[1]才真正实现不朽。可是,在爱的触角从美的对象伸向道德和政治制度的美,又接触美的知识学问,最后到达美的本体,从可见世界到可知世界,把整个善的领域尽收眼底,却把爱人丢失得无影无踪。这就是爱者的悲哀,他达到了美善,却失去了爱。[2] 他侵占了善的王国,却是一个孤独的王者(在爱者和王者之间只能作出一种选择)。

三、爱欲与哲学

爱者因为不美不善,所以渴求美和善,这种对美善的渴求只能通过与美的

---

① 即智慧,参见 Cornford,*The Unwritten Philosophy and Other Essays*,New York:Cambridge University Press,1950,p.77。

② 参见 M. C. Nussbaum,*The Fragility of Goodness:Luck and Ethics in Greek Tragesy and Philosophy*,New York:Cambridge University Press,1986,p.183;欧文·辛格:《爱的本性》,云南人民出版社 1992 年版,第 92 页。

对象进行孕育才能达到。问题是爱者的野心何其广大，要把地上和天上所有的美善据为己有，他的哲学的触角已经伸到了哲学以外，那么结果不是给哲学家自身带来灾难，就是给他的爱的对象带来不幸。前者的代表就是苏格拉底，他要面对全雅典的审判；后者的典型是阿尔卡比亚德，他的命运也是在政治中几经沉浮，最后还是翻了船，据说苏格拉底所赢得的"败坏青年"的罪名与他不无关系。

从这位青年的口中我们得知苏格拉底这位哲学家的爱欲。在《会饮》当中，柏拉图通过苏格拉底和他的"爱人"阿尔卡比亚德的发言展现了充满爱欲的苏格拉底的形象。在他身上，哲学和爱欲统一到一起。如果把第欧提玛的发言看成是苏格拉底自己的观点，那么，我们从中能够看到苏格拉底就是爱神和哲学家结合到一起的化身。而从后来闯入的阿尔卡比亚德专门对苏格拉底的赞颂当中，我们看到了苏格拉底就是爱神的化身，而表现在苏格拉底身上，这种爱欲充满了反讽的味道。那么，我们就从反讽的角度来看看我们这位爱神。

(一)反讽的苏格拉底

苏格拉底一向以反讽见长，最著名的就是他那句"我最大的智慧就是认识到自己的无知"。① 这样一个自认无知的人却承认独懂情事，②而且，他这种情欲之知也以一种反讽的方式表现出来。

我们先来看一下阿尔卡比亚德出场时的装扮，头上戴着葡萄藤和紫罗兰编的花冠，还有吹笛女和随从陪着，③场面很壮观，展示了这个人风光无限。而这个花冠也很有说头，紫罗兰代表着阿弗洛蒂忒，而葡萄藤则是酒神狄奥尼索斯的象征，④阿伽松就曾要求狄奥尼索斯来评判他和苏格拉底的发言。⑤

① G. Vlastos, *Socrates: Ironist and Moral Philosopher*, New York: Cambridge University Press, 1991, p.32.
② 参见柏拉图:《会饮》177E;柏拉图:《李思》204C。
③ 参见柏拉图:《会饮》212E。
④ 参见 M. C. Nussbaum, *The Fragility of Goodness: Luck and Ethics in Greek Tragesy and Philosophy*, New York: Cambridge University Press, 1986, p.193。
⑤ 参见柏拉图:《会饮》175E。

来了一个酒神的化身,而且,他还刚好坐在阿伽松和苏格拉底中间,①是苏格拉底主动把位子空出来,让给他的。没想到,还引得他的一番醋劲,②这就拉开了他与苏格拉底之间所谓"情事"的序幕。

苏格拉底先发制人,说在他和阿尔卡比亚德之间的爱情中,他很被动,而且还很怕他的狂热的爱情。③ 而事实上如何呢? 我们听过了阿尔卡比亚德的颂辞,就会知道这是苏格拉底一贯的反讽。

在他征得主持人(厄里什马克)的同意之后,就开始赞颂苏格拉底。他把苏格拉底比喻为西勒诺斯,④一方面这是从外貌上进行比较,因为林神们外形丑陋无比,而苏格拉底的丑陋也是公认的。⑤ 另一方面是把苏格拉底的言辞和林神马西亚斯的吹笛的效果进行比较。后者可以在听者的身上产生神奇的效果,而苏格拉底不用任何乐器就凭着一张嘴,就可以使人达到如此痴狂的地步,比如对阿尔卡比亚德。⑥ 这就解释了尽管他相貌丑陋,却对阿尔卡比亚德产生如此巨大的魅力,让他产生自卑和羞愧。⑦ 要知道,阿尔卡比亚德是雅典最美的男子之一,他的风度和魅力使他征服了雅典的男男女女,整个雅典城为之倾倒。这难免使他认为自己所向披靡,但恰恰在苏格拉底面前,他碰了壁,甚至觉得他自己所过的受众人顶礼膜拜的生活简直过不下去,换一句话说,就是在自欺欺人。⑧

苏格拉底用哲学的生活感召了阿尔卡比亚德,使他对自己生活在众人瞩目之下的政治生活产生怀疑。但是,关键是这个爱慕荣耀的人恰恰不能放弃

① 参见柏拉图:《会饮》213B。
② 参见柏拉图:《会饮》213C。
③ 参见柏拉图:《会饮》213D。
④ 参见柏拉图:《会饮》216B。
⑤ 参见 A.E.泰勒:《苏格拉底传》,商务印书馆 2004 年版,第 25 页。
⑥ 参见柏拉图:《会饮》215E。
⑦ 参见柏拉图:《会饮》216B—C。
⑧ 参见柏拉图:《会饮》216A;布鲁姆认为,是苏格拉底在这个一直"统一而自足"的人身上制造出分裂(参见柏拉图:《柏拉图的〈会饮〉》,华夏出版社 2003 年,第 224 页)。哪一个与苏格拉底对话的人,之前都是自足的人,而苏格拉底使他们怀疑起自己以前的知识,从而开始了一个痛苦的反思过程。如果说苏格拉底自比为助产士(midwifery),那么在别人身上制造出分裂还只是其助产的第一步,接下来是创造和孕育。因此,使别人认识到自己的无知(也就是制造出分裂),是苏格拉底的生活,也是他的爱欲和哲学。

众人对他的意见,不能没有荣耀和权力相伴,这使他充满了矛盾和痛苦,而对那个引起这种痛苦的人也是既爱又恨,甚至希望永远不要见到他。① 但假如他死了,他又会变得更加痛苦,因为那就等于生活的意义没有了。这是哲学与政治的生活方式之争,阿尔卡比亚德最终还是选择了政治,并为此付出了代价。② 因为他与苏格拉底的特殊关系(至少是老师和学生的关系),也使苏格拉底背上了败坏青年的罪名。③

　　阿尔卡比亚德也认识到了苏格拉底的反讽,他认为自己比在场的人都更了解苏格拉底。这是因为苏格拉底是他的爱之所在,他从一个爱人的角度来看待苏格拉底,而且在这场情爱当中,可以说在身体上,他一无所获(更准确地说,是苏格拉底一无所获)。但在灵魂上,他却收益良多,这就是从身体引诱的挫折当中,看到了苏格拉底美丽而巨大的灵魂。阿尔卡比亚德还是运用了那个西勒诺斯的比喻,苏格拉底对美少年表现得很动情,而且看起来好像他什么也不知道。④ 其实这都是他戴的外壳,就像西勒诺斯的外壳一样,如果把外壳剖开,那么,里面的神像就露出来了。⑤ 他说自己亲眼见过,是那样奇

---

① 参见柏拉图:《会饮》216C。

② 参见修昔底德:《伯罗奔尼撒战争史》,第 487、498、517、645 页。

③ 朱光潜先生认为,柏拉图在《会饮》中引入阿尔卡比亚德就是"替老师洗清失教的过错"(柏拉图:《柏拉图文艺对话集》,人民文学出版社 2000 年版,第 281 页)。布鲁姆认为,阿尔卡比亚德身上不能没有苏格拉底的影子,因为苏格拉底追求的是哲学上的整全和普遍(university),而阿尔卡比亚德完全可能把这种普遍化为某种政治上的野心,这是政治被哲学误用的一个例子。(参见柏拉图:《柏拉图的〈会饮〉》,华夏出版社 2003 年版,第 230 页)这样看来,苏格拉底败坏青年的罪名是洗刷不掉的。这就引起了一个问题,哲学对于城邦发挥了什么样的作用。柏拉图的哲学王主张,显然暗示了好的城邦不能没有哲学,但苏格拉底的存在却让人活得不安,让城邦也提心吊胆。这就是哲学或者哲学家爱欲的表现吗?

④ 参见柏拉图:《会饮》216D。

⑤ 关于这个神像的比喻,Nussbaum 认为有一个含义在里面,这就是人都有透过外壳来探照内里的性欲望,而且这种欲望"最原始也最强烈"(M. C. Nussbaum, *The Fragility of Goodness:Luck and Ethics in Greek Tragesy and Philosophy*, New York:Cambridge University Press, 1986, p.190),它与求知的需要并行不悖。但 Vlastos 不这样看,他认为,在《会饮》(216D—E)中阿尔卡比亚德并没有向他的酒友表明,对于真正的苏格拉底只有通过性接触才能揭示出来。(参见 G. Vlastos, *Socrates:Ironist and Moral Philosopher*, New York:Cambridge University Press, 1991, p.37)我们认为,阿尔卡比亚德用西勒诺斯这个比喻说

特,①立即被折服了。

接下来,阿尔卡比亚德完全不顾一个被爱者的羞赧,②对苏格拉底采取了主动的攻势。先是创造单独在一起的机会(把随从打发走),接着在健身房中一试身手,但还是没有进展。最后干脆把他叫到家里吃晚饭,然后一起躺在那张床上。③ 这时,阿尔卡比亚德正像无数对爱情充满幻想的人一样,内心正遭受着痛苦的煎熬,这种感觉对于没有爱恋至深的人来说,根本没法理解,就像对于蛇咬的痛苦,只有同病相怜的人才能体会。而苏格拉底用他的哲学啮咬的是他的灵魂,而这种比肉体更为苦痛。当阿尔卡比亚德决定结束这种苦痛,主动向恋人坦白的时候,他又遭遇到怎样的情况呢? 遭遇的是更大的反讽。

苏格拉底回答他,"你倒是还真不笨",因为阿尔卡比亚德想用他的外表的美来换取苏格拉底的灵魂的美,这无异于以铜换金。④ 苏格拉底的意思是,如果他答应阿尔卡比亚德的这个"以铜换金"的要求,那就是在说他自己笨。苏格拉底还说:"到了肉眼开始朦胧的时候,心眼才尖锐起来,你离那个时节还远呢。"⑤这是对阿尔卡比亚德一个有力的回应。阿尔卡比亚德认为自己可以用漂亮的外表征服苏格拉底,殊不知苏格拉底对外在的美和其他世俗的好处视而不见。相比之下,苏格拉底的心眼很尖锐,因为他观照的是人的灵魂,而这只有通过心眼才能看到。

明的主要是苏格拉底身体和灵魂在美的方面的强烈对比,而且,吸引他的也是这个内里的神像,与性欲几乎没有关系。

① 参见柏拉图:《会饮》216D—E。

② 在古希腊的男风中,被爱者一般不能采取主动,也不能有自己的需要,但是,他的情人却可以满足自己的性欲。(参见 M. C. Nussbaum, *The Fragility of Goodness: Luck and Ethics in Greek Tragesy and Philosophy*, New York: Cambridge University Press 1986, p.188)比较起来,女人(通常被认为是被动的一方)在性交中获得的快乐比美少年多得多(参见 Helperin, *One Hundred Years of Homosexuality and Other Essays On Greek Love*, New York & London: Routledge, 1990, p.133),她们既能够给予快乐也能够获得快乐。Helperin 认为柏拉图的贡献就在于取消了爱的主动和被动,从而发现了一种互惠的爱,这种爱才有益于哲学的讨论。布鲁姆则认为,在这里苏格拉底由一个情人变成了一个爱人,但是,他仍然掌握着这场情爱的主动权,这就表明"智慧恢复了对性的优越性"。(参见柏拉图:《柏拉图的〈会饮〉》,华夏出版社 2003 年版,第 226 页)

③ 参见柏拉图:《会饮》217B—E。

④ 参见柏拉图:《会饮》218E。

⑤ 柏拉图:《会饮》219A。

通过与苏格拉底睡这一夜,阿尔卡比亚德见识到了苏格拉底的灵魂。他钻到苏格拉底的大衣下面,双手抱着这个人,令他惊异和懊恼的是,"正像和我的父亲或兄弟睡了一夜"。[1] 苏格拉底对于这样美妙的身体竟然无动于衷,一方面,阿尔卡比亚德惊异于这个人的"节制和镇静";另一方面,也感觉受到了很大的屈辱。[2] 但是,这种爱要想维持下去,就要保持身体上的距离。因为征服阿尔卡比亚德的是苏格拉底的灵魂,如果后者的灵魂被肉体欲望所征服,那么,这种关系就会被破坏掉,也不能起到苏格拉底想要的那种观照灵魂的作用了。[3]

阿尔卡比亚德通过这一夜,他认识到了充满爱欲的苏格拉底,这种爱欲是来自灵魂内部的照射,于身体无碍。

(二)哲学的苏格拉底

苏格拉底的对话也以一贯的反讽开始。先是他与阿伽通的一番对话,充满了反讽的味道。因为阿伽通在开始颂扬爱神的时候,认为首要的是要弄清爱神的性质(说清他是什么),然后再谈他给人带来的福利。[4] 但是,事实证明阿伽通的颂辞完全背离了他的初衷,而真正进行这种探讨的是苏格拉底。

苏格拉底先是从爱的对象谈起,就像谈起兄弟,必然是弟或妹的兄。那么,爱也是对某对象的爱。如果他对某一对象产生爱,那么,就证明对他所爱的对象有欲望。这一点就证明他还没有那个对象,我们都不会欲望自己已有的东西。即使有人欲望已有的事物,那也是说明他将来想一直拥有这样的事

---

[1] 柏拉图:《会饮》219D。

[2] 电影 The Aviator(《飞行者》)中赫本对休斯说过,男人和女人永远不会成为朋友,后者永远是前者的猎物,"捕捉猎物,杀死猎物,吃掉猎物",关键是女人天生愿意有人把她当成猎物,被追逐,被杀死,被吃掉。电影 The Godfather(《教父》)有一句话,大意是如果你对一个女子的暗示表示拒绝,那么她觉得这是受到了莫大的侮辱。

[3] 有人认为阿尔卡比亚德是被苏格拉底欺骗了,所谓的反讽不过是一种骗人的伎俩,好像苏格拉底勾引了美少年,又对之不理不睬。Vlastos 认为这里是阿尔卡比亚德受骗了,是受到他自己的欺骗,"He believed what he did because he wanted to believe it"(G. Vlastos, *Socrates:Ironist and Moral Philosopher*, New York:Cambridge University Press, 1991, p.41)。布鲁姆也认为,苏格拉底确实被阿尔卡比亚德的灵魂所吸引,希望与之进行灵魂的孕育,但却被阿尔卡比亚德所误解,以为是情人对身体欲望的渴求。(参见柏拉图:《柏拉图的〈会饮〉》,华夏出版社 2003 年版,第 226 页)

[4] 参见柏拉图:《会饮》195A。

物,因此等于还是欲望他所没有的事物。① 接下来,继续谈爱的对象,不是所有事物都是爱的对象,只有美的事物如此,神是通过对美的事物的爱才奠定了世界的秩序。②

根据前面的论证,既然爱是对自己所缺乏的事物的爱,爱是对美的爱,那么就说明爱神不美。既然善的东西也是美的,爱神不美,那么他也不会善。③对话进行到这里,阿伽通已经不能接招了。他承认,苏格拉底说什么就是什么吧,他没有办法反驳。这时,苏格拉底还是不肯放过他,认为他难以反驳的是真理,至于苏格拉底自己倒是容易反驳。但是,到这里苏格拉底话锋一转,又把自己置于与阿伽通同样的地位。因为,苏格拉底承认自己这套难以反驳的真理是一个曼提尼亚的女人教给他的,刚才与阿伽通的一番话,也正发生在他与这个叫作第欧提玛的女人之间,而且丝毫不差。苏格拉底又为自己戴上了面具。

接下来,是苏格拉底自称的他与第欧提玛的对话。苏格拉底在被告知爱神不美不善之后,他自然认为爱神是又丑又恶,但第欧提玛立即打断了他。在这里,第欧提玛的一个类比把爱神和哲学联系起来,就像在真知和无知之间有一种中间的状态,即真实的意见($\alpha\rho\varepsilon\tau\eta$ $\delta o\chi\alpha$)一样。对于爱神,也是介于美和丑、善和恶之间的一种中间状态,只不过,不像前者那样能叫出名字。爱神这种性质没有名称。而处于真知和无知的人正是哲学家,爱神和哲学家集于一身,因为他们都不是神,神具有真知,具有完善自足的美和福分,要说神会欲求美和善,那就等于否定他们的美和善。这样看来,爱神不是神。

爱神是什么呢? 他是一个精灵($\delta\alpha\iota\mu\omega\nu$),④是人和神沟通的媒介,把人的祈祷祭礼由人传给神,把神的意旨传给人。⑤ 所有精灵都感化了占卜术和

---

① 参见柏拉图:《会饮》200A—E。
② 参见柏拉图:《会饮》201A。
③ 参见柏拉图:《会饮》201C。
④ Stewart 区分了柏拉图的精灵和赫西俄德的精灵,后者是指已死的人的灵魂,而前者是具有神性的。在第欧提玛的对话中,显而易见,精灵本质上是超人的,属于神圣存在物的世界。参见 J.A.Stewartt,*The Myths of Plato*,London:Centaur Press Ltd.,1960,p.386。
⑤ 参见柏拉图:《会饮》203A。

司祭术，而爱神只是其中的一个精灵。苏格拉底就自称是这样一个通神的人。①

爱神的这种性质与其出身有关。爱神是在众神设宴庆祝阿弗洛蒂忒生日那天投胎的，是贫乏神（Penia）在公园里见到丰富神（Poros），②趁他熟睡的时候，睡在他的身边，而怀上了爱神。因为爱神是在阿弗洛蒂忒生日那天投胎的，所以生性爱美。③ 由于他的母亲，他时时风餐露宿，衣不蔽体，而且丑陋，不聪明。④ 但是，由于他的父亲，他又追求美、善和智慧，爱玩哲学。这样，在一天之内，他时而死气沉沉，时而恢复活力，资源从他这里不断流进来，又不断地流走，这样，他永远处在穷富交替的状态。

这种状态，并不是一种好的状态，⑤那么如何来改变这种变化的状态，能使爱神抓住一点不变的东西？这只有依靠哲学。恰好，爱神介于智慧和无知之间，前者属于神，神是全知的，他不必追求智慧，而无知的人，不认为自己无知，因此，也不会去追求智慧。只有介于两者之间的，才会去追求智慧，这样的人就是哲学家，爱神就是这样的哲学家。苏格拉底就是这样的一个哲学家，声称自己无知，毕生都在追求智慧，启发智慧，而且，他也的确抓住了一样东西，那就是人的灵魂（φυχη）。

爱神追求美善是为了快乐，虽然所有人都追求幸福和快乐，但不是所有人

---

① 参见柏拉图：《斐多》79A—D、80A、85A。

② 布鲁姆从词源上指出，在 πορος 前加一个前缀 α，就变成了 απορια（perplexity），它和 penia 意思相同，意味着爱神所面临的困境，而哲学能够使他从困境中走出来（迷途指津）。参见柏拉图：《柏拉图的〈会饮〉》，华夏出版社 2003 年版，第 199 页。

③ 参见柏拉图：《会饮》203C。

④ Harry Neumann 纠正到，贫乏神虽然不智慧（ον σοφης），但绝不是无知（ignorant），从她能够抓住机会，与丰富神交合这件事就不能说她无知。而且，他认为，尽管他的父亲提供了资源（resource），但他在本质上还是属于他的母亲，并且以他的母亲所追求的善或幸福为内在的目标。参见 Harry Neumann，"Diotima's Concept of Love"，*The American Journal of Philosophy*，86（Jan.，1965），No. 1，pp. 52–53。

⑤ 柏拉图认为无定的事物变动不居，没有常态，是不好的，只有恒定不变的事物才是好的。在《理想国》中，他认为选定护国者的标准之一就是他们本身不受外物影响，永远保持自身同一。（参见柏拉图：《理想国》380D—E）在这里，爱神自身也处在一种无定的状态。但改变这种状态的是，他本身又是哲学家，是哲学使他抓住一些东西，使他成为自身。

都被认为是在爱,爱只给予一种有特定欲望的人。就像"创作"(ποιησιϛ)这个词,可以指一切能够制作出产品的技艺,但我们却只把这个词用来指诗人(ποιησεωϛ)。① 同样,我们只把追求善的人看成是在爱,其他的欲望——不管是爱钱财、爱运动还是爱哲学——都不能具有这个名称。在这里欲望被引向了善,人自然追求善,而且,善的获得只能通过在美中孕育,没有美就没有善。② 这也就是为什么哲学的讨论在与美的少年之间更容易产生,对着这样一个身心调和的个体,美妙的思想和言辞就会源源而来。这也是为什么苏格拉底认为写下来的文字是僵硬的,因为你无法与之交流。③ 只有在与美少年的相互碰撞之中,才能产生思想的火花,而且,这种思想也具有生命力,会更长久,因为这是精神孕育的产品,它们载着它们父母的名字而与世长存。

这也是苏格拉底即使没有留下只言片语,但直到今天仍然为我们所怀念的原因。中国也有一个与苏格拉底比肩的人物,就是孔子,他们能够流芳百世是因为他们的交谈,而不是文字。这就证明了思想的生命力,即使不诉诸文字也能够长久。当然,在与美好的心灵的碰撞当中,不排除首先是身体的吸引,连苏格拉底也承认,他在从外衣看到少年的身体时,也不禁勃起。④ 但是,哲学家的爱欲是我们难以想象的,因为他们爱欲的出发点是美的形体,但爱欲的落脚点是哲学,而且当身体的存在妨碍哲学的探讨时,只能是舍弃前者,就像苏格拉底对阿尔卡比亚德所做的那样。

但是,不管怎样,都不能否认美丽形体的存在。这种性的吸引在柏拉图这里被自然地引向了生殖。而且,在柏拉图那里,可以先孕育、后交合,就表明身体的吸引是首要的,只有你对他的身体感兴趣,你才能进一步探究他的灵魂。我们平时所说的"一见钟情"虽然不可靠,但是,它却表明你的丘比特之箭已经射出去了,至于在身体的吸引之下,他的灵魂能否让你满意,却是另一回事。不管怎样,爱已经在相互的注视中默默向你走来。柏拉图爱欲的指归是哲学,

① 这里单提出诗人与爱神进行类比,是因为诗人能激发美,而爱和美又不可分离。
② 在《理想国》中,柏拉图说没有善就没有美(参见柏拉图:《理想国》505A—B、506A),这种颠倒是因为《会饮》当中是欲望占主导,而首先吸引欲望的是美,只有通过在美中的孕育,才能拥有善。
③ 参见柏拉图:《斐德罗》275D—E。
④ 参见柏拉图:《卡尔弥德》155D。

是那个善的王国,完成了爱的攀登,爱就结束了它的使命。

柏拉图的爱欲是创造。我们不完善,我们通过美来达到完善,我们不美,我们通过创造来达到美。美的对象恰恰深化了我们对自身的认识,但同时在美的对象的照耀之下,给了我们去完善自身的希望,这就是孕育和创造。通过这个过程,我们深化了自身,延展了自身,我们通过扩大自身而接近善。可是,我们在延展自身的同时,善也在扩大,比我们扩大自身的速度不知快多少倍。我们没办法,我们追不上善,我们只能还像苏格拉底一样,安心做一个哲学家,继续寻找美好的心灵并与之探讨哲学的问题。爱神还是爱神,他永远成不了神,哲学家还是哲学家,他也达不到全知全能。也许认识到这一点,才是爱神,才是哲学家,苏格拉底因为认识到了这一点(他所说的情欲之知可能指的就是情欲永远无法达到全知),才成为爱神与哲学家的化身。

第三节　爱欲是美的个体和美的本体的统一

爱和美是永远结合在一起的,没有美就没有爱。[①] 这种爱只能由美在人世的仿影引起,对于美,人的视力和灵魂的眼睛是最敏锐的。美本身释放出最吸引人的力量,使得每个观照到他的人都凝视、出神。对于这个美的仿影,如果用哲学的爱去爱,就能达到一种哲学的迷狂。

一、爱欲的迷狂

苏格拉底区分了几种迷狂,认为只有以哲学的爱去爱少年人的,才能获得一种爱的迷狂。这种迷狂是最神圣的,也是最有神仙福气的。

(一)从哲学到诗

在《会饮》中,柏拉图给我们呈现的爱欲多少有些令人灰心和失望。这种爱欲是一种攀登,达到了一个美,却要超越这个美,把这个美抛在身后。在这个阶梯上,对美少年的爱是处在最低级的,在柏拉图看来也是最渺小的,不值一提的。这种爱欲是一种理智的引导,从对美的形体到美的灵魂,逐级上升,

---

① 本节根据《斐德罗》进行分析。

最后达到绝对的美。在这种爱欲中，我们感受更多的是一种爱的等级秩序和理智为我们预设的先在目的。几乎看不到欲望自身的表演，在它想开始自己的角色的时候，一切却都已经按照预定的顺序结束了，欲望在到达美的巅峰之时也不复存在了。①

与这种冷静的爱形成对照的是在《斐德罗》中，我们可以感受到一种蓬勃的爱欲，那是因为爱欲找到了它在灵魂中的真正归宿，那就是一种欲，带着感情的欲。从这种欲中，我们多少找回一点爱的浪漫和激情。从谈话场景的对照上，就可以比较出来。在《会饮》当中，那个场景简直延续了阿伽通参加诗歌比赛的气氛，智者、医生、喜剧诗人、悲剧诗人、哲学家依次对爱神进行赞颂，看谁赞颂得美妙。最后一个出场的阿尔卡比亚德做了裁判，他把苏格拉底比作爱神的化身，因为他们之间私下有一段爱欲。而对于苏格拉底来说，只有在私下才能充分展现他的爱欲。② 这也是为什么在宴饮这样的场合，更受欢迎的是诗人阿伽通，而在阿尔卡比亚德看来，真正有爱欲的却是苏格拉底。尽管他没有征服苏格拉底，他们之间是一场未竟的爱欲，但那是因为他没有使用真正有力的武器。那么这种武器是什么，我们可以在《斐德罗》中得到答案。

苏格拉底和斐德罗相遇之后，苏格拉底问的第一句话就是"斐德罗，你从哪里来？向哪里去？"③斐德罗是一个对修辞充满了爱欲的人，在《会饮》中就是他提议要对爱神进行赞颂，因此，被称为那次宴饮题目的"父亲"（πατηρ του λογου）。而在这次与苏格拉底的同行中，是斐德罗决定他们行走的方向，但是，斐德罗对于修辞和诗的看法却是由苏格拉底来改变和决定的。

苏格拉底从没有走出过城外，在斐德罗的指引下他来到了乡间，发现这里的景象别有一番洞天。伊利苏河水在明丽的夏日里送来阵阵清凉，高大的榆树，还有树上的蝉应和着夏天用清脆的声音在歌唱。但是，玻瑞阿斯的祭坛却不受干扰，最妙的还有一块青草地，刚好是斜坡，可以头枕在上面，惬意地躺

---

① 关于《会饮》和《斐德罗》中欲望的差别，可参见 Robert Saitzer, "The Topology of Madness: Philosophic Seduction in Plato's Phaedrus", *Alif*: *Journal of Comparative of Poetics*, Madness and Civilization, (1994), No.14, p.25。

② 参见柏拉图:《柏拉图的〈会饮〉》，华夏出版社 2003 年版，第 223 页。

③ 柏拉图:《斐德罗》227A。

下。这里虽然没有宴饮上的喜庆和热闹，但却多了一份诗情画意。没有了诗人与哲学家的交锋，却有一对情人之间的倾心相谈。把他们吸引到一起的除了这美好的场景，更多的是对修辞（对斐德罗）和哲学探讨（对苏格拉底）的热爱。① 这也预示着苏格拉底从哲学的围城中走出来，或者说打开了一个缺口，把修辞纳入进来。

　　这是苏格拉底要重新认识自己的一个征兆，他要从《斐多》和《理想国》中那个专心于理智的信徒中走出来，来看一看也许单纯理智所看不到的风景。因此，他又开始怀疑起自己，他要重新认识自己，是否真是比泰风还更复杂凶猛，还是较单纯、较和善的神明之胄。② 但是，如果他认识不到灵魂中除了理性因素能够追求哲学，还有非理性对于哲学也起着无可替代的作用，那么，他对自身的认识就是不完整的，或者说他的确还没有认识他自己。而且，欲望和感情这种非理性的成分不是理智的强迫就可以服从的，也许在这方面，说服——用爱和美去说服对它更有力量。说服之后，与理智相比，这是一种更强大的向善的力量，因为理智自身向善的道路已经在哲学王那里终结了。对善的追求使得哲学家不得不另谋出路，这就是欲望，虽然在《会饮》中，给我们呈现了爱的阶梯，然而，理智仍然像一个隐身的舵手一样，指导着攀登的路线和航程。但是，在《斐德罗》中，那匹劣马（确切地说是两匹马）出现了，它们对美

① 在这里，苏格拉底呈现出双重身份，既是哲学家，也是修辞学家。［参见 Robert Saitzer, "The Topology of Madness：Philosophic Seduction in Plato's Phaedrus"，*Alif*：*Journal of Comparative of Poetics*，Madness and Civilization，（1994），No. 14，p.13］Hackforth 则认为，柏拉图由一个单纯的理性主义者，变成了一个理性主义者和诗人的复合体，在《斐德罗》中甚至诗人的成分占了上风。（参见 Hackforth，*Plato's Phaedrus*，London：Cambridge University Press，1952，p.61）柏拉图的中后期对话已经体现出这种倾向，即认识到了非理性因素在人的本性中的地位和作用，而且在 Dodds 看来，这是一种进步，"因为一个像柏拉图这样的大哲学家怎能把人性看得如此狭隘"［E. R. Dodds，"Plato and the Irrational"，*The Journal of Hellenic Studies*，65（1945），p.17］。在《理想国》中，柏拉图对诗人的驱逐主要是因为诗人的表演助长了灵魂当中的非理性因素的成长（参见 Martha C. Nussbaum，1982，pp.85，108），所以，随着对非理性因素的承认，那么，对诗的态度也会发生改变［参见 Robert Saitzer，"The Topology of Madness：Philosophic Seduction in Plato's Phaedrus"，*Alif*：*Journal of Comparative of Poetics*，Madness and Civilization（1994），No. 14，pp. 12-13］。
② 参见柏拉图：《斐德罗》230A。

的执着和向往成就了向善的旅程。当然,这个过程需要御车人的好教练。

御车人最好的教练就是爱的说服,用美去说服欲望,就像用修辞学去影响人心一样。① 当然经过哲学的改造,②这个修辞学首先追求的是真理,而不是哗众取宠,这样才能增强它影响人心的力量,也就是增强它说服的力量。这也是为什么在同一篇对话中要把修辞学和爱欲结合起来,因为二者都能通过说服来引诱,③就像这里单凭一篇文章就把苏格拉底引诱到城外来(另外还有爱欲)。

斐德罗用来引诱苏格拉底的是莱什阿斯的一篇文章,但是,这篇文章中所谈的却大煞风景。文章中论证的是一个美少年出于自身利益的考虑,更应该接受没有爱情的人,对于有爱情的人要退避三舍,敬而远之。斐德罗的这篇文章可以说一箭双雕,因为它引出苏格拉底的另外两篇文章,关于爱情的。

(二)神赐的迷狂

苏格拉底在斐德罗的"威逼利诱"之下作出的他的第一篇演说辞,④也就更应该接受没有爱情的人这样一个主题。作到半路,苏格拉底停下来,他感觉自己像被神灵凭附着。⑤ 作到最后,他在过河的时候,感觉又被神灵凭附了。长着一双通天眼的他,了解神的心意,知道自己冒犯了神,而这个下场是很可怕的。苏格拉底急忙又作了一篇悔过的文章,就像斯忒西科在骂过海伦之后,瞎了眼,但他马上做诗补救,结果眼睛就好了。⑥ 诗是这样开头的:

这番话全不真实!

不,海伦,你根本不曾上船,

---

① 参见柏拉图:《斐德罗》261A。
② 这就是对哲学追求整全的诠释(参见柏拉图:《柏拉图的〈会饮〉》,华夏出版社2003年版,第7、218页),企图扩大自己的地盘,对其他的知识领域进行渗透。哲学过去如此,现在也是如此。
③ 参见 Robert Saitzer,"The Topology of Madness:Philosophic Seduction in Plato's Phaedrus",*Alif:Journal of Comparative of Poetics*,Madness and Civilization,(1994),No.14,pp.14-15。
④ 参见柏拉图:《斐德罗》236。
⑤ 参见柏拉图:《斐德罗》238D。
⑥ 参见柏拉图:《斐德罗》243B。

不,你根本不曾到特洛亚!①

　　这样,苏格拉底也只有另作一篇。在作这篇的时候,他不用含羞蒙面了,可以露出面孔,坦然地面对神灵了。② 他这篇演说辞歌颂爱神,是能够得到神的鼓励,并且是由神灵凭附的,这就是他在演说辞中所说的第三种迷狂,即诗的迷狂。③ 关于这种迷狂,苏格拉底还讲了一个传说。④ 诗神赋予蝉(在诗神诞生以前是蝉,诗神诞生以后都变成了人)歌唱的本领,蝉可以一天到晚,不用饮食,只管唱歌,直到死,死后到诗神那里去报告哪些人崇拜她们中的哪一位。对于年代最长的卡利俄伯和乌剌尼,只有终身从事哲学这种音乐的人才会崇拜她们,因为这两位诗神所掌管的就是天以及神和人的各种问题,所以发出的声调也是最和美的,而由爱神凭附的这种迷狂也是最神圣的。⑤

　　要了解爱的迷狂,首先要了解灵魂的性质。这就是它的不朽性,这种不朽性就源于它的自动性,凡是自动的都是不朽的。因为它的动力来源于自身,不假于外物,因此只要灵魂存在,它就不会失去这种性质。为什么灵魂能够永远运动呢? 在这方面人和神没有差别,这是因为灵魂的构造,可以把它比譬为一个御车人和两匹马。当然从苏格拉底的描述来看,它还有羽翼。⑥ 这种羽翼并不是每时每刻都在生长,就像一个人在一天一天地变化,它只能由爱来滋

---

① 柏拉图:《柏拉图文艺对话集》,朱光潜译,人民文学出版社 2000 年版,第 114 页。

② 参见柏拉图:《斐德罗》243B。

③ 《申辩》(22BC)、《伊安》(533—535)、《美诺》(99D)中讨论过;参见 Hackforth, *Plato's Phaedrus*, London:Cambridge University Press,1952,p.61。

④ 参见柏拉图:《斐德罗》259。

⑤ 苏格拉底还指出了另外两种迷狂:一种是占卜术,是阿波罗神掌控的;另一种是宗教仪式的迷狂,可以消灾攘疫,是狄奥尼索斯赋予的。刚才讲的是第三种迷狂,是诗神缪斯掌管的,最后一种是爱的迷狂,是爱神赐予的,是最神圣的。前三种都是用历史事实来说明迷狂如何神圣如何有用,而且,这几种迷狂是无法说出原因来的,证明它比单纯由模仿而获得的技艺更高超。(参见 G. R. F. Ferrari, *Listening to The Cicadas:A study of Plato's Phaedrus*,New York:Cambridge University Press,1987,p.118)对于第四种迷狂不能用历史来说明,只能用神话来表达,因为这种迷狂无法言说,迷狂越是神圣,越是神秘,人凭借推理能力来认识这种迷狂越是吃力,但勉强可以用神话来说一说它的形似。

⑥ Griswold 认为灵魂有四个部分:御车人、两匹马和灵魂的羽翼,而且认为羽翼布满了灵魂的各个部分,并使之成为一体,这就是厄洛斯。参见 C. L.Griswold, Jr., *Self-Knowledge in Plato's Phaedrus*,New Haven and London:Yale University Press,1986,p.94。

养。这种爱只能因美而生，因为视觉是最敏锐的器官，它首先捕捉的是美，同时也由于美本身是最能闪光、最让人出神的东西。

美对灵魂中的欲望能够产生最大的吸引力，欲望一见到美，首先是不动。那是一种最直接的吸引和被吸引，它不需要用理智来判断这个人美不美，①这种美值不值得追求。它在美面前静止了，而且它希望美永远在它面前静止。可是那是一个美少年，那是一个美的生命，他有灵魂，他要运动，这样，欲望主宰（僭越）着灵魂要悄悄跟踪这个美，要追逐这个美。这时，灵魂运动了，是美所激发的灵魂的欲望部分的运动。只要美存在，这种运动就不会停止。虽然欲望在它最原始的动机的驱使下要奔向那个美是不被允许的，但是，也不失这种吸引的美好。如何才能被允许呢？这要有神的指引。

对于神来说，灵魂中的御车人和马都是好的，血统也是好的。但对于人来说驾驭却是一件麻烦的工作，因为代表欲望的那匹劣马要径直奔向美，没有把它的动机净化，这种净化的工作要是由御车人来完成。它也不是那么简单，要费好大的麻烦，因为有美的存在，美对欲望的说服可能更有力量。灵魂是不朽的，它们曾经随神周游诸天，如果还能保有羽翼，那么它就能飞行上界，主宰全宇宙。但是如若灵魂失去了羽翼，那么他就要向下落，附上一个尘世的肉体，变成一个可朽的动物。至于不朽者只有神能够达到，所以弄清楚不朽者是如何不朽的，也是一件困难的事，我们要知道的是灵魂如何失去了它的羽翼，继而又恢复了它的羽翼。②

灵魂在附到肉体上之前，在随神周游天外时，领略过真实本体的景象。虽然，对于人的灵魂来说，这极为困难，但如果没有见过真实体的灵魂，就不能附到肉体上来。只有神在运行期间，如其本然地见过真实体，真理大原上的景象才能够提供灵魂的最高尚部分所需吃的草。因此，不到达真理大原，灵魂的理智部分就失去了营养，灵魂的羽翼也失去了滋养。但是对于载神的两匹马，却

---

① 灵魂的理智部分要思考永恒的型式，它本身是不动的，διανοια αυδεν ουδεν κινει（参见亚里士多德：《尼各马可伦理学》1139a36）；Hackforth 认为，对于灵魂的运动功能，不能离开它所观照的身体，只有它自己运动，才能推动身体运动（参见 Hackforth, *Plato's Phaedrus*, London：Cambridge University Press, 1952, p.76）。

② Hackforth 认为灵魂羽翼的恢复就是爱的迷狂。参见 Hackforth, *Plato's Phaedrus*, London：Cambridge University Press, 1952, p.93。

只要有仙露琼浆就可以了。神可以毫无遮蔽的参见事物本体,然而对于人的车马却不行。那匹顽劣的马不好驾驭,也有灵魂本身的原因:困顿于下界扰攘之中,有愿心而无真力。它们无法以真理大原上的草来滋养灵魂,这样灵魂的营养只有妄言妄听的意见了。

不仅如此,灵魂的命运也因此而不同。见到真理最多的灵魂会在第一代里就附到一个人的种子,这个人注定成为一个爱智慧者、爱美者,或是诗神和爱神的顶礼者。在这里,诗神和爱神的顶礼者和哲学家获得了同样的尊荣。而且,只有爱智慧的哲学家或是以哲学的爱去爱少年人的,如果他们的灵魂维持这样的生活三次不变,到三千年满了,才可以恢复羽翼,高飞而去。① 而此外的一切灵魂,却没有这样的幸运,仍然要接受审判,在生之巨轮中挣扎。

之所以哲学家能够摆脱生之轮回,是因为他们专注于对真理大原上的光辉景象的回忆。因为哲学家是由神灵凭附的,他们就靠这种回忆来滋养灵魂,使灵魂的羽翼重新获得生长。由于经常专注于这种回忆,而漠视凡人所重视的,因此被人指为迷狂,这种迷狂就是哲学的迷狂。以哲学的爱去爱美少年的人,则是一种爱情的迷狂,无论对于爱人还是情人,无论就性质还是根源,这都是最好的一种。

二、美的个体引起对美的本体的回忆

灵魂在附到肉体上之前,在随神周游天外的时候,都多少见过真理大原上的景象,但从没见过真理的灵魂是不能附到人的肉体上来的。灵魂在化成肉身之后,它们在生之巨轮的流转当中,也要遭遇不同的命运。每个灵魂不过一万年,不能回到原来的出发点,唯一的例外是爱智慧的哲学家,或是以哲学的爱去爱美少年的人,即达到一种爱的迷狂,只要维持这样的生活三次不变,就可以摆脱生之巨轮,让灵魂举翼升天。这是因为对少年的爱,使他们能够最真切地回忆起灵魂随神周游时的景象,真正过上这种类似于神的生活,不仅使自身得到幸福,灵魂获得滋养,也使他的爱人获得了圆满的爱和幸福。

这是少数人才能够达到的,因为多数人对于上界的事物只约略地窥见,在

---

① 参见柏拉图:《斐德罗》249A。

下到凡界之后不易想起。有的使自己满足于尘世的欢乐,而不愿意去回想,因此只有少数人还保持着一颗静心和愿心,等待着那样一个机会,使得他对上界事物的回想成为可能。这个机会的出现是偶然的,①是无法创造的。当这个美的摹本来到你的面前时,你是毫无准备的,这个美是那样的耀眼和夺目,让你的视觉受到了震撼,让你的心灵也受到了撞击。这种美是你从未见过的,可能在随神参照天外的时刻,美的本体在真理的大原上也不见得有这么突出和耀眼。因为正义、智慧等的本体同样的引人入胜,所有的本体本身都是美的,美成了大家的共性,美本身就不那么引人注目了。

但是,凡间的一切都是真理大原上的仿影和摹本,都是不完整的,不成功的,流动的,零散的,无法理解和把握的。而且因为在附到肉体上之后,人用来辨别本体之摹本的审辨力也迟钝了,②感官也混浊不清。因此,在人与本体(正义、智慧以及灵魂所珍视的一切)之间隔着无形的障蔽,人无法凭借在凡间的摹本就能真切地回忆起真理大原上的所有景象。只有美的仿影本身是最吸引人的,不仅是对人的感官(视觉)是最刺激和耀眼的,因此是最容易捕捉

---

① 美的出现是人无法预料的,更是无法创造的。在它出现之前,你可能还不知道美为何物,但是当你和它照面的时候,你会恍然大悟,"好(个)美!"同时,美也是无法穷尽的,每样美的事物都突显一种美,在这个意义上,人的美也是如此。在《会饮》中,爱者要自动地放弃对美的形体的追逐,实在是无法全部穷尽。因为少年与少年的美是不同的,苏格拉底一定是精疲力尽了,才宁可从美的形体转到美的灵魂,再从美的灵魂上到美的行为制度,到美的知识,最后达到美本身。可见这是一个金字塔式的攀登,表明了哲学的最终诉求,必然是从多中得到一。但是,在《斐德罗》篇中,柏拉图恰恰停留在一个美少年身上,而且他也不否认其他美的存在,因为他们对应着的是不同的神明,是不同的人追求的对象(而这种美相遇却是偶然的)。哲学家追求的是和自己气味相投的,并且类似自己曾经追随过的某位神的,这种爱欲是一对一的关系,情人——某位神(他追随过的),爱人——情人,爱人(具有神明相的)——某位神。在这里,虽然美的本体只有一种,但美的仿影却有多种。柏拉图并没有否认他们各自存在的合理性(至于能否因为自身而被爱,这是我们以后要讨论的),柏拉图承认能够回忆起上界景象的灵魂只有少数,就是这少数也要在遇到一个合适的美的摹本才有可能。真理大原只有一个,可是这个攀登的阶梯却无数,而且不能整齐划一,大多数人之所以没有回忆起那种景象,就是因为没有找到一个合适的美的摹本。

② "只有极少数人借昏暗的工具,费极大的麻烦,才能从仿影中见出原来真相。"(柏拉图:《柏拉图文艺对话集》,人民文学出版社 2000 年版,第 126 页)Hackforth 认为,"昏暗的工具"是指人的未充分发展的推理能力。(参见 Hackforth, *Plato's Phaedrus*, London: Cambridge University Press, 1952, p.95)

的,而且对于灵魂也是震撼力最强的。①

　　由于美本身能够让人看得见,因此能够引起不可思议的爱,对于旁的来说都不行。因为如果理智本身在人世的仿影也能引起如此明朗的印象,那么必然会引起比美来说更大的爱。就像苏格拉底与阿尔卡比亚德的关系一样,后者代表着美,但具有反讽意味的是,最后,阿尔卡比亚德成了爱者,来追求苏格拉底,这是美被智慧折服,是美对智慧的爱。但是,这种爱欲是在阿尔卡比亚德看到苏格拉底肚子里面的神像时才产生的,就像西勒诺斯的神像一样。②但对于一般的视力,是看不见的,就像苏格拉底所说,只有在肉眼开始朦胧的时候,心眼才尖锐起来。③只有那个时候,你才能看清理智和智慧在人间的摹本,进而看到理智本身。

　　可是,对于一般人来说,要辨别出像苏格拉底和柏拉图这种理智在人间的较完善的摹本尚需费力,更不用说从他们身上回忆起理智本身。因此,对于一般人来说,退而求其次,在肉眼还没有朦胧的时候,去发现美在人间的摹本。这个美的出现,无异于那个世界的一扇窗透出的光亮,由此打开通往真理大原上的一个缺口,使得我们得以窥见那里所有的光辉景象。可是,还是那个问题,只有少数人能够获得这种福气,能够遇到这样的美,并用哲学的爱来爱这个美少年,而多数人只有"望美兴叹"了。

　　这是因为参加过隆重的入教典礼的人,④在灵魂接触肉体之前,看到的景象是完整的、单纯的、静穆的、欢喜的,沉浸在最纯洁的光辉之中让我们凝视,而我们自己也是一样纯洁。⑤但是,在受到肉体的污染之后,⑥他就变得迟钝

---

①　对于灵魂的看法,柏拉图是摇摆不定的。只有在《斐德罗》和《法篇》中,他肯定了灵魂在化成肉身之前就有欲望,在《理想国》和《蒂迈欧》中,他的看法发生了动摇。参见Hackforth, *Plato's Phaedrus*, London:Cambridge University Press, 1952, p.75。

②　参见柏拉图:《会饮》217A。

③　参见柏拉图:《会饮》219A。

④　柏拉图用神话来解说,不乏神秘的宗教气氛,《会饮》篇也有这种气氛,比如对于绝对的美的参悟。参见柏拉图:《柏拉图文艺对话集》,人民文学出版社2000年版,第271页。

⑤　参见柏拉图:《斐德罗》250C。

⑥　《斐多》篇对肉体及其感官极尽贬低之能事,而且欲望只属于肉体,对于灵魂是一种拖累和污染。但是,在《斐德罗》中,柏拉图肯定了灵魂附到肉体上之前就有欲望的部分,

了，沉浸在肉体的享乐之中，忘记了上界的景象。① 只有刚参加完入教典礼的人，能够常观照在诸天境界所见到的真实体。如果遇到一个面孔有神明相，或是美本身的一个成功的仿影，他就先打一个寒颤，那是美本身给他的震撼，继而心生虔敬，敬他如敬神，爱的迷狂已经在侵袭他，他会向这个爱人馨香祷祝，如像神灵一样。②

对于这样一种从未经验过的美，令他震颤，令他思念和难忘，这种思念的痛来自于他对自身认识的一种缺乏。这种缺乏是因为他忘记了上界的景象，他失去了在上界巡游时的自我，而回到凡间，受到肉体的侵染，不能专注于那种光辉景象的回忆。正是这种认识（很痛苦）使得这个美少年异常的珍贵，他不在身边，就要受到苦痛的侵袭。但他一来，苦痛全消，转悲为喜了，③甚至灵魂也因此新生羽翼。与这个美少年相比，父母亲友、金钱财产全都黯然失色，如果礼节规矩妨碍他和爱人的交往，也可全然舍弃。因为有了爱人，就等于上界的光亮照着他，让他觉得凡间生活所需的一切都可弃之不顾，而只有美本身能够给他最多的营养。这里的美就是美的仿影，因为他不仅把爱人当成具有美的人来崇敬，而且把他看成消灾除病的医生。④

灵魂运动的特性也说明它和肉体之间的关系很密切。（参见 Hackforth, *Plato's Phaedrus*, London：Cambridge University Press, 1952, p.76）即使对于神，灵魂和肉体也是无始无终紧密结合在一起的。（参见柏拉图：《斐德罗》246D）

① 参见柏拉图：《斐德罗》250E。

② 参见柏拉图：《斐德罗》251A。

③ 关于这里的痛苦和快乐，可参见 G.R.F. Ferrari, *Listening to the Cicada：A Study of Plato's Phaedrus*, New York：Cambridge University Press, 1987, pp. 150-159。

④ 参见柏拉图：《斐德罗》252B。席勒对于古希腊社会的歌颂是有代表性的，他认为古希腊之所以能够保持一种完整的美，是因为它的社会制度保持了人性的完整和他单个人与国家的协调。（参见汝信：《西方美学史论丛续编》，上海人民出版社 1983 年版，第 150 页）而现代社会制度造成了人性的分裂，席勒认为治愈这种分裂的就是美，"人应该和美只是做游戏，而且他只应该和美做游戏"。席勒认为在游戏中，"人性的无限可能性、天赋、完整性又归还给了我们，因此，美是我们的第二个创造者"（汝信：《西方美学史论丛续编》，上海人民出版社 1983 年版，第 159 页）。美就是席勒为那个时代人性的分裂所开的药方，正如在柏拉图这里，对于情人的伤痛来说，美少年成为消灾除病的医生。

三、爱欲对灵魂的滋养

（一）爱使灵魂的羽翼得以滋长

在柏拉图那个御车人的比喻当中，因为有御车人和两匹马，所以灵魂本身运动的方式就是凭翼而飞，灵魂周身布满了羽翼。如果没有爱的刺激和营养，那么羽翼的毛孔就闭塞、干枯，不能长出新的羽毛。但是一遇到美，受到这种美的极微分子的流射，羽翼的毛孔就得到滋养，向外生发，这时会又疼又痒：

> 当他凝视的时候，寒颤就经过自然的转变，变成一种从未经验过的高热，浑身发汗。因为他从眼睛接受到美的放射体，因它而发热，他的羽翼也因它而受滋润，感到了热力，羽翼在久经闭塞而不能生长之后又苏醒过来了。这种放射体陆续灌注营养品进来，羽管就涨大起来，从根向外生展，布满了灵魂胸脯——在过去，灵魂本是周身长着羽毛的。在这过程中，灵魂遍体沸腾跳动，正如婴儿出齿时牙根感觉又疼又痒，灵魂初生羽翼时，也沸腾发烧，又疼又痒。①

当爱人在身边的时候，他身上所放射的美的分子就进入到你的灵魂，使灵魂的羽管得到营养，这时你苦痛全消，满心欢喜，凡人所能获得的神仙福气你也全都获得了。正因为爱人对你有这样的疗效，当他离开的时候，那种思念和想望的苦痛又来侵袭你，让你受着这痛，羽翼的毛孔因为干枯而滞涩住，你失去了一切活力，只盼着爱人的出现，灵魂在这种撕扯当中，遍体受刺，疼得要发狂。②

但爱人的回来让你忘记了一切苦痛，欢乐得要发狂，紧守在他的身边，生怕他会离去。有了他，你就有了全部的生命和幸福，因为你生命的根基就在于

---

① 柏拉图：《柏拉图文艺对话集》，人民文学出版社 2000 年版，第 127 页。
② 参见柏拉图：《斐德罗》251D。

能够举翼升天,而你的羽翼只有得到爱的滋养才能生长,才能饱满。① 但这种饱满是因为曾经的干涸,这种快乐是因为曾经的期盼,爱情的美都在这里了。一个无所期盼、无所挂念的人,是不会懂得灵魂长羽翼时又疼又痒的感觉的,也不会品尝等待的煎熬和等来的欢喜。② 在这种人眼里,情人近于疯狂,而在

---

① 爱情的效果都在这里了,可以用喜忧参半、悲喜交加来形容。尽管快乐的同时又伴随着痛苦,惊喜的时候有悲伤,但是,没有人为了拒绝痛苦和悲伤而拒绝爱情。甚至最伟大的人,都无法抵挡爱情的魔力,比如马克思和燕妮。同样,完整的人性不能没有爱情的浸润。这个爱可以是你给予别人的。"爱过,写过,活过",这是一位作家在自己的墓碑上所写的6个字,一个不懂得去爱的人,就不能充分地理解生命。但是,懂得去爱的人,也不见得会坚守一块阵地,比如罗素,在他散步的时候就想到他不爱现在的妻子,就能够马上离婚,重新寻找自己的爱情。这也无可厚非,爱就是这样倏忽即来,飘忽即去。因此,爱情的到来是一个人的福分,如果你伸出手去抓,但没抓住,那不是你的错,表明你爱过。如果你让它擦肩而过,那很难再第二次光顾了,这就是你自己的悲哀。有的人结了几次婚,却没有经历过爱情,他也不能抱怨什么。生命是每个人生下来就有的,但爱情可能一辈子也等不到,就像柏拉图所描写的情人一样,他一定要遇到一个气味相投的才会爱,而且要拿出那种爱的气势去爱。难怪有爱的人才能长出丰满的羽毛,举翼升天,这的确是神赐的迷狂,不是人人都有的福分。

② 爱情虽然不是人人都能有的,但是大多数人的悲哀在于,遇到爱情却躲躲闪闪,以为爱神会自己登门,这是人的奴性和惰性在作祟。凡事只有自己去主动争取的才是有价值的,也就是说爱情来了,一定要主动出击。在这方面,古希腊人做得很好,对于自己的情感毫不掩饰,大胆追求。但是文明发展到今天,我们的人性复杂了,胆怯了,顾虑重重,坦白地说,是虚伪了,明明爱却扭扭捏捏,惺惺作态。尽管在爱中,你可能遭遇痛苦、失败、失恋。但是,没有追求过,岂不是更大更彻底的失败? 不管是男人还是女人,在爱面前都不要退缩,都有权利追求自己那份幸福,尽管这份幸福可能夹杂着痛苦。柏拉图之所以认为女人比男人低劣,就是因为在性爱和生殖当中女人的被动性,他认为"主动高于被动,追求高于接受,从这个原则出发,男的传种欲望具有主动性,因而高于只有接受性的女性的怀胎欲望"(柏拉图:《蒂迈欧》,上海人民出版社 2003 年版,第 143 页)。既然是主动追求,就有遭遇挫折的危险和痛苦,尽管柏拉图认为,善的快乐是不夹杂痛苦的(事前没有作为缺乏的痛苦)的纯粹的快乐。柏拉图把性爱的快乐就归为有痛苦相伴的一种疯狂的快乐。(参见柏拉图:《斐力布》46E—47B)但是在《斐德罗》这里,爱情不等同于性爱,而且在柏拉图看来,纵情肆欲无异于禽兽,不知廉耻。(参见柏拉图:《斐德罗》250E)他的爱欲是和美联系在一起的,爱欲的神秘恰恰在于爱者不知道自己会遇到什么样的美,会喜欢什么样的美,因此,遇到这种美所带来的快乐不能说是由于事先的缺乏所导致的,单单美给我们的快乐是完整的、单纯的、静穆的、欢喜的(参见《斐德罗》250C),这是性的快乐不能比拟的。但由美而生爱,因为是在人世间,这种爱必然要有肉体的干扰,而灵魂本身也有欲望,羽翼的滋长首先就是欲望对美的骚动。既然这样,哪怕是哲学的爱欲也要经历痛苦,虽然这种痛苦本身近于疯狂,但却是神圣的迷狂。(参见 Ferrari, *Listening to The Cicadas*:*A study of Plato's Phaedrus*, New York:Cambridge University Press,1987,p.156)

那些没有爱情的人看来,这是不可思议的。因为对于爱人与情人都没有好处,对于这些充满了尘世的寒酸打算的人来说,是无法品尝到爱情的极甘美的乐境的。他们的心思永远都充斥着对利益的比较衡量,因此他们灵魂的营养也只是这些东西来对付,他们是无法感知灵魂羽翼的滋长的。因为它只赐给爱美者、爱神和诗神的顶礼者,只有这样痴狂的人才能长羽翼,爱情的效果都在这里了。有两句模仿荷马的诗是这样的:

> 凡人叫他做凭翼而飞的爱若斯;
> 但神们叫他做羽客,因为他生性能长羽翼。①

情人从前跟在神仙队伍里,他们选择美都选择和自己曾经追随过的神相像的,比如追随宙斯的人,就选择本性上是一个哲人的对象,而且宜于督导。这是最高的一类,因为在灵魂第一次投生的时候,第一流的是成为哲学家,这和柏拉图一贯地以智慧为德性之首的想法是一致的。如果能够找到这样一个对象,那么就会尽力使他成为哲人。但如果是第一次做这样的事情,那么只能循路前进,首先是发现他所追随的那神的性格,聚精会神地凝视那神。② 只有这样,才能从追忆达到那神,受到感发,学得他的性格和习惯,凡是人能得到的他都从神那里得到了。

因此,督导爱人的第一步是要自己先类似那个神,再找气味相投的进行督导。这表明爱者迷狂中带着清醒,爱美中获得善,因为他很清楚自己的目标。③ 尤其是在遇到一个美的对象之后,他更认识到自己的缺乏,知道自己的所需。这样的爱者很容易达到目标——真理的大原,而爱的迷狂就有如神助。曾经追随过战神阿瑞斯的,就会起杀机,尤其会幻想爱人对不起他。战神象征着勇敢,而勇敢在柏拉图极为推崇的斯巴达是一种极为重要的德性。追随天后赫拉的就追求有帝王气象的,阿波罗和其他诸神的信徒都依此类推。他们追随着神的脚步,不仅自己尽力摹仿那神,而且督导爱人在行为风采上都和那

---

① 柏拉图:《柏拉图文艺对话集》,人民文学出版社 2000 年版,第 129 页。

② 参见柏拉图:《斐德罗》253A;这里的凝视是集中精神追忆的意思,即一种哲学的沉思。

③ 参见 Hackforth,*Plato's Phaedrus*,London:Cambridge University Press,1952,p.101。

神相似。① 在他们之间,是不存在嫉妒的,爱人越是近似那神,情人越是喜欢和高兴。他们用情就是这样完美,结果成就了他们的爱情,就等于参加了神圣深密教的入教典礼。

（二）情人对爱人的征服

灵魂在上界所看到的景象,只有借助于一个尘世当中美的个体才能回想起来。但在情人被爱人的美折服的一刹那,灵魂当中必然要发生冲突,不仅是御车人和代表欲望的劣马的冲突,御车人本身在一开始被美所迷醉的时候,也忘记了自己代表的是理智,是要领导整个灵魂的。但是,美的力量是这样不可阻挡,哪怕是御车人,在美面前也要沉醉片刻。在那一瞬间,整个灵魂让感觉惹得发烧,情欲刺戳得他又疼又痒,②御车人也躲避不了这种情欲的侵袭。但是,他能在这一瞬间过后,回想起美的本体,回想起美和节制并肩站在一个神座上。③

这样,他为自己刚才的迷醉感到惶恐不安。当他把自己的情欲制服之后,对面前这个美的对象,肃然起敬,甚至不觉失足向后倒在地上。④ 更危险和剧烈的斗争还在后头。在欲望强拉硬扯就要达到那爱人的关键时刻,理智又感到前次的那种情绪,而且更猛烈,像赛跑人跑到终点的栅栏一样,向后一倒退,

---

① 参见柏拉图:《斐德罗》253C;在这里再次印证了我们以前提出的观点,即与善相比,人更接近于神,而且要由神指引着才能见到那真理的大原,当然柏拉图是用神话来表达的。善所在的世界是最高的,位于天外,连神都要站到天的背上,才能观照到它。(参见柏拉图:《斐德罗》247B)而人在随神周游的时候(局部)观照过真理大原上的景象,否则不能附到肉体上来。但人要回忆起以前所观照过的景象,却首先要回忆起,对神的回忆也要借助一个美的对象,这个美的对象或者有神明相,或者是美的一个成功的仿影。(参见柏拉图:《斐德罗》251A)对于这个美的对象的爱,进而他所引起的对神的回忆,以至于两个人合力摹仿那神,都是神赐的迷狂。没有这种迷狂,要达到真理大原是不太可能的。因为没有引导者,即使是哲学家,也不能那样毅然决然地舍弃生,去投奔善。即使是哲学家,也要受到震动,获得感悟,才能从洞穴中爬出来,因为在两个世界穿梭,那不是一般人能做到的,哲学家也要有所引导才行。[参见 Robert Saitzer, "The Topology of Madness:Philosophic Seduction in Plato's Phaedrus", *Alif*:*Journal of Comparative of Poetics*, Madness and Civilization, (1994), No. 14, p.11]
② 参见柏拉图:《斐德罗》254A。
③ 参见柏拉图:《斐德罗》254B。
④ 参见柏拉图:《斐德罗》254C。

把那匹顽劣的马扯得头破血流。① 直到这个时候,御车人与自己的斗争才结束了,同时,把那匹顽劣的马也彻底制服了。御车人向美作了臣服,这种臣服既没有破坏美,也没有使自己迷失。他在一瞬间的迷醉之后,要想清楚,自己认识这个美吗,对这个美要做什么。这就是他不同于欲望的方面,也可以说这个美引起了他认识自我的痛苦过程,他要重新认识自己的需要,这个美是否能够满足他的需要。只有他与自己达成一致,他才能去对付欲望这匹顽劣的马。

欲望这匹马代表着人的本能,就像一个顽童,他的本性就对美产生好奇和兴趣。这种兴趣使他去接近美,探究这个美,他需要一个好的引导者和说服者,他才能从美中得到他想要的东西。但人们常常去扼杀的恰恰是对美的好奇心,这等于去压抑人的本能,弗洛伊德把这种被压抑的本能称为"力比多"(Libido)。他认为,"人最基本最顽强的本能欲望产生于人性的基本能量。它是人身上固有的一种追求快乐和满足的原始性爱力量,是一股永远奔涌不息的激流,奔突于人的'心理丛'中"。② 人的这种性本能被转到其他方向,这个新的目标是由社会文化和道德规范制定的,但有时这种转移是不合理的,它的直接后果就是造成了人的性本能的压抑,从而导致各种心理疾病,比如虐待狂和受虐狂。③ 但多数人的错误在于用欲望来走向对美的沉迷,这个时候,他们的理智沉睡了,让欲望来做主导。这样,既破坏了美,也迷失了自己,他得到的是暂时的快乐,但最后等待他的是更大的空虚和痛苦。

但被理智制服之后的欲望在面对美的时候,已经吓得浑身发抖了。可能这个时候,欲望还是不清楚他应该对美做些什么,④但像前几次的动机肯定不行。这个时候,在情人走向爱人的时候,是怀着一种敬畏,如同走向神灵一般,情人不仅敬他如敬神,而且使他尽量摹仿那神。情人对爱人用情这样深厚,态度又这样崇敬,与其他的追求者相比,自然让爱人深受感动,即使是亲亲友友

① 参见柏拉图:《斐德罗》254E。
② 万俊人:《现代西方伦理学史》下卷,北京大学出版社 1997 年版,第 184 页。
③ 参见万俊人:《现代西方伦理学史》下卷,北京大学出版社 1997 年版,第 189 页。
④ 关于《斐德罗》中非理性成分的作用,参见 M. C. Nussbaum, *The Fragility of Goodness:Luck and Ethics in Greek Tragesy and Philosophy*, New York:Cambridge University Press, 1986, pp. 98–104。

的情谊加起来也比不过这个人对他的恩情。这样,他也没法不去接近这个情人,这时候就从他的身上产生大量情波向情人流注:

> 它一部分注进他身体里面,一部分在他装满之后又流出来了。像一阵风或是一个声音碰到平滑而坚硬的东西就往回窜,窜回原出发点一样,那从美出发的情波也窜回那美少年,由天然的渠道——他的眼睛——流到他的灵魂。到了灵魂,把它注满了,它的羽翼就得到滋润,开始发出新毛羽,这样一来,爱人的灵魂也和情人一样装满爱情了。①

这样,爱人也在爱了,但在爱什么,他却说不出,因为他没有经历过情人内心的那种痛苦的挣扎,他不可能知道他爱的究竟是什么。但是,就像从情人那里传染了沙眼一样,情人的感受他也体会了,即有爱人陪在身边,就苦痛全消,认为以前所受到的一切折磨都是值得的。因为他知道了自己的需要,那么这种需要的满足就会带来更大的快乐。爱人虽然也会经历情人的感受,即有情人在就欢欣鼓舞,烦恼全消,但是,这一切为了什么,他却不知道。

就如阿尔卡比亚德,被苏格拉底置于一种困惑的境地,对自我认知的困惑。苏格拉底打破了他的自满,因为他每逢听这位马西亚斯,就常感觉到他所过的这种生活简直过不下去,②但同时他又不能舍弃这种众星捧月般的生活。他认识到苏格拉底内里的神像,正因为被这种神像所吸引,他主动投怀送抱。但他不明白为何苏格拉底会对他这样一个倾倒众生的人无动于衷,起码是在肉体上,因为和苏格拉底睡这一夜,就像与父亲或哥哥睡了一夜一样。③ 阿尔卡比亚德作为一个爱人,他惯常接受的是别人的爱,他不明白自己被爱的缘由,他不会去反思;但是,在苏格拉底这里,他作为一个颠倒过来的角色——爱的追求者——不得不反思。

这样,他们就会经历情人之间的一切,接吻,拥抱,感受爱情的甘甜和回报。但是,爱情真正的回报却是在他们去世的时候,如果他们能过一种有哲学

---

① 柏拉图:《柏拉图文艺对话集》,人民文学出版社 2000 年版,第 133 页。
② 参见柏拉图:《会饮》216A。
③ 参见柏拉图:《会饮》219D。

意味的生活,就会身轻如燕,举翼升天,就等于在三次奥林匹亚运动会上他们得过一次胜利,这是凡人所能获得的最大的福分。① 但是,即使由于欲望趁灵魂不备,与爱人做了一次凡人所做的事(追求肉体快乐),而后又做了几次,这样的爱情还是没有过哲学生活的爱情结局完满。不过,他们也在长羽翼上努过力,因此在该长羽翼的时候,还是会长羽翼,②这都是爱的回报。只有对于没有爱情的人,情人使爱人灵魂里也注满了尘世品德的庸陋,注定要在地面和地上滚来滚去,滚过九千年,而且常在愚昧状态里滚,③这就是没有爱情的人的下场。

---

① 参见柏拉图:《斐德罗》256B。
② 参见柏拉图:《斐德罗》256E。
③ 参见柏拉图:《斐德罗》257A。

第 四 章

爱者对被爱者的爱欲

　　柏拉图把自然哲学家赋予爱的力量浓缩到两个人的身上，①同时改变了智者把被爱者的完美无缺等同于爱的看法，他赋予了爱欲新的内涵。这种内涵是从爱者的角度得到解释的，爱欲所欠缺的只有从爱者的身上才能体现出来，也只有爱者能够认识到这种欠缺，并进行创造性的改变。这种孕育和创造离不开美，而被爱者就是美的载体。在被爱者那里，有对爱者的爱欲的回应，这就是回爱。在得到回应之后，爱欲所能成就的一切才有可能。

第一节　爱者的爱欲

　　爱者的爱欲是在认识到自身的匮乏之后产生的，正如爱神诞生的神话告诉我们的，爱神生于贫乏神和丰富神的结合。他兼具了两者的特征，既有贫乏神的贫穷，也有丰富神的求知，因此他既不美也不善，但他追求美善。在他求善的旅程中，有孕育，有观照，还有思考，那是在美中的孕育，对美的观照和思考。

一、爱者的所欲

　　在柏拉图的宴饮当中，客人发言的先后顺序决定了他们所作的颂辞之间联系的紧密与否。从苏格拉底的发言当中，就可以看出在苏格拉底之前的两

---

　　①　本章是就爱与被爱在爱欲中的关系和地位进行研究，柏拉图的爱欲是从爱者得到说明的，因此我们给本章的主题作此归纳。

位诗人的发言与苏格拉底的发言不无关系。先从阿迦通说起,在苏格拉底的开场白当中有一段对话就是在他与阿迦通之间进行的,也可以说是他与在场所有发言者的对话。因为阿迦通代表了他们所有人的观点(阿里斯托芬除外),这就是爱神是美善的集合体,是最大的福分。但是,阿迦通比其他人高明的地方在于,他试图先抓住爱神的本质,虽然后来他偏离了这个方向,但是也与苏格拉底所要讨论的问题的出发点不谋而合。

苏格拉底认为爱神的本质先要从他的对象谈起,爱既然是有对象的,那么就证明他缺乏他的所爱。正因为他缺乏他的所爱,因此他欲望自己的所爱,想要化无为有,这样就把爱和欲望联系起来了。爱什么也就是缺乏什么,缺乏将导致对它的欲望,爱就是这样一种对自己所缺乏的事物的欲望。这样,就颠覆了爱神的完善,人们之所以都认为爱神是完善的,是因为他们把爱神当成是被爱者,而不是爱者,是一个爱人,而不是情人。①

苏格拉底从情人也就是爱者的角度出发,得出了爱神不美不善的结论,把各位智者戴在爱神头上的光环摘下了,看起来爱神又变回了他本身,失去了那些矫饰,又成为了其所是。当然这个所是不是阿里斯托芬所说的,是人在找到了自己的另一半之后恢复了人原初的整一状态。因为,如果这另一半不美不善的话,那么他就不能成为欲望的对象。即使是人的手足,如果缺乏美善,也愿意砍掉,何况另一半? 因此,爱的本质不在于与自身关系的远近,而在于与善的距离的远近,因为爱神缺乏善,他欲求善,任何使他接近善的事物他就喜欢,而美恰恰就是这样一种事物。

当然,人们都认为,爱是对美的爱,这个美意指的是美少年,人人都爱娇童这是毋庸置疑的。苏格拉底就从爱与美的这种关系出发,思考爱者爱美又能怎样,那就是把美的事物据为己有。把美的事物据为己有之后又怎样呢? 这个问题回答起来有些困难是因为普通人在他们赢得了美少年之后,从后者身上得到了他们想要的,也就满足了,不会想到除了肉体快乐,他们从爱中还能得到什么。

苏格拉底说自己独懂情事,恰恰就表现在这个方面。他对娇童也有欲望,

① 参见柏拉图:《会饮》204C。

这从阿尔卡比亚德的话中可以看得出来,他也会对美少年进行谄媚、讨好,希望他们对自己有好感。① 但是当美少年爱上他之后,把他当成一般人那样用肉体去伺候,结果却像阿尔卡比亚德那样落得个不名誉的下场。因为他虽然爱苏格拉底,具有情人的一切彷徨和无助,但是他却不懂得苏格拉底的爱绝不是肉欲之爱,而一般人的爱恰恰就停留在肉欲之爱,所以他用一般人的想法去揣测苏格拉底必然要遭遇尴尬。

这就是苏格拉底提出人们占有美之后又能怎么样这个问题的用意所在,对于这些人的确难以回答,在肉欲之爱中他们或者担当主动的角色,或者担当被动的角色,就像这里的阿迦通一样。他们看到的是那由快乐激起的爱的泡沫,还没等泡沫破灭他们的爱就已经消失了,因此他们看不到泡沫下面的深水。苏格拉底看到了,他还要引导别人——不管是爱他的人,还是他爱的人——看到这个水有多深。

苏格拉底知道所有这些人都把爱和快乐结合起来,他们忽略了在这个过程中美和善所起的作用。因为美是和爱的对象结合在一起的,也许还容易理解,但是对于善,他们却忘得一干二净。这样当他们对于这个问题的理解陷入困难的时候,也是提出善的一个最佳的时机。如果把美换成善又能怎么样呢?他就会快乐。② 也许这里的快乐和善距离是如此之近,以至于人们想到善,就会想到快乐。但是与其说是善引出快乐,不如说是快乐引出善,因为在多数人的眼里,快乐是他们的一种日常的体验,对他们来说较为熟悉,在他们眼里也是和爱距离最近的,当中间的距离因为善而拉大的时候,他们等待的是爱和善的关系的澄明。

这里的快乐,不言而喻,是一切活动的最终目的。因为我们不必再追问他

---

① 参见柏拉图:《会饮》222B。

② 对于希腊词 ενδαιμονια,朱光潜先生翻译成"快乐",起初我还不太理解,联系柏拉图自己的学说以及上下文来看,这是一个高明的译法。首先,在柏拉图那里,在快乐和幸福之间并没有作出明确的区分,占据高位的始终是善以及对善的知识,即智慧,幸福并没有纳入到他的思考的范围;其次,柏拉图在《会饮》中所要说的,一定是从公众所能理解和接受的出发点来谈,对于爱欲也是如此。在一般人看来,爱欲和快乐的关系是不容置疑的,因此,朱光潜先生把这个希腊词译为快乐是有道理的。

为什么希望快乐,这个回答已经到达终点了。① 这样,爱是有所欲求的,在常人看来是快乐,快乐就是爱欲的终点。但是,柏拉图改变了这一点,快乐不是爱的终点,爱自身既不美也不善,而没有美善相伴,爱神不可能快乐。因此爱神通向快乐的路途是遥远而漫长的,快乐不是爱的目的,即使有人把快乐和爱联系起来,由于这种爱的易逝而不成其为爱。爱的目的是善,爱所欲求的也是善。这与通俗的观点并不相悖,没有善就没有快乐,因此爱首先欲求的是善,有善才会有快乐。

因此,以求善作为爱的根基,而不是把快乐作为爱的基础,这样的爱才会更为牢固地树立起来。及时行乐的爱是不会长久的,尤其是以快乐为目的的爱,因为快乐是易变的,以易变的事物为基础的爱有个风吹草动,必然就烟消云散了。相反,如果爱缺乏善,②那么他就会追求善。由于善是稳定的、不变的,因此即使爱本身还没有获得善,但它以一种稳定的、永恒的东西为目标,因此它本身也是持久的,是经得起考验的。

没有获得善的时候,他想要得到,这种欲望所支持的爱欲是持久的,获得善之后他自身就变成善的了,那么这种善的爱欲就更不会改变了。就像亚里士多德所区分的快乐的友爱和德性的友爱,前者大多发生在年轻人之间,来得快,去得也快。相反,后者因为是建立在友爱双方的德性的基础上,德性本身是持久的,又因为他们的实践具有相似性,都是为了对方好,这就使这种友爱更为持久。因此,在亚里士多德看来,德性的友爱是真正意义上的友爱,而快乐的友爱只是在偶性上与德性的友爱相似,才被看成是友爱。但是在柏拉图这里,却没有作出这样的区分,因为他的爱是与至高无上的善联系在一起的,即使爱还没有占有善,但是他也不允许自己的爱退而求其次,去追求快乐或者

---

① 参见柏拉图:《会饮》205A。

② 快乐和善相关于爱欲,能否作这样一种比较,还有待商榷。因为在早期和中期对话当中,柏拉图并没有把快乐纳入到善的视野,或者即使把快乐看成是善的一种,那么也是极其勉强的。因为快乐实在是很复杂,有爱智的快乐、爱利的快乐和爱名的快乐。因此,快乐本身之所以无法归结到善,是因为有些快乐会带来不好的结果,它们会破坏善,而不是使之增加。但是,在晚期的对话比如《斐力布》中,很明显,柏拉图将快乐看成是善的一种,那篇对话讨论的就是快乐和智慧哪种是更大的善,讨论的结果是独有智慧和独有快乐的生活都不是善的,只有二者结合在一起的生活才是最好的。

其他。不以善为目标的爱不是爱欲,如果爱欲是一种欠缺的话,那么唯一能使之感到欠缺的只有善,爱欲不缺乏快乐,因此快乐本身不能使爱欲感到欠缺,快乐不值得爱欲去为它感到欠缺。

这种对善的欲求贯穿了柏拉图关于爱欲和友爱的对话。在《李思》篇中,当苏格拉底得知希波塔雷在追求李思,而且是以一种赞颂的方式去追求的时候,他说这种赞颂只能使被爱者趾高气扬,越发难以追求到手。到了后来,苏格拉底对李思的提问向躲在人群背后的希波塔雷暗示了,如何才能搞定被爱者。不是赞美他,而是让他感到自身的一种欠缺,而且你恰好能够弥补他这种欠缺,他才会对你俯首帖耳,拳拳服膺。这就是苏格拉底声称自己独懂情事的表现。

因为苏格拉底挂在口头上的名言就是"认识你自己",认识你自己的最终结果就是知道你自己的无知。苏格拉底不相信德尔斐神谕,那个神谕说他是世上最有智慧的人,他走访了政客、智者、工匠,最后找到了神之所以这样说的原因——只有他承认自己的无知,但是,他并不终止于这种无知。他在不断探求知识,我们从几次他在一个地方一站就是几个小时甚至一整天,就可以看出他这种求知的痴狂。然而我们在《斐德罗》篇中,却可以看出这种无知不是先天的,人的灵魂在附到肉体上之前,曾经多少看到过真理大原上的景象,只不过在人世间的种种纷扰使人无心回想哲学,因此发生了遗忘。那么苏格拉底的那种痴狂就表现为他在努力回想曾经看到的景象,而且多多少少回想起来一些,就像阿迦通所恭维的,"这里,苏格拉底,请坐在我旁边,好让我挨到你,就可以沾到你在隔壁门楼下所发现的智慧,你显然发现到你所找的道理,把它抓住了,若不然,你还不会来"。①

苏格拉底那种痴狂不是随时都有的,是神赐的,这种迷狂是最好的,是爱欲的迷狂。在《斐德罗》中,是神赐的迷狂把爱欲与哲学结合到一起,而在《会饮》当中,则是一种极度的清醒把爱神和哲学家融为一体,这在苏格拉底身上体现得恰到好处。如果不是清醒,那么面对阿尔卡比亚德的美好胴体,他没有理由不动声色。但是,迷狂的顶点也是清醒,清醒的极点也是迷狂,二者都认

---

① 柏拉图:《会饮》175C。

识到自己的欠缺,并企图弥补这种欠缺。它们是追求完善的不同道路,无法把二者割裂开来。

在《会饮》当中,爱神对善的欠缺是通过他的出身体现出来的。由于他的母亲,他本人很丑陋,赤着脚,无家可归,而且很穷,无处栖身,财富在同一天来了,又流走了,他保不住财富。但由于他的父亲,他又很聪明,能耍诡计,玩哲学,是一位特出的魔术师。爱神就处在这样一种不好不坏、不美不善的境地,也处在智慧和无知之间。那么,能让他改变的只有善,虽然他不善,但是他认识到了自己在善方面的缺乏。因此他欲望善,这种对善的欲望和追求也不是单单停留在口头上或者心里,他要勇敢地付诸行动。就像他的母亲一旦意识到自己的不善,并且遇到了这样一个改变自己命运的机会,就立刻抓住了它,实现了自己的愿望,诞下了爱神,也使自己名垂千古。欲望和行动之间是有距离的,这种距离的弥合既需要理性所赋予的冷静,也需要迷狂所带来的执着。

当亚里士多德把最高善定义为幸福的时候,他没说幸福只要有欲望就能实现,他告诉我们的是好人和坏人在睡眠的时候差距最小。因此,人们说,在生命的一半时间里,快乐的人同痛苦的人没有区别。[①] 这样,只有在实现活动中,才能实现一个人的德性和幸福,友爱也要在共同生活中才能形成。对于柏拉图的爱欲来说,同样如此。"在柏拉图那里,有德的人对于他自身是自足的,因为他实现了所有的欲望,尤其是在对智慧的沉思方面他是完善的。相反,斯多葛学派则是在否定的意义上是自足的。他的完成不在于满足而在于消除欲望。自足在柏拉图那里意味着欲望实现得'已经够多了',但是伊壁鸠鲁那里则意味着说服你自己你所拥有的已经够多了。厄洛斯,作为欲望,在柏拉图那里是通过满足才得以消除,但是在斯多葛那里,则是通过消除来得以实现。"[②]既然柏拉图的爱欲望的是善,而且这种欲望必须通过满足才能得以消除,那么如何满足这种欲望呢? 当爱者对美善的欲望得以满足的时候,他自身得到了他想要的东西了吗,同时他为此付出了什么呢,换句话说,他给予了什么呢?

---

① 参见亚里士多德:《尼各马可伦理学》1102b5—10。

② Cyril C. Richardson, "Love: Greek and Christian", *The Journal of Religion*, Vol. 23 (Jul., 1943), No. 3, p.175.

二、爱者的给予

在柏拉图这里,爱神自身的不美不善使他欲求美善,美和善之所以是连在一起的,是因为没有美的存在,就无法想象善的获得。追求善的欲望要化为行动,这种行动就是使人在身体或心灵中所孕育的种子生殖出来,这种使内在的孕育变为外在的生殖的力量,就是美。也就是柏拉图所说的,爱就是凭借美来生殖,或者在身体当中,或者在心灵当中。人本来是忍痛怀着沉重的种子的,这种痛苦在遇到丑的时候会更为强烈,因为丑会使人全身退缩,使生殖的欲望更为压抑。但是遇到美就不同了,怀孕者会欣喜若狂,因为终于可以使他从怀孕的痛苦中解脱出来,美就是这样一种命定神和送子娘娘。① 它可以使你内在的产儿——不管是身体上的,还是心灵内部的——释放出来。

爱者追求善,因为他不善,也不是不死的生物。相反他是有死的生物,他不能像神那样永远保持不朽。因为神拥有善,而善是永恒不变的,只有具有善这样永恒不变的事物,才可以获得不朽。柏拉图曾经说过,灵魂如果脱离肉体,并且干干净净不拖泥带水,那么灵魂就可以进入善的世界。因为灵魂本身的性质也决定了它和善最为接近,也最为亲密,那么,这个过程只能在死后灵魂脱离肉体才能完成。但是,在这里柏拉图用另一种方式——爱欲——来获得善,无异于另一种死,因为死和性是如此的接近。

柏拉图认为人们的性都是为着一定的目的,其中最主要的目的就是生殖。如果单独为了产生快感而进行的性行为,那无异于四脚畜牲,纵情于淫欲当中。尤其是异性之间的结合,如果不是为了给城邦留下一个优秀的子嗣,那么是要受到谴责的;如果这种性行为是在婚姻外部进行的,无论是用钱买来的,或是以其他任何形式,一旦被发现就将被剥夺自己作为一个公民的荣誉,因为首先是他把自己看成是一个外邦人。② 而同性爱欲之所以是不自然的,就是因为他们的种子就像种在砂石里,白白浪费。

这样,在柏拉图那里合理的性都是有着它自身的目的的,这就是生殖。对

① 参见柏拉图:《会饮》206D。
② 参见柏拉图:《法篇》842E。

于无法生殖的同性之间来说,他们可以进行与肉体生殖类比意义上的生殖,这就是精神的生殖。可见,在柏拉图这里没有为性而性的行为,只有为性而生的行为。可是,在这种生殖当中,人必然要把身体或精神当中的胎儿孕育出来。而且怀孕的是爱者,那么可以看出爱者在爱欲中无异于死了一回,人只能用死换来生。因为他是有死的,他要像神那样不朽,就只能把自己内部的力量释放出来,这就是他的给予,是他在释放的时候所获得的精神产物。他在给予的同时也得到了,在创造的同时也给予了,因此,他会在类似于神的意义上获得不朽。

柏拉图把性等同于生殖,或者说只有为了生殖的性才是有价值的,在这个意义上,人还没有区别于其他的生物。可是在性的享受中,人确实是在寻找自己原初的状态。在性高潮当中,人只满足于最低的本能,甚至人会满足于做一个柏拉图意义上的四脚兽,因为在性爱中所表现的兴奋和沉迷与四角兽无异。在性爱当中,人是脆弱的,因为他是不设防的,他忘了自己,忘了世界,只在共同营造的气氛当中以对方为所有。在这个过程中,他不愿意世界存在,也不愿意他自己存在,他宁愿在性中死去,即使真的死去了,他也无怨无悔。

这种死的类似状态就表现在两个人在做爱之后的深度睡眠,[①]那是只有性才能够给予的,就像胎儿从母体出来之后所进行的睡眠那样。无怪乎弗洛伊德把人的利比多看成是人自从出生或出生不久就有的,人所满足的也即是那个时候就已经产生的利比多,所谓的幸福就是对这种利比多的怀旧。[②] 可见人从婴儿时期就有的东西却不能得到释放,必然给人的身体或心理造成疾病。但是,柏拉图认为,人要释放的不是性欲,而是生殖的欲望。如果这种欲望得不到平泻和排解,人同样会得病,而医治这种病的药方就是美。[③] 只有遇到美少年之后,才能使人产生生殖的欲望,才能把内在的力量释放出来。

亚里士多德认为,性爱的起点是爱者从对被爱者的注视当中所获得的快乐,他认为爱的目的不在于性,而在于感情。被爱者的美所给予的不仅是注视

---

① 参见今道友信:《关于爱和美的哲学思考》,生活·读书·新知三联书店 2003 年版,第113 页。

② 参见 Thomas Gould, *Platonic Love*, London: Routledge & Kegan Paul, 1963, p.48。

③ 参见柏拉图:《斐德罗》252B。

他的快乐,而且这种快乐必然引起更大的欲望,那就是追求性爱的快乐。当然,这是爱的不同层次,如果爱者从对被爱者的注视中得到了快乐,被爱者也从爱者对他的注视中获得了快乐,那么这就表明这种爱是建立在双方都能给予对方快乐的基础上。对于爱者来说,在他的注视中被爱者脸上所现出的羞涩和躲闪是那么迷人,一方面,就像苏格拉底所说的,这就是被爱者的内在的精神品质——节制——的外在的表现,①因此,这双重的美更加深了爱者对他的爱。另一方面,这种羞涩也必然让人联想到从爱到性的隐秘,"性本来就是隐秘的……这种自身的秘密要认真珍藏好。爱的萌生之所以始于羞涩,原因恰恰就在这里"。②

亚里士多德所说的爱在于感情,这种感情也随着爱的发展而加深,而且性的结合恰恰能够加深爱,"不久我们就要最终结合在一起。我要张开臂膀,我要紧紧抱住你,我要与你滚动在伟大的秘密中。我们迷失了自己又找回了自己。没有什么会使我们分离。你不能分享这幸福,多么遗憾"。③ 如果说在彼此的注视当中还在用眼神沟通,偶尔也有心灵的碰撞,但是,只有在性爱当中,身体的融合才能在更深的意义上触及灵魂;只有在性爱当中,你才能扪心自问,"你爱这个与你在一起的人吗",这个时候你要认识的不仅是对方,还有你自己。在与对方的水乳交融当中,你得到了什么,你变成了什么,这一切的一切都只能在性爱当中达到明朗化。性使你对自己的认识不断扩展,使爱的深度不断加深,伴随着这种加深的爱,那么彼此的感情也必然在不断升温。在这个过程中,你塑造了一个全新的你,在性爱当中也塑造了一个全新的与你配合默契的对方。毋宁说,你重新发现了自己!因此,爱和性是无法分开的,当然我们宁愿爱是性的开始,没有性的爱是受人崇敬的,但没有爱的性却是遭人鄙夷的。

尽管这样,我们不能把柏拉图误解为推崇无性的爱,只不过他把性和生殖连在一起,而使本来就隐秘的性更加不见踪影了。但是从他对一个孕育者对

---

① 参见色诺芬:《色诺芬的〈会饮〉》,华夏出版社 2006 年版,第 48 页。
② 今道友信:《关于爱和美的哲学思考》,生活·读书·新知三联书店 2003 年版,第 117 页。
③ 乔治·巴塔耶:《色情史》,商务印书馆 2004 年版,第 3 页。

美的感受和反应上,可以看出那与性反应无异,"凡是有生殖力的人一旦遇到一个美的对象,马上就感到欢欣鼓舞,精神焕发起来,于是就凭这对象生殖。如果遇到丑的对象,他就索然寡兴,蜷身退避,不肯生殖,宁可忍痛怀着沉重的种子"。① 柏拉图把性和生殖联系起来,不主张人为了性而性,人首先要想到自己是一个有死的生物,性本身对于人的有死性不能有丝毫改变。但是与之相连的生殖却可以为人留下一个新的个体,来代替自身。这一点也可以在动物身上看到,它们为了哺育婴儿甚至不怕最弱者与最强者搏斗,自己忍饥挨饿也要养活婴儿。②

对于父母来说,儿女就是自己操劳半生的产品,这个产品就好像自身的一部分,只要懂得自爱就会爱自己的儿女。他们不仅有希望儿女好的善良意愿,而且他们也在做着所能做的,来实现儿女这种善好。因为儿女越是善好,就表明他们自身的实现活动完成得越好,他们会越发珍爱自己心血的结晶。在亚里士多德看来,这就是作为施惠者的父母更爱作为受惠者的儿女的原因,"存在对于一切生命物都值得欲求和可爱,而我们是通过实现活动而存在,产品在某种意义上也就是在实现活动中的制作者自身。所以,制作者爱他的产品,因为他爱他的存在,这其实很自然"。③

亚里士多德的友爱都是在自爱的基础上引申出来的,一个人首先与他自己建立一种关系,好人与他自身是和谐一致的,在这个意义上,他爱他自身。因此,在与朋友相处的过程中,他也能以有德性的自身去爱朋友。相反,坏人首先与他自身就不一致,他每时每刻都在悔恨自己所做的事,但是当这样的时机到来时,他又去做同样的事,这样他与日俱增地恨他自己。因此,一个人与朋友的关系决定于他与自身的关系,包括父母与儿女的关系也受父母与自身关系的钳制。自爱的父母必然爱自己的儿女,尽其所能去实现儿女的善,因为这就是他们自身的善。

当然,对于父母的恩惠是报答不完的,在这个意义上,不管是对于神的恩

① 柏拉图:《会饮》206D。
② 参见柏拉图:《会饮》207B。
③ 亚里士多德:《尼各马可伦理学》1168a5—10。

惠还是对于父母的恩情我们都只是尽能力回报,而不是酬其配得。① 在柏拉图那里,也把神和父母看成是我们供奉的对象,认为侍奉好后者将使家中的炉灶变得神圣。"所以当人们有年老体弱、生命将要终结的父母在家时,应当记住有这样的人在家里会使家中的炉灶变得神圣,如果能够正确地崇拜他,没有任何偶像能比它起到更好的作用。"②因为父母为子女祈福能够得到神的重视,并使之实现,对于不孝顺的子孙,那么父母惩罚的咒语也会兑现。③ 因为神首先会相信父母,而不是相信子女。

从亚里士多德的解释当中,可以看出神这样做是有道理的。一般来说,没有父母不爱自己的子女,相反子女对于父母的爱却没法和前者相比,因为对于父母和子女来说,一个是爱者,他要付出和给予,他不能不爱自己倾心浇灌的花朵。但是对于被爱者来说,当这枝花朵绽放的时候,他能否想起他的养育者却不一定。因此,除非子女对父母太过分,否则父母不会诅咒自己的儿女,这也是神宁可相信父母而不相信子女的原因。

亚里士多德并没有把父母对子女的爱看成是父母在追求自身的不朽,但是他并非没有看到人的可朽性。他认为人能够获得不朽不是靠着身体的孕育,而是靠灵魂当中最近于神性的部分,这就是努斯。灵魂当中只有这个部分充分发挥其功能,即人要尽量地过沉思的生活,才能获得不朽。"如果努斯是与人的东西不同的神性的东西,这种生活就是与人的生活不同的神性的生活。不要理会有人说,人就要想人的事,有死的存在就要想有死的存在的事。应当努力追求不朽的东西,过一种与我们身上最好的部分相适合的生活,因为这个部分虽然很小,它的能力与荣耀却远超过身体的其他部分。"④亚里士多德的这种不朽,由于它本身的自足性,只要一个人沉思就能完成,这里并不涉及爱,因为过这种生活没有欠缺,而爱主要是因为对善的欠缺而产生的。

对于柏拉图来说,爱由于欠缺才欲求善,而且人要永远占有善,这要求人要超越自身的有死性,达到不朽。对于爱者来说,就是在美中孕育,或者凭身

---

① 参见亚里士多德:《尼各马可伦理学》1163b10—15。
② 柏拉图:《法篇》930E—931A。
③ 参见柏拉图:《法篇》931C。
④ 亚里士多德:《尼各马可伦理学》1177b30—35。

体,或者凭心灵。而且,主要是在后一种意义——精神的孕育——上与亚里士多德是相似的,因为后者也是运用灵魂中的最高尚的部分(这个部分才能代表人自身),过一种沉思的生活。这种生活本身就是最幸福的,是最近于神性的。在亚里士多德那里,不朽是一种沉思,通过这种沉思的生活才能获得。但是,在柏拉图这里,不朽是靠一种孕育和创造。当然,怀孕的是爱者,因为对于他们来说,从幼小的时期起,心灵就孕育着这些美质,到了成年时期,就起了要生殖的欲望。[1] 但要等到遇到一个美的对象,才能进行生殖,把孕育的东西种下种子,结出果实,这是爱者自身的给予。

他用自身的孕育献出了精神的产品,就像荷马和赫西俄德的诗篇,至今还为人们所传颂,在精神上泽被后代。同样,梭伦和吕库古的法律给全希腊人造福,这都是他们精神孕育的成果,是爱者对爱的感激和奉献。因为他们的精神成果来源于两个人(当然孕育的是爱者,但是没有美,这种孕育也不可能),能够享受这种精神成果的却是他们的同时代人以及后人。因此,对于这种精神的成果人们更易钟情,也给他们的父母带来不朽的荣誉和美名。对于肉体子女来说,可能受益的只能是他们的父母,或者如果子女很出色的话,至多是同邦人,但是很少超出那个时代,那个城邦。这样肉体子女能给他们的父母带来的不朽,比精神子女带来的不朽自然要逊色得多,后者可以超越时代,名垂千古。

这就是柏拉图所赞成的同性之爱的孕育和创造,因为只有在同性之爱中,这种哲学的酝酿和探讨才有可能。因此,爱者所能给予的只能是在遇到一个美少年之后,把自身的胎儿生殖出来,这是他自身对善的发现,同时也是他对爱的一种给予和回报。当然,真正能够使他达到不朽的是在攀登美的阶梯之后,凭临了美的汪洋大海。在这大海当中,泛起的朵朵浪花都是美的,有美的形体、美的心灵。在这二者之中,爱者与之孕育出了美妙的道理。这大海当中还有美的行为、美的制度、美的知识,但是这些美的实体都是用来观赏的,爱不能停留于对美的观赏,而是在美中创造。在这朵朵浪花之中升腾起了美的本体,即美本身,世界上所有的美的事物都因它而来,因此它是最美的,是时时处

---

[1]　参见柏拉图:《会饮》209B。

处的美,是永恒不衰的美。最终的创造就是在爱者与这美的本体的结合中完成的,它们孕育出的是真实的德性。只有获得了这真实的德性,爱者才能真正达到不朽。爱者达到了善,同时与善在一起,换得了自身的不朽。

三、所欲与给予之间的张力

我们每个人都是有死的生物,在柏拉图看来,对于这种有死性的超越,可以是肉体上的超越,也可以是精神上的超越。在人由生向死的过程中,通过孕育和创造而不断获得新生,这种新生就如哈克福思所认为的,是一种代用的(vicarious)不朽。不是创造者真正的不死,而是在他身后留下一个个体,与他自身相似。那么,看到这个个体,就能让人想起这个个体的父母。在这个意义上,人才能实现不朽。凡人所能获得的不朽,都要依这种方式。

只有这样,人才能把生延伸到将来,柏拉图的爱欲是向将来敞开的。在他意识到自身在美善方面的欠缺这个意义上,他所延续的不是过去的他,而毋宁说是通过爱欲和创造,把过去的他身上的善保留下来。随着他在孕育中的创造,把原来的善好延续下来,并且在这个新的产物上保留下来,这样他会变得更善。在这个意义上,他所要延续的自身是要成为一个善的抽象化身,如果他离开了这个善,那么他就会成为一副空壳。说到底,他不认为自己什么都好,他所爱的也不是属于他自己的某一部分,除非他把凡是好的都看作属于自己的,凡是坏的都看作不属于自己的,人只爱凡是好的东西。[①] 就是在这个意义上,如果自己的手足是不好的,他都宁愿砍掉,不会因为那是自己的东西而有丝毫的怜惜。

既然自身是不美不善的,那么,柏拉图在这个意义上想要实现自身的不朽,就有点矛盾了,除非我们换一个角度来理解柏拉图的不朽。这种不朽不是在自身不善的基础上还要保持自身,而是在保留自身善好的基础上,创造出带着自身善好的精神产物,用这个精神产物来代替原来的自我,以这种方式才能获得柏拉图意义上的不朽。在这个过程中,我们只看到了善,似乎不朽本身意指的还是善的不朽,没有善就没有不朽。最后我们看到了善,而躲在善背后的

---

① 参见柏拉图:《会饮》205E。

创造者却气喘吁吁，精疲力尽。因为人想跟上善的脚步，想和善一起成为不朽，对于人来说永远是望尘莫及的。

柏拉图想要的不朽不是现在的我的不朽，而是把现在的我改造成精神的孕育者，在达到善之后所实现的不朽。那么，我们将要看到，在肉体生殖上，柏拉图的不朽是难以实现的。因为通过肉体生殖所孕育的是肉体子女，可是，虽然父母生了他，但却不能保证他就能实现父母所欠缺的善。因为父母连自己的手脚都保证不了是善的，更何况与自己的肉身相分离的子女？如果自己的子女也缺乏善，那么就不能保证通过他们来实现自身的不朽；但是在精神生殖上，爱者通过一个美的对象把自身怀着的种子孕育出来，就像荷马的诗篇、梭伦的法律、贝多芬的音乐、歌德的诗篇，的确流传不衰。只要它们自身为人们提供精神上的享受，那么，它们的父母就会为人们所赞颂，这也是心灵子女比肉体子女更优越的原因所在。可是世上有几个贝多芬，有几个歌德？可能人人有爱，但是，不是人人都能成为贝多芬。

大多数人在爱中首先还是看到了自己，乃至在得知自己的不完整之后，去寻求自身的完整。在阿里斯托芬的意义上，爱是向过去的回复。因为人要恢复原初的自我，人的欠缺感来自于人失去了自己的另一半，爱的意义就在于这种寻找，因此阿里斯托芬的爱是感人的。在爱中，人要的不是什么善，因为那与自我无关，人要的就是自身的完整。之所以感人，因为这是人对爱的最基本的要求，如果连这种最基本的要求都无法满足，那岂不是很可怜吗？因为这种可怜而使人感动。这种爱，爱的是肉体和自我，它看不到自我以外的世界，那个世界太遥远。只要我找到了自己的另一半，那么，我和自己的另一半就构成了一个世界。这个世界只为已经恢复完整的我所享有，他也看不到将来，将来的他自身的善与不善与他无关。

阿里斯托芬的爱者是幸福的，他饱含热泪地走向过去，而柏拉图的爱者是面向将来的，他要义无反顾地奔向将来。因为只有将来才能给他达到善的希望和机会，现在的自我是缺乏善的，不能让他自己满意。现在的爱人也不能让他驻足，因为他不能给予他真正的善。善本身永远静待在那里，等着有爱者和有志者，人所能达到的只能是在看到美的本体之后，与之结合而孕育出真实的德性。此时，爱者达到了善，却失去了爱。他是孤独的，由于他的执着和坚定的攀登,最后与善在一起了,却无人与他分享这种美和德性。他只能是一个孤独的王者。因为达到了善,爱也就不存在了。

柏拉图爱欲的出发点是自身的不美不善,要想获得美和善,那么就要进行孕育和创造。因此在他那里,爱欲是一种创造,这种创造的欲望却是在美的对象面前得以激发的,没有美的对象,爱者即使忍痛怀着种子,也要全身退避,不肯生殖。因为美和创造的欲望结合在一起,所以美和善是分不开的。对于爱者来说,他首先要认识到自身的不美不善,因为这种认识,所以不能把这种不美不善等同于丑和恶。就像哲学家都是介于有知和无知之间,他不能像神那样,全知全能。但是又不同于无知的人,因为无知的人不知道自己的无知,或者满以自己的无知而洋洋自得。

因为智慧本身是最美的,因此爱神也是爱智慧的。在这个意义上,他也是哲学家,他能够认识到自身的不美不善。这种认识很重要,他使你知道你需要的是什么,欲望的是什么。当一个人的欲望被引导流向知识及一切这类事情上去时,他就会感受自身心灵的快乐,不去注意肉体的快乐,如果他不是一个冒牌的而是一个真正的哲学家的话。① 在这个意义上,苏格拉底在与阿尔卡比亚德睡那一夜之后,彼此都相安无事,并不是因为苏格拉底对肉体没有欲望,而是他自身的欲望已经被引向了知识和智慧的方面。

在这方面,他认识到了自己的无知,其他的一切都要服从知识的获得和德性的实现这个目的,包括在他与男童的关系中,也以此为最大的目的,同时能给他带来最大的快乐。柏拉图从他的老师身上看出欲望并不是完全堕落的,要看有欲望的人如何来引导它。当它朝着高于它自身的目标,比如智慧、知识前进的时候,那么,欲望将产生极大的冲力。就像这里的爱者,背负着自身不美不善的沉重十字架,向上攀升。他带着几分冷静,因为他认准了自己的目标,同时又带着些许疯狂,因为没有什么能够改变他的意志。他就是带着这样一副不达目的誓不罢休的架势,让人不敢接近这个集冷静和疯狂于一身的攀登者。

爱者对自身不美不善的意识必然像爱神的母亲一样,化为一种冲创意志,

---

① 参见柏拉图:《理想国》485D。

表现在贫乏神能够在认识到自身的贫乏之后,适时地抓住机会,与丰富神结合,诞下爱神。也许遇到丰富神本身并不代表什么,她也不一定就爱上了他,她渴求的是得到自身所缺乏的善。这种善恰好在丰富神身上分有一部分,因为他既美、富有且智慧,她将要达到的善只能在和一个善的分有者的孕育之后才能产生,至于这种善的载体是谁,并不重要。贫乏神作为一个爱者,充分地掌握了自身的命运。在她与善的相爱中,改变了自己的命运,这样,自己因为是爱神的母亲而成为不朽。

即使这是一个爱神诞生的神话,但是,作为人,我们都能感到自身的欠缺。同样,古希腊的人们,对自身和外界的变化多端有一种无奈和感伤。人生多变,世事难料,人即使不能像神那样保持不朽,也要抓住一点永恒的东西。只有使自身与永恒的事物在一起,才能获得自身的不朽。柏拉图找到了这样的东西,这就是善,也许它离我们很远,在那个属善的世界。但是没关系,在人间我们仍然能够找到善的亲缘,那就是美。美总归是可以得到的,而且美在人世的仿影是最接近美的本体的,只要到达了美的本体,那么我们离善也就不远了。

在《斐德罗》中,人是通过美在人间的仿影而达到了美的本体,由美的本体再达到善的本体,这伴随着神赐的迷狂。所以,对于爱者来说,也许他并没有为此付出太多。但是对于《会饮》中那个攀登的爱者,善却不是在那个离美很近的真理大原上,善永远是在爱者攀登的前方,在爱者经过艰难的攀登之后,遇到了美的本体,经过与美的本体的神圣联姻,才能诞下真实的德性。对于爱者来说,这才算是修成正果了,最后,达到了善。但是,你选择了这样一条求善之路,就意味着你要付出常人无法想象的代价。

对于大多数人来说,只满足于与美的形体沉浸于鱼水之欢当中。但是,一个真正的哲学家却一定要超越,要自省,要知道你爱的是善,但你还没有得到善,你还要攀登。爱意味着付出和牺牲,不管你爱的是什么,娇童、美女抑或是善,你都要为此付出代价。对于娇童,你要冒着被拒绝的危险,但还是要展示你自己,取悦对方,直到最后,让后者自愿地给予,让你享受爱的甜蜜。对于美女,你更要想方设法去博取对方的欢心。中国古代有个君主为了博取美人一笑,不惜拿战争来开玩笑。唐明皇为了杨贵妃,更是置金钱、物力和人力于不顾，"一骑红尘妃子笑，无人知是荔枝来"。这就是爱者在爱中的疯狂，在柏拉图看来，这是一种病态，因为最终你发现你的爱换来的不是别的，而是空。因为这种爱所能带来的结果不是欲望的满足，而是欲望的沟壑越填越大，最后一场爱换来的是空虚和无物。

如果彼此相安无事还好，最可怕的就是把爱扭曲为一种完全的占有，这样爱换来的是伤害，甚至这种爱本身就加速了爱的灭亡。这也是柏拉图把爱由娇童转向抽象的善的原因，因为后者是不动的，它就在那里静静地等待着矢志不渝的攀登者，最后到达那里的人一定是历经艰辛。我们可以套用马克思对科学的热爱的一句话来形容爱者：在爱者求善的道路上，没有平坦的大道，只有沿着陡峭山路攀登的人才能到达光辉的顶点。这个顶点就是善，由爱到善就决定了一个爱者的攀登的旅程。善永远奖励一个勇敢的攀登者，它不会辜负爱者，但是，娇童和美女却有可能背叛爱者。

为了善好而走到一起的爱情，对于爱者和被爱者的人生来说，都是一种提升。这种提升也将使他们对爱情有更好的理解，完好的爱情能够成就完好的人生。这种完好的人生一定是爱者奋力争取来的，就像赫拉克利特一样，在唾手可得的幸福和不畏劳苦的艰辛之间，他选择了后者。他要为自己的选择付出代价，这个代价不只是汗水，有时甚至是生命，就像苏格拉底为了实践自己的德性，走向了刑场。在一个爱者看来，没有什么比你所珍视的东西更重要了，别人可以夺去你的生命，但是对于你的德性，也就是你的最爱，剥夺者却无能为力。最后，即便你丢掉了生命，但是你珍爱的东西还完好无损。只要它是善，你就永远与善在一起，你同样获得了不朽。

柏拉图的爱者自身总是具有一定的德性，这种德性在爱的激发下，使他能够去追求善，去达到善。比如战场上只要有自己钟爱的人在场，就会激起勇士百分之百的勇气去战胜敌人，赢得荣誉，成就善。对于哲学王来说，他从洞穴中走出来，见到了真正的善。但是，他要返回洞穴，把人们从无知的状态中唤醒。柏拉图戏剧中的主人公总是在积极地改变些什么，使善距离人们更近。这是那个时代赋予人们的一种昂扬的斗志和进取的精神，明知善不可及，但是人们却在爱欲的名义之下，进行不懈的追求。

这是后代的人们已经放弃了的，在斯多葛学派的人看来，最大的善就是德性。因为只有德性是一个人通过努力就可以获得的,而任何依靠外在世界才能获得的事物就不要去奢望了。因为这个世界充满了变数,是人无法控制的,人不能决定他自身之外的事物,但他可以决定自己的德性。至于柏拉图所说的善,那就更不要提了,还是放在一边吧。因此在他们那里,也没有与善相关联的爱,"斯多葛派不曾有过爱邻如己的观念;因为爱除了在一种表面的意义上而外,是斯多葛派的道德观里所没有的"。①

这似乎也是那个时代现实的折射,到了基督教这里,与柏拉图的爱有了更多的联系。柏拉图爱的对象是善,在这里善的人格化身就是上帝。因为上帝本身是充满了爱的,他要把这种爱给人类,那么他本身一定是充满了人的血肉和感情。"如果上帝要把宇宙中爱的力量加以理想化,那么他必须具有人的特性和灵魂,有仁慈、敦厚甚至和蔼可亲的个性,是一个平易近人的父亲,是人们能够理解并作为自己行为准则的客观存在的人。"②

柏拉图的善具体化在上帝的身上,因为他是神,那么依照柏拉图的看法,他不可能爱人类,因为他自身无所匮乏,对于他来说没有产生爱的动力。但是,对于基督教的神就不同了,因为他已经人格化为上帝了。这个神充满了爱,我们正是在神爱的照耀下才存在的。"在除神以外别无他物的创始之初,神之所以为神,正因为他心中充满爱。作为满怀爱的神,想把自己的爱分给谁,可一看四周,除了自己谁也没有。这样,神就想造一个用来容纳自己爱的容器,也就是作为自己所爱对象的存在。如果,我们承认这种假设,那么我们正是作为接受神爱的容器被造出来的存在。"③但是,人从上帝那里承受了爱,同时上帝只能释放爱,而不能接收爱。这样,人作为承载神爱的容器,如果这种爱不向外流的话,就会满溢而出。

既然神的自足决定了他不需要被人所爱,那么他教给人的是爱邻如己,"你只要接受我的戒律也就是对我的爱了",④那也是对他给予你的爱的回报

---

① 罗素:《西方哲学史》上卷,商务印书馆2003年版,第324页。
② 欧文·辛格:《爱的本性》第一卷,云南人民出版社1997年版,第181页。
③ 今道友信:《关于爱和美的哲学》,生活·读书·新知三联书店2003年版,第148页。
④ 欧文·辛格:《爱的本性》第一卷,云南人民出版社1997年版,第173页。

了。"上帝对人的爱是 agape,人对上帝之爱是 nomos。"①可见,被人格化的上帝作为善的化身,他能够爱人,而且他这种爱也是人们之间互爱的来源。但是,对于善来说,它因为自身的自足和不朽,它不能爱人,只能为人所爱。它静静地等在那里,等待着有爱的人,但当爱者与善在一起的时候,爱者无爱了,但是善者还善。

第二节 积极的爱欲与回应的爱欲

爱者认识到自身对善的欠缺,想要得到善,并且想永远占有善,但是他却不能直接和善相爱。即使爱的目的是善,如果爱的起点是爱者对被爱者注视获得的快乐,那么由于善不在场,爱者无法获得这种快乐。由于美与善不能分离,而且美在人世的仿影又最能打动人,因此,有美在,就会产生爱。这种爱或者是通过在美中孕育,或者是遇到一个美的对象所引起的回忆。爱离不开美的对象,进而发展为他们之间的互爱,至于这种互爱模式如何建立,则要涉及爱者和被爱者想要从爱中得到什么。

一、爱者眼中对被爱者的爱和被爱者眼中对爱者的爱

柏拉图的爱是一幕悲喜剧,它总是在幸与不幸之间摇荡。而神是十足幸福的,虽然他的灵魂也和人的灵魂一样,分为三个部分——御车人和两匹马,但是,神所使用的马和御车人本身都是好的,而且血统也是好的,此外一切生物所使用的马和御车人都是复杂不纯的。② 这就是人的生活当中有爱,而神的生活当中无爱的原因。爱是对灵魂的一次涤荡,它虽然经受了它不该经受的,但是也使它享受了它不该享受的,这种经历和享受神是理解不了的,因为神不需要爱。

神也不会想到另一个灵魂在爱者的带领下,向他靠近。神就像善一样,在那静静等待,而爱者却在使美向他靠近,有了这种美,神就能理解他为什么会

---

① 欧文·辛格:《爱的本性》第一卷,云南人民出版社1997年版,第173页。
② 参见柏拉图:《斐德罗》246B。

静待在那里。因为神不爱美，他也不需要寻求美。他本身就已经如其本然地看到过美善的本体，任何美都比不过这美善的本体，因此任何美都打动不了神。神似乎也理解不了人对美的这种感情，由于神的灵魂是和谐的，所以他不会经历那么坎坷的命运，神永远是幸福的。但是人却不同，即使历经坎坷，如果真能遇到传说中的美的话，那么所有的经历都是值得的。因为把他从坎坷中拯救出来的力量是爱，如果没有这种坎坷，他不会经历爱，不会去爱。爱使人接近神，甚至变成神，但是他到底愿不愿意成为神，却不一定，因为神没有爱。

　　人的命运决定于他的灵魂，人的灵魂虽然也和神的一样分为御车人和两匹马，但是在御车人与马伴之间却是有矛盾的。马伴理解不了御车人在做什么，不认同后者所制定的目标，人的灵魂的命运因此而改变。但是，人的灵魂也有与神最为接近的部分，这就是灵魂的羽翼。羽翼的本性是带着沉重的物体向高飞升，升到神的境界的，所以在身体各部分之中是最近于神灵的。① 由于灵魂的神圣性，所以他只能靠神圣的食物来滋养，这就是真理大原上的景象，即真善美的本体。

　　这也是没有见过真理大原上的景象的灵魂，不能附到肉体上来的原因。因为得不到这种特殊营养的灵魂，就无法长羽翼。没有长羽翼的灵魂就不是完整的灵魂，对于任何灵魂，即使因为御车人和马伴的不和，导致灵魂的坠落，化身为人，但是只要灵魂是完整的，就还有再长羽翼的希望。这种希望使人不会在长羽翼上放弃努力，因为他的这种努力的最大回报就是灵魂恢复羽翼，举翼飞升。

　　虽然人的灵魂的羽翼与神的羽翼相同，都要靠真理大原上的景象来滋养，但是，人的灵魂之马伴的营养却不如神的灵魂之马伴的营养那么高贵。即使神因为如其本然地见到了真实体，他灵魂的羽翼已经得到了滋养，但是，他的马伴却不能从这里得到营养。他还要再回到天内，回到他的家之后，御车人把马牵到马房，拿仙露琼浆来给他们吃。② 神之所以是神，在于灵魂中的马伴认

---

① 参见柏拉图：《斐德罗》246E。
② 参见柏拉图：《斐德罗》247E。

同整个灵魂的目标。即使马伴没有从这种驾驭神的马车到天外的巡游当中获得任何他自己的营养,但是,他却能无怨无悔地付出辛劳,听从自己主人的指挥,似乎主人的所得就是他自己的所得。

但是,对于人的灵魂来说,马伴还无法认识到这种真理大原上的东西对于他的主人有多么重要。他只是抱怨自己的辛苦,不愿意向上飞升,只有下降是轻松的,因此他就把整个灵魂拖到地上。① 这是由于御车人没有对其进行很好的教练,使马伴认同自己的目标。这种教练就只能在灵魂附身之后,在人间完成。因为人间有美,而美是御车人和马伴都欢喜的,在遇到这样一种共同欢喜的目标之后,那么御车人对马伴的训导也就开始了。

在灵魂附身之后,爱者还时时想着恢复羽翼,但是每个灵魂没有过一万年就不能恢复羽翼。唯一能够恢复羽翼的就是爱智慧的哲学家,或是以哲学的爱去爱少年人的。他们如果能够维持这样的生活三次,那么就可以在三千年满了,恢复羽翼,举翼飞升。② 之所以要对灵魂进行这样的考验,主要是看马伴是否服从主人的调度。如果不服从,即使飞升到上界,那么还是要坠落到地面上来,化身为人。而且,马夫训练马伴也不是容易的事,因为后者对于那个真理大原上的景象不感兴趣,更不用说对于它们在人世的仿影了。这就是"正义、智慧以及灵魂所珍视的一切在它们的尘世仿影中都黯然无光"的原因,因为马伴本身不带动马车朝这方面张望,而马夫本身所具有的也是不健全的推理能力。③ 想要从这些仿影中见出原来的真相,要费极大的麻烦,一是马伴时常要惹麻烦,二是自身的理性不能像神那样是完美无缺的。

可见,灵魂在化身之后,所做的第一件事不是去找出真理的本原,而是首先要找到能够说服马伴的力量。经过这种力量的洗礼,马伴能够认同整个灵魂的目标,这时爱者想要实现羽翼的恢复和灵魂的飞升才有可能,这种力量就是美。美能荡涤一切尘埃,美能软化灵魂中最坚硬的部分,美能使不和变为和谐。因为没有人不对美动心,包括顽劣的马伴。但是马伴在遇到美之后,第一个反应可能是哑然失色,进而不顾马夫的劝阻,要不顾一切地接近这种美,要

---

① 参见柏拉图:《斐德罗》247B。

② 参见柏拉图:《斐德罗》249A。

③ 参见 Hackforth, *Plato's Phaedrus*, London:Cambridge University Press, 1952, p.95。

享有这种美。

这种欲望是如此之强烈，以至于马夫和另一匹马也动心了，那就由它去吧。"因此，他们来到那美少年面前，看见他满面红光。那御车人因而回想起她和节制并肩站在一个神座上"，①这时他不敢靠近了，他被他自己的所作所为吓着了，他怎么能让自己听从这个畜牲呢，他不是被这个畜牲打败，而是被他自己打败。想到这里他懊悔不已，用了各种手段制止马伴，甚至包括暴力。让这个畜牲一看到那个美的对象就发抖，因为他不能抵抗自己去接近美的欲望，又慑于马夫的武力，不敢去接近。这样他只好不去看这个美的对象，而是低头贴耳服从马夫的调度。

当他们之间达成一致之后，来到美少年面前，这时给美带来的是福音，而不是把他看成是满足欲望的工具。可见，美的出现是给马夫训练马伴提供了一个机会，在马伴最为动心也是最为脆弱的时刻，马夫适时对他进行了说服，动心的是人世的这个美是他不曾经历过的，脆弱的是为了这个美他愿意自己忍受痛苦，如果能让这个美本身享得福祉的话。这时这个马伴显得又可爱又可怜，但是，如果不这样经受美，他还是原来那个桀骜不驯的他。没有什么能让他改变，但是爱能够改变它，把最顽劣的变成最听话的，把最坚硬的变成最柔软的。这样，经过爱的洗礼，人的灵魂也像神的一样和谐了，这是人经历由不和谐所造成的不幸，再向和谐所给予的幸福转变。神不会经历这种幸与不幸的交织，神也不会有爱的颤栗、爱的期盼和等待，人却要经历这一切。因为人的灵魂需要爱的洗礼和涤荡，经历了这一切，再爱它所爱。

爱者的灵魂经过了此番斗争，他的灵魂获得的是一种和谐，这种和谐是因为马夫和马伴在关于美的对象身上应该爱什么达成了一致。只有在这个时候，爱者才会倾心向美这方面张望。当他凝视的时候，那美就发出一种极微分子的流，流射到爱者的灵魂里。他的灵魂经历一种从未有过的高热，这样羽翼就在久经闭塞不能生长之后又苏醒过来，羽管也涨大起来，从根向外生展，布满了灵魂胸脯。② 灵魂在爱的滋润下又重长羽翼了，但是，爱在使灵魂中的马

---

① 柏拉图：《斐德罗》254B。
② 参见柏拉图：《斐德罗》251B。

和御车人达成和谐之后,却又使灵魂本身经受爱的煎熬。因为爱人在的时候,爱者就满心欢喜,这种爱的欢悦使灵魂的羽翼得到营养。但是如果爱人不在身边,他就想念得不行,因为灵魂见不到他的爱人,又干枯生疼,毛根都滞涩住,不能向外生长。这种长羽翼的欲望受到了压抑,会给爱者带来双倍的痛苦,但只要那爱人的美回到记忆中来,那么他就转痛为喜了:

> 这痛喜两种感觉的混合使灵魂不安于他所处的离奇状况,彷徨不知所措,又深恨无法解脱,于是他就陷入迷狂状态,夜不能安睡,日不能安坐,只是带着焦急的神情,到处徘徊,希望可以看那具有美的人一眼。若是他果然看到了,从那美吸取情波了,原来那些毛根的塞口就都开起来,他吸了一口气,刺疼已不再来,他又暂时享受到那极甘美的乐境。①

这就是爱欲所带来的灵魂的一种不安和等待,因为离开了那爱人,情人就要受着煎熬,羽翼也不能滋长,但是对于他来说恢复羽翼又是最重要的。仅此一点,就使他日夜念着他的爱人,即使让他像个奴隶似的听爱人使唤,他也愿意。因为他不仅把他当成具有美的对象来看待,而且当成消灾除病的医生。②爱者的病症来自于他的灵魂的不和谐,但是美的出现已经使车夫适时地把他的马伴训练得听调度了,没有什么力量比美更具有说服力了。它是一种影响人心的力量,这种力量可以像马伴最初所表现的那样,是把人引向无穷的欲望的力量,也可以是把人引向神明的所在。因为真正追随过神明的灵魂都一心在念着神明,一旦在尘世遇到了一个貌似神明的人,就起一种崇敬之感,而不是猥琐的占有欲。

当然,不经过美的这种考验,人的灵魂是无法认识自身的,更无从改变自身。现在好了,灵魂中的马伴听调度了,灵魂的整体已经能够朝向一个目标了。人的灵魂之所以要在尘世中附身,就是因为他的灵魂中还带着肉欲的尘埃,要洗尽欲望的尘埃,那么就要靠美在人世的仿影,他的确是消灾除病的医

---

① 柏拉图:《柏拉图文艺对话集》,人民文学出版社 2000 年版,第 128 页。
② 参见柏拉图:《斐德罗》252B。

生。在经过美的洗礼之后,灵魂可以全身心地去爱了,爱人的美将使他久经闭塞的毛孔重新长出羽毛来,因此他可以在灵魂的涤荡之后,重新考虑使灵魂恢复羽翼,举翼飞升。

同时,爱者对被爱者的爱也是得到了回应的。对于被爱者来说,轻易地就答应和他的情人来往是不光彩的事,他的亲人朋友都是这样告诉他的,因此他自己对于情人也要有一个考验的过程。因为坏人和坏人天生注定的不能做朋友,好人也天生注定的只和好人做朋友。① 他自己想的是一定要在追求他的人中挑到一个最好的人来交往,这样的一个人不会拿他来寻开心,也不会对他的感情不认真,说变就变。那么在爱者的灵魂祛除了猥琐的欲望之后,他发现这个追求他的人,不是想从他的身上得到快感,因为以得到快感为目的的人,等到快感得到满足,爱者也就跑得无影无踪了。

这个爱者确实是为了爱人自身的好,把爱人当成一个神明一样的人来崇敬,这种情谊就是他亲亲友友的恩爱情分加在一起也比不上的。这样,他被感动了,从他身上放出的情波流到情人的身上,又从情人的身上反射回来,就像一阵风或是一个声音碰到平滑而坚硬的东西就往回窜,窜回原出发点一样。② 从爱人发出的情波又回到原出发点,也就是回到爱人自己的身上,这样爱人也在爱了,但是爱什么他却说不清,为什么被爱他也说不清,就像别人得了沙眼,他也得了一样。

但是,这种爱却不能和情人对他的爱相比,因为后者对自己爱什么,想从爱人身上得到什么都了解得一清二楚。因为情人对自己的认识本身就很透彻,也使他的爱很明朗。但是,爱人却不同了,在他身上,所反射的爱只能是一种回爱,或是爱情的返照,他不把他对情人的这种爱称为"爱情"($\varepsilon\rho\omega\tau\alpha$),而只能称为"友谊"($\varphi\iota\lambda\iota\alpha\nu$)。

虽然爱者是有神圣的迷狂附身,但他却知道自己需要的是什么,他对自身的认识很清楚,因此他知道自己在爱什么,怎样爱。而爱人虽然有了回爱,但是爱人自己却不知道他在做什么,他想得到什么。因此在与情人的爱当中,他

---

① 参见柏拉图:《斐德罗》255B。
② 参见柏拉图:《斐德罗》255C。

完全是被动的,不知其所以然。但是幸运的是,在爱中与之携手的是一个由神圣迷狂附身的人,虽是迷狂,却是一种极度的清醒。这样,即使爱人给情人的只是友谊,但这种友谊会被珍惜,而不会被辜负。

二、爱者的神性和被爱者的荣耀

在柏拉图这里,爱者去爱或者是因为自身对善的某种欠缺,或者是因为自身在灵魂化身之后所遗忘的东西,这种欠缺或者遗忘只有在爱欲的感召下,才能弥补或者唤起记忆。在这个奔向善或回到善的过程中,爱者同时也感召着另一个灵魂。这个灵魂自身是美且善的,因此他自身没有这种欠缺感和失落感。但是爱者的爱唤醒了他对自身美善的认识,因为爱者身上是带有神性的,爱者的爱在他身上得到了回应。

这种回应在《会饮》当中,是美善对不美不善的回应。前者因为自身的完善,不可能爱后者,它最完美的体现就是神,神是至善至美的,因此是不朽的。神本身是自足的,不需要任何外在的东西,因此神本身就是尺度,神也爱有尺度的事物。① 但是,爱神本身因为自身的欠缺,他追求美善,虽然他暂时还没有美善,他也不是不朽的,而是处于有死和不死之间,但是他渴望得到美善,像神那样不朽。因此,爱神和神是属于不同的事物,后者是完善的,能够对前者有所助益,在柏拉图看来,友爱存在于这种不同事物之间的可能性比较大。因为在他们之中,可以使善从一方涌向另一方。

但是,在亚里士多德看来,神因为自身的完善和自足,他不能与任何人建立友爱。因为友爱的基础是平等,即使不是平等,也能通过爱者与被爱者之间给予对方的不同事物使这种爱变得平等。但是,在人与神之间因为差距太大,这种平等都是不可能的。亚里士多德的友爱是人能够得到的,而柏拉图却不屑于人世间那些低级的善的获得,比如快乐和用处,他认为这些东西根本入不了爱的殿堂。在这个殿堂中,我们只能供奉神。因为神自在的善,能进得了这个殿堂的都多多少少分有了这种神性,即认识到了善的价值并且追求善。即使神不爱人,但是人应该爱神,尤其是正在爱的人,如果看不到他还不具有的

---

① 参见柏拉图:《法篇》716C。

善,那么这种爱就没有意义了。

爱欲只以那终极的善为目标,这就把爱欲从凡俗之中进行了提升。善不是人人都能认识或追求的,因为它不可触不可摸,然而被爱神凭附的人却能感受到神的善和自身的欠缺。在与善相关的方面,神还是神,但是,爱神却脱胎换骨了。柏拉图给爱神一种看似朴实无华的装束,从凡间挑选出来,使之与神争宠。因为神有完善,可人却不美不善,人不能甘心。这是在神最看重的事物上向神发出挑战,与阴阳人企图用武力来与宙斯神对抗相比,还要猖狂。人的雄心何其勃勃,阴阳人受到了惩罚,因为那时的宙斯神还是人格神,是有私心的,但是,阴阳人失去了自己的另一半,却得到了爱欲作为补偿。

然而,在柏拉图这里,神是完善自足的,而且胸怀宽广,因此他包容了这一切。这也体现了他的自信——“我永远是我,而你却不会变成我”。但是他也没有让那些有爱的人失望,而是把许多性感的尤物降落凡间。对于这些美的化身,既可以说是神对那些想在善的方面与他比肩的人的一种考验,也是对那些对善的追求不坚定的人的一种解脱:因为美给人一个解脱的借口,毕竟美比善更易得。

因为善,爱者与神走到了一起,因此他带着神性。尽管爱神不美不善,处在有死与不死之间,财富从他这里不断地流进又流走,但是他却想使自己成为不朽,而不是像现在这样变来变去,处在生死幻灭之间。这种不变的东西就是善,爱者只有达到了善,他才能成为不朽,神能够不朽,就是因为与善在一起。这样爱者有了自己的目标,他要成为有尺度的东西,神就是这样的尺度。虽然爱者——作为人——和神是分属于两个世界的,但是在人和神之间却有着一个媒介和桥梁,这就是爱神。只要人得到了爱神的青睐,那么,人就具有了神性,就可以以神所具有的善性为目标了。

在爱神的引导之下,人不懈地攀登爱的阶梯,最后到达美的本体,与之结合,孕育出真实的德性,这时你会邀神的宠爱,永远与善在一起。① 爱神使人超越了自己所在的那个有死的世界,达到了神所在的世界,成为不朽。在这个过程中,人是一个冷静的攀登者,从美的形体开始,经历一切美的形体中的型

---

① 参见柏拉图:《会饮》212A。

式、美的心灵、美的行为制度、美的知识,最后到达那超凡绝尘的美。人毅然地达到这一切,又超越这一切,他的执着让人想到冷静中的疯狂。冷静和疯狂本来就是结合在一起的,因为这两者一个是理性赋予的,一个是神赋予的,是天平两端的砝码,少了哪一方,爱欲都不能完成。

这里由理性而来的冷静,不能退化为低劣的盘算,就像莱希阿斯的非爱者那样,没有爱者所应有的那种情,因为他想要的也不是情,而是性快乐。他以他的非爱去换取快乐,那么对方又从他那里得到了什么呢?学会了同样鄙俗的盘算,看他能用自己的资源为对方带来多少快乐,根据这一点来为自己叫价。这样的非爱者和他的非被爱者所形成的关系,混杂着尘世的小心谨慎和寒酸打算,结果就不免在爱人的灵魂里养成俗人认作品德的庸陋,注定要在地面和地下滚上九千年。①

但是,神所赋予的迷狂却是人所能得到的最大的福分,因为得到了神的这种迷狂,人会变得清醒,能够真正认识自己,尤其是自身的欠缺。这种欠缺来自灵魂附身以前所看到的真实景象,人在附身以后就忘记了这种景象。但是,如果人能常专注于这种景象的回忆,那么他就能在最短的时间里(三千年)长羽翼,这样的人就是哲学家或以哲学的爱去爱少年的人。有了这种神圣的迷狂,爱者却变得极度清醒,就像苏格拉底劝诫他自己和斐德罗那样,"一个人还不能知道他自己,就忙着去研究一些和他不相干的东西,这在我看来是可笑的"。②

苏格拉底做到了认识他自己,因为对自身的认识要从灵魂开始。可是灵魂羽翼的营养却只能是真理大原上的景象,因此,灵魂一定要多少参照过那里的景象,以使羽翼得到营养,这样才能附到肉体上来。同时,附到肉体上之后,只要人还没有忘记那神圣深秘教的入教典礼,就会尽力回想那真理大原上的景象。这样的人不为世俗的种种好处动心,只专注于回忆灵魂曾见过的景象,就会被人指为迷狂。殊不知,这是所有迷狂中最好的一种,即爱的迷狂,但是,从这种迷狂同样看到了清醒的心灵。神圣的迷狂使爱神又飞跃了一步,进入

---

① 参见柏拉图:《斐德罗》257A。
② 柏拉图:《斐德罗》230A。

了神的行列,爱神真正成为神了。

爱神选那美少年,也要看他是否貌似自己曾经追随过的某位神。如果遇到这样一位,他就会把他奉若神明。当然,当爱者能够这样对待被爱者的时候,他的灵魂是经历过一番斗争的,也是因为御车人和马伴之间的不和才使灵魂从天外坠落,坠落到凡间,是为了给御车人提供一个教导他的马伴的机会。对于这样桀骜不驯的马伴,单靠马夫的力量是难以驾驭的,那么美的出现却能够使马伴彻底驯服。

爱的出现无异于灵魂的一次洗礼,把灵魂原有的不和谐和卑劣的欲望都荡涤出去,为了重新去面对美,给美戴上一层神秘的面纱。这就使在荡涤了灵魂的爱者看来,被爱者的面孔有若神明,对着这样一个面孔,他顿生爱慕,敬他如敬神,不仅使自身类似自己曾经追随过的神,而且也使自己的爱人尽量类似自己所追随过的神。情人和爱人之间,没有嫉妒,爱人越是像自己崇敬的神越好。这让我们想起了在诸神周游天外的时候,在神的队伍里也没有嫉妒存在。这就说明情人在与爱人的关系中所扮演的角色,已经近似神了,在神的美善和他们相互追求美善这一点上,取得了最大的一致。

被爱是荣耀的,亚里士多德就是这样认为的,他说被爱者的荣耀来自于爱给被爱者带来的荣誉。因为这荣誉,每个人都希望被别人爱,而不是去爱。[①]但是,被一个追随过神而且自己也因此尽量类似神的人来爱,爱的是我的貌若神明,而且把我当成神明来崇敬,还有什么样的爱能给人带来更大的荣誉呢?被一个像非爱者那样的人来爱,还不如不爱,因为你从他身上学得的不是别的,只是尘世的寒酸打算。今天作为一个被爱者,他把你当成一个满足欲望的工具,并且从你身上能榨取一点就榨取一点。那么明天,你作为一个爱者,也把这一套运用到你的非被爱者身上,那么可想而知,如果爱是这样延续下去的话,神性退隐了,善也不见了,满目都是鄙俗的东西。

爱者的爱的确决定着他的被爱者怎样来爱他,尽管在后者看来,这还不是一种爱,但在这里我们先忽略这种区别。具有神性的爱者给予他的被爱的必然是一种神圣的爱,既蜕去了世俗的种种寒酸打算,又给彼此确立一个高尚的目

---

① 参见亚里士多德:《尼各马可伦理学》1159a15—20。

标,使两者的善性或对善性的追求达到最大的相似。理解了这一点,我们就能理解阿尔刻提斯为什么会替她的丈夫去死,因为她是受爱神感召的,爱神本身的神性给予她无限的勇气。她的死一方面不枉她爱丈夫的美名,另一方面也成就了她自身的不朽。① 因为甚至神们也受她这种行为感动,准她死后还魂。②

我们也能理解为什么阿喀琉斯作为一个爱人反而去为他的情人帕特罗克罗斯去死,③因为是受到前者爱的感召。他在决定为他的情人复仇的时候,认定了如果是他先死,那么他的情人也一定会这么做的。爱人的爱决定于情人怎样来爱他,如果情人因为爱可以置生死于度外,那么爱人为什么不能? 虽然爱者的爱是被爱者的爱的原因,但是神还是给予爱人更多的荣誉。因为他们即使不是情人,能够做到为爱他的人而死,这是相当不易的。而情人为他的所爱付出一切,这都是情理之中的,谁让他在爱呢? 他是有爱神附身的。对于爱人不是这样,但他却作出了情人才能做的行为,因此应该得到更大的荣誉。这就是阿尔刻提斯只是得到准许死后还魂,但是对于阿喀琉斯,不仅让他死而复生,而且让他住在福人岛上的原因。④

三、从爱到被爱

柏拉图认为爱的产生首先是从对自我的认识开始的,人的智慧不能像神的智慧那样完美无缺。苏格拉底也认为自己的智慧像梦境,真伪难辨。⑤ 在这个意义上,人渴求像神一样,与真、善、美结合为一体。⑥ 虽然这种结合是难以实现的,但是,爱欲存在的意义恰恰就在于他渴求它自己还没有的、超越于它自身的东西。美善就是这种被渴求的事物,没有这种事物,爱就不会产生,"爱是由被爱推动着的",神是最大的被爱者,因为美善在神的身上体现得最充分。因此,亚里士多德认为,爱的终极原因就是上帝,他认为上帝"是活生生的神,是永恒的,最善良的,这样,生命的持续和永恒就属于上帝,因此,这就

---

① 参见柏拉图:《会饮》208D。
② 参见柏拉图:《会饮》179C。
③ 参见柏拉图:《会饮》180A。
④ 参见柏拉图:《会饮》180B。
⑤ 参见柏拉图:《会饮》175E。
⑥ 参见今道友信:《关于爱和美的哲学》,生活·读书·新知三联书店 2003 年版,第 34 页。

是上帝"。① 但是反过来说，神爱人却是可笑的，因为他是自足的，无所匮乏。

这样，即使人爱神，却得不到神爱的回应，那么这种爱是无法保持下去的。但是在神之下，有爱神这个精灵，在爱神之下有人，他们都不同程度地分有神的美善。爱者在爱神的感召下，可以在人世寻求具有神明相的人，他们是最具有神性的人，也是最美的人。神在人间撒下的美善的种子，所孕育出的就是这些尤物。通过这些尤物，人爱上了神，接近了善，使有爱的人把自身内的孕育生殖出来。神能够理解人对美善的渴求，但是，人无论如何不能像神那样，自始至终与美善在一起。人需要去寻求自身对美善的占有，需要去孕育和创造，这就是神赋予爱神的职责，给爱者赋予神性，让他找到神播洒在人间的尤物，以便于爱者自身在美中对善的追求和占有。

在柏拉图这里，爱欲是一种结合的力量。这种结合早在阿里斯托芬的阴阳人那里就已经体现出来了，不过那里的结合是人的最低位——身体——的结合，只有通过这种结合，人才能恢复原初的整一。但是，这里产生的一个矛盾：爱这种力量并不是自始至终都存在的，只有在宙斯把阴阳人切割之后，为了使切割之后的人不至于因为对彼此的想念而活不下去，他把人的生殖器作了调整，把它们移到前面。这样，一方面，男人与女人可以借交媾来生殖，给神延续崇奉者和献祭者；另一方面，男人与男人之间可以借肉体的结合来平泻情欲。②

这是因为人受到分割而得到的补偿，如果没有这种肉体上与自身的分离，那么人还要像蝉一样，把卵下到土里。③ 这种爱必然要在人找到自己的另一半之后归于消失，因此，爱欲存在于当下。④ 但是，对于柏拉图来说，爱不是存

---

① 亚里士多德：《形而上学》1072b28—30。

② 参见柏拉图：《会饮》191C。

③ 参见柏拉图：《会饮》191C。

④ 这就是刘小枫指出的阿里斯托芬的爱欲所存在的逻辑上的困难，即在过去、现在和将来这三个维度中，这种爱只存在于现在，即分割之后，而在分割之前和愈合之后爱都不存在了。（参见柏拉图：《柏拉图的〈会饮〉》，华夏出版社 2003 年版，第 81 页）但是，像我们前已引述的，柏拉图的爱不同于阿里斯托芬的地方在于，它只有将来这一个向度，因为他的爱所追求的善，是只有在将来才有希望获得的。不像阿里斯托芬的阴阳人，是回复到过去的我，不管那个我是善是恶。柏拉图的爱要舍弃现在的我，去追求不朽。这种不朽之中还保有过去的我的善的成分，而不是我的全部。因为即使是我的手足，如果不善的话，也愿意砍掉。

在于现在,因为现在的我不美不善,这样的我没有什么可爱之处。同样,既然我是这个样子的,我当然不能爱上自己,否则就等于人与不美不善结合,这在柏拉图看来,是一种倒退,也是与善的一种远离。因此在他那里,不是人向自己的回归,即使回归的话,也是向灵魂曾经观照过的天外世界的回归。

柏拉图也主张爱与爱的对象的结合,但是,不管是在阿里斯托芬那里,还是在苏格拉底这里,这种结合都是以一种分离或者意识到这种分离为前提的。在前者那里,是人与自身肉体上的分离,那么爱就是使两个原来是一体的人相互寻找,最后结合到一起,结合到一起之后爱欲也就不存在了;对于后者来说,是认识到自身与善的距离,这种距离使爱者去寻找美,以期在美中孕育,实现不朽。当爱者攀登到美的本体,与之孕育出真实的德性之后,爱欲同样也没有存在的必要了。在二者之间,爱欲的产生都是由于爱者与爱的对象的距离,而爱的消失也归于这种距离的消除,因为爱最终与它的对象结合到一起,爱也就走到了尽头。爱从它产生那天起,就注定了它的消失,因为它来自于某种欠缺,当这种欠缺消除的时候,爱的原因消失了,所以爱也就不存在了。

但是,这似乎又有违柏拉图的初衷,因为他设定了人与神之间的距离,这个距离是因为人不善,神善,人是变化不定的,而神是永恒不变的。神要是有所变化的话,只能变坏,因为神具有的是完全的好。[①] 人渴望像神那样,成为有尺度的存在,并且也能变为不朽。这里的不朽我们已经了解了,并不是我们所理解的恒定不变。神不能变,变的话只能变坏,但是人如果永远是其所是,那么他就永远是不美不善的,谁都不愿意把这种不美不善保持下去。

唯一能让人接近神的就是爱神,爱神给有爱的人送去了美,抓住了美也就能孕育(指精神的孕育,肉体的孕育不能保证它的产物是善的)。这样与永恒的东西在一起,人自然就获得了不朽。这种不朽是善的到达和保持,这样,人改变了自我,而不是保持原来那个不美不善的自我,与善在一起,像神一样。人的不朽只能是与善结合在一起时才能实现,但是,这个时候我们一定被达到善的喜悦淹没了,不在乎爱了。爱在哪里? 我们只能说,爱到有爱的人那里去找吧,因为有爱的人都是不美不善的人。

[①]　参见柏拉图:《理想国》381BC。

　　但是，我们担心的是最后达到善的人，他是否也忘了自我，也许因为善，他的自我可以达到不朽，但是总觉得缺点什么。我们不是怀疑有善的人就会快乐这个被普遍认可的意见，①而是想问，这种快乐和幸福来自于求善的过程，还是最终和完美无缺的善在一起那个结果？如果是前者，说明幸福不可以没有爱而存在，没有爱就没有向善的动力。但如果是后者，就说明幸福完全可以没有爱而存在，因为到达善的路不止这一条，在《理想国》中柏拉图对这一点说得很清楚，在那里爱欲被看成是内心中的多头怪兽。②可见，不管是从过程还是结果来看，幸福可以没有爱，但不能没有善。灵魂所观照的世界的王，非它莫属，而爱只是我们这个世界通向善的世界的一扇窗户透出的微光。当善的世界完全敞开的时候，那里如太阳一般的万丈光芒将彻底吞噬这一丝微光，只要是涉及人的爱，不管爱的是什么，这种爱都是脆弱的。

　　因为人是脆弱的、易变的，没有什么能比人以及人所经历的更不确定了，因此在人身上体现的爱也是脆弱的、易逝的。柏拉图最初就把爱之网从宇宙中收拢在人的身上，却等来了如此的结果。不是因为他爱的对象不持久，在柏拉图看来，没有比善更持久更完美的了，而是因为有爱的人不美不善。人这样一种有死物，注定他在达到善之后，失去了爱。归根结底，爱者的不美不善是爱产生的原因，同时是它消亡的原因。这又回到自然哲学家的窠臼，爱是结合的力量，也是分离的力量。在柏拉图这里，爱的原因是不美不善，这是一种易变的事物，爱以之为基础，注定它不会永远保持下去。可见，爱产生的原因，也是它消亡的原因。

　　柏拉图把恩培多克勒的爱之网网罗在人中央，把它从整个宇宙中收回，使它成为人要面对的一种关系原则。同时，把它由一种物质的力量变成了人内心的一种欲，这种欲总是渴求它还没有的东西，那么，对于人的灵魂来说，最大的欠缺就是对善的欠缺。因此，人的不美不善成为他以善为自己爱欲对象的原因。在自然哲学家那里，爱结合的是相异的元素，但是，这种差异是同类事物之间的差异，"象恩培多克勒这样的哲学家们主张，同类事物中必定有差

———————————

① 参见柏拉图：《会饮》204E。

② 参见柏拉图：《理想国》588、589。

异,反过来,有差异的必定也是同类事物,以此论之,友爱必定存在于相似的人中间,因为相似的人中间才有差异"。①

但是,在柏拉图这里,"主张同类是无差异的,差异只存在于异类的事物之间"。② 当然,这里两者对友爱的看法,同样也适用于爱。因为柏拉图的确在爱与被爱之间设置了距离,这就是不美不善与善的距离。不能说它们属于同类的事物,善本身最高,任何事物都不能与它平起平坐。而且,这种相异性必然决定了爱者能从被爱者身上得到些什么,得到的就是他自己所孕育的精神产物,这个产物也要奉献出来,与别人一起分享。因此,爱者在从被爱者身上索取的同时,也在给予。就像一个人可以轻易地从一个爱者变成一个被爱者,如苏格拉底。

苏格拉底在与阿尔卡比亚德的关系上,从一个爱者变成了一个被爱者。作为一个爱者,他与他的爱人的距离本来是可以通过肉体的结合而加以消除的。因为后者自愿而甜美的给予一定可以满足爱者对美善的渴求。但是,苏格拉底没有,他继续保持着这种距离,这既是他与其他爱者的距离,也是他与爱人阿尔卡比亚德的距离。这种距离的保持立刻使他的身份发生了改变,因为他不愿意用他的智慧去换年轻人的身体。他认为这只能是一种不公平的交易,因为在这场交易中,他的智慧明显被贬低了。这种分歧的产生是因为双方对自己资本的估价不同,阿尔卡比亚德认为他的美可以征服任何情人,让他们甘愿交出自己的所有。但是,在苏格拉底这里,他遭遇了挫折,他遇到了第一个对他不动心的人,因此感到万分懊恼。但是,他却不由自主地变成了一个情人,去追求苏格拉底。

作为一个情人,他同样得不到苏格拉底那样的智慧,或者说那不是他想要的智慧,因为他要的是周旋于政治权柄之间的阴谋与手腕,这些是苏格拉底所不屑的。他想从爱人那里得到的,苏格拉底没有;他想给予苏格拉底的,又遭到了拒绝。因此,这种爱只好还是保持着爱与被爱原来的距离,这种爱给彼此的共同的东西就是他们还保有原来他们之所有,没有因为这种爱有所增益,有

① 廖申白:《亚里士多德友爱论研究》,河南人民出版社 2000 年版,第 84 页。
② 廖申白:《亚里士多德友爱论研究》,河南人民出版社 2000 年版,第 84 页。

所减损,这就是这种爱欲的魅力之所在。爱欲仍然让他们是其所是,当你对这种爱失望的时候,完全可以抽身而退,立刻有人补足这个空出的位置,不管爱还是被爱。

但我们说这样的爱只能是爱的开始,或者爱的尝试,它并没有发展为相互的认同和亲密,因为没有什么共同的东西使他们结合到一起。他们没有因为这种爱而有所增益,有所改变。即使苏格拉底自身可以由爱转变为被爱,但是,他并没有被这种爱改变多少,他还是他,爱者还是爱者,这种角色转变本身就表明这种爱危机重重,难以为继。作为一个爱者,苏格拉底不能使他的爱人阿尔卡比亚德发生转变,只不过,在苏格拉底面前,他感到自己现在的日子不值得过,使一向自满的他对自身产生了怀疑。① 但是,阿尔卡比亚德自身对这种改变是什么态度呢? 他是一种拒斥的态度,老是想逃避他。因为一见到他,答应他做的事情,结果全没做到,这样他就会产生羞愧。② 苏格拉底想要改变他,但是他自己却不接受这种改变,他也不想改变,这种矛盾的态度甚至升级为他想要苏格拉底去死,但是这种想法又使他自身很痛苦。③

因此,这种爱在他身上收获的不是甜蜜和依恋,而是痛苦和憎恨,使爱与被爱之间的距离越来越大。这种爱没有使善者变得更善,也不会使不善者变得更不善。如果说在这里柏拉图让阿尔卡比亚德出场,是为了给他的老师苏格拉底辩护的话,④那么只能从这一点出发才能得到理解,那就是苏格拉底想要使他的学生向善,变得更有德性,但是,阿尔卡比亚德却不能理解和接受这种爱欲,结果他与苏格拉底之间的关系即使没有使他变得更好,也不会使他变得更坏。因为他所要的苏格拉底没有给予,苏格拉底想给他的他又不接受,这样,不管他自身后来是变好、变坏,还是保持他自身,都与这种爱欲无关,也与苏格拉底无关。

既然这种爱是如此的结果,当初为什么会开始呢? 因为在当时雅典公民的眼里,一个是智慧的化身,一个是美丽的化身,按当时的理解这两个刚好般

① 参见柏拉图:《会饮》216A。
② 参见柏拉图:《会饮》216B。
③ 参见柏拉图:《会饮》216C。
④ 参见柏拉图:《柏拉图文艺对话集》,人民文学出版社 2000 年版,第 281 页注②。

配,至少在那个美丽的化身看来是这样。他想要把苏格拉底拖进世俗的圈套,像别人一样,从肉体的爱欲开始。但是,苏格拉底恰恰要反其道而行之,他要出离世俗,带着他的爱人去追求智慧和知识。二者所要的爱欲是不同的,这就决定了爱欲的结局。虽然他们具备爱欲产生所需要的距离,但是,随着爱欲的加深,这种距离会在无形之中得到消弭,在感情得到加深的同时,被爱者会认同爱者的目标。换句话说,爱应该使两颗心越来越贴近,变得越来越相似,因为共同的生活培养的爱欲会使不善者去接近善者,从后者身上得到善。也就是爱欲应该是使善者变得更善,使不善者变得善,那么在与善相关这一点上,爱与被爱的距离是越来越小的。

在柏拉图这里,爱欲是从认识到与善的距离开始的,因为没有善,所以追求善。但是随着爱欲的展开,尤其是爱者与被爱者的孕育,双方创造出了共同的产品,因为这种产物,他们变得相似。但是,在亚里士多德那里,友爱的开始可以是因为双方的相似,比如有德的人之间的友爱,他们之间友爱产生的原因是德性。也可以在不相似的双方之间产生友爱,比如为了快乐和用处而存在的友爱,这两者在相似性上依次降低。但是越是相似的友爱越是本来意义上的友爱,其他只能是偶性上的友爱,①是在类比意义上的友爱。而且,在亚里士多德看来,友爱更在于去爱,而不是被爱。② 因为一个人去爱的时候,才能看出他的品质,他选择什么样的人作为朋友,他如何来对待他的朋友,"积极的爱是把被爱者作为他自身来对待,所爱的是朋友他自身,而不是他作为另外的什么"。③

因此,在亚里士多德看来,友爱体现的是一种品质,但爱却不是。它是以感情为标志的,在这里似乎与柏拉图的爱有所出入。因为柏拉图把爱看成是

---

① 亚里士多德所说的偶性,是与实体的存在相对应的,不属于事物的本质属性,只是存在物偶然具有的属性。(参见亚里士多德:《形而上学》1003ab)亚里士多德用这种方法去分析伦理学中的相关问题,先找到存在物的本质属性,然后再以这种本质属性为尺度,去分析在偶性意义上的属性和性质,对于友爱也是如此。本质意义上属于友爱这种存在的是善人之间的友爱,即有德之人之间的友爱,而快乐和有用的友爱都只能是在类比或偶性意义上才能看作是友爱。(参见廖申白:《亚里士多德友爱论研究》,河南人民出版社 2000 年版,第 74—75 页)

② 参见亚里士多德:《尼各马可伦理学》1059a25—30。

③ 亚里士多德:《欧台谟伦理学》1237b1—5。

含有欲的一种爱,这种欲因为美而产生,但它的目标却是善。这样在柏拉图的爱欲当中,也有一种选择在里面。就像苏格拉底对阿尔卡比亚德的美丽肉体不动心一样,因为他的欲指向的不是肉欲,既然爱欲体现了一种选择,那么不能说爱与品质就无关。

可能亚里士多德关注更多的是雅典城邦中现实的爱,这种爱从爱者对被爱者注视的喜悦中开始,以肉体的结合结束,这种结合是一种自愿的给予。因此只能是彼此之间产生了深厚的感情之后爱才有可能,亚里士多德把性爱更多的看作是一种感情也不无道理。但是性与感情是不可分离的,有了感情之后才有性,但性又可以加深这种感情。亚里士多德所说的爱的目的在于感情而不是性,已经很贴近现实中的爱了。

在柏拉图和亚里士多德之间,爱的产生有所差异,一个是因为爱与被爱的距离;另一个可以是因为爱与被爱在德性方面的相似,也可以是因为爱与被爱想从爱中得到的事物的不同而产生爱。但是,二者的相似之点是,爱最后应该是使双方变得更为相似,是爱与被爱距离的缩小,相同的方面变得越来越多。当然这只能是在相关于善的方面,但是,这种善的品级却是不同的。柏拉图的善是最高的,是一切事物的善和美的来源,亚里士多德却认为在友爱中的善只能是属人的善,比如快乐和好处。至于那种有关至善的、在沉思中获得的幸福,因为它本身的自足性,有朋友在一起思考当然更好,不过自己单独也能进行思考,获得这种善。① 在柏拉图看来,对于这种智慧,只能在爱欲中才能获得,因为爱欲就是爱与被爱对智慧的孕育和创造,缺少任何一方,善的获得和达到都是不可能的。

第三节 爱者与被爱者的角色定位

爱者对自身的认识是不美不善,因此他追求美善,又由于他自身缺少智慧,处于知与无知之间,因此他追求智慧,这两者的结合就是爱神与哲学家的化身。爱神要改变自己这种不美不善的状况,就要找到一个美的形体进行孕

---

① 参见亚里士多德:《尼各马可伦理学》1177a30—35。

育,或者凭身体,或者凭心灵。而心灵孕育的子女比肉体子女更长久,不仅自身获得不朽的英名,也能给他的父母带来荣耀,而生育这样心灵子女的父母恩爱情分比生育肉体子女的要深厚。但是在爱者追求不朽与美善的路途中,被爱者扮演的是什么角色,他能否因为自身而被爱呢?这是本节要讨论的问题。

一、爱者对爱的欲求

爱者的爱是从对美的等待开始的,因为他认识到自身的不美不善,这种欠缺让他对美善产生某种欲求。这种欲求要付诸实施的话,只能等待美的出现。这种美或者能够配合他内在的孕育,使他得以在美中生殖,或者是唤起他在灵魂附身之前的回忆。作为一个有死的生物,他认识到自己的不足,其中最大的不足来自于对善的缺乏,这样他为了超越自身的有死性,达到不朽,他需要在自身以及在人之外去找到一个尺度。

人自身不构成尺度,人生是多变的,他的幸福除了要靠自身的德性,还要有外在的条件,而这是人无法控制的。因此在这个意义上,人是不自由的,这种不自由也决定了他自身的多变,要随着外在的世界而作出相应的改变,而变化的事物是无法成为自身和他物的尺度的。因此,人想要改变自己这种变化无定的状态,使他的人生得以站立住,[①]只有与不变的事物在一起才能实现,而且这种事物只能到自身之外去寻找。不同时代的人们从当时的时代精神中找到的这种不变的事物都是不同的,对于柏拉图以及他的同时代人来说,也在努力进行这种寻找。

当然在柏拉图之前的先哲主要是为宇宙找到某种始基,这种作为始基的物质不会因为外在的世界而有所改变。不同的哲学家给出了不同的答案,不管它们的性质有多么不同,但是他们都在回答一个问题,这就是世界是由什么构成的,也即构成世界的尺度是什么。到了苏格拉底这里,他改变了以往哲学家思考的航向,由思考自然中的万物转到思考人。当然这是受到阿那克萨哥

---

① 北宋大儒张横渠所说的"为天地立心,为生民立命,为往世继绝学,为万世开太平"就是对人生的一种要求。人要"立心""立命",首先要立身,就是使内外协调一致,人的内在世界要随着外在世界的改变而改变,这样才能适应环境,以便于自保。当人在立身之后,他还要有更高的追求,那就是"立心"、"立命"。

拉的启发，因为后者说努斯是一切运动的本原，而努斯只能在人的灵魂当中去寻找。这种思考启发了苏格拉底，使他开始了所谓的"第二次航行"。

苏格拉底所有的哲学活动都是在体育馆或其他公共场所进行的，他的身边少不了一群年轻人，那么，他所进行的哲学探讨必然要对这些年轻人有所助益。这种公共场所进行的哲学探讨延伸到私下，就变成了某种爱欲的形式。这种私下里与年轻人的关系，可能更有助于引发彼此精神的孕育。苏格拉底自比为一个助产士，首先检验年轻人腹中的胎儿是否健康，也就是说值不值得把它生育出来，如果有价值的话，苏格拉底就能起到这种接生的作用。

一个自认自己无知的人，却敢于承认自己独懂情事，这是因为他懂得在他与年轻人的关系当中，他用爱欲触摸的不是他们美丽的身体，而是要关照他们的灵魂。就像他对阿尔卡比亚德所做的那样，他也要让他们自己认识到关照自身灵魂的重要性。在没有认清那个人到底能够对你的灵魂做些什么的情况下，不能轻易地把灵魂托付给任何人照管，这就是他劝希波塔雷不要盲目去追随普罗泰格拉的原因。

虽说修辞学是一种影响人心的技艺，①但要看这种技艺建立在什么样的基础之上。苏格拉底的"第二次航行"就是带领着年轻人来探讨人和人心的问题。正因为这样，苏格拉底说他独懂情事，只有在他与年轻人的这种关系中，才能最好地影响和关照人的灵魂。而他又认为这是最重要的事，因此他说自己无时无刻不在爱和被爱。② 这样，他爱的不是年轻人的身体，而是他们的灵魂。

因此，爱欲不是身体与身体的接触和融合，而是灵魂与灵魂的沟通和共鸣，也只有这种爱才是长久的，能够跨越时空。当一个人年华已逝的时候，爱还作为友爱和感激而保持在记忆当中，因为的确灵魂是一个人最大的自己，也是最重要的部分。当一个人对你的灵魂进行说服（当然是用爱去说服），使它变得更好的时候，你不能不对他饱含感情，即使他不在你的身边，你们之间的爱已不是平常意义上的朝朝暮暮。但是，因为他在你的灵魂中流下的影子，你

---

① 参见柏拉图：《斐德罗》261A。
② 参见色诺芬：《色诺芬的〈会饮〉》，华夏出版社 2005 年版，第 106 页。

还是感激着他,怀念着他。

苏格拉底在他的生活中从来都不缺少爱欲,因为他从来没有停止过对真理的探寻,对灵魂的说服,即使他这种说服的结果是使他落下了腐蚀青年的罪名,并因而遭刑,最后毅然赴死。这是他自己的选择,虽然他的亲朋好友都为他制定好了越狱的计划,但是,这无数的声音都抵不过他内心的声音。这个声音告诉他,他在雅典城邦生活多年,因为这里具有良好的法律并且这种法律得到实施而受益。现在轮到他自己了,在与法律发生冲突的时刻,即使这种审判是有欠公正的,但是,他能否因为保全自己一个人而冒犯法律?

他向自己提出的这个问题不需要任何人回答,他的内心已经发出了声音。他面对死亡的坦然已经使他内心的世界昭然若揭,即使这种声音是沉默的,大音希声。但是每个人都听到了,不管是公正的还是不公正的人。公正的人能够理解这种声音,与他产生共鸣,不公正的人则在这种声音面前瑟瑟发抖,这就像苏格拉底所说的“你们所做的损害的不是我,而是你们自己”。① 甚至这种声音能够穿越时空,为一切世代的人听到,那是一种千古之音,回响不已。

如果说苏格拉底用死来钱行某种生活方式,毋宁说他在死的时刻已经获得了永生。同时,他用死来爱,爱真理,爱正义,爱德性,爱灵魂。这一切他又用他的生来爱,当死亡来临的时候,他不拒绝死,死也是爱欲的一种方式。耶稣基督为了把人类从原罪中拯救出来,奉献了他的死。这个死也是为了爱,表明耶稣爱每个人。不管是好人还是坏人,在耶稣面前都能获得同样的爱。② 苏格拉底也和耶稣一样,为了爱欲去死,但是爱的对象却有不同。

苏格拉底不像后者那样把他的爱献给所有的人,而只献给有德或追求德性的人。因为他的死就是不正义的人审判的结果,他不会爱这种不正义的人。因为这和他爱真理、爱智慧是矛盾的,不正义就意味着无知,他不可能去爱无知。苏格拉底用他的死实现了他的爱欲,也实现了他的生活方式。在他眼里,爱欲就是这种生活方式,你选择怎样的生活,那么你就会选择什么样的爱欲,怎样去爱。当这种爱无法用生来满足的时候,那么你宁愿去死,并且毫不犹

---

① 柏拉图:《申辩》39C。
② 参见今道友信:《关于爱和美的哲学》,生活·读书·新知三联书店 2003 年版,第 44 页。

豫。既然死能让你获得爱欲，去实现生，因此生即是爱，死也是爱，你选择怎样的爱，就选择怎样的生和死，或者说，在爱面前，生死都退隐了。苏格拉底用他的生和死去告诉人们，人应该怎样生活，怎样去爱。这样苏格拉底不管是生还是死，他都在爱，爱永远没有离开他。

柏拉图深深为他的老师的爱欲所打动，但是，用死去实现爱欲却不是每个人都能做到的。人们爱的不是死，而是生，这就要求用死之外的尺度去理解爱欲，或者说去爱。当然，他和他的老师一致的地方都在于他们看重灵魂的价值，也看重对灵魂的爱。在《斐多》中我们已经领教了这种爱，它基于一种信仰而产生。这就是只有理性能够代表灵魂，而且只有在灵魂脱离肉体之后，它才能获得不朽，因为那时候他可以永远与理念在一起。柏拉图对爱欲的理解建立在他对灵魂的看法的变化上，灵魂不再是只有理性一个部分，它还有感情和欲望。苏格拉底的死成就了他的爱欲，但是他幸福吗？或者说即使他认为自己这样去死很幸福的话，也不能让每个人都像他那样，去追求这样的幸福。

人的幸福确实在于爱，在于人选择怎样的生活，这种对爱和不同生活方式的选择主要在于灵魂中哪个部分占主导。如果是欲望占主导的话，那么它必然让灵魂发生紊乱，因为它追求的是快乐，而快乐是多变的。今天他以此种事物为快乐，明天他又以彼种事物为快乐，这样他不知道如何在各种欲望和快乐当中作出选择了，乃至会使他自己跟自己不一致。这种灵魂的紊乱在于灵魂各个部分没有做好它自己的工作，任何时候欲望都不能作为灵魂的主导，但是人的幸福却不能离开欲望。因为欲望部分也有自己想要的快乐，尽管它没有理性部分追求智慧的快乐那样高尚。但是，如果这个部分得不到满足的话，它不会追求理性部分所定下的目标，同样会影响整个灵魂，使它出乱子。

人的幸福在于灵魂内部的和谐，只有神的灵魂是完全和谐的，他的灵魂马车可以协调一致地行动。因为代表欲望的劣马听从马夫的调度，并且以后者的目标为自己行动的方向，这样灵魂可以如其本然地见到真理大原上的景象。但是，人的灵魂的车马却不行，因为理性和欲望并不是朝着一个目标，这也决定了灵魂必然要坠落到凡间的命运。在凡间遇到了美，只有这种美能够使灵魂经过一次洗礼，那匹代表欲望的劣马也能够在美面前俯首帖耳了。没有经过美的洗礼，灵魂就还将是它之所是，不能协调一致，共同在长羽翼上作出努力,举翼飞升。美的出现彻底改变了灵魂的不和谐,使它可以去追求自己的目标。同时,这种目标的实现也需要爱欲,有美就有爱。这样,在灵魂内部,在这个问题——应该从被爱者身上寻求什么——上达成一致之后,爱者对爱的欲求就超越了对被爱者身体快感的欲求,而是共同去追求智慧。

这种由美所引起的对上界的回忆,在柏拉图看来,也是人向自我的原初状态的回归,人的根不是长在地上,而是在天上。人向自我的回归就是它的根要深入到天外,越远越好。① 在这个过程中,人要有美的陪伴,这种凡俗的美却能起到神奇的作用,它让欲望也动心了,并且对那个天外的世界产生了向往。在美的引导下,欲望和理性一道在灵魂长羽翼上作出努力,只有这样,灵魂才能重新长出羽翼,举翼飞升。没有欲望配合理性,凭借御车人自身的力量是无法完成这种回忆和飞升的。但欲望的驯服却不能在灵魂附身之前进行,因为那里没有让他动心的力量。只有凡俗的美能够起到这样的作用,使他对美和其他真实体本身产生兴趣,并且愿意以之为自己的目标。

可见,虽然灵魂在附身之前就有欲望,但那里的欲望是没有被驯服的力量,只有到凡间走一遭,欲望在美面前的折服,才能使御车人趁机对欲望进行好教练。所以对于欲望来说,触动它的首先是美的形体,由这个美的形体使它对美本身产生爱和希冀,这样,他才能认同御车人的目标,共同在长羽翼上付出努力。

因此,人的幸福不在于他的灵魂与肉体感官脱离得是否彻底,而在于灵魂中的各个部分能否达到和谐,而美就是这样一种使之和谐的力量。但是,美仍然不能成为人自身的尺度,因为每一个美的形体都在美的方面进行了拓展,没有不断重复的美,只有不断深入的美。因此除了美本身,美的形体不能成为人自身的尺度,这种尺度只能从不变的事物中去寻找,这就是善。善可以成为人自身的一个尺度,对善的爱可以成为人超越自身的一个目标,这样我们就不必像苏格拉底那样,为了爱而献身,一想到爱我们就瑟瑟发抖,因为爱和死并肩而立。但现在当我们正视了欲望自身的价值之后,我们感到了爱是一种美。因为爱和美是在一起的,尽管爱的对象离我们很遥远,但是有美相伴,这种爱

---

① 参见柏拉图:《蒂迈欧》90A。

让我们喜悦和放松。

美是和生在一起的，它首先是感受到了美，美赋予我们的感官一种愉悦，这种愉悦让我们对它深深地向往之，从而使欲望和理性能够站在一起。有了这种美，我们就可以选择另一种爱欲的方式，一种生活的方式。这种方式不是让我们止于感官所获得的快乐，而是要超越它，探寻更深层次的美。因为只有这种深层次的美才更接近善，接近这种美才有希望获得善。只有最终与善在一起，我们才能超越自己的生死，像神一样获得不朽。我们选择怎样的爱，就是在选择怎样的生和死，苏格拉底给我们作出了一个以死来示爱的方式。

但是，这种爱太沉重，不是我们每个人的生都能承受得了的。然而，我们每个人都要爱，都有对美的感受和欲望。因为由欲望对美的愉悦开始的这种爱，使欲望去追求更深层次的美，这种美越接近美本身，那么它离善也就越近，而美和善是在一起的。善本身不能不美，它们都在真理的大原上，但是，只有美在人间的仿影最能打动人，也能够说服人的欲望。只有在欲望被说服之后，它才能认同理性的目标，共同追随神，去回忆真理大原上的景象，这种爱是关涉到我们整个灵魂的爱欲。它首先是内在的欲望和理性的和谐；其次是二者（激情是和理性站在一起的）共同去追求善，去回忆善，这是另一种生活。选择了这种生活，我们不必去死，因为我们的灵魂已经在生前得到了涤荡，欲望所欲求的是高尚的目标，而且他所爱的美也是纯洁的，连理智都为之动心。

这样我们不必用死去隔绝欲望对理性的干扰，欲望是理性的好助手，帮助后者去实现整个灵魂长羽翼的愿望。在生面前我们可以坦然了，我们既得到了生，也获得了爱，这样的生活同样能够给我们幸福。因为我们的灵魂是和谐的，我们同时也没有忘记善，也在追求善。柏拉图给我们指出了一条路，这种路并不沉重，因为它有美相伴，也并不轻松，因为我们欲求的是善，它很遥远，需要我们用一生去寻求。我们选择了这样去爱，我们就选择了这样去生活，柏拉图把我们的生活和爱欲直接与善结合在一起，使我们并不轻松。因为善所在的世界是那样遥远，但只要有爱，我们就看到了到达善的希望。为了这种希望，我们活着，这样活着的时时刻刻我们都在爱。爱什么呢？爱那个我们时时都在努力接近的善。

可以说，欲望给了我们对美的感觉，而这种感觉在理性那里却无法获得，因为理性只以知识和智慧为对象,它不看重由感官得来的东西。但是,欲望却首先要从视觉获得的快乐开始,有了这种快乐,理性可以劝服欲望,使之服从自己所向往的目标。爱的攀登要从美的形体开始,因为它能给欲望以视觉上的愉悦,同时使欲望去接近并且深化这种美。所谓深化这种美,就是从一个美的形体到所有美的形体,再到形体美的型式。从美的心灵到美的行为制度、美的知识,对所有这一切的观照都是欲望和理性的交织。我们不得不佩服爱者超越美的形体,从美的形体一直坚持达到美的本体的意志。这种意志是欲望和理性的结合,既有理性的冷静,又有欲望的疯狂。这就告诉我们任何超越于人自身的目标的追求都既离不开理性,也少不了欲望,二者的结合才能上演柏拉图爱欲的协奏曲。

二、爱者与被爱者的共同孕育

在柏拉图的爱欲当中,没有为爱本身而存在的爱,也没有为性自身而存在的性。你选择什么样的爱,那么你必然就要选择什么样的生和死,生是爱的一种方式,我们用爱来生,这是因为爱与性联系在一起。不管是爱在肉体上的表现,还是在精神上的结合,我们都为自己选择一种生。前者是通过性而生,因为没有为性而性的存在,只有为性而生的存在,它们的结合的产物是一个肉体的婴儿,是对死者的一个种族上的延续。后者是通过爱者与被爱者在精神上的互动,这种互动的产儿,就是精神性孕育的产物,它离不开爱者和被爱者灵魂的交融。

因此,在精神的孕育当中,爱者愿意接近的是一个美好高尚而资禀优异的心灵,只有对着这样的心灵,思想才能源源不断地产生,因此这种爱典型地体现在师徒关系当中。对于前者来说,爱者愿意接近的是女人,因为就像阿里斯托芬的神话告诉我们的那样,阴阳合体的人如果被分割的话,男的就成为女人的追求者,男情人大半是这样起来的;至于截开的女人就成为女情人,男人的追求者。① 男人与女人的结合是宙斯考虑的首位的要素,在他用切割这种方式把人分开之后,由于对自己的另一半的想念,茶不思,饭不想,有面临灭绝的

---

① 参见柏拉图:《会饮》191D。

危险。这是神不希望看到的，因为神要有人给他献祭供奉。

这样，神就想出了一个办法来拯救人，这就是把他们的生殖器移到前面。这样他们的生殖不能像过去把卵下到土里，如蝉一样。但现在一定要靠男女的结合，这种结合使人的种族的延续得以可能，也保证神享有充分的供奉牺牲。这样身体的伤痛就由身体的结合作为药方来医治，同时这种药方也能医治心灵上的创伤，因为男人与男人的相合能够发泄情欲，好让他们安心从事日常的工作。①

根据阿里斯托芬的说法，男人与男人的结合不应该遭到世俗的贬低，认为他们是无耻之徒。② 他们之所以找同性，是因为他们具有最强烈的男性特征——强健勇敢，这样他们就寻找同声同气的人。只有在优秀的男子身边长大的人，才能在成年之后，显出自己是男子汉大丈夫，也就是在政治生活中表现得出类拔萃。这批人长大后也会与少年人为伍，至于结婚生子，则没多大兴趣，都是依习俗去做。③ 可见在男性爱欲中，能让爱者与被爱者着迷的不仅是彼此给予对方的性的喜悦和满足，而且从男性爱欲中少年能够培养男性之德，比如勇敢、智慧。

这种娈童关系有利于男性之德的培养和传承，这就如同异性爱欲孕育的是肉体的婴儿，是家火的传递者。但是，这个家火的传递者却不只是传递家火，他还是城邦的一员。这样他还要传递作为城邦公民的德性，这就是男性之德。然而，异性爱欲对于这种德性的传递是无能为力的，因此，男性爱欲就起到这种传递城邦中的男性之德的作用。

只要城邦制度一直保持下去，那么必然要给男性爱欲一个位置，因为这种爱在成年男子与少年之间传递的德性是城邦存在下去的一个条件。因此，性的存在不仅是种族的传递，而且是德性的传递，在希腊那个男性社会当中，尤其是男性之德的传递。在性的前一种意义上，它还没有超出动物性的存在，因为其他动物也要通过性结合来繁殖后代和延续种族。但是，人类的性的意义却不能等同于动物种类繁殖的特性，"人类的性的意义在于，它虽植根于黑暗

---

① 参见柏拉图：《会饮》191C。

② 参见柏拉图：《会饮》192A。

③ 参见柏拉图：《会饮》192B。

的大地,或曰黑暗的类的深渊中,但它却能在光明的精神之中去发现价值"。①

人的性在于他的目的性,性和欲是结合在一起的。但是,我们却要在保留性的类繁殖功能的基础上,为性去寻找精神的价值。这种精神的价值必然要得到欲的认同,就如灵魂中的马伴一定要被驯服和引导去认同和实现马夫的目标。因此,只要欲受到了好的引导,使它指向超越身体和类的价值,那么性自然也就具有了人类特有的优越属性,获得了超越的价值。"欲望是因为它的对象而获得自身的价值",②性也因为欲的对象而获得了属人的价值。

不管是异性爱欲还是男性爱欲,包括柏拉图在内,所有敢于把性和爱欲联系到一起的哲学家,都在引导着灵魂中的欲望,为这种欲望寻找价值。有了这种价值作为目标,我们的爱就有了方向,我们的生活也有了希望,正是欲望之帆载着我们驶向爱之彼岸。我们的生活决定于我们的爱欲,而爱欲就是对欲望的训练,让它服从一个善好的价值。为了这个价值的实现,他要放弃一些欲望,即使这种欲望能够给他带来当下的快乐。但是作为一个要对自身有所超越的人,他却愿意为了更有价值的幸福而牺牲当下的快乐。他的眼光放在长远,如果没有这种当下与将来的距离,就不会有爱欲。这个距离或者像苏格拉底那样,用死来缩短,或者像一个善的欠缺者一样,用不懈的攀登来尽量达到善,逐渐缩短与善的距离。

既然没有为了性而性的存在,性与爱结合在一起是人特有的属性,那么性本身不成为目的,它必然是要实现爱所确定的目标。至于性本身,不管体现在哪种动物身上,都表现为一种隐秘,这种隐秘不能被理解为见不得人。有人把亚当和夏娃偷食禁果看成是性,是一种原罪的象征,"就像奥古斯丁指出的那样,应该把原罪的事实看成是对神的意志的反叛。偷吃禁果是对神的意志的反叛,是不被允许的。或者说,这是一种象征,也就是用违背神的意志的未得到允许的行为,来象征意志上的反叛。而用无花果树叶遮挡身体,这无非是象征性的隐秘。因为它很重要,所以要把它隐藏起来"。③ 但是,性是以两个分

---

① 今道友信:《关于爱和美的哲学》,生活·读书·新知三联书店 2003 年版,第 115 页。

② F. M. Cornford,*The Unwritten Philosophy and Other Essays*,New York:Cambridge University Press,1950,p.72.

③ 今道友信:《关于爱和美的哲学》,生活·读书·新知三联书店 2003 年版,第 116 页。

离的人的出现为前提的,就像阴阳人一样,如果他们永远结为一体的话,那么就没有产生性爱的必要了。但是性的出现却首先是身体上结合为一体,这种结合的渴望也是人自身的某种欠缺意识的表现。因为在性中,人得到了单凭自身无法获得的东西,不管这是性别的差异所带来的肉体子女也好,还是同性爱欲所带来的性的快乐和德的互补也好。

就像阿里斯托芬所说的那样,在男性爱欲中,可以实现男性之德的传承,同样,在合法的婚姻中,异性爱欲同样可以起到某种教育的作用,当然主要是丈夫对妻子的教育。① 不管是男性爱欲,还是夫妻之间的性爱,虽然双方结合的初衷不同,但是在性爱当中,都能达到彼此心灵的交融和认同,在这种关系中更容易形成共同的东西。在异性爱欲中,它的一个天然的结果就是子嗣的生产,这一点不仅关涉到家族本身的延续,而且在政治层面上关系到城邦的稳定,最后在类的意义上,它还涉及整个人类的延续。不过,最基本的是它与爱欲的天然联系,因为在柏拉图那里,人所获得的不朽,只能靠生殖,或者凭身体,或者凭心灵。

在这两种生殖当中,精神的生殖自然地与动物性生殖区别开来。但是,人的肉体生殖却是与动物性生殖没有太大区别的,可能唯一把人的生殖与动物生殖区别开来的是人的生殖的目的性,那就是获得不朽。因此,在异性爱欲中,性爱完成了它的天然职责,产下一个共同孕育的爱情的结晶,那么这个结晶在亚里士多德看来,就是"维系家庭存在的纽带,没有孩子,这种共同体就容易解体。因为,孩子是双方共同的善,共同的东西把人结合到一起"。② 同时,对于男女双方来说,性爱能够促进他们自身的性觉醒,以及男性之德和女性之德的培养。"他们在这种结合意识中学会了相互扶助,经历了现实生活中的苦恼与喜悦,磨炼了自己的精神价值。而后,通过养育子女,通过共同生活,逐渐形成了一个完整的人格,形成了单个人难以形成的男性之德和女性之德。"③

同时,性爱本身也让我们看到了它残酷的一面。由于它的隐秘性,决定了

---

① 见第一章第二节"爱与教育"的相关讨论。

② 亚里士多德:《尼各马可伦理学》1162a25—30。

③ 今道友信:《关于爱和美的哲学》,生活·读书·新知三联书店2003年版,第125页。

它不能允许两个人之外的第三个人出现。有时,对爱的选择也是痛苦的,这种痛苦就是因为爱的独一无二性,"与所爱之人结合为一体的欲求,是咬断互相谦让这根道德基本线的天敌。爱本身是德,但它挑起了德与德之间的争斗"。① 我们伟大的天才诗人普希金就是为了情人,死在了情敌的剑下,也许他在用自己的生命作诗,这是一首绝美的爱情之诗。爱是如此的美,吸引着无数的人为她赴汤蹈火,在所不惜。

爱的确就是那生死之间的决断,如果你还在犹豫不决,那么你一定不是在爱。因为爱是超越生的,为了你爱的人,你愿意奉献一切。有时爱也会遭到扭曲,造成恶果,极端的爱有时会使你误把恶当成德。为了满足爱人,即使她要恶,你也给,结果你们的爱就种下了恶的种子。但是,这不是爱的错,德是爱的眼睛,如果没有这双眼睛,爱就会走错方向。有的人愿意把整个世界带给她的爱人,结果他的爱人就变成了他的整个世界。当他失去了爱的时候,他就失去了整个世界。爱是我们的存在方式,也是我们和世界的沟通方式,人、爱与世界三分天下。

爱的特性或者说爱的狭隘就在于,"不管爱谁,在那被爱的人之旁就会有没有得到他人爱的人;不管谁被爱,他的身旁就会有不被爱的人。因为如果是爱,就一定不会犹豫不决,如果是犹豫不决就不会有爱"。② 但是基督教的爱超越了对个别人的爱,它是对所有邻人的毫无差别的爱,对不可爱的人甚至对恶人和仇人都不应该恨,而应该爱。如果你想到你爱的是一个将来可能变好的人,那么这种爱就会显得极其有价值,因为它会帮助一个恶人走出恶,变成好人。

对于爱的确不能马上得出结论。在不同的人不同的欲望面前,爱呈现为不同的面貌,有时面目狰狞,有时和蔼可亲。那么前者一定是因为爱得偏狭,爱得邪恶,最后被爱推入了万恶的深渊。后者是因为爱和善在一起,爱者与被爱者共同孕育出爱的果实,共同抚养这种公共的果实,使它向善,同时,它的父母也能获得不朽的英名。这种公共果实可以是肉体的,也可以是精神上的。

对于精神上的孕育,最常见的是在娈童爱欲中产生,也可见于师徒之间。

---

① 今道友信:《关于爱和美的哲学》,生活·读书·新知三联书店 2003 年版,第 37 页。
② 今道友信:《关于爱和美的哲学》,生活·读书·新知三联书店 2003 年版,第 31 页。

如果徒弟真的是一个可塑之材，那么师傅会不遗余力，因为他为自己找到了一个学术或技艺的传承者。而且，这种传承不是简单地学会师傅的手艺，而是在师傅现有水平的基础上，进行新的发挥和创造，这种创造单凭师傅或单靠徒弟都不成。"在这种爱之中，有着对于某种积极价值的共同追求。我们可以把它称为精神生产性。这种共同追求与对于共同利益的追求不同，它很像共同养育子女的夫妻关系。"①正是通过精神孕育，才使男性爱欲获得了精神价值，它虽然不结果实，但是，却有助于进行精神的孕育和生产。

如果把创作与爱欲进行对比，虽然创作指的是一种从无到有的过程，但是我们却不能把一切通过技艺产生的都叫作创作，只把诗歌韵律的一类单提出来叫作创作。也不是所有欲望都叫作爱，只有一种对美的渴求才叫作爱。②这里提到创作，是为阐述爱的精神孕育作铺垫。有了这种精神生产性，那么它自然具有了自身的价值，比起异性爱欲所生育的肉体子女来，精神生产的果实更有价值。

谁能否认荷马、赫西俄德诗作的价值以及它们给父母所带来的不朽荣名，还有梭伦和莱库古的法律为整个希腊城邦造福，又有谁敢轻视它们！即便康德、尼采这样的思想巨匠没有留下一个子嗣来代替自己，但谁又能忘了他们！梵高这个一生穷困潦倒的画家，也是没有结过婚，但是他的画却永远让人记住了这个高贵的人。他不结婚并不代表他没有爱过。相反，他的爱可以超越世俗，他爱上了一个妓女，这样一个爱得痴狂的人，同样对艺术也爱得执着，怎能不会孕育出不朽的精神产物供后人瞻仰。

柏拉图的一生都在追随他的老师，在进行着这样的孕育。尽管有人认为《会饮》中的高级神话（《会饮》210A—212A）是柏拉图与他的老师的分野，但不可否认，低级神话（207C9—209E4）即那个提倡精神孕育的神话是柏拉图和苏格拉底共有的。苏格拉底对灵魂至死不渝的关照感染了柏拉图，不仅如此，苏格拉底用死去实现了爱欲的誓言——你说你爱了，告诉我，你付出了什么。你应该用一生来为你将要呈现给世人的产物而努力，苏格拉底做到了，柏拉图

---

① 今道友信：《关于爱和美的哲学》，生活·读书·新知三联书店2003年版，第101页。

② 参见柏拉图：《会饮》205D。

也做到了,他对真理和智慧的执着化为爱欲对善的迷狂,指出了在我们的世界之外还有一个真实的世界,那是善的所在。

因为我们自己没有达到那个善的世界,我们还不美不善,但是我们有爱,有爱就有到达善的希望。我们并没有被动地等待,我们在攀登,在对美的关照中进行孕育和创造。每次都能孕育出超越自身的美的事物,这样每一次孕育都使自己离善更近。不懈的努力必然不至于使人到达善的希望落空,关键是这个攀登的过程还有美相伴。最后,我们想知道爱者爱善,那么被爱者能否因为自身而被爱?

三、被爱者能否因为自身而被爱

柏拉图的《会饮》是关于爱欲的戏剧,对于一个看惯了爱情故事片的现代读者来说,柏拉图的戏剧似乎看得并不过瘾。因为我们没有看到人与人之间的爱情有多么的感人,爱与被爱对于彼此又是多么执着。相反,我们看到的是一个冷静的爱者,伴随着理性的迷狂,向着善的攀登。这种攀登没有因为某个美少年而有丝毫的懈怠和停留,最后,爱者是否达到了他的所爱我们并不能确定。我们关注的是,在整个过程中,被爱者在爱者对他的爱当中被置放在了什么样的位置。

我们坚定地跟随着爱者,最后他看到了美的本体,孕育出了真实的德性。他也没有把被爱者彻底忘掉,不过可能比把他忘掉更糟糕。作为一个与美善在一起的不朽之人,作为一个俯瞰着那美的海洋的王者,他只是以鄙夷的口吻提起那曾经擦肩而过的美少年。那简直就是大海中的一滴浪花,与这美的本体相比,的确不值一提。这就是被爱者的命运,每个怀有强烈期盼的读者都不免失望,与这样的爱者相比,可能我们每个人都堪称情种。

柏拉图的爱欲遭到了质疑,有的学者进行了专门的研究,结论就在柏拉图那里,没有对个人的爱欲的位置或者把它看得很低。这种观点的代表人物是弗拉斯托斯(G. Vlastos)。[①] 也许我们会因为找到了理论上的支持而沾沾自

---

① 参见 Gregory Vlastos, "The Individual as the Object of Love", in *Platonic Studies*, New Jersey: Princeton University Press, 1981, pp. 3–34。

喜,但是反观一下我们自己和我们身边的爱,不仅有诸多的质疑,还有无限的迷茫。柏拉图的爱欲思想不仅为当时的人们指出了爱欲的道路,直到现在,他的思想还可以成为一面镜子,透过这面镜子,你能看清楚自己的爱。现代人追求的是"不为天长地久,只为曾经拥有",爱得轰轰烈烈,爱自身却转瞬即逝。爱燃烧得快,熄灭得也快,可是柏拉图的爱却永远不会熄灭,因为它以永恒的事物为支撑,这就是善。

弗拉斯托斯把柏拉图的爱欲与亚里士多德完善的友爱进行对比,发现无论柏拉图的爱欲出现在哪里,我们都看不到爱欲中被爱者的身影。在《理想国》当中,被爱者被城邦淹没了,一切都是为了城邦的利益,甚至爱欲的存在也要考虑城邦的优生学;在《李思》篇中,最为人熟知的就是苏格拉底问李思的那句话,"如果你没有用处,无知的话,你的父母会不会爱你",①这样从爱产生的原因可以看出爱是为了用处和智慧而存在;在《会饮》当中,作为攀登的阶梯,作为善和美的一个个具体的化身,被爱者才有存在的价值,除此之外,我们看不到这种爱为什么而存在;在《斐德罗》当中,被爱者是为了实现爱者的回忆而体现出自己的价值的,被爱者是神在人间的一个影像,至于这个影像自身有没有被爱的价值,我们是持着怀疑态度的。这样,弗拉斯托斯把柏拉图的被爱者一网打尽,爱者永远不会因为被爱者自身而去爱,这种爱的产生只是因为他是美善的一个化身,如果他身上没有这样的品质,那么他就不值得爱。

不可否认,每个人都有对爱的体会和认知,对柏拉图的爱欲思想每个人也都有自己的理解。然而,每个人说出的更多的是前者。至于后者,人们容易用自己的或者自己时代的观念去衡量柏拉图的爱欲思想,其结果是徒劳的。人们应该借助柏拉图的爱欲思想,来点燃自己心中对爱的渴求。当我们对柏拉图的爱欲思想有了初步的了解之后,可能有些失望。但是,如果你把自己看成是在攀登爱的阶梯,柏拉图的爱欲就是摆在眼前的这把梯子,你登得越高,那么你的失望就越少,希望就越大,所以,你的失望是因为你登得还不够高。

在《会饮》当中,人物出场的先后是有内容上的联系的。苏格拉底前后的几个人物与苏格拉底颂辞的内容关系密切,在苏格拉底之前是阿里斯托芬,在

---

① 参见柏拉图:《李思》209C。

他之后是阿尔卡比亚德,他们三者涉及的共同问题就是爱的是谁或者爱的是什么。阿里斯托芬的答案是在一个关于阴阳人的神话当中揭示的,在阴阳人得罪了宙斯神之后受到了惩罚,神把它们劈成两半,每一半都寻找另一半。在人类因为绝望而面临绝种的危险时,宙斯神把爱欲给了人类,以弥补人所受到的身体上的伤痛,所谓爱欲在阴阳人看来就是对自身的另一半的寻找,找到之后就合为一体,恢复原来的整一状态。①

在这里,每一个人的另一半都是世界上独一无二的,是你丢失的那一半,这种寻找虽然艰辛,却能得到人们的认可。因为现实当中人们把相爱的人当成是前世在一起的。今世就是为了找到自己的另一半而活着,哪怕历尽艰辛,也是值得的。人活在今世就是为了偿还前世欠下的感情债的。但是,这种寻找很可能是没有结果的,或者明明相爱却因为种种原因不能在一起,所以世上诞生了无数凄美的爱情故事。既然你选择了只属于你的另一半,那么你就要为你的选择付出代价,生不能在一起,死也要在一起。这也是诗人的爱欲更感人的原因,他抓住了爱的不完整的一面,这种期求完整的心最后是否会在现实面前变得冰凉,甚至被撕得粉碎,就取决于是否能找到属于自己的另一半。

可是在找到自己的另一半之后,如果有人问,把你们两个锻造在一起,生是一个人,死也像一个人那样死去,那么你们愿意吗?② 回答是愿意。我想这种答案一定是鲁莽的,因为把两个人像一个人那样结合在一起,爱欲就没有了,一个人不可能对自己产生思念。而且,两个灵魂如果不能惺惺相惜的话,即使把他们锻造在一起,他们的心离得还是很远。从根本的意义上来说,他们还是两个人,不能像一个人那样想问题。即使是一个人的灵魂还有理性和欲望之争,御车人和马伴之间还存在矛盾,更何况是两个人,两个灵魂。

因此,阿里斯托芬所呈现给我们这种美好的爱情最后在现实面前撞得头破血流,这种爱会因为找不到自己的另一半,或者找到了却不能在一起而受到挫折。另一方面,如果两个彼此曾经合一的人,因为分开而不再彼此了解和默契,那么再度结合虽然消除了身体所造成的距离,但是心灵的距离却因为身体

---

① 参见柏拉图:《会饮》191D。
② 参见柏拉图:《会饮》192E。

距离的缩短而不断拉大，最后造成对彼此的伤害。这种爱的结果即使不是恨，也是不爱。现实当中，我们看到了爱的多种结局，其中有一种就是两个人太相爱了，一个人想把另一个据为己有，被他所爱的人没有自己的空间，没有自己的生活。这种爱让人窒息，最后被爱的人不是在这种窒息中死去，就是想挣脱这种爱的枷锁获得自由。如果那个爱过她的人还在爱着她，那么请给她另一种爱，这种爱给她自由的呼吸，给她活的生机，如果不成，她宁愿不要爱。

　　然而，在爱欲的名义下，两个身体之间距离的保持仍然没有对爱有任何助益，这就是阿尔卡比亚德的颂辞告诉给我们的。在宴饮当晚，阿尔卡比亚德是被酒神附身的，不然他自己如何主动引苏格拉底上钩，结果落得惨败的经过是不会当众说出来的。宴会当晚，阿尔卡比亚德要把他心中的爱神奉献出来。因为依一般人的眼力，是无法发现苏格拉底身上的美的，也是无法理解这种发生在苏格拉底身上的爱者与被爱者之角色的错置的，阿尔卡比亚德让我们看到了一个像苏格拉底这样的被爱者是如何让他的追求者遍体受伤的。他把这位爱神比喻为西勒诺斯神，外貌上极像，但是林神能用他的笛子迷倒众生；而苏格拉底是用他的口才征服了阿尔卡比亚德，使他对自己所过的生活产生了怀疑——简直不值得过。继而对苏格拉底产生了情人在得不到爱人时一般会产生的情绪，这就是爱恨交织，在爱撕裂着他的时候，他恨不得苏格拉底死去，但没了爱人，他也不知道自己该怎么去活。这样，"经历爱欲的人就像被蛇咬过一样，咬我的那东西比蛇还厉害，咬的是疼得最厉害的地方，我的心，我的灵魂"。①

　　但是，阿尔卡比亚德并没有想到要用灵魂来医治伤痛。他看出了苏格拉底内里的神像，是那样神圣、珍贵、美妙，②但他却不去深入研究它，而是想用接近一般人的方法去接近苏格拉底。当阿尔卡比亚德向苏格拉底真情告白的时候，苏格拉底回绝阿尔卡比亚德说：阿尔卡比亚德这无异于在以铜换金，何况阿尔卡比亚德还没有看到他身上的金子的价值。因为阿尔卡比亚德的肉眼还很敏锐，只注意到平常人注意的地方，而他的价值是只用心眼才能看到的；

---

①　参见柏拉图：《会饮》218A。
②　参见柏拉图：《会饮》217A。

等到阿尔卡比亚德的肉眼开始朦胧的时候再来找他吧,因为只有在那个时候阿尔卡比亚德的心眼才会敏锐。①

这就是作为一个被爱者苏格拉底所得到的爱欲,这种爱无疾而终。因为爱者不知道自己爱的是什么,他的爱是因为苏格拉底内里的神像而产生的。但是对于这一肚子的智慧,他刚刚打开了一道缝,结果就放弃了对这个智慧宝藏的探寻,而捡一条捷径来走,那就是用他美丽的身体来做交换,结果一败涂地。作为被爱的个体,不管是阿里斯托芬的阴阳人,还是作为被爱者的苏格拉底,这种爱都是不会有结果的,二者都兼具喜剧和悲剧的色彩。这就是被爱者和他的爱欲在柏拉图那里的命运和结局。

从阴阳人和阿尔卡比亚德身上看出,不管身体上有无距离,这种与身体相关的爱欲都是不会成功的,因为柏拉图和苏格拉底关注的都是灵魂。柏拉图试图在爱欲与身体之间保持距离,而且他不准备让爱者跨越这个距离。同时,他也在爱与美善之间保持距离,对于这个距离,他希望用爱欲来跨越。只要爱得执着,那么爱者一定能够带着他的被爱者跨越这个距离,使他们距离美善越来越近。爱者和被爱者的共同孕育,给他们留下公共的果实,这种子女比肉体子女更为长久,也使他们比一般的恩爱夫妻的情份更加深厚。在这个过程中,我们看到了被爱者与爱者的共同成长,被爱者更加深刻地认识了自己,就像阿尔卡比亚德在苏格拉底面前所感到的羞愧一样。虽然他的生活表面上很风光,但却经不起岁月的风霜,最后他的命运也验证了这一点。

人的命运部分地是由他的德性决定的,如果阿尔卡比亚德与苏格拉底的爱欲成立的话,那么前者应该从后者身上学到什么。但是,阿尔卡比亚德始终留恋他过去的生活,不愿意面对苏格拉底给他带来的改变,他也不愿意自己去改变。他不但失去了爱欲,同时也失去了在爱欲中去培养德性的机会。这决定了他的命运。情人就像一面镜子,即使你原来不认识自己,但是有了情人这面镜子,你就能更快地认识自己,加快你走向成熟的步伐。在爱欲中,你既被探寻,又去探寻情人的内心,在两颗心试图相互靠近的过程中,你会更好地认识你自己,甚至会发现一个新的你。

---

① 参见柏拉图:《会饮》219A。

这个新的你无疑将给爱你的人带来惊喜,这种惊喜在于你身上的变化,"爱并不志向于比常见的更好的某一物,而志向于使某两物同时变得更好。在这里,爱总是希望,在'我'的面前出现更好状态的'我们',或使我们的'状态变得更好'。爱因为这种希望而存在。它是共鸣的喜悦,是为了合拍的努力"①。这时,我们就能理解,在《斐德罗》篇中,情人遇到一个貌似神明的人就会钟爱于他。因为他看到了一个可塑之材,这样他不仅使自己尽量类似所追随的神,而且使他的爱人也尽量类似他曾经追随过的神。在这方面,没有嫉妒可言,爱人越是类似神,情人越是爱他。他们之间的爱欲培养的共同性越来越多,而且这种共同性也是长久的,因为是与善在一起,这样不怕他们之间的爱欲不长久。在这个时候,如果再纠缠于被爱者自身能否被爱这个问题就没有意义了。②

爱欲本身就是某种背叛,对现实中一切所谓好的事物的一种超越,因为它想在好中寻求更好,这种对更好的寻求只能在爱者与被爱者的共同追求中实现。可见维持爱欲存在下去的不在于被爱者能否因为自身被爱,而在于爱者与被爱者之间能够有一个共同要超越的目标。而且这个目标一定是惊世骇俗的,这样在这个目标付诸实现的过程中,两个人共同提高,一起成长,他们之间的爱欲必然也会像树一样扎下根来,越来越深。了解了柏拉图的爱欲思想,虽然我们没有期盼中的热烈与深情,但是也少了现实中爱所带来的诸多感伤与血腥。因为柏拉图的爱欲不会引起人与人的争斗,换句话说,不会引起德与德的争斗。

因为爱者爱的是善,表现在被爱者身上,只要是有益于被爱者的事物,爱者一定支持被爱者去获得。反过来,被爱者获得了更多的善,会更珍惜爱者对他的爱。这种爱因为给对方留有足够的空间,因此它是有生命力的,经历了岁月的洗礼,它会变得越来越茁壮。从柏拉图这里我们得到了使爱情之树常青

①　今道友信:《关于爱和美的哲学》,生活·读书·新知三联书店 2003 年版,第 77 页。

②　F. C. White 曾经就弗拉斯托斯的观点讨论过,如果爱者爱美善的本体,那么他就没有理由不爱本体的影像,被爱者就是作为真实体的影像而存在的。参见 F. C. White,"Love and the Individual In Plato's Phaedrus",*The Classical Quarterly*,New Series,Vol. 40(1990),No. 2,p.398。

的秘诀。我们不再计较作为被爱者能否因为自身而被爱,我们看到的是,被爱者的成长对于爱的双方都受益,他们的爱也会因为双方的向善而加深。相比之下,当前的我们一向以得到所爱而洋洋得意,对于爱,我们只是理解为一味地占有,不让被爱者有自己的生命和生活,结果我们没有得到爱的甜蜜,相反收获的是爱的悲伤。柏拉图告诉我们,对于所爱,请放手,如果他在爱欲中变得更好,那么他会自动回到你的身边的。

第 五 章

从爱欲到友爱

在古希腊的城邦社会,友爱的发生和爱欲的发生一样频繁。① 这一点从希腊语中代表爱欲和友爱的两个词——"厄洛斯"和"菲利亚"——的密切联系当中可以看得出来,它们之间有区别也互有交织。② 但当时的人们并没有明确地把它们区分开来。③ 哲学家有所不同,柏拉图偏重于爱欲,因为爱欲与他的善联系得更为紧密。尤其是在他中后期的对话当中,所讨论的爱欲大多是厄洛斯。至于友爱,主要是在他早期的对话《李思》篇中讨论的。后来亚里士多德较为系统地探讨了友爱,他讨论的出发点就是柏拉图在《李思》篇中阐述的观点。可见,柏拉图对友爱的讨论也是颇值得玩味的。

---

① 本章主要是根据柏拉图早期的对话《李思》中关于友爱的观点,对照亚里士多德的友爱思想进行研究。

② 参见 Gregory Vlastos,"The Individual as an Object of Love in Plato",from *Platonic Studies*, New York:Cambridge University Press,1981,p.4。

③ 廖申白教授在他的专著中指出了古希腊友爱的多种指涉,代表性爱的厄洛斯只是友爱的一个方面。(参见廖申白:《亚里士多德友爱论研究》,河南人民出版社 2000 年版,第24—27 页)当我们了解了希腊社会的特征之后就会明白,这种连贯性是顺理成章的,因为友爱的存在是一个人从出生那一刻就见证了的,他可以与父母、兄弟发生友爱,接着与妻子和他的孩子也发展着友爱,因此,友爱是渗透在家庭生活和社会生活的各个方面的。但是对于性爱,却是浓缩在两个人之间,或者是夫妻之间,或者是成年男子与美少年之间。这种娈童关系既是城邦生活导致的,同时它也适合于城邦生活的需要。在友爱的三个层面——性爱、慈爱和兄弟之爱——中,亚里士多德是以兄弟之爱为友爱讨论的出发点的,因为他认为兄弟之爱(伙伴爱)才体现了友爱之爱的一般特性:主动性、情感、亲密的交往和共同生活。(参见廖申白:《亚里士多德友爱论研究》,河南人民出版社 2000 年版,第 57 页)这是亚里士多德不同于柏拉图的方面。同时,亚里士多德也不同意柏拉图把性爱当成友爱本身的观点。这种差异是基于他的形而上学与柏拉图的不同,关于这一点我们后面还要涉及。

第一节　苏格拉底的第一个问题

苏格拉底与年轻人待在一起是常事，而且，他与对话中的年轻人之间常常发生某种让人产生联想的关系。作为一个爱欲的专家，苏格拉底一眼就看出了希波塔雷关于爱的名堂，可是他自己却承认在友爱方面，他是不自足的。因此，他很羡慕美涅克塞努和李思之间的友爱，认为他们这么年轻就得到了朋友，享受到了友爱，的确很难得。但是，苏格拉底一贯的脾气就是对任何既定的事物问个究竟，到底爱者可以称为被爱者的朋友，还是被爱者是爱者的朋友，这就是苏格拉底的第一个问题。从对话当中我们可以看出这个问题是如何提出来的。

一、问题提出的背景

这次关于友爱的对话是在几个人之间展开的，在这里产生爱欲与友爱关系的有几对，①但主要都是围绕着李思而产生的。作为一个被爱者，在与希波塔雷的关系当中，李思是没有出场的，同时，他们之间的爱也是一场令人失望的爱。显然，作为爱者，希波塔雷正处在暗恋之中，从他几次羞怯的脸红，就可以看出他内心的真实心迹。虽然苏格拉底对他们的关系并不知情，但是在问到哪个年轻人最漂亮的时候，后者立刻羞怯得脸红了，答案早已在他的心底。凭这一点，即使他不说话，苏格拉底也一眼就看出他对他心目中的年轻人爱得已经相当深了。② 因为苏格拉底已经几次承认，他是爱欲的专家，独懂情事。既然是专家，那么他对爱的感受，应该贯穿了爱的全过程，而不只是从结果来发现爱。从爱刚刚露出苗头的时候，他就抓住了它，能立刻分辨出谁是爱者，谁是被爱者。③

---

① 包括李思与希波塔雷、美涅克塞努与李思、美涅克塞努与他的叔叔克泰西普（Ctessipus），参见 Robert George Hoerber，"Character Portrayal in Plato's Lysis"，*The Classical Journal*，41（Mar.，1946），No. 6，pp. 272-273。

② 参见柏拉图:《李思》204B。

③ 参见柏拉图:《李思》204C。

虽然苏格拉底的判断得到了在场各位的证实,但是当得知希波塔雷用唱颂歌的方式来赞颂李思以便赢取爱人的芳心的时候,苏格拉底感觉到,在这一点上希波塔雷与他分道扬镳了。前者显然离专家的水平还差得很远,正是这种差距使他得不到爱人的欢心。苏格拉底可以为他的爱欲本事找到用武之地了。对于希波塔雷追求李思的方式,在场的各位都感同身受,因为他的口里都是李思这两个字,尤其是在说好话、唱赞歌的时候,更是以赞颂李思为乐趣。从在场的各位对希波塔雷求爱方式的反应可以看出,希波塔雷这种自顾自的爱是招人反感的,但是,希波塔雷最大的失败正是在于他太看重自己内心的感受了。①

他在爱,那么他就要让每个人都知道他在爱,爱的是谁,怎样来爱。这种方式本身就剥夺了爱本身的隐秘,正是这种隐秘使得爱看起来神秘而美好。不管是以吵嚷的方式,还是以唱赞歌的方式,把自己的爱公布出来,让全世界的人都知道,这种做法是不明智的。因为最后他会发现,他让自己和爱人在这种爱里无处藏身,暴露在光天化日之下,让不相干的人来品头论足。在爱还没有开始的时候,就要经受来自外界的考验,这明明是给自己的爱设置了诸多的障碍。

当然,这种爱在苏格拉底这样的爱欲专家面前经受检验,是扭转爱的不利局面的一个有利的契机,希波塔雷抓住了这个契机。当然这只是一个契机,他要想扭转不利的局面,首先要改变自己,改变他那种一意孤行的赞颂,去想想他的爱人想要的是什么。如果不能让他的爱人感到某种欠缺,还像以前那样赞颂,那么,这种赞颂只能使他的爱人越发地感到自足和自满。你爱一个人,你说他无可挑剔,什么都不缺,你的爱对于他还有什么意义呢? 他还会对你产生任何的需要吗? 没有需要当然没有爱。对于你告诉他"你是自足的人"来说,你只不过是无数个如此赞颂他的人中的一个而已,对于他没有任何价值,

① Glidden 认为,希波塔雷的失败在于"他把对李思的感情仅仅归结为他自己的灵魂的状态","这种感情反过来又指向了他自己,因为他没能指向李思这个真实的人,把李思看成是他的情感虚构的产物"。"柏拉图以这种方式把主观的意图态度转变为对自大狂的批评。"[David K. Glidden, "The Lysis On Loving One's own", *The Classical Quarterly*, New Series, 31(1981), No. 1, p.49]

他对你也会不屑一顾。可以说,这正是希波塔雷等到的结果。

对于一个爱者来说,他有追求自己喜欢的年轻人的自由。而且,不管以何种方式,苦求,哀恳,发誓,睡门槛,①甚至做一些奴隶都不屑于做的事,只要能把爱人追到手,成为爱的角逐中的胜利者,那么他就能同时得到荣誉和拥抱。希波塔雷同样有权利以他自己的方式去追求爱人,但是,我们看的是结果,这个结果对于爱与被爱的双方是不同的。对于爱者来说,胜利是他的荣耀,爱者的所得就是被爱者的所失,被爱者如果在很短的时间里就答应,那么是不名誉的。② 因此,漂亮俊美的年轻人时刻保持着警惕,因为对于城邦的公民来说荣誉与他的生命同样重要。这样,希波塔雷以赞颂的方式来向他的爱人示爱,用苏格拉底的话来说,无异于打草惊蛇,一个猎人打猎的时候如果惊动了野兽,就很难拿到猎物。③

这个道理提醒希波塔雷的是,在事情没有成功之前,还是不要张扬,那会给自己带来难堪,万一爱事不成,反而丢了颜面。而且对于被爱者来说,从荣誉的角度考虑,他对追求他的人也是保持着高度的警惕的。尤其是在听到你的赞颂之后,他一方面会对你产生戒备;另一方面会产生自满,一个自满的人是很难追求的,④这无异于使自己对爱人的进攻难上加难。可见,既然爱情胜利这个结果是光荣的,选择何种方式来达到目的无妨,那么追求爱人的方式就显得尤为重要。情场得意的人都懂得对心爱的人怎样说话,无论当着他本人,还是当着其他的人。⑤ 接下来苏格拉底就要向希波塔雷演示如何做到这一点,以赢取爱人的芳心。

二、爱智与有用

苏格拉底对希波塔雷的教诲是在与李思的这场类似实战演习的对话中开始的,希波塔雷作为一个爱者和受教育者隐藏在幕后。这表明了他的爱自身

---

① 参见柏拉图:《会饮》182E。
② 见第一章第一节的相关讨论。
③ 参见柏拉图:《李思》206B。
④ 参见柏拉图:《李思》206A。
⑤ 参见柏拉图:《李思》205A。

的弱点,他无法面对他的爱人,因为他首先不能证实自己爱的是什么。但是,对于李思来说,作为一个对话者,同时也是一个受教育者,苏格拉底关于爱的教育在他身上产生的效果是显而易见的。这表明不管是在爱中作为一个被爱者,还是在与美涅克塞努的友爱中作为一个爱者,李思都能接受苏格拉底的引导和教育,证实自己爱和智的不足,也能够接受这种不足。这个过程本身就告诉希波塔雷应该以怎样的方式追求爱,与他的爱人说什么,怎样说。至于能否起到这样的效果,因为希波塔雷隐藏在背后,所以无从得知。

苏格拉底与李思的对话,是以他与父母之间的友爱开头的。在父母对李思的友爱当中,李思受到了诸种的限制,他不能随意地驾马车,不许他赶骡车,还让一个领小孩的奴隶来接送他上学,母亲还不容许他摸羊毛和纺织的机器。李思对于自己所受到的多种限制感到不幸福,因为在常识的理解当中,幸福就是不受阻拦,做自己想做的事。李思把父母对他的限制归结为他年龄还小,不能做任何自己想做的事。但是,苏格拉底提醒他说,也有许多事情父母允许他去做,比如读书和写字、拉竖琴,等等。因此,问题并不在于他年轻,而是他的智慧和知识是否发展到了一定的程度,①在父母不允许他去做的事情上,他的确是年轻,不入行,不但做不好,不会产生任何用处,反而会伤着自己。但是父母允许他去读书写字,是看到了他在这方面已经很入门了,懂得很,而不间断的训练又能使他在这方面更加熟练。因此,他的知与不知决定了他的做与不做。

---

① 廖申白教授对于智和知作出了区分,并且在从苏格拉底到柏拉图的理路上,指出智和知是密切相关的,"因为无知必定无智;真知也必定是智,因为真知必定是行动的"。(参见廖申白:《亚里士多德友爱论研究》,河南人民出版社 2000 年版,第 59—60 页)从苏格拉底"知识即德性"的名言当中,可以看到知与智之间的密切关系,有知就有德,一个知道什么是勇敢的人必定会成为一个勇敢的人,苏格拉底完全抹杀了知与智之间的距离。在柏拉图那里,更是把智上升为一种至高无上的德性,智慧是关于善的知识,而善是最高的,一切知识和智慧都是由它而来。因此,柏拉图在善的引申意义上来理解智和知的一致性和崇高性。到了亚里士多德这里,则把善从至高的地位拉下来,变成了相对于人的善。这种对属人的善的理解使他的友爱不同于柏拉图的地方在于,友爱不单是爱智,友爱的产生也可以是为了快乐和有用,它体现了友爱的多样性。(参见廖申白:《亚里士多德友爱论研究》,河南人民出版社 2000 年版,第 65 页)在这个意义上,体现了亚里士多德对苏格拉底与柏拉图思想的某种折衷,因为苏格拉底是把善和有用结合在一起的,这与他把德性等同于知识的观点是密不可分的。

可见，父母对李思的幸福的理解，不是让他去做任何他想做的事，而是让他去做他能够做得好的事，而做得好的基础就是知和懂。在知识的基础上才能产生有行动力的智，这种智在亚里士多德那里就是实践智慧。它本身属于灵魂的理智部分，但是它却相关于人的事务。这种事务的特点就是变化的，它不同于纯粹的智慧所思考的对象，那是不变的。但是不管是智慧还是明智，都是相关于人的实现活动的，而幸福就在于灵魂中的各个部分都能在实现活动中发挥到最好，实现它的德性。

这是亚里士多德后期的观点，在他早期的对话比如《劝勉篇》当中，他对智慧的理解完全是柏拉图意义上的，是一种纯粹的理智思辨。而在《尼各马可伦理学》当中，亚里士多德从智慧（sophia）当中区分出了实践理智（phronesis）。"亚里士多德把这个词恢复了它在通常用法上的意义，也就是在柏拉图以前的意义。他去除了这个词所有理论上的重要性，在它与 sophia 和 nus 之间作出了严格的区分。"①耶格尔所指的柏拉图以前这个词的意义就是指苏格拉底所一贯主张的德性即知识的观点，也就是知识是为行动服务的，只有在实现活动当中知识才能体现出它自身的力量。

在《李思》这篇对话当中能够看出柏拉图所理解的智慧还留有苏格拉底的痕迹，这就是把智慧理解为在行动和实现活动中能否起到很好的效果，发挥最大的作用，也就是能否对人有用。有用性成为智的一个维度，这个维度体现了智一定是在行动中的智，如果没有行动，那么就看不到这种智是否有用。而把善与有用结合起来，一向是苏格拉底的观点。② 在友爱的问题上，苏格拉底再次把爱的产生与智和有用结合到一起，告诉李思他的父母只能把那些他懂的事务交给他来处理。在我们有正确看法的事情上，人人都会让我们处理的，

---

① Jaeger, *Aristotle*, Oxford: The Clarendon Press, 1955, p.82.

② "我认为所有的人都从多种事务当中选择那些对他们最有利的事情来做，否则我们会认为他既不明智，也缺乏节制。"（Xenophon, *Memorabilia*, Book III, chapter 9, 4）而且他把善和有用直接结合到一起，"你不认为善的就是有用的吗？——在我看来，是这样。那么有用的事物对任何对他有利的人都是善的。——我也这样认为"（Xenophon, *Memorabilia*, Book VI, Chapter 6, 8）。但是，在善和有用之间，哪个更为根本，那么显然有用是因为善，而不是相反。（参见汪子嵩等：《希腊哲学史》第 2 卷，人民出版社 1997 年版，第 443 页）

不管是希腊人还是异域人,是男人还是妇女,全都一样。① 在我们有智(知)的事务上,我们获得了处理这类事务的完全自由,因为运用我们的知识,我们可以把这类事务处理得很好(甚至比我们的父亲做得还好),从而产生有用的结果。②

可见,在这个问题上,苏格拉底把智和有用结合起来。这种智只能是实践活动中的智,因为有用性只能在活动中体现出来。这一点可以从苏格拉底所举的两个例子中看出来,一个是烹调,另一个是医眼睛。③ 如果不去实践,那么在这两种活动中的德性都无法得到实现。亚里士多德所说的德性和技艺一

---

① 参见柏拉图:《李思》210B。
② 至于对谁有用,大致可以有两种见解:一种是认为对爱者自身有用,在李思与父母的关系当中,自然是对父母有用,有人就根据这一点判断柏拉图的爱具有自利的特征;第二种认为是对除了爱者之外的第三者有用,或者对于被爱者自身有用。(参见 Gregory Vlastos, "The Individual as an Object of Love in Plato", from *Platonic Studies*, New Jersey: Princeton University Press, 1981, pp. 7-8; Taylor, *Plato: The Man and His Work*, Trowbridge and London: Redwood Press Limited, 1969, p.66)对于第一种观点,Glidden(《李思》209C)赞同李思的用处是对他的父母的,因为只有在他更智慧的时候,才会对他们的财产有用,才会把财产交给他来管理。(参见 Glidden, "The Lysis On Loving One's own", *The Classical Quarterly*, New Series, 31(1981), No. 1, pp. 42-43)但是,由于李思的父母比李思本人更懂得什么才是李思真正的幸福,因此他认为这种用处也倾向于是为了李思本人的。(参见 Glidden, "The Lysis On Loving One's own", *The Classical Quarterly*, New Series, 31(1981), No. 1, p.47)在这种关系当中,只是爱者认识到了自身的一种欠缺,由此产生的需要和欲望只有通过友爱来实现(实现的是爱者的利益还是被爱者的利益并不重要)。(参见 Glidden, "The Lysis On Loving One's own", *The Classical Quarterly*, New Series, 31(1981), No. 1, p.53)他认为关键在于有爱的人之欲望的目的——对某人或某物的获得——的实现,至于他欲望的特征——是自利还是利他——并不重要。(参见 David K. Glidden, "The Lysis on Loving one's Own", *The Classical Quarterly*, New Series, 31(1981), No. 1, pp. 42-43, 46, 53)虽然弗拉斯托斯没有从柏拉图的友爱中清除自利的色彩,但是他认为把这种用处等同于对爱者的用处,是对文本的误解。如果这样,就把苏格拉底的友爱等同于亚里士多德的有用的友爱,而苏格拉底至今为止还没有发展到这一步。(参见 Gregory Vlastos, "The Individual as an Object of Love in Plato", from *Platonic Studies*, New Jersey: Princeton University Press, 1981, p.7)当然,从对话后来的发展来看,则完全转向了这个方面,对爱者有用与否,成为友爱能否产生或延续的一个原因。柏拉图必然要把友爱与用处结合到一起,因为他的爱始终意味着某种欠缺,但是,在父母对李思的爱中,我们可以把有用理解为是对除了爱者之外的第三者或者李思本人有用。
③ 参见柏拉图:《李思》209E。

样,是先运用,然后才能获得就是这个道理。① 德性只能体现在实现活动当中,友爱作为一种德性,也是如此。在亚里士多德看来,一个人只有经常去做一个朋友应该做的事,才能成为朋友,保持友爱,否则就只是善意,而不是友爱。②

对于智慧的爱也是如此,一个人只有持续地进行思考和探讨的活动,才能培养对智慧的爱。而且,对于我们自身来说,爱智是为了实现灵魂当中的最好的部分的功能。虽然在亚里士多德看来,友爱所爱的智就是明智,因为明智是属人的智慧,它离我们的活动更近,因此我们能够爱它;但是我们更爱的是智慧,因为智慧比明智更纯粹、更神圣,不过我们爱明智也就是在爱智慧。③ 爱智的友爱本身因为与灵魂中较高部分的活动相关,而成为最接近友爱本身的一种爱,即善的和德性的友爱。④

在苏格拉底这里,智慧本身还没有与实践理性相互分离,因此不存在爱智的友爱本身,而且他还没有形成对友爱本身之性质的讨论,他主要讨论的是友爱的产生。但是,他在对话中所讨论的友爱也离不开智(知),因为在他观察到的友爱当中,没有哪种友爱可以保持得长久。这是因为友爱的根基不够牢靠,友爱没有智和有用性作为基础。这样的友爱只能存在于人的头脑里,就像希波塔雷对李思的友爱那样。友爱的存留只取决于他自己内心的感受,飘忽不定,转瞬即逝。而且,他实际上也没有得到友爱,直到具有了这种能产生有用性的智,友爱才可以产生。如果你变聪明了,那么人人都会喜欢你,人人都跟你亲热,因为你变得有用了,变好了。如果不是这样,那就谁都不喜欢你,包括你的父亲、你的母亲以及你的亲戚。⑤

这种用处不是像希波塔雷所做的,是对爱人的一味赞颂,这只是他一己的想法。这种用处只能体现在你让爱人看到了自己的欠缺和需要,就像苏格拉底对李思所做的那样。然后又告诉他,你能弥补他这种欠缺,满足他的需要。

---

① 参见亚里士多德:《尼各马可伦理学》1103a30—35。
② 参见亚里士多德:《尼各马可伦理学》1167a5—10。
③ 参见廖申白:《亚里士多德友爱论研究》,河南人民出版社 2000 年版,第 64—65 页。
④ 参见廖申白:《亚里士多德友爱论研究》,河南人民出版社 2000 年版,第 64—65 页注①。
⑤ 参见柏拉图:《李思》210D。

可是对于希波塔雷来说,他对于自身的欠缺都不知道,何况他的爱人?① 他只能选择赞颂这种令人乏味的方式。

三、谁能成为谁的朋友

苏格拉底在他与李思的对话当中,同时教育了两个人:一个是在一场不成功的爱的追逐当中作为爱者的希波塔雷,另一个是在成功的友爱案例当中时而作为爱者时而作为被爱者的李思(在与父母的友爱当中,李思是被爱者;在与美涅克塞努的友爱当中是爱者)。对于前者,表面上是教他以何种方式来对他的爱人说话,实际上是表明了希波塔雷自身存在的问题,这就是他不知道他在爱什么,更不用说他会选择正确的爱的方式。对于后者,苏格拉底让李思看到了在友爱与智和有用之间的密切联系,因为你只有变得智慧和有用,才会有人爱你,否则连你的父母也不会爱你。

李思认识到了自身在智方面的欠缺,他承认这种欠缺,这是他不同于希波塔雷的地方。苏格拉底作为一个爱欲的专家,不管是在不成功的爱的追求当中,还是在成功的友爱的案例当中,都发挥了他一贯的作用。这就是对于不成功的他要找到解救的秘方,对于看起来成功的,他也要颠覆这种所谓的成功,来引导人们看到事情的本质。不过这次,苏格拉底完成此种颠覆的对象是作为成功的友爱的当事人美涅克塞努,他改变了后者对于自己一向以为高枕无忧的友爱的看法,使他对友爱重新进行了思考。

苏格拉底与李思之间的对话进行到尾声的时候,美涅克塞努回来了。对于李思,苏格拉底已经达到了预期的效果,这个爱者的确是认识到了自己在智方面的不足,并愿意去改变这种不足,这表明了李思是个值得爱的爱者。李思这种品性能否在友爱当中发挥作用,关键在于现实的友爱当中另一方的回应,

① Glidden 以知与不知作为标准对爱者进行了分类,有三种爱者。一种是作为知者的爱者,"这样的人懂得他内部的需要,并且有意识地把他的欲望与这些需要融合在一起,使之达致和谐,使他的意图得以彰显。这样的人与荒谬的希波塔雷形成对照,后者不知道他需要的到底是什么,只能归结为对自己的内心完全无知。介于二者之间的是李思本人,作为友爱中的一个爱者,至少他做到了,承认自己不知道自己所不懂的事情"[David K. Glidden,"The Lysis on Loving one's Own",*The Classical Quarterly*,New Series,31 (1981),No. 1,p.53]。

恰好李思与美涅克塞努之间具有为人熟知的友爱,这表明在这个转折点上,美涅克塞努是个合适的讨论对象。而且,遇到了合适的对象,也就是提出问题的恰当时机。

苏格拉底虽然自称是情爱的专家,但是,在现实当中,还没有得到真正的友爱。这一点从阿尔卡比亚德在他那里所遭受到的挫折可以看得出来,他之所以不接受阿尔卡比亚德,是因为阿尔卡比亚德没有给予他想要的东西,而他想给予阿尔卡比亚德的又遭到了拒绝。苏格拉底的孤独让他渴望友爱,同时,对现实中的友爱也产生了怀疑。他在对李思与美涅克塞努之间的友爱表示羡慕的同时,抛出了这样一个棘手的问题:一个人爱另一个人的时候,谁成为谁的朋友,是爱者成为被爱者的朋友,还是被爱者成为爱者的朋友,还是并没有区别。① 不管是在不成功的爱当中,还是在成功的友爱当中的双方,这个问题都显得很突然,因为这两者的共性是都在追求属于自己的爱,而不去考虑爱的共性。从这点来看,美涅克塞努的回答很唐突就是可以理解的了。

对话的开始就引出了希波塔雷这个失败的案例,这个案例告诉我们,有些爱者尽管在爱,但是,并没有被他爱的对象所爱,甚至被他的爱人憎恨。那么这个时候,我们能从爱者的角度去说爱者是被爱者的朋友吗? 这就等于说一个人可以是他的敌人的朋友,即一个人可以是他的朋友的敌人,因为"尽管爱未必造成一个朋友,恨却必定造成一个敌人"。② 在同一种友爱当中,同时存在着朋友和敌人,这是自相矛盾的。只有当爱者的爱在被爱者那里得到了回应,也得到了被爱者的爱,即被爱者同时来爱追求他的人,才可以说两个人同时是朋友。

这与柏拉图关于厄洛斯的说法是一致的,在他看来爱者对被爱者的爱是厄洛斯,这同一种爱从被爱者的角度来看就是菲利亚。但是在那里,被爱者对爱者的友爱只有从爱者对被爱者的爱才能得到说明。因为这种爱与柏拉图的善和美直接相关,因此厄洛斯在柏拉图那里具有特殊的地位,甚至用这种爱来涵盖友爱。在亚里士多德那里,这种偏狭的观念得到了纠正。亚里士多德把

① 参见柏拉图:《李思》212A。
② 廖申白:《亚里士多德友爱论研究》,河南人民出版社 2000 年版,第 38 页。

性爱看成是友爱的一个特例,指在感情上过于强烈的友爱。① 但是,在友爱当中离不开爱与被爱双方的互知互惠这一点上,他与柏拉图是一致的。② 爱与被爱各自都无法造成友爱,因为爱与朋友存在着区别,"爱不能同时是恨,被爱不能同时是被恨,但一种爱完全可能被恨。然而,朋友的情形与爱不同:朋友只能是朋友的朋友,而不可能是一个敌人的朋友"。③

因此,友爱当中的爱必然要得到被爱一方的回应,这就是人不能与除人之外的生物和非生物建立友爱的原因。因为爱马的人无法得到马的回爱,说一个人爱酒就更可笑,希望一瓶酒好是荒唐的,我们最多是希望它保持得好,以便可以享用。④ 友爱只能在能够对爱有感受和回应的两个人之间发生。既然爱者不一定被他所爱的人爱,那么只剩下一条路了,那就是被爱者永远可以称为爱者的朋友,不管前者是否爱他。这从父母对孩子的爱当中可以看得出来,即使没有得到孩子的爱,或者因为父母对他的惩罚,他对父母报以憎恨,都不影响父母对他的爱。永远把他看成是一个朋友,这样看来朋友就不是爱者,而是被爱者。⑤

同理推出,敌人也是被憎恨者,不是憎恨者。这样,同样存在着悖论。如果朋友是被爱者,不是爱者的话,就会有很多人被自己的敌人所爱,为自己的朋友所憎恨,因而是敌人的朋友、朋友的敌人,这又重蹈了爱者单方是朋友所导致的覆辙。这个问题显然不是为了得出任何结论,因为问题的答案就是爱者和被爱者都不能称为朋友,如果爱者的爱得不到被爱者的回应的话。也许,苏格拉底提出这个问题不在于得到答案,而在于启发得到友爱的人,看看你们彼此能否成为朋友。李思作为一个美少年,虽然并不具有全部的智慧,但却全神贯注,悟性很高。当讨论陷入僵局的时候,为了使讨论继续下去,李思立即同意苏格拉底的看法,是走错了路。李思还因为自己太过专注,太过迫切地希望将讨论继续下去而脸红,他又一次向人们展示了他作为一个爱者的可爱。

---

① 参见廖申白:《亚里士多德友爱论研究》,河南人民出版社 2000 年版,第 55 页。
② 参见亚里士多德:《尼各马可伦理学》1155b30—35。
③ 廖申白:《亚里士多德友爱论研究》,河南人民出版社 2000 年版,第 38 页。
④ 参见亚里士多德:《尼各马可伦理学》1155b30。
⑤ 参见柏拉图:《李思》213A。

第二节 问题的转向

苏格拉底的问题还是同一个,那就是:是什么让你们成为朋友的? 对于这个问题的一种回答的理路就是:是爱者的爱还是被爱者的爱,可以让爱者和被爱者同时成为朋友的。那么讨论的结果是任何单方面的爱——不管是爱者的爱,还是被爱者的爱——都不足以使两者成为朋友。因为爱者的爱在被爱者那里可能得不到回应,甚至会引起憎恨。爱虽然不能造成一个朋友,但恨一定会造成一个敌人。这样,一个人不可能是他的敌人的朋友,也不可能是他的朋友的敌人,讨论由此陷入了僵局。这样不得不找到另一个解决问题的理路,虽然它们解决的都是同一个问题。

一、什么样的人能成为朋友

苏格拉底在年轻人面前再次展现了他的德性,那就是他能够"认识到自己的无知"。在讨论无法进行下去的时候,他能够承认是他把讨论引向了错误的道路。同时,他又能首先从错误的路上回转过来,那就是为问题的解决找到一个新的出口,从爱者与被爱者相互区分到爱者与被爱者的性质之相互关系。在友爱这个问题上,诗人是我们的智慧的父亲,[①]他们说,神把相似的人引到一起。在诗人们看来,相似的人才能成为朋友。因为他们之间存在最大的相似性,是这种相似和共性把他们吸引到一起,所谓的"同类与同类是朋友","寒鸦临寒鸦而栖"说的就是这个道理。[②]

但是,当我们仔细玩味这个道理的时候,就会发现其中的问题所在。坏人之间不会产生友爱,因为,首先他们与自身就不一致。他们因为自身的恶常常选择错误的事去做,做过之后又后悔,希望自己没有做过那样的事。因此在他们自身当中就产生了分裂,一方面是利益的驱使,使他们选择不善的手段去实现自己的目的。但是当目的实现之后,他们发现通过不择手段得到的东西没

---

① 参见柏拉图:《李思》214A。

② 参见亚里士多德:《尼各马可伦理学》1155a35。

那么重要,起码没有他们失去的东西那样重要,什么能比自身的德性更重要呢? 他们又后悔,恨自己,由于对自身之外的事物的爱而使他们做了不该做的事情,最后对身外之物的爱却导致了对自身的恨。而当他们还没有这样做的时候,却以为对这些事物的爱就是对自身的爱。

这样,坏人既爱自己,又恨自己,一个部分把他拉向这里,另一个部分把他拉向那里,仿佛要把他撕裂。① 这样,坏人与他自身都是这样仇恨,更何况是与自身之外的另一个人。正如亚里士多德所说过的,一个人与自身的关系决定了他与朋友的关系,因为朋友就是另一个自身。② 好人因为永远与自身一致,决定了他们与朋友的关系也是和谐的,但是坏人首先与自身就不一致。这就决定了当他与另外一个人走到一起的时候,只能是彼此伤害。而且他们走得越近,伤得越深,恨得越深。因此,不仅坏人相互之间不会产生友爱,而且坏人与好人和不好不坏的人之间也不可能产生友爱。这样,相似的人相互吸引就不适用于坏人之间,坏人由于他自身的本性,决定了他与任何人都不能产生友爱。

这样,好人由于与自身的一致,可以与好人成为朋友了。但是,这里同样存在着疑问。苏格拉底再一次把他的不安表达出来,"相似与相似是朋友是就他们相似来说,还是就他们对彼此有用来说"。③ 也就是说,不管是什么事物,只要它与任何别的事物相似的话,不管是有用还是伤害,它还能够对与它相似的事物做些什么呢? 因为如果有这种需要的话,与之相似的事物为何不能自己对自己做呢? 由于他们之间的相似,④从相似的人身上所获得的他同

---

① 参见亚里士多德:《尼各马可伦理学》1159b5—10、1166b15—20;《欧台谟伦理学》1239b10—15。
② 参见亚里士多德:《尼各马可伦理学》1166a1—5。
③ 柏拉图:《李思》215A。
④ 在亚里士多德看来,柏拉图与恩培多克勒分别处在两个极端上,后者主张差异存在于同类事物当中,友爱必然存在于同类事物当中,因为它们之中才有差异。但是,柏拉图却认为,同类是无差异的,差异只存在于异类的事物之间。这种看法直接导致柏拉图对相反者之间存在着友爱这一点更为坚信,而亚里士多德则在两个极端之间取了一个折中,这就是他认为在两类事物(相同和相异)之间都存在着差异,他的这种看法决定了在友爱问题上与柏拉图看法的不同。参见廖申白:《亚里士多德友爱论研究》,河南人民出版社2000年版,第84—85页。

样能够从自己身上获得,这个与他相似的人对于他还会有什么增益呢?如果他们之间不能彼此增益的话,他们还会相互友爱吗?

显然,如果两个好人之间能够成为朋友的话,那么一定不是因为他们的相似,而是因为他们的德性。但是,如果好人在德性方面具有的相似使他们获得了自足,友爱的存在不能使他们的德性有任何增益,那么,友爱能否在好人之间产生就存在着疑问。因为他们无所缺乏,这种无所匮乏的状态使他们也无所需,无所求。这样,友爱对于他们就是可有可无的东西,因为对于自足的人来说,不存在产生友爱的动力。如果匮乏能够产生一种需要的话,那么这种需要必然能作为爱的动力,就像爱神的诞生是由于他的母亲贫乏神认识到了自身在美善方面的欠缺,从而策划了一场与丰富神的交合,诞下了爱神。

在柏拉图这里,爱意味着一种欠缺,尤其是在美善方面的欠缺。这种欠缺是产生爱的动力,没有这种欠缺,爱就失去了力量,这是他不同于亚里士多德的地方。在后者看来,"友爱,也同爱一样处于无知与知之间。不过不同于爱,友爱自身属于德性的范围,而不是不美不善的",①虽然在对待德性的问题上,亚里士多德认为找到了中道,也就找到了德性,德性就在于那个适度。②而爱在他看来恰恰是友爱的一种过度的情况,这种过度可能使柏拉图所看到的爱中的欲偏离爱智的方向,去追求过度的肉体快乐。但是友爱却能避免这种情况,因为友爱恰恰是爱的适度,只不过它是包含着最多感情的一种品质。③ 但这不妨碍在追求智慧的道路上,"它会使有爱的人追求人生的最大的幸福——智的思辨活动",④从而实现最高品级的友爱。

这种追求从友爱自身作为一种德性就可以得到说明。善的友爱自身所要做的,就是把朋友自身的德性或善作为目的,而因为他们相互之间抱有这样的目的,所以实现了最大的相似。这种友爱也是原本意义上的友爱,是友爱本身。亚里士多德因为把友爱放在了一个中道的位置上,使他看到了友爱本身,

---

① 参见廖申白:《亚里士多德友爱论研究》,河南人民出版社 2000 年版,第 60 页。

② 参见亚里士多德:《尼各马可伦理学》1106b15。

③ 亚里士多德:《尼各马可伦理学》1157b30;参见廖申白教授的译本(亚里士多德:《尼各马可伦理学》,商务印书馆 2003 年版,第 238 页注解③)。

④ 廖申白:《亚里士多德友爱论研究》,河南人民出版社 2000 年版,第 60 页。

即善的友爱。这种友爱只为了朋友自身,而柏拉图却只从爱者的角度出发,因为爱者的不美不善而去追求美善,从而产生爱,他看不到爱者之外的他人。"苏格拉底眼中的爱者看起来确实不能为了朋友自身的缘故而爱他们,否则他为什么就不能对那些品性良好的人产生友好的感情呢,因为他们的良好品性对爱者自身没有任何好处",①这也是他的爱引发诸多争议的原因。

在柏拉图看来,相似的人之间不仅不能形成友爱,相互之间甚至充满了争斗和仇恨。正如赫西俄德所说,"陶匠和陶匠是冤家,吟游诗人和吟游诗人是对头,乞丐和乞丐是仇人"。② 同行之间总是相互处于竞争和敌对之中,而他们之间不仅不能互有助益,反而会互相竞争和伤害。这样看来,在相反者之间就存在着最大的友爱,因为他们从对方身上能够弥补自身的匮乏。比如,穷人想与富人做朋友,弱者对强者、病人对医生以及无知的人对有知的人都充满了最多的友爱。因为前者需要后者来弥补他们自身的不足,这和柏拉图对爱的一贯看法是一致的,那就是爱产生于一种匮乏,这种匮乏才能产生相互的需要。在这个基础上,他必然同意相反者存在友爱比相似者之间的友爱更为合理。

接着柏拉图从相反的人转到了相反的性质,③不仅相反的人欲求其相反者,而且相反的性质之间也相互欲求。干欲求湿,冷欲求热,苦欲求甜,空欲求满,这些性质都想从对方身上找到自身所不具有的东西。所谓相反者是相反者的食物,而相似者之间却不能从对方身上得到任何好处。④ 在这里,亚里士多德对柏拉图有一个重要的修正,那就是相反者欲求对方也许是出于偶性,不是为了对方自身之故。

在《欧台谟伦理学》当中,亚里士多德说得更为明确,相反者对相反者的

---

① Gregory Vlastos, *Platonic Studies*, New Jersey: Princeton University Press, 1981, p.9.
② 赫西俄德:《工作与时日》,第 25 行;柏拉图:《李思》215D;亚里士多德:《尼各马可伦理学》1155a30—35,并见亚里士多德:《尼各马可伦理学》,廖申白译本,第 229 页注⑥。
③ Glidden 认为,柏拉图从相反的人转到相反的性质具有重要意义。当他这样做的时候,就把在对待友爱问题上的传统观点,转变为对友爱问题进行哲学思考上。参见 David K. Glidden, "The Lysis on Loving one's Own", *The Classical Quarterly*, New Series, 31 (1981), No. 1, p.45。
④ 参见柏拉图:《李思》215E。

欲求并不是把对方当成目的来欲求,而是作为实现目的的手段。① 当目的实现之后,相反者作为手段的作用也就终止了。反之,如果相反者把对方当成目的来欲求,当它成为对方之后,它必然还要欲求相反者的相反者。这样,它对相反者的欲求将使自身陷入一种无限循环当中,对它却没有任何增益。这和柏拉图对爱的一贯看法似乎发生了矛盾,因为柏拉图的爱是不美不善者对美善的追求。在这种追求的过程中,爱者应该朝着美善的方向,离美善越来越近,而不是陷入一种相反者对相反者的循环当中而不能自拔。

亚里士多德在这里明确地把友爱欲求的目的确定为一个中点。"在偶性上,它是相反者的友爱,在本性上,则是中点的友爱,因为相反双方不是力求达于彼方,而是力求中点",②因为这种中间的状态就是善。所以,对于干来说,善是不干不湿,而不是湿,对于其他一切的性质亦可类推。③ 可见,在亚里士多德这里,相反者既然作为手段,他就可以起到一定的作用,相反者可以这种有用为基础而形成友爱。

但是,在柏拉图那里却不然,当他再次举出具有相反性质的人的时候,他发现讨论又陷入了同样的悖论。因为如果相反者是朋友的话,无异于说正义者是不正义者的朋友,节制者是放纵者的朋友,甚至好人是坏人的朋友。而在所有这些与正义、节制相反的品质上,不节制者和放纵者都是坏人,而前面的论证已经表明坏人不能和任何人成为朋友,这样,相反者之间的友爱遭到了质疑。

在柏拉图这里,不管是在相似者那里,还是在相反者之间,友爱的产生都遭遇了瓶颈。这是因为在柏拉图那里,爱意味着对美善的欠缺。在人与美善之间,后者永远是前者存在的尺度,人不能为自身立法,成为自己的尺度。而那个绝对的真实体——美善本身——就成为人人自身的尺度和目的,"人命定地要以其有死的生命作此苦旅"。④ 尽管柏拉图为我们指出了一条爱之攀登的道路,但是,这条道路却不是每个人都走得通的。

---

① 参见亚里士多德:《欧台谟伦理学》1239b25—30。
② 亚里士多德:《欧台谟伦理学》1239b30—35。
③ 参见亚里士多德:《尼各马可伦理学》1159b20—25。
④ 廖申白:《亚里士多德友爱论研究》,河南人民出版社2000年版,第64页。

亚里士多德就认为柏拉图对于人人都爱智的观点显然过于乐观。① 在他看来，那种绝对的善"既不能为人所实践，也不能为人所获得"。② 人在他有限的生命当中，只能追求相对于他自身的善。尽管它可能没有智慧那样崇高，人也只能追求基于他自身的善的友爱。尽管这种友爱不具有善或德性的友爱的较高品级，但是，这种友爱却是他能够获得的，实现了这种友爱，也就实现了相对于他自身的善。

亚里士多德承认相对于人自身的善的存在，"因为在善的东西中，有些是绝对的善，有些只是对某人的善，而不是绝对的"。③ 友爱的品级决定于善的品级，"一般说来，原本意义的友爱就是绝对的善和快乐的相互选择，因为它们就是善和快乐；而友爱自身则是这样的选择由以出现的状态"，④相应于三种善，也有三种友爱。品级最高的就是善或德性的友爱，这种友爱既是基于总体上的善而产生的，同时，这种总体上的善与相对于自身的善也是一致的，"总体上的善也就是总体上的快乐，这些都是最可爱的东西"。⑤ 在这种友爱当中，友爱双方实现了最大程度的相似。因此，"只有在这样的朋友中间，爱与友爱才最好"，⑥它在性质上包含了快乐的友爱和有用的友爱，因为德性的朋友既是为了对方自身的德性，也能提供快乐和用处。

在它之下是快乐的友爱，这种友爱也是具有相似性的，因为友爱双方想要得到的都是快乐。而相似性最小的是有用的友爱，双方想从对方身上得到的用处不同，因此他们较少相似性，甚至彼此在一起相处也不会给对方带来快乐。"因为卑鄙者和邪恶者对每个人都不信任，原因在于，他按自己来度量别人。卑鄙者宁愿选择本性上好的事物，而不是朋友，他们更爱东西，而不是爱人。"⑦这明显是坏人之间的友爱的特征，尽管这样，不能否认这也是一种友爱，是基于用处的友爱。"坏人也可能彼此快乐，但不是作为坏人或不好不坏

① 参见廖申白：《亚里士多德友爱论研究》，河南人民出版社2000年版，第64页。
② 廖申白：《亚里士多德友爱论研究》，河南人民出版社2000年版，第64页。
③ 亚里士多德：《欧台谟伦理学》1235b30—5；1237a1—5；1237a15—20。
④ 亚里士多德：《欧台谟伦理学》1237a30—35。
⑤ 亚里士多德：《尼各马可伦理学》1156b20—25；《欧台谟伦理学》1237a25—30。
⑥ 亚里士多德：《尼各马可伦理学》1156b20—25。
⑦ 亚里士多德：《欧台谟伦理学》1237b30—35。

的人。而是例如，如果二者都是音乐家，或者一个是音乐爱好者，另一个是音乐家，而且，是在一切人都有某种善，且它对彼此都适合的意义上。"①显然，这种友爱不能从友爱双方的性质出发来考察，就像柏拉图所做的那样，而是从相对于他们自身的善来考察，那么比较前两种友爱，这是品级最低的一种友爱。

可见，亚里士多德否认了柏拉图从友爱双方的性质出发来论证友爱能否成立的做法，因为这样只能得出否定的结论。他采取了另一种论证，那就是从善本身和相对于人自身的善的区分来论证，友爱存在于被柏拉图所否定的一切种类的人之间，包括相似的人和相反的人之间。② 虽然亚里士多德也像柏拉图一样，承认爱有差等，但是在他那里，对友爱的划分是从高到低，以最高品级的友爱为参照，亚里士多德认为那是原本意义上的友爱，而在它之下是类比或偶性意义上的友爱。

柏拉图给爱智的人们指出的爱之攀登的阶梯则是从低到高，直到最后参悟了那美善的本体之后，才实现了柏拉图意义上的爱欲。同时，柏拉图抛弃了爱欲由以生成的始点——美的形体，或者把对美之形体的爱欲看得很低。可见，柏拉图的爱欲永远是以绝对的美善为指归的，它湮没了人自身的善，甚至把人自身也吞没了。在爱的问题上，柏拉图似乎处在两个极端，一方面在爱善和爱智，他让人向神看齐，神是完美的，全知全善的；另一方面在对人的性质的分析上还没有脱离自然哲学家的窠臼。

在柏拉图早期关于友爱的对话当中，还留有自然哲学家对宇宙思考的痕迹，比如对友爱中的相似与相反之间的划分。③ 亚里士多德则扔下了神和自然哲学的包袱，专门研究相对于人自身所能获得的善。因为他认为伦理学研

---

① 亚里士多德：《欧台谟伦理学》1138a35—40。

② 参见廖申白教授的译本（亚里士多德：《尼各马可伦理学》，商务印书馆2003年版，第235页注释⑤）。

③ 在恩培多克勒关于相似者相互吸引和他对爱的理解之间，伯尼特做了精致的区分。他认为不能把恩培多克勒的爱等同于相似者的相互吸引，因为爱和憎作为宇宙中的两种力量，同时起着结合和分离的作用，爱不同于憎，恰恰是使相同的因素分离，使相异的成分相互吸引；而相似者相互吸引，在恩培多克勒那里也是宇宙生成的一个重要原则。但是，它"并不是把一种元素与其他元素区分开来，它依赖的是每种元素的适当本性，而且只有当争斗把宇宙分离开来的时候才能起作用"（Burnet, *Early Greek Philosophy*, London: Adam & Charles Black, 1948, p.233）。

究的就是人的事情,人所能获得的善,"人只爱善的东西,柏拉图的这条命题仍然有效。所异之处在于,这种善都是具体的,可实行的。对于这些善,人自身才是最好的判断者"。① 亚里士多德承认了友爱的多样性,也就等于承认了人的追求的多样性,这时他已经摈弃了理性和智慧这种绝对的尺度,但他还是多次提到好人自身的判断可以作为尺度,②对好人显得快乐的就是真正的快乐。③

同时,好人所追求的友爱也是作为衡量其他友爱的尺度。尽管这样,亚里士多德并不要求所有人都追求好人才追求的快乐,所有人都去实践好人才能获得的友爱。因为人人都有相对于他自身的善,既然人自身的存在对于他来说是最好的存在,相对于他自身的善的实现也是对于他自身来说最好的友爱。"如果我们和亚里士多德一道假定每个人的可实行的善都是与另一个人不同的,我们就似乎要与他一道认为,对好人是善的东西未必对坏人或不好不坏的人是善的。"④如果我们获得了柏拉图意义上的爱,我们可能是崇高的;而如果我们获得了亚里士多德意义上的友爱,那么我们一定是快乐的。

二、友爱能否因为自身而存在

苏格拉底从人的相似和相反这两种关系原则出发,得出否定性的结论。对于同类的人来说,坏人之间走到一起,只能彼此伤害,不会产生友爱,坏人与自身的对立关系决定了他不能与其他种类的人成为朋友。对于好人来说,他们彼此在善的方面的相似,使他们不能互有增益。因为即使他们能够成为朋友,一定不是因为他们的相似,而是因为他们的德性。但是好人在德性方面的自足,又使他们无所匮乏,没有相互的需要就不能产生友爱。这样,就否定了好人之间产生友爱的可能。

但是,亚里士多德认为柏拉图把人的自足理解为神的那种完善的自足是

① 廖申白:《亚里士多德友爱论研究》,河南人民出版社 2000 年版,第 67 页。
② 参见亚里士多德:《尼各马可伦理学》1113a29、1128a31。
③ 参见亚里士多德:《尼各马可伦理学》1176a18。
④ 廖申白:《亚里士多德友爱论研究》,河南人民出版社 2000 年版,第 67 页。

有问题的,人的自足是需要外在条件的,因而是不充分完全的。① 在这个意义上,人的幸福总是还需要他人在朋友的意义上给予帮助才能实现。即使是思考——这种人的灵魂当中最好部分的功能的实现——虽然一个人来完成也可,但是有朋友一起当然更好。② 因此,人的自足就分为总体的自足和相对于人自身而言的自足。好人的自足也只能在第二种意义上来理解,那就是即使一个好人相对于他自身来说是自足的,但是相对于另一个人就可能是不自足的。③ 在他的不自足的方面,另一个好人就可能为他提供帮助,一个好人也愿意在德性上帮助他的朋友。所以,好人之间完全可以在这种相对于另一个人的不自足的方面对他人产生需要,从而好人之间也可以成为朋友。

对于柏拉图来说,爱或友爱作为一种匮乏,必然要在双方之间产生相互的需要时才能成为朋友,这样,似乎相反者之间更可能成为朋友。但是,由于前面的论证已经表明,坏人不能和任何人成为朋友,相反者之间成为朋友的可能性也不存在了。而对于亚里士多德来说,坏人之间也可以产生友爱,只不过这种友爱是基于偶性的。因为相反者处在两个极端上,他把对方作为达到适度的一个手段来欲求,当他的目的达到之后,那么友爱也就消失了。

因此坏人之间的友爱是一种实用的友爱,好人和坏人之间也可以产生基于实用的友爱。"坏人与好人也可能是朋友,因为坏人对于好人的选择和开端或许有用,而好人也可以对一个坏人的合乎他的正常本性的选择有用,或者是对一个有正确的思虑但不能坚持的不自制者的当下选择有用。"④同时,亚里士多德认为好人和坏人之间的友爱可以理解为是快乐的友爱,他的"这一说法应当是一个人能'带来'或'产生'快乐也就是'有用的'这种转义上说的"。⑤

亚里士多德的研究是以经验的观察为基础的,因此,他更贴近生活的现

---

① 参见亚里士多德:《尼各马可伦理学》1169b4—6、1153b16—18。
② 参见亚里士多德:《尼各马可伦理学》1177a30—35。
③ 参见廖申白:《亚里士多德友爱论研究》,河南人民出版社2000年版,第69页。
④ 亚里士多德:《欧台谟伦理学》1238b1—5;廖申白:《亚里士多德友爱论研究》,河南人民出版社2000年版,第155页。
⑤ 廖申白:《亚里士多德友爱论研究》,河南人民出版社2000年版,第156页。

实,而友爱作为人与人之间的一种亲密的感情,①似乎经验的观察可以使这种对友爱之研究的基础更为扎实。人人都体验过的事物会引起人们的理解和共鸣,同时使这种研究更符合人的现实。现实当中的人复杂多变,无法用一个标准去要求和衡量。在亚里士多德那里,总是把善分为总体上的和相对于人自身的,对于与人相关的其他事物也作出了类似的划分。虽然柏拉图也看到了人的善恶有别,但是他却要求完全用善去制服恶。由于这种对立,善恶之间不是鱼死就是网破,二者不能共存,更不可能产生友爱。爱对于他来说只能是不美不善(但绝不是丑和恶)去追求美善,爱沟通的不是善和恶的距离,而是不美不善去接近美善的距离。

在柏拉图的爱中,坏人因为他们身上的恶是不能与别人建立友爱的。与这种友爱观相比,亚里士多德的爱更为宽容。因为他宽容到把坏人身上的恶排除掉,只因为他们在正常本性上所作出的选择而成为朋友,比如坏人也可以因为对音乐的共同爱好而成为朋友。亚里士多德也包容到能够看到坏人身上善的方面。亚里士多德认为,即使是坏人也有相对于他自身的善,好人在帮助他实现这种善的意义上可以与之成为有用的朋友,而且如果坏人在好人的帮助下变好了,这对于好人来说未必不是一件好事。

尽管这样,亚里士多德和柏拉图的爱都不能因为恶而产生,虽然前者能够允许坏人可以与其他人交朋友,但这不是因为他们身上的恶,而是因为他们在正常本性的驱使下所作出的选择,这种选择有助于相对于他们自身的善的实现。而好人又愿意为了朋友自身的缘故而帮助他们实现自身的善,在这个意义上,坏人可以和好人或其他能够帮助他的人成为朋友。当然,这种友爱在亚

---

① 柏拉图对友爱的分析显然还带有自然哲学家对宇宙中万物生成的观点的影响。除了他提到用相似和相反来论证友爱的合理性之外,他还提到了人与无生物的爱,比如李思的父亲对酒和盛酒的容器的爱,因为它们都有助于最根本的父亲对李思的爱。在亚里士多德这里,他摈除了人对无生物的爱,因为友爱是相互的,而无生物却无法对人的爱作出回应。但是,他对友爱的分析还是没有完全抛弃自然哲学的痕迹,比如对相似和相反原则在人与人之间关系的运用上,只不过这种运用是建立在经验观察的基础上。因为他的伦理学和政治学的讨论都为人类的"自然本性"(动物的与植物的本性)保留着重要的位置。参见廖申白:《亚里士多德友爱论研究》,河南人民出版社 2000 年版,第150 页。

里士多德那里是品级最低的友爱,因为它的相似性最少,持久性更是无法与善或德性的友爱相比。当对方不再能够为彼此提供任何用处和帮助的时候,这种友爱自然就停止了。

在爱的问题上,亚里士多德既不同于柏拉图,也不同于后来基督教对于爱的观点。后者是神对人的爱,不分对象。"那么,在基督教义中耶稣的救助事业象征着什么呢?它象征着对于所有对象的爱。不管他是忠臣还是逆子,不管他是有价值的还是没有价值的,以至是杀害自己的仇敌。"①这种不分敌友的爱对于人来说是很难做到的,用柏拉图的话来说,一个人怎么能爱自己的仇敌呢,一个朋友不能是敌人的朋友。但是,在基督教当中,人承受了神的爱,人对神爱的回报就是尽力去爱你的邻人,不管他是好是坏。

这种爱也不是因为恶而产生,因为我们都承蒙了神爱,神爱是我们自身对他人的爱的来源。神爱我们,并让我们用他给予我们的爱去爱一切人。神爱说明了我们对敌人和坏人的爱,这种爱在柏拉图那里是不可能的,因为善不能爱恶,善本身无所匮乏,它不会爱任何人或物。善由于自身的完美只能作为对象而被爱,爱只能由对善的爱得到说明。在亚里士多德看来,对坏人的友爱不是不可能的,那是因为善不仅是绝对的善,还有相对于人自身的善。在这个意义上,坏人也可以要求相对于他自身的善,只不过这要出自他的正常本性,而不是恶的本性。

可见,亚里士多德的爱就像他的德性一样,似乎想要找到一个适度。这个适度是相对于人而言的,也是人能够获得的。它不是柏拉图式的对善的绝对忠贞的爱,但是,他的爱也离不开善。善或德性的友爱虽然极其罕见,却成为友爱本身,成为快乐和用处的友爱的标尺;亚里士多德的爱也不是基督教的神爱的承载者,同时,又作为这种神爱的播撒者,成为爱邻人的人。但是,他的爱也包括爱坏人,那是在坏人也有相对于他自身的善的意义上,他的爱没有其他的来源,只是相对于人自身的这种善。对于任何人,这种爱都是可以发生的,也是可以接受的,因为它关切的是人自身,不管实现的是我们的朋友的善,还是我们自身的善。

---

① 今道友信:《关于爱和美的哲学》,生活·读书·新知三联书店2003年版,第44页。

　　对于前者来说,在亚里士多德看来,友爱可以因为它自身而存在。因为如果这种友爱是为了朋友自身的缘故,我们可以肯定这种友爱是由于自身而存在。但是,对于出自我们自身的快乐或好处的友爱,这种友爱在品级上要低一些。而且,友爱不是因为自身而存在,而是为了某种偶性上的原因,比如快乐和好处,而这两者都是易变的,建立在这种易变的原因之基础上的友爱必然也不持久,因为它没有为自身而存在的原因。不过,它们都可以在类比或偶性的意义上称为友爱,而柏拉图出自对好人、坏人和不好不坏的人的划分,否定了他们之间产生友爱的可能。

　　亚里士多德肯定了他们中的任何两类人之间都可以存在友爱。“他从‘苏格拉底’认为应当放弃的一个前提——对任何一个人,在本性上属于他的都是某种善或对他显得善(而不是恶)的事物——出发。”①亚里士多德对柏拉图分析的理路有些反叛,这使他看到了友爱自身之外的更广泛意义上的友爱,比如快乐的友爱和实用的友爱。但是,在他与柏拉图的友爱观之间也有某种连续性,②这就是坚持要找到为自身而存在的友爱,这就是善的友爱,或者说是爱智的友爱。

　　在柏拉图对爱智之友爱的讨论当中,在比较了相似和相反者的友爱之后,真正可能存在友爱的人已经所剩无几了。在排除了好人之间、坏人之间、不好不坏的人之间、③好人与坏人之间、坏人与任何其他种类的人之间存在友爱的

---

① 亚里士多德:《尼各马可伦理学》,商务印书馆 2003 年版,第 235—236 页注⑤。

② 参见廖申白:《亚里士多德友爱论研究》,河南人民出版社 2000 年版,第 70 页。

③ 柏拉图认为,做好人是很难的,但成为一个好人却是可能的,成为一个好人的前提是有某种恶的存在。是一个好人意味着不仅以前是,而且永远都要保持这种好的状态。因为一个人不能像神那样,自始至终地保持完好,因为人极有可能受到外界因素的影响而变坏,“诸神喜爱的是那些做好人时间最长的人”(柏拉图:《普罗泰格拉》345C)。柏拉图也认为找到这样一个完美的人是徒劳的,因为大部分人都是在好和不好之间,只要不自愿作恶就可以了。因此我们也只能接受这种中等状态,因为我们自身就处在这种中间状态,也就是不好不坏的状态。(参见柏拉图:《普罗泰格拉》346D)在《李思》篇中,柏拉图对不好不坏的人的理解,是根据对人的德性状态的划分,“不好不坏的人是既不具有德性也不具有恶性的,然而在偶性上有某种恶”(廖申白:《亚里士多德友爱论研究》,河南人民出版社 2000 年版,第 39 页注②)。这里的德性和恶性都是通过习惯而形成的,所以,“不好不坏的人在柏拉图的概念上并不是人们通常设想的是由于本性上兼有善恶而处于好人和坏人之间的”(廖申白:《亚里士多德友爱论研究》,河南人民出版

可能性之后,剩下还没有讨论的就是好人和不好不坏的人之间的友爱。在柏拉图看来,他们之间在智的方面不相似,能够产生对彼此的需要,尤其是不好不坏的人对好人的德性的需要。因为对于前者来说,他认识到了自身在德性方面的欠缺,想要改变这种偶性上的恶,使自身变得更好。只有好人能够帮助他实现这一点,因此他会去接近好人,和好人成为朋友。就好比一个不好不坏的身体,由于偶染风寒而去求医问药,为了健康的缘故,这个处在中性状态的身体要去接近医生,并与后者成为朋友。

对于德性的状态也是如此。如果说德性是灵魂本身的状态,而且灵魂本身是不好不坏的,那么并非出于自愿的偶性的恶,它要去寻求一个具有德性的人,去医治这种偶性的恶,使他重新恢复原来的较好的状态。这样,不管是对于身体还是对于灵魂来说,这种偶性的恶都还没有成为身体或灵魂中的本质的东西,否则,身体就进入了病入膏肓的状态,没有医治的必要了;如果灵魂当中偶性的恶变成本性上的恶,那么,灵魂就变成彻底是坏的,而一个坏人不会认识到自身的恶,或者不以自身的恶为恶,因此,他不会想着去改变这种恶的状态。

这就如同一个无知的人不会认识到自身的无知,更不会去交智慧的朋友去改变他这种无知的状态。这时,无知就成为他的本性中的东西,而改变不了了。这就好比一把金锁被染上了白色,但是,这种白色却不是金锁本身的颜色,经过处理,是可以祛除的。但是对于经过岁月的风霜而染成的白发,却是头发本身的颜色,无法从本性上加以改变了。对于不好不坏的人身上的偶性的恶,只是类似于金锁被染上的颜色,经过与有德性的人相处,并得到后者的帮助,是可以把这种偶性上的恶祛除的,恢复他本身的较好的状态。

但是,问题在于,身体本身作为不好不坏的事物,由于疾病的存在,为了恢复健康,才与药物或医生友好。对于不好不坏的人也是这样,只有当坏刚刚显现出来还没有彻底变坏的时候,这种坏的存在才让他欲望善。为了祛除这种偶性意义上的恶,他欲求与好人成为朋友。如果他彻底变坏了,使他自身成为

社 2000 年版,第 39 页②)。在他这里,不好不坏就好比知道自身的不善不知,而要改变这种状态。并且,他身上偶性的恶也不是出于自愿的,而是受到外界因素的影响,如同布匹被染上了颜色。但是,这种颜色却不属于布匹本身的构成,而是可以祛除的。

本性上恶的东西,那么,他根本就不会欲望善,更不会欲求与好人交朋友。但是,不管是身体也好灵魂也罢,如果这种偶性的疾病或恶祛除了,不好不坏的人也达到了他自身变好(或恢复原来状态)的目的,这时让他去接近医生、药物或好人的原因不存在了,他还会继续保持与医生、好人的友爱吗?

柏拉图对这一点持怀疑的态度,因为在他看来,友爱产生的原因就在于某种匮乏,不管是对健康的匮乏还是对善的匮乏。当这种匮乏不存在的时候,那么友爱就失去了存在的原因,也没有存在的必要了。这样看来这种友爱就没有为自身而存在的原因,它只是因为偶性的恶而存在,这种偶性的恶必然要被克服。当这种恶不存在的时候,那么友爱自然也终止了。如果友爱不能从自身当中找到存在的原因,这种友爱就是不持久的,尤其是友爱因为恶这种原因而产生。而在柏拉图看来恶迟早是要被克服的,那个时候,友爱就消失了。在柏拉图这里,论证的结果就是没有为自身而存在的友爱,那么,这种友爱就不是他所追求的爱智的友爱。

三、第一位的友爱

柏拉图认为爱只能是不美不善对美善的追求,这样友爱只能是不相似的两个人之间,因为偶性的恶的存在而发生。就好比一个病人是因为疾病这种恶的显现,才去亲近药物和医生。也就是说,由于疾病这种恶,一个有病的身体为了恢复健康,才与医生交朋友。同样,一个不好不坏的人,由于偶性的恶,为了获得德性,而去亲近好人,与之交朋友。

显然,在柏拉图这里,是把好人和不好不坏的人归为不同的人,他们既不相似,也不极端相反,那么,衡量的标尺就是美善。好人在美善的方面是没有欠缺的,而不好不坏的人却会发生偶性的恶。即使这种恶不是出于自愿,但是也表明他们在美善方面的不足。这样,好人和不好不坏的人在美善方面的区别就表现出来了;同时好人与不好不坏的人在美善方面又不极端相反,因为不好不坏的人能够认识到自身的偶性的恶,也就是在美善方面的不足,他想改变这种不足的状况,想和好人交朋友,让好人来帮助他获得德性。

在这个意义上,两者在美善方面又不是极端相反。但是,这里存在着一个逻辑上的困难,就如廖申白教授所指出的,如果好人在美善方面是没有欠缺的,那么他是否仍然会爱(智),因为在柏拉图那里爱是不美不善者对美善的爱,既然好人在德性上已经完满了,他是否仍然去爱智。如果答案是否定的,就不存在所谓被视为友爱自身的那种爱。同样,如果我们承认好人仍然爱智,他对智的爱必然表明自身在美善方面的欠缺,这样他与不好不坏的人的区别就消失了,二者之间的友爱也失去了根基。①

亚里士多德认为这个逻辑矛盾的产生在于,柏拉图所理解的好人的自足概念的偏差。这种偏差取消了好人的自足和神的自足的差别,抹杀了好人相对于他人的不自足,这种相互之间的不自足使好人之间的友爱成为可能。柏拉图看不到这一点,因此他否定了好人之间产生友爱的可能性。亚里士多德看到了善的多种层次,有总体上的和相对于个体的,即使好人在总体上的善是自足的,但是,相对于他人,他可能还是有所欠缺的。这种欠缺使好人与他人的友爱成为可能,即使是坏人,也可能对好人当下的选择有用。当然,在善的或德性的友爱是最高品级的友爱这一点上,亚里士多德和柏拉图是一致的。但因为柏拉图在好人问题上的一个预设,即好人的自足只能是永远匮乏中的自足,这样对于他来说,唯一还留有可能的好人和不好不坏的人之间的友爱也失去了根基,这个根基在于好人与不好不坏的人在德性方面的差别。

柏拉图认为好人与不好不坏的人之间的友爱之所以不能成立,原因就在于不好不坏的人是因为恶的存在才去亲近好人,但是,这种恶毕竟是偶性的,是暂时的。当恶被祛除之后,不好不坏的人变得更好了,他就没有与好人交往下去的必要了。就好比一个人在生病的时候,可能去接近医生,这是因为疾病困扰着他,只有医生能够帮他祛除这种困扰,让他恢复健康。可见,他对医生的友爱是因为疾病这种恶的存在,为了恢复健康而产生。那么,在这里,健康对他来说也是友爱的对象,只不过这种友爱只能通过病人与医生的友爱才能达到。当病人重又获得健康的时候,他就要终止与医生的友爱。

说到底,更根本的友爱是病人与健康的友爱,而与医生的友爱是为了与健康的友爱服务的。在每一种友爱之上都有一个更根本的友爱。只有在这种友爱实现之后,那种更为根本的友爱才能实现。当然,一直追溯到最后,就达到

① 参见廖申白:《亚里士多德友爱论研究》,河南人民出版社2000年版,第68—69页。

那爱的第一原则,也就是第一友爱(πρωτον φιλον)。只有这种友爱是为自身而存在的,因为在它之上再没有其他的目的了。

就好比一个父亲对儿子的爱是第一位的,儿子中毒之后,父亲知道酒能够解儿子的毒,就会对酒亲近,进而对与酒有关的盛酒的容器也产生友爱。这样可以一直追溯下去,只要能够有助于他的儿子恢复健康的事物,父亲都会产生亲近感。因为所有这些友爱都是围绕着父亲对儿子的爱而产生的,后者就是为了自身而存在的友爱,在它之上再找不到其他的目的了。我们可能联想父亲对儿子的爱可能期待儿子长大后孝顺父亲,但这种猜想只能是同义反复,因为儿女对父母的回报不是酬其配得,而是尽其能力回报。①

父亲在爱儿子的时候,他不会去想儿子在将来会尽多大的能力回报,他对儿子的爱就是为了儿子的善好,这种友爱的目的就是为了儿子自身的善的实现。而其他能够帮助实现这一目的的,也获得了父亲的垂青。但是,父亲与其他事物的友爱,包括这里对酒和盛酒的容器的友爱,都从父亲对儿子的爱得到了说明。如果没有父亲对儿子的爱,那么这些友爱的价值将得不到说明。但这不等于说这些友爱除了作为服务于父亲对儿子的爱的手段就没有自身的价值,②因为没有这些友爱,就无法实现第一位的友爱。

就像希波塔雷在追求李思时所受到的挫折,这种挫折在于希波塔雷不知

---

① 参见亚里士多德:《尼各马可伦理学》1163b10—15。

② Glidden 认为,这种第一位的友爱并没有涉及柏拉图的型式论的内容,无法从后者得到说明。同时,其他的友爱都只能从第一位的友爱得到说明。在这一点上,可能第一位的友爱与柏拉图的型式有相似之处,都起到这种赋予其他事物以价值的作用,但却不能只把这种关系看成是目的—手段的关系[参见 David K. Glidden, "The Lysis on Loving One's Own", *The Classical Quarterly*, 31(1981), No.1, p.56];Vlastos 也认为这里第一位的友爱不是形而上学意义上的,而是道德意义上的(参见 Gregory Vlastos, "Is the Lysis a Vehicle of Platonic Doctrine", from *Platonic Studies*, New Jersey: Princeton University Press, 1981, p.37)。柏拉图早期的对话还没有形成完善的型式论的学说,并且还带有苏格拉底影响的痕迹。但是,在这里却显示出了目的论的雏形,因为他已经区分了为其他目的而存在的友爱和为自身而存在的友爱,这种区分可以让我们看到目的—手段的关系。同时,如果把这种关系一直追溯下去,那么,就可以得到一个只为自身而存在的事物,其他所有存在都从它得到说明。而它是无始无终、永恒不变的,这才是善的理念。第一位的友爱还无法与善的理念相比,这里我们可以产生对善的联想,但却还不是善或美的理念本身。

道自己在爱什么,爱的目的是什么。正因为他对于他和李思之间的第一位的友爱很无知,导致了他选择了错误的手段,一味地赞颂,最后在爱中败北。同样,对于李思来说,他对父母对他的友爱产生了误解,认为这是对他的幸福的阻碍,是对他的限制。这种误解来源于他们对幸福的理解不同。李思的父母看到了对于李思来说什么是幸福,幸福在于他在智慧方面的成熟,从而对他的朋友有用,也对他自身有用,而其他所有的一切都是为这个最终的目的服务的。

不管李思所认为重要的是赶车还是骑驴,比起这个最终目的来说都是无足轻重的。因为只有在他真正获得智慧的时候,这一切他处理起来才会得心应手,游刃有余。也只有在这个时候,即他用他的智慧证明自己是有用的时候,不管是父母、亲人、男人、女人、同邦人还是外邦人,才都愿意与他亲近,交他这个朋友。可见,李思的父母比李思更清楚什么是李思真正的幸福所在,也只有认识到人的幸福是什么,一个人才可能获得幸福。认识到这一点需要智慧,而实现这一点却需要友爱,不管是智慧还是友爱,都相关于幸福这个最终目的的认识与实现。

对于柏拉图来说,爱或友爱是单向度的,那就是只朝着爱智的友爱一个方向展开。当他无法在相似者之间、相反者之间以及不好不坏的人与好人之间找到爱智的友爱的持续存在时,最后他找到的那种不是因为某种恶的显现才产生的对善的需要而发生的友爱,而是因为自身而存在的友爱,就像父亲对儿子的爱。这种爱的前提是父亲知道对儿子的爱才是第一位的,只有先找到了这个目的,才能获得实现这个目的的手段。爱与智是结合在一起的,①这种第一位的友爱仍然是爱智的友爱,是人对自身在美善方面的欠缺的认识,从而产生对美善的需要,而最大的欠缺就是对智的欠缺。"因为智是最美也是最善的,在型式的世界中,美、善与智原本是一。智是最纯净的,智的美善也是最纯

---

① 这里的智有点亚里士多德的明智的味道,因为它首先是相关于人的事务,其次是找到实现目的的手段,而这里父亲对儿子的爱显然满足这两个特点。但是,柏拉图对智慧和明智是不加区分的,而在大多数场合下,他所使用的爱智的智还是纯粹意义上的智慧,与善相关。

净的。"①

可见，柏拉图单向度的善决定了他的友爱也是单向度的，这也决定了他的爱自身无法克服的矛盾，这就是要从对美善的欠缺去理解爱，去寻求爱，结果发现爱竟然与欠缺这种恶联系在一起。如果恶是必然要被克服的，那么决定了这种友爱也没有为自身而存在的原因。而且在他的友爱中好人与善到底是什么关系也无法确定，因为如果好人在善的方面是完好的，他就与爱智的友爱无缘；如果是不美不善的，那么好人与不好不坏的人的友爱也无法得到说明。这样，讨论只好另谋出路，为友爱寻找其他原因。

第三节　问题的终结

每当苏格拉底就友爱问题的讨论陷入僵局的时候，总会看到一丝转机。在第一次迷路的时候，即爱者能成为被爱者的朋友还是被爱者成为爱者的朋友，或者两者同时成为朋友这个问题陷入困境的时候，转换的不是问题本身，而是解决问题的理路。这就是由爱者与被爱者的区别转向了爱与被爱的性质：什么样的人能够成为朋友。通过一一排除，只有好人与不好不坏的人之间，因为恶的存在可以产生友爱。但是，问题是当恶消除之后，友爱也会随之解体，柏拉图想要找到为自身而存在的友爱的企图又一次破灭。即使他把友爱的原因归为一种中性的欲望，他欲望的仍然是属于他自身的、与他相似的事物，这样又陷入了前述的悖论，即相似者不能成为朋友，问题的终结就是没有终结的问题。

一、欲望和匮乏

柏拉图对友爱问题的探讨建立在欲望这个基点上，而对欲望的看法的转变可以看到他的爱欲轨迹的延伸。在《斐多》篇中，柏拉图的型式论刚刚露出苗头，他把欲望得以产生的原因归为身体的感官。正是这种欲望，使灵魂束缚于肉体，肉体被柏拉图比喻为灵魂的监狱或坟墓。由于欲望的干扰，灵魂不能

---

① 廖申白：《亚里士多德友爱论研究》，河南人民出版社 2000 年版，第 50 页。

专注于对最重要的事物——智慧——的思考，而使灵魂也浸淫于肉体欲望的满足所产生的快乐当中，每一种快乐和痛苦就像铆钉一样把灵魂钉在肉体上。①

但是肉体欲望的满足却不是灵魂最幸福的所在，只有摆脱肉体的束缚，专心去思考真理和智慧，才是灵魂的最终归宿。只有灵魂脱离肉体，回到它自身，不再受肉体欲望的困扰，才能达到这一点。直到这时，灵魂才算回到自己真正的家园，因为智慧和真理才是属于它自身的东西，与这种神圣的事物在一起，它才会获得不朽。因此，哲学家这些爱智的人获得不朽的方式就是死，死让他们进入存在，因为只有理智和真理才代表灵魂本身。

这种对欲望的贬低延续到《理想国》当中，不过不同的是，在那里柏拉图的善的理念已经趋于成熟，成为那高高在上的至高存在，所有其他的善都从善的理念得到说明。在这里，他不再把智慧或理性看成是灵魂当中唯一的部分，虽然它们在善的理念之下，却在其他德性之上。这种善的品级的划分使我们看到柏拉图对灵魂看法的转变，这时他把欲望也看成是灵魂当中的一个部分。我们根据它强烈的关于饮食和爱的欲望以及各种连带的欲望，因而称它为欲望的部分。② 只不过这个部分一定要服从理智的领导，否则它就产生偏离理智转向过度的倾向。

当然，这种过度指的是过度的肉体快乐，比如性爱的快乐，柏拉图就把这种过度的爱欲称为专制暴君。③ 因为他们的灵魂完全是欲望做主宰，可以在醒着的时候作出梦中才会想到的事情。④ 对于他们来说，对于肉体快乐的享受胜过了一切，对娇童美女的爱胜过对生养自己父母的恩，对欲望的服从胜过了理智的教导。对于他们只有想不到的，没有做不到的。欲望把他们引导到了恶和毁灭，不是把自己变成最悲惨的人，就是把身边的人变成最悲惨的人。⑤

---

① 参见柏拉图：《斐多》83D。
② 参见柏拉图：《理想国》580E。
③ 参见柏拉图：《理想国》573B。
④ 参见柏拉图：《理想国》574E、576B。
⑤ 参见柏拉图：《理想国》580A。

　　我们看到欲倾向于过度，但是，欲望的产生是因为身体的一种匮乏，比如饿和渴这种匮乏的身体状态，就要求能够使身体恢复正常状态的事物；比如饮料和食物，从匮乏到填充的过程，就产生了快乐。这个过程所要达到的目的是身体的正常状态，而不是过饱和过度饮水，就像亚里士多德所说的相反者所欲求的不是它的反面，而是一个不偏不倚的中点。但是，恰恰对于欲望和快乐来说，这个中点和适度很难把握。因为快乐和欲望属于自身没有尺度的事物，可以多点，也可以少点，对于自身不构成对自身的限制的事物都属于无定的范围。① 它们缺乏比例和尺度，也就是缺乏限度，对于人来说，欲望的满足和快乐的享受总是越多越好。

　　苏格拉底就劝告他身边的人，不要不渴就去饮水，不饿就去进食，不想做爱就随便找个什么人（男童）去交欢，因为这样你享受不到欲望带给你的快乐。② 殊不知，当人真正享受到快乐时，就欲罢不能了。为什么苏格拉底同时劝告他的弟子们遇到一个美少年就头都不要回，赶快溜走，因为娇童的美好带给人的快乐是一般人难以抗拒的。

　　如果能够把欲望及其满足保持在一定限度内也好，但是，快乐的本性就是欲求过度。亚里士多德认为恰恰有这样一些人，他们不能享受其他的快乐，只能享受强烈的快乐，对于他们来说，中等的感觉就等于痛苦。③ 当快乐超过一定限度的时候，就会转变为一种恶，因此，欲望不能成为灵魂的领导，是因为它自身不构成尺度，对于一个自己都管不住自己的人，怎么可能成为领导别人的人？因此要为欲望确立尺度，这个尺度就是理性，因此欲望要服从理性，否则它就会成为洪水猛兽，把人带向疯狂。

　　而在《理想国》当中，确实把疯狂看成是爱欲的一个特征。僭主是疯狂的，尽管他们充满了疯狂的爱欲，却不会和任何人建立友爱。他们不是别人的主人就是别人的奴仆，永远处在一种利用与被利用的关系当中，别人都是实现他的欲望的手段，就连他们自身也成为自身欲望的奴隶。在这个意义上，僭主

---

　　①　参见柏拉图：《斐力布》26B。
　　②　参见 Xenophon, *Memorabilia*, Book II, Chapter 1, 30。
　　③　参见亚里士多德：《尼各马可伦理学》1154b5—10。

的天性是永远体会不到自由和真正友爱的滋味的。① 他们不知道自己在做什么，完全让灵魂当中的多角兽主宰了灵魂，而这刚好与正义的人的做法相反。"我们的一切言论是为了让我们内部的人性能够完全主宰整个的人，管好那个多头的怪兽。"②

柏拉图虽然承认灵魂中三个部分各有自身的欲望，但是，他在对这三种欲望的满足所获得的快乐进行比较的时候，采取的是哲学家的体验作为标准。因为哲学家必然体验过其他两种快乐，对于爱名和爱利的快乐，它们都是受到欲望的驱使。因为金钱可以让身体满足自身的欲望，得到自身想得到的一切满足物欲的东西。但是，为了获得金钱，人与人之间挑起了争端，甚至是战争。因为战争从根本上说是与钱财联系在一起的，有了钱财，才会有各种肉体欲望的满足和享受。战争、革命和争斗的唯一原因是肉体及其各种欲望。③ 这样看来，爱名（荣誉主要是在战争中体现出来的德性）和爱利根本在于满足人的欲望，享受身体感官的快乐。对于哲学家来说，这些快乐没法与追求智慧、研究真理的快乐相比，它们远非真正的快乐，而被称为"必然性的快乐"，因为若非受到必然性的束缚他是不会要它们的。④

必然性的束缚和必要的欲望相联系，在这个意义上，柏拉图把欲望也分为必要的欲望和不必要的欲望。⑤ 必要的欲望和我们的衣食住行相关联，没有这些欲望我们就活不成，人都有七情六欲也是在这种正常欲望的意义上说的。如果真的把性欲看成是与食欲和饮欲同类的一种欲望，而不是看成什么恶魔禽兽，那么世上会少了很多悲剧。这是人自己给自己制造的悲剧，其实这样的悲剧本不该发生。不必要的欲望是超过正常欲望之上的，要求满足欲望的多样性和对欲望多样性的满足。⑥

不管是在古希腊的生活还是哲学当中，都以生活的单一为荣耀。在柏拉

---

① 参见柏拉图:《理想国》576A。
② 柏拉图:《理想国》589A。
③ 参见柏拉图:《斐多》66C。
④ 参见柏拉图:《理想国》581E。
⑤ 参见柏拉图:《理想国》558D。
⑥ 参见柏拉图:《理想国》559C。

图看来,哲学家只追求一种快乐。正因为他们的欲望少,才不会受到外界的干扰,始终与自身同一,成为自己的主人。亚里士多德也认为,能够达到这种单一本性的只有神,"神享有一种单纯而永恒的快乐"。① 人的变化多端恰恰在于人的欲望,这是人的劣性的体现,"因为,正像变化多的人是劣性的一样,变化多的本性也是劣性的,它既不是单纯的,也不是公道的"。②

在《理想国》的论述当中,对欲望仍然进行了基于身体与灵魂上的需要的一种划分。对于身体来说,它的必要的欲望就是饥渴等所引起的,这是因为身体处于一种亏空的状态,而由亏空向身体正常状态的回复就会引起快乐。这个填充的过程是由食物、饮料等来充实的,但是比起身体的亏空,灵魂也有亏空,灵魂的亏空是由知识、理性和美德来充实的。③ 这两者的实在性当然显而易见,"充实以比较不实在的东西和充实以比较实在的东西,显然后一种是比较真实的充实"。④

但是,在后期《斐力布》篇当中,在欲望从亏空到充实的过程当中身体和灵魂不再分家,而是扮演着不同的角色。比如一个人饿,表明他正在变空。⑤那么,这里的空是指身体上的,但是由这种身体上的亏空的感觉上升到欲望却是灵魂的功能。因为灵魂通过回忆知道怎样能够填充这种亏空,⑥它从以前的经验当中体会到了从亏空到充实的快乐。当亏空再次出现的时候,这种快乐又回到它的记忆当中,这样它渴望再次充实。只有身体和灵魂的配合才能使欲望得到满足,把这种亏空填起。

这里,灵魂的回忆、知识的获取以及其他感官(纯粹的,比如视觉、听觉,嗅觉虽然不如前两者纯净,但是也包括在内)所获得的快乐,因为没有事先的亏空,也就是不夹杂着痛苦,因此是一种纯粹的快乐,是本身就值得欲求的。亚里士多德也作了这样的区分,即事先伴有痛苦的快乐和没有痛苦的快乐,前者是向正常状态回复的快乐,但这种回复朝向的是适度,而不

① 亚里士多德:《尼各马可伦理学》1154b25—26。
② 亚里士多德:《尼各马可伦理学》1154b30—31。
③ 参见柏拉图:《理想国》585C。
④ 柏拉图:《理想国》585B。
⑤ 参见柏拉图:《斐力布》34E。
⑥ 参见柏拉图:《斐力布》35C。

是相反。饿欲求的不是过饱,而是不饿;后者指的是激起正常本性活动的事物,①这样的快乐不伴有痛苦,"不带痛苦的快乐就不存在过度,这些快乐自身就令人愉悦,而不是在偶性上令人愉悦"。② 在欲望将会导致过度的肉体快乐这一点上,亚里士多德的观点与柏拉图有连续性,"但是亚里士多德宁愿把并非出于匮乏的欲看作生命的正常状态的活动冲动而不是看作欲"。③ 因为他不同意柏拉图把欲与爱联系起来的观点,认为自然的欲与爱智没有积极的联系。④ 而柏拉图则是想把欲引导到爱智的方面,从美善的角度解释爱与欲的联系。

二、欲望能否使爱存在

柏拉图对欲望的看法,标志着他对人的灵魂的看法的转变。这就是把欲望看作灵魂的一个组成部分,它要服从理智的领导,听从理智的安排,要以理智的目标为自己欲爱的对象。那么,这个对象就是智慧,柏拉图要把欲望引导到爱智的方面,使欲上升到爱。从《斐多》到《理想国》就标志着柏拉图对人的灵魂看法的变化,灵魂由理智的独舞变成了理智、欲望和感情的共舞。虽然灵魂的目标没有改变,那就是对善的理念这种最大的知识的学习,但是,这种学习单由理智自身是无法完成的。虽然灵魂当中的这个部分与善的理念最为亲近,但是,如果忽视欲望的话,欲望给理智所造成的干扰将会使理智的目标难以达到。只有理智驯服了欲望,才能去追求理智自身的目标,这个欲望的训导的过程是在《会饮》和《斐德罗》中完成的。

柏拉图在从欲到爱的过渡当中,仍然保留着欲的一个一般的特性,这就是匮乏;即使把欲转变为爱,欲的这个维度仍然保留着。这从爱神的身世就可以判断出来,爱神是贫乏神与丰富神结合的产物。如果像他的母亲的话,那么,爱神就是不美不善的。正因为这一点他追求美善,就像他的母亲因为认识到

---

① 参见亚里士多德:《尼各马可伦理学》1154b20;参见亚里士多德:《尼各马可伦理学》,商务印书馆 2003 年版,第 225 页注释②。
② 亚里士多德:《尼各马可伦理学》1154b15—20。
③ 廖申白:《亚里士多德友爱论研究》,河南人民出版社 2000 年版,第 58 页。
④ 参见廖申白:《亚里士多德友爱论研究》,河南人民出版社 2000 年版,第 58 页。

自身在美善方面的欠缺,所以抓住了与丰富神交合的机会,诞下了爱神,从而改变了自己原来的命运。如果爱神像他的父亲,那么丰富神的完善让他无所欲求,这种状态让他不去爱其他的什么,因为他自身什么都具有了。

爱神就这样在贫乏和丰富、知与无知之间游走,几乎一天之内他就变了样,源源而来的财富又不断地流走。但是唯一不变的是爱神自身的性质,即他的不美不善,处在知与无知之间,以及对美善的渴求,这种对知识和美善的渴求在他身上合二为一,使他成为爱神与哲学家的化身。正是自身这种匮乏让他产生对美善的爱,想办法去接近美善,这种接近美善的方法就是孕育。人不能像神那样自身就获得不朽,但是人可以通过孕育,或者凭身体,或者凭心灵,凡人所能获得的不朽只能依这种方式,依别的方式都不行。

柏拉图对一般意义上的欲的超越是通过爱的攀登来实现的。在柏拉图的高级神话当中,他从美的形体开始,这是攀登的一个起点。同时,在不朽的孕育当中,也要借美的形体来生殖,这是因为在这里起主导作用的是欲望,而且,柏拉图引导的对象也是欲望。他要让欲望从美的形体转到美的灵魂,再到美的行为制度和美的知识,最后到达美的本体,凭借美的本体来孕育出真实的德性,从而实现了人自身对善的攀登。

这种攀登是受欲望主导的,因为美对欲望有强烈的吸引力,只有凭借美才能孕育,也只有凭借美才能攀登。但是,我们却看到在欲望的背后有一只看不见的手,主导着欲望,让欲望看起来冷静而疯狂。冷静的是,它总是认清自身的目标,并坚定地朝向这一目标;疯狂的是,即使是美的形体也不能让他驻足片刻,他对目标的坚持近于疯狂。这只看不见的手就是理智,这里的欲望仍然是理智主导下的欲望。但是,这种欲望的产生是因为人对美善的匮乏,不管是孕育也好,还是攀登也罢,都是在美善方面由匮乏向填充的转变。

人对美善的匮乏的另一种表现就是在《斐德罗》篇中所描述的,那是人的灵魂在附身之后对附身之前灵魂曾经观照过的美善景象的遗忘。唤起这种记忆的只能是美,因为美自身是最闪耀的,也是最能让人出神的东西。而对欲望来说,美是最有吸引力的,只有灵魂在人世遇到这样一个美少年之后,才能对视官产生最大的触动,使他回忆起美的本体,继而联想起真理大原上的一切真善美的景象。

这里的爱者对美的追求，不仅是着迷于他的外表貌若神明，而且也爱美少年的灵魂。他不仅自己通过回忆去接近美善，去模仿自己曾经追随过的神，而且使自己的所爱也追随神，在模仿神上，使之形神兼备。在这种爱当中，爱者使自己的爱变成一种神圣的迷狂。这种爱是一种哲学的爱，他要让被爱者与自己一起去追求智慧。他所填充的不仅是由于自身的遗忘而引起的匮乏，而且是被爱者的灵魂当中对智的匮乏。只有在这种共同追求哲学的爱当中，爱者才能在最短的时间（三千年之内）实现灵魂羽翼的滋长，再次举翼升天。

在爱欲当中，柏拉图把爱与欲的匮乏结合起来。当然这种欲被指向了美善，所以它不具有在肉体快乐上的过度，因为对于人来说，对善的占有是越多越好。但是在现实当中，由于人们常常分不清什么是真正的善，而常常使自己陷入到欲望的泥沼当中不能自拔。当他得到所谓的善的时候，他发现的不是自身的充盈，而是更大的亏空。这种贪欲必然把人引到善的反面，甚至距离善越来越远。

那么，当我们以追求美善的名义去实现自身的功利的时候，不要忘了美善的一个重要的维度。只要是作为某种德性，那么就离不开这样一种维度，那就是节制，美与节制并肩站在一个神座上。① 善能够成为自身的尺度，就在于它自身是节制的，而任何追求善的人却忘了善的这个根本的特性，不辞劳苦追逐着善，可是，善和幸福却离他越来越远。因此，要认清自身在善方面的匮乏，在求善的过程中，要管住自己的欲望。因为它像随时要出笼的猛兽，可能会毁了自己。最后，善还是善，但是求善的人已经不再是自身了，只怪他没有管好自己的欲望。在对欲望从匮乏到填充的过程中，是有一个尺度的，幸福与不幸就在于人自身能否找到这个尺度。

柏拉图的欲也有中性的，当他发现企图用匮乏作为友爱的原因，从而使友爱无法保持自身之后，他把友爱的原因归为欲望。因为只有在欲望面前，当恶消失的时候，友爱还能继续保持。只要人活着，他必然存在着一些基本的欲

---

① 参见柏拉图：《斐德罗》254B。

望,比如饥渴,①即使不饿不渴了,但只要人活着,就还会产生这样的欲望。因此即使作为饥渴的亏空消失,欲望作为不好不坏的事物还是会存在。但是,欲望能否作为友爱持续下去的原因,还是要接着讨论,看一看欲望的对象与自身的关系。

三、爱属于自己的

柏拉图对爱与友爱的讨论,基于一种匮乏以及相互的需要。好人即使是相似的,但由于他们在德性上是自足的,彼此不能在德性上有所助益,因此好人之间不能成为朋友。坏人由于自身的恶,即便与自身也处在一种分裂当中,与别人的接近只能导致相互伤害,因此他们不能和任何人交朋友。这样,推论的结果就只剩下不好不坏的人由于自身偶性的恶而盼望与好人交朋友,好祛除这种恶,使自己变好。由于这种恶不是本性上的,就像是布匹染上的颜色是可以祛除的。因此,对于还没有成为不好不坏的人本性上的这种恶,也是可以消除的。但是,当这种恶消除的时候,好人与不好不坏的人之间友爱的根基没有了,那么,他们之间的友爱也就不可能存在了。

这样,我们要为友爱另觅原因,但不失友爱的一个特征,这就是匮乏。但是,这种匮乏是来自于自身的,比如饥渴,就是自己身体上的一种匮乏。这种匮乏不同于恶的方面,在于它在由亏空到填充之后,可以再变为亏空。因为它是人只要活着就会具有的欲望。柏拉图之所以把这种欲望看成是中性的,即不好不坏,就是因为它在得到填充之后可以再次产生亏空,从而欲望自身不会消灭。如果欲望是友爱的原因的话,只要它不断地由亏空到填充再到亏空这样转变,那么建立在其上的友爱也可以一直持续下去。而不会像偶性的恶那样,只要这种恶消失(它必然要消失),友爱也就不存在了,不会再来了。

---

① 在这里可以看到柏拉图对欲望看法的转变,饥渴在《李思》当中是作为一种中性的欲望,即使不饿不渴了,这种欲望还会存在。但是在《理想国》和《斐力布》当中,则把饿和渴看成是一种亏空,由于这种亏空才产生欲望,欲望着这种亏空的填充。前者是从欲望是身体的一种本来状态来说的,后者则是从亏空到填充这个过程中欲望所扮演的角色来说的。

但是,这里的问题在于,欲望的人欲望着的是他自身所欠缺的,对于这种欠缺他要经受一种抽空,那么他被抽空的事物原本就是属于他自身的,这样他才去欲望再次拥有原本属于自身的东西。这让我们想起阿里斯托芬的阴阳人对自身的另一半的寻找,原来是双雄体的就去寻找男人,他们只对美少年感兴趣,爱欲的产生也是对着美少年的。原来是双雌体的就去寻找女人,她们对男人不感兴趣。原来雌雄同体的则是去寻找与自己相对的另一半,只要找到就相拥到一起。

对于自己的另一半的寻找,苏格拉底却不以为然,因为在他看来,人所爱的不是属于自己的东西,而是美善。即使是自己的手足,如果不善的话,也愿意把它们砍掉。他把爱由自身转到善,由于自身与善的距离,他爱的只能是善,善是他还没有得到的东西。但是对于属于自己的事物,那么它不会对自身产生新奇感,对于自己接近善没有任何助益,因此他爱的只能是善,而不爱属于自身的事物。这是对古希腊传统友爱观的一种反叛,因为在希腊人的友爱观念当中,都把朋友视为属于自己的,"部落中的人在古代都被看作是自己人;结伴的双方每一方都把对方看作与自己是一个整体。帕西瓦尔说,部落中的人都把与自己有牢固关系的伙伴看作自己的占有物,就像自己身体的各个部分是属于自己的一样"。①

柏拉图的友爱的基质是爱,因此他对友爱的阐释仍然离不开对爱阐释的维度,这就是欠缺。这种欠缺来自欲,当欲上升为爱的时候,它不再是肉体快乐的欲,而是追求美善的欲。在这一点上,亚里士多德没有柏拉图那么自信和乐观,后者认为欲可以自然而然地追求爱所设定的目标,这就是爱智。而亚里士多德则认为"欲会拉着爱跑向背离理性的方向,背离智"。② 在他看来,多数人熟悉的是属于肉体快乐的欲,而不是爱智的欲,但是,这不影响在友爱的爱智的方面,亚里士多德对柏拉图的继承。因为柏拉图是用爱来阐释友爱,这样他把欲也带入到友爱当中,因为欲望自身能够产生爱与友爱所需要的东西,这就是由亏空所产生的欠缺。

---

① 廖申白:《亚里士多德友爱论研究》,河南人民出版社 2000 年版,第 25 页。
② 廖申白:《亚里士多德友爱论研究》,河南人民出版社 2000 年版,第 60 页。

在爱当中,这种欠缺是对美善的欠缺;在友爱当中,是对属于自身的事物的欠缺,当然这种推论又陷入了前面的悖论,因为自己所欲望的只能是自身所欠缺的。① 这种欠缺原本是属于自身的,后来被剥夺了。对于这种被剥夺物的爱就是友爱,但是,人欠缺的或失去的只能是自身的或与自身相似的事物。如果这两者是同一的话,即相似与属于自身是同一物,那么相似者是不能彼此有所助益的,这样就等于说无用才是友爱,这是一个显而易见的错误;如果这两者指的不是同一物,那么我们是说好的属于每个人,坏的外在于每个人;还是说好的属于好的,坏的属于坏的,不好不坏的彼此相属? 这样友爱又只能在好人与好人、坏人与坏人、不好不坏与不好不坏的人之间产生,这又与前面的论证矛盾,即相似的人之间不会产生友爱。② 这样友爱产生于属于自身的事物的论证也破产了。

但是,亚里士多德则在这个问题上调和了柏拉图和传统上对友爱的看法。对于柏拉图的友爱,友爱的爱智的维度继续表现在亚里士多德对友爱的分析当中,但只是把它作为友爱的一种,不过是品级最高的一种友爱,这就是善或德性的友爱。同时,这种友爱也只能在好人之间产生,因为他们都能为对方自身的善而愿望对方好。对好人的友爱是基于好人与自身的关系,"朋友就是另一个自身"就是针对好人来说的,"友爱的内在属性似乎就是'一',而不是'多'"。③ 而好人是最与自身一致的,他们所愿望的善就是本性意义上的善。正是因为在对自身的关系中,他们愿望这些善,而朋友是从自身的关系中引申出来的,因为他们也为了朋友自身的缘故而愿望这些善在朋友身上实现。

好人与自身的关系就是朋友关系的一种最好的证明,"友爱在性质上是与好人的自我一致的性质相同的,并且,好人的本性上的这种性质似乎在类比的意义上构成对友爱的相似性的一个形而上的证明"。④ 亚里士多德以好人之间的友爱说明了从自爱到爱他的可能性,这样他就避免了柏拉图的结论,即

---

① 参见柏拉图:《李思》221E。
② 参见柏拉图:《李思》222D。
③ 廖申白:《亚里士多德友爱论研究》,河南人民出版社 2000 年版,第 226 页。
④ 廖申白:《亚里士多德友爱论研究》,河南人民出版社 2000 年版,第 230 页。

友爱既不能在相似者、相反者之间产生，不能在好人与不好不坏的人之间产生，也不能在属于自身的事物之间产生。这是因为他不放弃友爱的两个维度，一个是匮乏，一个是爱智，这是因为他一直用爱来阐释友爱，而这恰恰是柏拉图的爱须臾不能离开的两个角度。

第 六 章

现代人爱欲的滥觞

也许,对柏拉图的爱欲是言说不尽的。只要有人存在,有爱存在,就会有人继续言说柏拉图的爱欲,生活在继续,对柏拉图的爱欲的上演也在继续。不同的时代以不同的方式在上演柏拉图爱欲的戏剧,但是,它与我们总是保持着或远或近的距离。这个距离是我们不愿意跨越的,那是时空的距离,也是历史和不同的生命体验的距离,我们无力跨越。因此,当对柏拉图的爱欲研究进行到这里的时候,我们的研究目的已经达到。下面我们所要做的是以一种不同于柏拉图对爱欲言说的方式接着对爱进行思考,这种思考不能不带有我们时代爱的生活的痕迹。一说起我们现时代的爱,就不能不想到欲。[①] 我们对爱的思考最好从爱和欲的关系入手。

第一节　爱、欲和现代人的境遇

当今,人们对爱所产生的迷茫大部分是因为没有弄清楚爱和欲的关系,[②]

[①] 此爱欲非彼爱欲,现代人的爱欲不同于柏拉图的爱欲。之所以用"爱欲"来表达现代人的爱,一方面,是为了达到概念上的统一;另一方面,在现代人的生活当中,爱和欲的关系也是非常密切的。只不过,没有柏拉图的爱欲关系那样紧密,即爱和欲是不可分离的,而且爱是主角,欲是配角。

[②] 在这里需要对文中"欲"或"欲望"的含义和使用作一个说明。在与爱并列谈的时候,我们用的是"欲",它偏向于与视觉或触觉相关的性欲。在谈到人作为一个生产主体和消费主体的时候,所产生或满足的则用"欲望",这个欲望可能含义更广泛一些,包括身体和精神各方面的需要,有基本的需要,也有衍生的需要。在柏拉图那里,除了爱智的欲望,欲望也总是与身体相关,爱名和爱利最后都可以归结为是对身体的爱。这样,在与身体相关这一点上,我们所谈的欲望与柏拉图的是相通的。

有的人在欲中迷失了自己,也迷失了爱;有的人在欲中对爱畏缩不前,认为爱就是那万劫不复的深渊。这两种态度的产生都是因为当今爱的生活已经渗透着欲,如果把欲从爱中抽离出来,人们不仅对于爱是无法理解的,而且会陷入到更深的困扰当中。所以,我们现在要做的不是把爱和欲剥离开来,而是在爱和欲之间建立正确的关系。

一、爱和欲的关系何以成为问题的中心

在今天,爱距离我们从来没有这样近,又从来没有这样远。我们感觉它近是因为,如果我们把爱等同于欲望,那么,欲望的满足就像吃顿快餐那样容易,爱也就是唾手可得的了。在爱和欲的关系上有两种倾向,或者是"谈爱色变",视爱为洪水猛兽,认为人一沾染上爱,就会万劫不复,永远也回不了头了。另一种就是视爱为家常便饭、唾手可得,这样的人或者爱得太累,或者是爱得轻松,前者是因为爱被等同于某种基本的需要,时时需要满足,而这种满足却会带来更大的空虚。一时不满足就会带来痛苦,因此说爱得很累。后者则是视爱为游戏,在这种游戏中各取所需,不会受伤。这两种对爱的看法看似极端,实质上都是由于同一个错误的根源,这就是没有摆正爱与欲的关系,把爱等同于欲的满足,一者怕了,欲会把人引入深渊而不能自拔;一者醉了,他也不知道这种醉生梦死的生活何时到头。

欲在爱中的凸显表明了人与自我的疏离,在爱中,人与自我是紧密结合在一起的,因为他是用心在爱,在爱的时候,他关照的是人的内心世界。可是一旦欲主导了爱,它会让人远离自我,因为它是用自己的身体官能去享受,而身体官能的满足只能依靠外界,在自我这里是无法得到满足的。而且,欲望的满足是一时的,在经历着由亏空到填充再到亏空的过程。欲望在爱中的凸显是因为这个时代恰恰是一个消费的时代,它的持久发展就在于要不断满足你现有的欲望,并发掘你新的欲望。欲望是无止境的,这个时代的发展也是无止境的,不管你是作为一个生产的主体,还是作为一个消费的主体。欲在爱中的位置的凸显,是这个时代要求我们成为一个欲望的主体,而不是爱的主体。

这个时代在给我们提供高度的物质文明的同时,把我们变成了"原子

式"的人,每个人的个性和功能越来越趋同。这就意味着,我们越来越失去了个性,像千篇一律的商品一样,只有作为个性趋同的人才能生产千篇一律的商品。正因为在个性上的消磨和功能上的一致,我们成为可替代别人的,也可被别人替代的,不管是在功能的发挥上,还是在情感和欲望的满足上。作为生产的主体,我们要把自己身体或精神上的机能发挥到最大,这种对体力或智力上的最大挖掘使我们的精神饱受压抑,这种内部的压抑要转化为外部身体官能的发泄和满足。这种满足正是作为消费主体的我们在消费当中才能得到的,消费满足了我们暂时的欲望,又好像告诉我们金钱无所不能,这种假象的结果就是激发我们去追求经济上的效益最大化。

　　在生产当中,我们既生产着满足他人欲望的商品,也达到了满足自身欲望的条件——经济上的获益。而在消费当中,我们除了满足自己暂时的欲望,又产生了新的欲望,这种欲望只能在获得更大的经济效益之后才能得到满足。生产和消费的转换就是让人在欲望的相互碰撞当中不能喘息,欲望在人的生活中一时都没有缺位,几乎没有给爱留下任何空间。人在成为这样一个欲望的主体的时候,无暇来爱,只能在欲望的满足当中聊以自慰。但是,当把爱简化为欲望的满足的时候,不可避免地,把爱也染上了商品交换的色彩。

　　在爱中我们要的是身体的满足,是性快乐的获取。在我们自己成为生产或消费的符号的时候,也把别人变成了一个符号。在我们自己不自由的时候,我们也把自己的爱人变成了俘虏,成为自身的所有物,使之失去了自由。在生活当中,财富的重要性的凸显也使我们的欲望和情感面临着商品化的危机,可以在市场上明码标价来获取或者给予。但是,在我们把别人当成性欲的工具的同时,我们也把自己所过的生活贬低为兽类的生活,我们在用金钱去换取所需要的一切的时候,我们把自己也变成了金钱的奴隶。高度的物质文明给我们的人性带来的是人与兽的结合,是金钱与情感的互换,在结合与互换当中,我们迷失了自己,也迷失了爱,爱在欲望的无穷沟壑当中坠落得无影无踪。这种所谓的爱一端承载的是兽欲,一端承载的是市场上的价值。这样的爱使我们感到了人的可悲、生活的可悲、文明的可悲,也许文明不应该以爱欲的代价来换取。①

爱不能像欲望一样,欲事先总是伴随着亏空,这种亏空就是痛苦的根源。只有在欲望得到满足之后才会消除这种痛苦,而继之而来的快乐正是欲望的目标。在种种肉体的快乐面前,欲望往往不能自制,要导向过度。在欲望过度消耗着对象,也消耗着自身的同时,会带来更大的痛苦。爱却不是由事先的痛苦相伴,爱是偶遇后的喜悦和羞涩。在爱的过程中可能也有思念的痛,但是这种痛是向自身追问的努力,是向对方投入的执着。爱在付出的同时收获的是更多的爱,爱在给予的同时自身会源源不断而来。可是,欲望却不是。

欲望在满足的同时就已经预见了自身的痛苦,因为匮乏是欲存在的根源,没有匮乏就不会有欲望。这种匮乏不带有任何自身能够给予的特征,它只是在一味地索取。而这种索取正好符合消费的要求,消费需要的就是人的欲望不断地膨胀,消费文化所做的就是对人的欲望的刺激——满足——再刺激——再满足这样一个没有终止的循环。在这个反复循环的过程中,欲望也有疲劳的时候。当它在欲望的对象面前已经无能为力的时候,它不得不承认自己的软弱,一方面无力抵制外界的诱惑,一方面对欲望的对象也无力承受。但是,媒体却对我们的欲望穷追不舍,当我们的欲望一次次被激起、满足之后,媒体不得不想出各种新花样来刺激我们的视听,甚至不惜突破视听和身体的极限。看看我们媒体的各种画面就知道了,衣服是脱而再脱,身体是露而再露。

我们的明星也起着这样的榜样,只要是偶尔地露底和走光,那么就不愁不再火一把,成为媒体的宠儿,也不愁人气不高,成为大众的焦点。这到底是谁在愚弄谁,是媒体在愚弄明星,还是明星在愚弄大众,还是有人在自欺欺人?归根结底,是欲望在一直受着愚弄。媒体一直在影响着我们的审美,审美直接关系着快感和欲望。什么是美,性感的就是美,随之而来的就是美容整形瘦身

---

① 弗洛伊德认为人的性本能恰恰随着文明的发展而不断受到压抑,并导致各类精神疾病。而马尔库塞则试图调和文明和爱欲的矛盾,他在马克思关于劳动学说的基础上,认为可以把爱欲转向劳动,从劳动当中获得快乐,这同样是一种爱欲的实现。(参见马尔库塞:《爱欲与文明》,上海世纪出版集团2008年版,"序言")我们认为马尔库塞的观点同样表明了人为了文明所付出的代价,这就是人的不自由,人不能摆脱劳动的异化,无法实现自己的爱欲。

行业的火爆。性感和美到底有多近,也许不像人们想象得那样近。而且并不是越性感越美,二者不是正比例的关系。

美是有自身的尺度和比例的,如果性感超过了一定限度,也就不成其为美了。性感是消费文化所创造的一个时尚的代名词,是为消费文化服务的。因为消费文化就是要挖掘人的欲望,而性感无疑是针对人的欲望的。性感不一定是可爱的,但美一定是可爱的,后者是爱的对象,而前者一般是欲望的对象,或者说性感要让欲望成为自己的对象,变成自己的俘虏。从性感到美的跨越,是从明亮敏锐的视听感官到明亮的心眼的过渡,就像苏格拉底所说的,什么时候你的视觉模糊起来,你的心眼才会明亮起来。

欲望成为性感的奴隶,我们不能不说这是欲望的悲哀,更是人的悲哀。柏拉图认为,人是神的玩偶,因为与神相比,有的时候人控制不了自己的欲望。但是,我们走到了今天,还是摆脱不了玩偶的命运。人成了物的玩偶,而欲望更是成了玩偶的玩偶。在巨大的商品拜物教面前,人的力量是弱小的。人不能保护自己的欲望不受外界的摆布,不能控制自己欲望的人,就不能保护自己。同时,作为生产的主体,我们要成为"经济人"。"经济人"最大的特点就是理智要驾驭情感和欲望。爱欲要在物质文明面前进行经济核算,它的生存取决于它能带来的经济利益。人被夹在欲望和理智的斗争当中不能脱身。

人像一棵脆弱的芦苇,不仅要经受外在风霜的侵袭,而且要受内在斗争的困扰。欲望凸显了、膨胀了,可是人自身却弱小了、萎缩了。人如何挣扎着走出这样的命运,归于一种身心的安宁。这个时候,我们却发现这样一种安宁是不可得的,生命不能在安宁中退隐,只能在爱的奋起中获得安宁。可是,欲望独步太久了,把爱给丢弃了,而爱是我们的家园啊！只有在爱的港湾里,欲望才能找到安全感。欲望需要重新寻找爱,这就是欲望向爱的回归。

二、欲向爱的回归

欲望本身是没有穷尽的,现实中的种种事物都是为人的欲望创造出来的。同时,这些物也在创造着人的欲望,欲望和外界的物质(包括物化了的人)有着千丝万缕的联系。但是,这种联系除了满足欲望的一时之需之外,没有给欲望提升任何价值。欲望还是欲望,除了它那被需求的痛苦和满足的代价折磨得千疮百孔的外衣之外,人们在欲望中看不到任何东西。它在自身与对象的结合之中找不到任何价值。

在这个意义上来讲,欲望是有限的。除了无穷的对象等着它去一一尝试之外,它不能超越自身。从经济学上来讲,同样的对象对于一个主体的效用是依次降低的,就好比人在饥饿的时候吃过第一个、第二个馒头之后,差不多已经有了饱腹的感觉。这头两个馒头对于一个饥饿的人的效用是最大的。第三个、第四个也许还勉强能咽得下去。但第五个、第六个对于解除他的饥饿已经没有什么意义了。同样,对于性欲的满足也是如此。

这就是柏拉图的爱不能停留在某个美少年身上的原因,因为这种对美少年的爱含有欲的满足的成分。对于满足欲望来说,此一少年身上的美与彼一少年身上的美是没有区别的。我们爱此一少年身上的美,就没有理由不对彼一少年身上的美动心,穷尽所有少年身上的美,这只能是欲望的演练和纵容,而不是爱。爱要超越欲的层面,就只能跨越个别的形体美,达到形体美的型式。

在柏拉图这里,爱的对象是美善,欲的对象本质上是快乐。但是,爱和欲并不是断然分开的,爱里仍然有欲的成分。这是因为,柏拉图所理解的欲是在视觉上产生的,而美是最能给视觉以快乐,给欲以满足的事物。这样,欲由美的形体向往美本身再到善本身,在某种程度上,就弥合了爱和欲的鸿沟。在这个过程中,欲就要从视觉的快乐转向永恒事物,因为快乐是短暂的,而善是永恒的,但我们不能不说视觉上的快乐是爱的始点。由欲到爱是有着自然的联系的。欲望听从理智的教导,被美说服之后,[①]爱和欲可以追求共同的目标。

如果我们用今天爱与欲的关系来理解柏拉图对少年的爱和对美善的爱,那么就不免产生某种误解。柏拉图的爱是阶梯式的,而对美少年的爱只能说还停留在欲的满足的阶段,是必然要被超越的。而我们的爱与欲是平行式的,有欲就有爱,没有欲就没有爱。这样,我们出于自己时代对爱和欲的理解来误解柏拉图,甚至指责他,就是有失偏颇的。

---

① 见第三章第一节的相关内容。

　　在我们的时代,欲和爱看似很近。但是,由于欲望经历着不断膨胀到满足的过程,使我们把爱等同于快感的获得和官能的满足,这导致的是欲望的凸显和爱的缺失。爱和欲看似紧密,实际上就像两条平行的曲线,各自都沿着自己的轨道前行。爱和欲的区分在柏拉图那里就已经开始了,承认欲的存在,是他对灵魂看法的一个极大的转变,这种转变带来的一个重要结果就是在他的善的世界当中,打开了一个窗口。透过这扇窗,人获得了从感觉世界瞥见理念世界的希望。

　　因为感觉世界中的美的形体是最能够打动欲本身,而欲所产生的视觉快乐就是爱的始点。在柏拉图之后的思想家也继续着这种区分。但在基督教那里,欲是罪的根源,而爱是拯救一切的根本之所在,"爱、信仰和希望被看成是三大支柱",①而爱又最为根本。爱和欲分立于两个极端之上。爱和欲的分离在弗洛伊德这里继续着,这种分离不是绝对的分离。

　　在弗洛伊德看来,性欲是爱的本质,只不过文明的发展让人把爱的这种自然的本性——性欲——隐藏了,压抑了,由此导致了各种精神疾病。爱和欲的分离是导致性压抑产生的原因之一,对此弗洛伊德有详细的分析。② 从思想史上爱和欲的分分合合,我们似乎也不能得出任何定论。只不过当今欲在爱中的凸显已经使爱和欲各自都成为了问题。即使极度膨胀的欲望能够得到满足,但是,并没有给人带来幸福,而只是满足一时的快乐。我们在欲的轨道上滑行得越远,爱离我们也越远。我们对欲的拯救就是对自身的拯救,就是对我们自身生活的重新选择。

　　这种重新选择并不是让我们从本性中清除欲望。对于人来说,欲望可以产生两方面的力量,一种是动机的力量,欲望对象产生的快乐是这种动机的根源之一。这种快乐的满足将带来极大的行动的力,如果没有欲望以及相伴的快乐,人就缺乏行为的动力和热情。同时,我们不得不把欲望所追求的快乐限定在自然而适度的方面,欲和快乐易于过度的本性尤其使我们要

---

① 白舍客:《基督宗教伦理学》第二卷,华东师范大学出版社 2010 年版,第 9 页;今道友信:《关于爱和美的哲学思考》,生活·读书·新知三联书店 2003 年版,第 49 页。
② 参见弗洛伊德:《性爱生活降格的最流行形式》,载弗洛伊德:《弗洛伊德论创造力与无意识》,中国展望出版社 1986 年版,第 175—186 页。

注意这一点。一种是斗争的力量,如果说第一种力量指的是欲所追求的自然的快乐,那么使我们产生斗争的力量的是欲的不自然——也就是易于过度——的方面。对于这种易于过度的欲的把握既是人的德性的实现,也是人的本性的实现。

人作为有限的存在,常常屈从于自己的欲望,去做一些违背自己意愿的事。只有在人这里,才会碰到道德问题。动物有欲望,只要顺欲而动就行了。在人之上有神,按照柏拉图的看法,神是至美至善的存在。在神的灵魂当中,欲望服从理智,去做它自己应该做的事,他的灵魂达到了完美的和谐。只有在人这里,灵魂是不和谐的,时常受到欲望的搅扰。

即使这样,我们不要神的存在。虽然神自始至终能获得灵魂的和谐,不必受到欲望的困扰。这种不经过斗争得到的美好,对于神来说也许可以保持。但是,对于人来说却难以保持。勇敢、节制、正义等美德都是直接或间接地来自与欲望的斗争,而欲望在时刻准备着反抗,只有在与欲望的斗争中德性才能在人的身上得以保持。这种斗争是对人的灵魂的荡涤,不经过这个过程,灵魂也许还在安睡,与欲望的斗争唤醒了灵魂本身,使人重新认识了自己。人的价值和意义也许就在于对于自身不确定的命运的把握之上,这种不确定性来自于欲望对人生的搅扰。在与欲望的斗争中,我们可能退缩过,跌倒过,但是,这种退缩和跌倒并不意味着最后的结局。如果你是个足够坚强的人,退缩之后会增长你前进的力量,跌倒之后会加快奔跑的速度。

但是,不曾斗争过的人就体验不到这一切,只能享有一种平稳的人生。能过这种平稳生活的人除了是修炼到一定境界的人之外,就是把平稳导向平庸的人。这样的人面对突如其来的矛盾会手足无措。因为他们的灵魂只习惯于一种模式,形成了惰性,内心世界变得越来越狭小,容不下任何新鲜和广大的事物。相反有大德大智的人都是在斗争中磨砺出来的,最大的斗争就是人与自身的斗争。柏拉图认为,能干成任何大事的人——不管是好事还是坏事——必然都是心灵广大的人。① 这种心灵世界的拓展必然是自己对自己的发现。只有在矛盾和斗争当中才能逐渐地把自己的内在世界向纵深方向拓

---

① 参见柏拉图:《理想国》491E。

展,灵魂的世界才会敞亮起来,宽阔起来。

雨果曾说过,比大海广阔的是天空,比天空更辽阔的是人的心灵。我们所能做的就是在欲望的驯服和斗争当中不断拓展这个世界,对这个世界的创造就等于人在创造着自身。这种创造的动力来自于欲望,人既不能彻底服从欲望,成为欲望的奴隶,也不能彻底否弃欲望,成为一个麻木的人。毕竟,欲望所追求的适度快乐也是人的生活当中善事物的一部分。

人就是在不断地为展开那个明天的自我而努力,我们希望那个"我"更好,但这只有通过今天的努力才能实现。人不能安于现状,也不能盼望着一切美好都从天而降。只有经历了自身灵魂的洗礼(与欲的斗争)这个过程,我们才算经历了人生。生命是一个过程,也是运动,没有了欲望就等于没有了矛盾,生命在某种意义上就静止了,失去了活力。虽然欲望有时会让我们迷失自己,但没有了欲望,我们更是会陷入到麻木和迷茫当中。

只要我们对自身没有失去信心,那么,我们就不会对欲望失去信心。因为欲是我们生命中一个自然的部分,与欲的斗争也是我们生活当中不可缺少的一部分,只要我们还保持着人的存在。欲既然追求快乐,它距离感情就很近,对某一对象产生欲望之后,就会对这一对象产生亲近的感情,尽管这种感情夹杂着性的期待的成分。正是因为欲本身有这样一种动力和继之而来的热情,所以,欲可以作为爱的自然基础,没有这样一种趋向于美的力量,爱就无从产生。当然,在柏拉图这里,爱是从视觉开始的,因为视觉是最敏锐的器官,尤其是对于那最闪耀、最能打动人心的美,视觉更是赏心悦目。爱从最敏锐的器官开始,并捕捉最能打动人心的事物,这表明爱本身的热烈和美好,从欲到爱的转化是以视觉为基础的。

但是,现在我们理解的欲已经从视觉转向了触觉。如果说视觉还是对个体的美的爱,还需要对美进行寻找和发现,那么现在这一环节已经省略了。如果说以视觉为基础的爱还带着某种偶然的运气和神秘的距离,但现在,从欲到爱似乎已经没有距离了。对于前者的解释是,视觉美的神秘在于你的目光不知会被哪一个美的个体所吸引。同时,美的个体在爱的注视下变得羞涩,因为有欲的期待。对于后者可以用今道友信的理论来解释,他认为,如果说视觉的欲还停留在场所和实体的爱的阶段,那么,以触觉为基础的欲已经变成了对机能的爱。① 现代社会人自身也变成了某种机能的化身,这种机能消耗着自身的能量,没有闲暇在视觉当中去寻找爱。人们在爱中企盼的是机能的满足,这就是欲在爱中凸显的原因。

在我们的生活当中,欲变成了性的实现,在得到满足之前必然伴随着痛苦。当然有的人认为欲在得到满足时的快乐足以弥补这种痛苦。因为那种快乐是强烈的,欲望就在痛苦与快乐的交替当中翻腾着,永远也没有止境。欲望经过痛苦与快乐的交织,必然要为自身找到一个安身立命之所,这就是向爱的回归。爱是有一个永恒目标的,它因为这个目标而获得了自身的价值,不会因为外在的痛苦和快乐而有所改变。当然,爱当中也有欲的成分,它并不排斥性的结合和欲的满足。如果爱能够在这种性欲的结合当中占主导,双方都追求自身之外的一个超越的价值,那么,性欲的结合会加深这种爱。欲向爱的回归是可能的,也是自然的。

三、爱对欲的拯救

现在,我们把讨论的主题由欲转到爱。我们之所以先谈欲,是因为欲是爱的一个自然的起点。此外,在当代爱的生活中欲的凸显也使得对欲的讨论很有必要。但我们在讨论爱的时候,也不能抛开欲。欲在爱中可以前行,可以止步,还可以后退。前行就是欲的实现,即性的结合。欲在爱中的止步或后退就是爱对欲的升华和拯救,只有这种升华了的欲才是爱,爱比欲高贵,它是用心来爱,它爱的也是整个身心。

爱并不能彻底否认欲向性转化的合理性。欲在性中的满足是以事先的匮乏为前提的,这种匮乏必然伴随着痛苦,而继之而来的对这种匮乏的填充又带来性的快乐。② 在柏拉图这里,这种性的满足之所以不被提倡,是因为它伴随着痛苦。但是,柏拉图也没有彻底否定欲在爱中的实现,这种实现一方面是通过性的结合,另一方面是通过欲的提升,使它超越自身快乐的满足,像爱一样追求永恒的美善。第一方面可以在《斐德罗》当中看到,即使情人之间因为欲

---

① 参见今道友信:《关于爱和美的哲学》,生活·读书·新知三联书店 2003 年版,第 90—96 页。

② 见本节第一部分的讨论。

的诱惑有了肉体上的接触，他们在该长羽翼的时候还是会长羽翼。因为他们知道应该抵制这种欲的诱惑，但是，在爱的感召下，他们没有做到。然而由于彼此对爱的忠诚，他们的灵魂还是会恢复羽翼。可见，柏拉图没有在爱中彻底排斥性欲的实现。

在后来的基督教那里，性欲也并非一开始就是原罪。亚当和夏娃被驱逐出伊甸园，也不是因为性恶。因为在圣经故事当中，女人就是男人抽出自己身上的一棵肋骨造成的，这也就意味着，神亲手把性赋予人。① 罪的产生是因为亚当和夏娃在内心里违背了神的意志，这种内心的背叛是对神最大的冒犯，是罪的象征。在性爱当中也是如此，仅是身体上性欲的实现在神看来还不是恶，但如果有内心的意志参与其中，那么性就是恶。② 当然，无论在柏拉图这里，还是在基督教的学说当中，性都与生殖有着密切的联系。柏拉图认为爱就是凭借着美进行孕育，以达到不朽，这是人实现不朽的唯一方式。而神也让人们"广生多养"，③但是，这种生殖却是神的预先安排，并不是借助肉体的结合实现的。

同样，在柏拉图这里，孕育也不是性结合的产物，怀孕是爱者自身的事，美的出现只不过是把孕育的种子生殖出来。但这并不意味着性与生殖的分离，不管是柏拉图的学说还是基督教的学说都是以性与生殖的自然联系作为出发点的。即使柏拉图推崇的是精神生殖，但精神生殖也要凭借美，而美是最能刺激人的欲望的，这是从肉体的结合当中得出来的。在基督教当中，即使是神的意志才使生殖成为可能，但是，也不能完全脱离男女的肉体结合。

自20世纪中叶以来，西方兴起的主张把人（尤其是女性）从生殖当中解放出来，使人单纯享受性快乐。在当时的人们看来，这是人性自由和解放的一个标志。但是，人们应该怎样把握性解放的尺度，这已经成为那股潮流之后人们反思的一个问题。因为性解放的无度必然带来很多社会问题，最可怕的是走向另一个极端，这就是性泛滥。今天，我们已经看到这个问题所引起的后果了，这导致的不是人们的自由，而是重新陷入一种不自由。

---

① 参见今道友信：《关于爱和美的哲学》，生活·读书·新知三联书店2003年版，第116页。
② 参见特洛依茨基：《基督教的婚姻哲学》，河北教育出版社2002年版，第117页。
③ 特洛依茨基：《基督教的婚姻哲学》，河北教育出版社2002年版，第33页。

就像启蒙运动对理性的高扬一样,如果理性支配一切,理性之外的力量都被排斥掉,那么启蒙运动也将走向它的反面,这就是反启蒙和反理性。任何事物越出自己的界限之外,就会遭遇危险,不再是其原来之所是了。对于性和欲也是这样,只有保持在适度的范围内,才会使人们在性欲的满足中获得快乐。这种适度的保持,在于把欲引到爱,只有爱才能拯救欲,使它不越过自身的界限。

人就是这样一种存在,欲望使他自身显示出不美不善的一面。在我们看来,柏拉图对于人的这种看法——不美不善——也是一种过于乐观的估计。柏拉图认为人是不美不善的存在,但又不是丑恶的存在,人介于美善与丑恶之间。正因为如此,人追求美善,人永远不能达到美善,这是人的世界与美善的世界永远要保持的界限。甚至人会在求美善的路上回转,受到丑恶的诱惑,而距离美善渐行渐远。人不美不善的性质就已经包含着倾向于丑恶的危险,这种危险一是来自于缺乏知识,人对美善的缺乏和对智慧的缺乏是并存的,完全可能会在不知道什么是美善的时候滑向丑恶,二是即使人有了真实的意见(处于有知与无知之间),那么,也可能在意志力无法抵挡欲望的诱惑之下,而被丑恶俘虏。

柏拉图认为人由其不美不善而追求美善,也许对于哲学家是这样,因为对美善的缺乏就是对智慧的缺乏。哲学家在孕育出智慧的同时,也就接近了美善。对于一般人来说,距离丑恶的距离比距离美善的距离近得多,因为欲望在人的灵魂当中的力量是极其强大的。趁灵魂不备,它就可能把人导向欲望的满足,即使这种满足本身带有丑恶,它也无所顾忌。追求美善是一条上升的路,而滑向丑恶是一条下沉的路,上升的路和下沉的路并不是同一条路。上升的路需要付出汗水,需要忍耐坚持,而下降的路何其轻松,因为欲望以快乐为目标,一遇到快乐它不假思索就去接近。因此,柏拉图企图在人的不美不善和美善之间建立某种关联,使人超越这个感觉世界,向那个永恒的理念世界攀升。但是,许多人却沉湎于肉体感官的种种诱惑而不肯离开,人没有柏拉图想象的那样"不美不善",那样去爱。

人不仅在肉体上是一个有死的存在,在精神上也不得安宁,要不断与欲望做斗争。用帕斯卡尔的话来说,"人是一棵脆弱的芦苇"。这棵芦苇随时会遭遇生命的挑战和危险,他能在风霜雨打之中存活下来是一个奇迹。这个奇迹的发生是因为爱,这个生命在遭遇危险的同时也在接受着爱的扶助。这种爱能够给生命注入某种神奇的力量,使它能够化险为夷。

不仅如此,在精神方面,当人受到欲望的宰制和诱惑想要跨过那罪恶的底线的时候,同样是爱的力量让人在欲望的诱惑面前止步,在滑向丑恶的路上回头。有了爱,我们就不忍心辜负爱我们的人,包括我们的父母、爱人。当我们在滑向罪恶的一念之间想起了爱的等待和期盼,或者有人在这个时候拉我们一把,使我们悬崖勒马,那么,我们都不至于走向丑恶的极端。

爱的力量足够强大,它能征服欲望的诱惑,使人保持不好不坏的状态,并且能够使人向着更好的方向发展。爱既是我们肉体生存的力量,也是精神上能够保持不美不善的支柱。爱是阻止欲望的洪水泛滥的大坝,也是欲望回归的彼岸。爱并不自然导向欲的实现,如果爱真的发生在彼此之间,那么,它宁可不要性欲的快乐,而要爱人身心的美。欲的实现往往会破坏爱的高贵和美,就如苏格拉底所说,欲的实现会使“高贵和美的东西丧失殆尽”。① 欲总是意味着一种索取,而爱是给予,为了对方实现一个超越于自身的价值,他可以牺牲自己。“在这个意义上,爱经常使自身被缩小,甚至消灭,从而使对方获得新生。可以说这就是爱的本质,或者说爱的本质之德就是自我牺牲。只有在这个意义上爱才与死有关。但是,这种死是通过自身死而使他人获得新生的充满希望的死。或者说这种死实际上是超越自身而奉献给对方的生。”②

欲与自身对匮乏的感觉有关,这种匮乏必然带来痛苦,痛苦的解除只能通过欲的对象才能实现。在这个意义上,欲指向的是自身的匮乏,把他人当成解除匮乏的工具。而爱指向的是对方,在对方身上实现自身的一个目标和价值。为了这种价值的实现,他可以牺牲自己。这种牺牲常与死相连,真正的爱总是带有某种悲剧的色彩,比如中世纪骑士与贵妇的恋爱,因为不能实现而常常导致悲剧。但它的浪漫和美好却也让无数人在爱中不能自拔,而不顾结果。

人们要的是爱,而不是死。但完满的爱的实现是很少有的,要想达到完满

---

① 参见色诺芬:《会饮》,华夏出版社2005年版,第122页。
② 今道友信:《关于爱和美的哲学》,生活·读书·新知三联书店2003年版,第141页。

的爱,那么或者是死,就像林黛玉和贾宝玉、梁山伯与祝英台所实现的那样,在死中获得了爱的完满;或者是不爱,如遁入空门的佛家人一样,不爱就等于是一种最好的爱了。但是,现实中的人们仍然不甘心,想要寻求真爱。如果说欲指向的是身体感官的满足,那么,爱则是灵魂的家。人不能没有家,即使爱等来的是死,只要有另一颗心在贴近你的心,那么,你的灵魂也算是回家了。

爱有迫生于死的豪迈,这种豪迈对于没有经历过爱的付出的人是难以体会的。正因为如此,人不能轻易言爱。真正的爱是要付出的,而欲则是在索取,前者在付出中使双方都得到了升华,后者在索取当中陷入了更大的空虚。爱也是对生命的执着和抗争,是生命内在力量的外在展现,爱融化到生命当中就体现为对生命的爱。这种爱不能安于当下的存在,就像柏拉图的爱神,不安于不美不善的现状,去追求美善。

爱总是向生命纵深处的拓展,生命是有限的,而爱是无限的,以无限的爱去延伸生命的有限,只有有爱的人才能做到这一点。尽管在这个过程中,人要经历欲望的挣扎,但我们知道,这种挣扎是因为对命运的不屈服,是人这个脆弱的生命体向有限的挑战。即使人不能通达无限(在柏拉图那里人不能达到美善),但是,人可以通过爱,在与欲的斗争中,拓展自己的内心世界,发现一个更广大的自我。爱不是停止,是前行,不是保护自己现有的存在,而是向生命的不可能挑战。

如果生命中爱与斗争并存,那么生命必然能在岩石的缝隙之间开出最美丽的花朵来。爱向着美,自身也在创造着美的生活。爱是在用生命创造,即使耗尽生命的最后一点力气,但最后看到那爱的花朵,也心甘情愿了,这是人对爱的宿命。爱是美丽的,美得壮烈。当前,对于已经机能化的个体来说,这种爱隐退了,人们的生命不是用来爱的,而是用来消耗的。不管是在生产中的消耗,还是在消费中的消耗,爱也退化为一种在消耗中的满足,而且消耗越大,欲望越强。

这时,欲望把爱挤走了,占据了原本属于爱的位置,但也使自身陷入了欲的陷阱——从匮乏到满足再到匮乏的流转和反复。要把欲从这种无限的循环中拯救出来,我们还是要回到爱。爱是螺旋式上升,而欲则是圆周式反复。反思一下柏拉图对爱的理解,对我们重新找回失去的爱、失去的自我也许不无裨益。柏拉图的爱从来不会以欲来主导,因为欲望产生于匮乏,必然随着匮乏的消除而消失。而爱应该是长久的,爱的永恒价值在于它爱的对象是美善,是人永远无法达到的。虽然我们不必上演柏拉图式的爱,但是,为了挽救欲,我们很有必要找寻爱,这种爱带有某种永恒的价值,不是欲的对象所能比拟的。

第二节 希腊人爱的充盈和现代人爱的缺失

爱与友爱在古希腊人的生活中占据着重要的地位,由于古希腊公共生活的发达,公民在城邦中所过的生活就占到了生活的大部分。维系这种公共生活的除了正义等德性之外,最重要的就是友爱了。智慧的追求和德性的培养本身就是友爱的主要目的。正因为这种爱智的维度,使得古希腊人的爱变得充盈、饱满。这种对智慧的爱首先来自对自身的认识,正是因为自身处在知与无知之间,所以人们追求智慧。而且共同的对德性和智慧的追求把人们结合在一起,不仅使智慧得以获得,也使得爱和友爱日益充盈。与古希腊人相比,今天的我们似乎已经模糊了对自身的认识,不知道自己真正需要什么,导致了爱的偏失和友爱从爱中的疏离。

一、爱的充盈来自于爱智

在古希腊社会,公共生活的发达使得人们之间的来往极为密切,在共同生活当中培养的友爱几乎涵盖了希腊社会人与人之间的一切关系。这也是友爱这个问题能够纳入到哲学家的视野的一个原因,哲学家对智慧的追求都是在这种爱与友爱的关系中实现的。这种关系在当时普通的雅典人中间带有性爱的色彩,因此,它与欲相关。虽然在一般雅典人看来,友爱也包含着性爱,但是,哲学家所做的是把爱与友爱导向对智慧的爱。

柏拉图在《李思》中讨论的主要是友爱,在《会饮》和《斐德罗》当中讨论的是爱,在讨论爱的时候所联系的友爱是指对爱的一种回应。在亚里士多德那里,则偏重于友爱,他把性爱看成是友爱的一个特例。[①] 在哲学家这里,爱

---

① 参见廖申白:《亚里士多德友爱论研究》,河南人民出版社 2000 年版,第 58—59 页。

与友爱结合的基础是对智慧的追求,因为哲学家的本性是处在知与无知之间,这种状态使得哲学家热爱智慧,追求知识。对于自身的这种认识,就是人所能获得的最大智慧了。苏格拉底终身所做的就是让人们认识到自己的无知。他虽然承认自己的无知,但是,他却不甘于这种无知的状态,这就是他一直坚持情欲之知的原因。因为只有在爱与友爱当中,才能使人奔向爱智的旅程。

这种爱智的旅程,在柏拉图看来,开始于友爱,止于爱。爱智之爱在柏拉图所探讨的友爱中没能实现,使得友爱的基础也瓦解了。最后,柏拉图不能肯定这种不指向智慧的友爱能否存在,对友爱的讨论在柏拉图那里没有取得任何结果。这种讨论之所以没有结果,原因之一在于,柏拉图给人做的分类(好人、不好不坏的人和坏人)依据的是人的德性状态。而这种德性状态与智慧的混淆使人对好人的自足状态产生了模糊,这种自足是人所能获得的自足,还是类似于神的自足。如果是前者,这种自足并不意味着人获得了完满的智慧,那么,这种自足就是在对智慧的匮乏中的自足,如此看来好人同样需要友爱,这与柏拉图自己认为的好人之间无法产生友爱是矛盾的。如果人获得的自足类似于神的自足,是一种至善至美的状态,拥有完全的智慧,那么,人与神就没有差别,这和柏拉图一贯的对神和对人的看法是相悖的。

在柏拉图看来,神是至美至善的,神不可能有任何变化,要变只能变坏。①对于人来说,只能是"成为一个好人"。"做一个好人"只有对于神才是可能的。神能够把这种"好"保持下去,但对于人来说,可能变好,也可能变坏,因此,由坏变好就是"成为一个好人"。按照柏拉图一贯的看法,人始终处于一种不好不坏的状态(有偶性的恶产生,但这种恶可以在"成为一个好人"的过程中祛除)。这样,柏拉图在讨论友爱的时候对人的分类,只能理解为是在人的不好不坏这种恒常的状态之下再做区分。而且,这种所谓的"好"、"不好不坏"(除了坏,坏是人本性中的恶)也总是处在动态之中的。这样看来,柏拉图的好人仍然存在着智慧上的匮乏,如果他以匮乏为友爱产生的原因的话,那么好人也需要友爱。

但是,柏拉图还把匮乏理解为和欲相关,这种欲的产生和满足是自身由抽

---

① 参见柏拉图:《理想国》381BC。

空到匮乏再到填充的过程。此时,柏拉图还看不到智与欲的相关性,因为智不能是身体的某种自然欲望所产生的身体从匮乏到填充的过程,这就是柏拉图的讨论没有结果的第二个原因。如果说柏拉图在谈到好人的自足的时候,还没有意识到这种自足是对智的匮乏中的自足,而且对智的匮乏可以让好人之间产生友爱的需要,那么,在他想到为友爱找到为自身而存在的原因之时,他就会发现,当他把好人之间由于智慧的匮乏而产生的友爱的可能性排除之后,他与友爱也就失之交臂了。

但是,他还是想找到这种为了自身而存在的友爱。在这种为自身而存在的友爱之上,没有其他的友爱作为目的。这种对友爱的第一原则的追问,就是对智慧的爱。① 但由于此时这种爱智的渴望被好人的自足以及欲自身产生的匮乏隐藏了,柏拉图终究找不到让自己满意的友爱。以匮乏和欲为原因的友爱都不能成立,前者是因为匮乏这种偶性的恶必然要被消除,以之为原因的友爱必然也随之解体。后者即以欲作为原因的友爱,看似抓住了人的本性中的一点持久的东西,那就是欲与人的生命活动相关,这种生命活动更多地体现为身体机能的活动,比如进食、饮水、性活动等,欲寻求的是自身被抽空的东西。如果友爱因为欲产生,那么,友爱还无法脱离开生命本身这种基本需要的满足之上,无疑它将陷入到一种反复和循环当中,无法超越自身。

这种观点表明柏拉图还没有彻底摆脱自然哲学家对事物认识的痕迹,但友爱这个问题关涉的不是事物的相似、相反、匮乏、补足这样的性质和过程,而是关涉到人的灵魂层面的需要。令人欣慰的是,柏拉图已经试图用一种目的论的思考来代替这种自然哲学的思维逻辑,这体现在他试图为友爱找到第一原则,这第一原则就是目的本身。同时,柏拉图逐渐摆脱了苏格拉底在善与有用之间的关联,②把善进行提升,成为超越有用、快乐(由欲的满足带来的)等善事物之上,成为一切善事物自身善的原因。

当柏拉图找到这样一个善的目的之后,如何来实现这个目的,在友爱的范围内来讨论已经不解决任何问题了。因为友爱产生的原因,不管是匮乏也好,

---

① 参见廖申白:《亚里士多德友爱论研究》,河南人民出版社2000年版,第50页。
② 见第五章第一节第二部分的讨论。

还是欲也罢(二者在某种程度上有一定关联,前者似乎也可以指在善事物方面的匮乏,但后者仅指在身体官能方面没有得到满足所产生的匮乏),更多的是与身体相关,无法与善建立关联。为了实现善的目的,柏拉图的讨论从友爱转到爱。

同时,柏拉图对爱的理解也摈弃了欲所导致的匮乏的维度,而从对人的有知与无知这种本性中的状态来理解。匮乏是因欲而产生的,人缺乏的只能是满足自身需要的东西,如果人还在欲,那么,就表明人还没有脱离开自身的存在,还没有注意到在人的自身之外还有一个美善的世界。即使人能够意识到这个世界的存在,但人却不能完全通达这个世界,只能处在奔赴这个完美世界的旅程之中,这样人处在一种知与无知的状态。正是因为这种状态的存在,人需要爱。爱让人去接近美善,实现智慧。

这样,柏拉图由欲转向了爱。欲缺乏的是属于自身的事物,这种事物在自身中被抽空,要想使这种匮乏被填充,那么只能欲求同样的事物。① 但是爱却不是对属于自身的事物的爱,这在苏格拉底对阿里斯托芬的反驳中可见端倪。爱情的对象既不是什么一半,也不是什么全体,除非这一半或全体是好的。② 爱欲求的是美善,因为这是他自身还不具有的事物,对于爱者来说,只有对善的欲求和占有,才能带来快乐。当然,在快乐和善之间,善一定是高居快乐之上成为目的本身。但是,快乐本身在爱与欲之间都存在,这一点已经表明了欲向爱转化的可能。尤其是在与爱相关的欲的理解上,柏拉图可能更偏重于视觉给欲带来的快乐,因为这种快乐不存在事先的匮乏,所以是最纯净的,可以与获得知识、回忆和学习的快乐归为一类。③

美的存在对于欲来说是最强烈的,也是能给欲带来最大快乐的。美还能净化欲自身的杂念,使欲对那美的真实体产生向往,由美到善这是很自然的过渡,这样就把欲融入了爱。欲,即对少年身体美的愉悦,是实现爱的一个起点。爱本质上是对美善的爱,这种爱不能通过直接追求美善得到实现。但是,在爱与美善之间有智慧这条通路,智慧是对美善的知识,又是人所能获得的最大的

---

① 见第五章第三节最后一个部分的讨论。
② 参见柏拉图:《会饮》205E。
③ 参见柏拉图:《斐力布》51。

善。同时，能够追求智慧的人也处在知与无知之间，这与爱神的不美不善刚好契合，在这个意义上，爱神就是哲学家，他对美善的追求就是对智慧的追求。

柏拉图恢复了对智慧的爱这个维度，而且，欲从美所获得的快乐就是获得智慧的开始，因为只有对着美，爱者才会孕育出源源不断的思想。他在爱美的同时，在接近真，接近善，柏拉图用对智慧的爱把爱与友爱又结合起来。友爱自身找不到爱智的维度，但是，当爱者认识到自身的不美不善的时候，就产生了对美善的向往，对美善的接近只能通过美孕育出智慧。对智慧的爱又离不开少年的美以及少年对于爱者的回爱（也就是柏拉图意义上的友爱），这就是欲的作用。在爱智的维度上，把爱与友爱、爱和欲又结合到一起。

柏拉图对爱与友爱的讨论，是亚里士多德讨论的一个直接的背景。但是，亚里士多德不同于柏拉图的地方在于，他以友爱为讨论的核心，对于德性的实现来说，友爱比爱更可行。虽然友爱也有不美不善的维度，但亚里士多德理解的友爱，既不是从缺乏也不是从欲来理解的，而是从德性的角度来理解友爱的。在他看来，爱因为与欲相关，尤其是在肉体快乐上容易导致过度，因此，欲可能使爱背离爱智的目标。

亚里士多德不同于柏拉图，原因在于柏拉图在爱之上发现了一个至高无上的善，为了这个善的实现，爱要摆脱庸俗的爱与友爱，而去专心孕育智慧，以达到不朽和美善之域。这样，这种追求是以爱与美善的距离为前提的。如果没有这样一个世界的存在，爱就不会产生，起码对于柏拉图的爱是如此。但是，亚里士多德不认为在人之外还有什么善的世界存在，他关心的是属人的善的实现，比如快乐、有用在亚里士多德看来都可以成为友爱产生的原因。虽然亚里士多德没有明确表明友爱与匮乏之间的关系，但是快乐和有用能够成为友爱产生的原因，也不能不看到是因为人对善事物的缺乏。而且善的品级越低的事物，匮乏感越迫切。这种由于匮乏而产生的友爱，一旦匮乏感消失，需要得到满足，友爱也就消失了，亚里士多德也看到了这一点。

只有那通达最高幸福的智慧的获得，不是因为匮乏，而是德性的友爱自然获得的一个结果。从这一点可以看得出来，虽然柏拉图和亚里士多德的爱与友爱都是以德性为基础。但是，在柏拉图这里，这种德性是建立在事先对自身处于知与无知的认识的基础上的，并且这种对智慧的追求由爱来完成。而在亚里士多德那里，人实现友爱不需要以善为目标，只要能够得到某一方面的善事物，比如用处、快乐等，实现相对于人自身的善，他就获得了友爱。

不管怎样，希腊时期，爱与友爱这种爱智和德性的维度，在今天已经渐渐模糊了。谁也不敢说自己比古希腊人更有智慧，更有德性，即使这样，人们却不会产生对智慧和爱的追求。人唯独不缺的是欲望，以及由此产生的匮乏。甚至这种匮乏已经不是正常的欲望的满足可以填充的。它也不是物质层面的缺乏，或者即使有人这样认为，那也是对精神层面某种匮乏的掩盖。现在最大的匮乏是人不知道自己真正缺乏什么，也就是人缺乏对自己的认识。这种缺失只能导向对物质条件的无限寻求，好似这就是匮乏的满足，其实根本的问题没有解决，反而会带来更大的问题。

那就是人向外界的不断索取，已经危害到了其他物种的生存。看看我们餐桌上的内容，或者是人体宴，或者是珍稀动物，难道是人们的匮乏感才导致对这些事物的需求吗？显然不是。它显示了人精神层面的深层次的匮乏，这种匮乏的外显，不是去寻求爱，不是去追求德性和知识，而是变成欲望的无穷膨胀。也许在古希腊，欲望和匮乏之间起码还有一个先后顺序，先有匮乏，然后产生填充这种匮乏的欲望。但是今天即使不匮乏，人们也有无穷的欲望，只要是欲求的，就是匮乏的。欲望不是匮乏的满足，而是贪婪的无限延伸。这种贪婪暴露了人深层次的缺乏，只有通过重新认识自己，重新寻找爱，人们才能认识到自己缺乏的到底是什么。

二、爱智从对自我的认识开始

在古希腊，爱与友爱当中对爱与被爱的区分是很明显的。这种区分一方面说明了爱者一方的主动性，这种主动性的产生是因为看到了被爱者身上的美和善。爱者在展开对被爱者的爱欲之时，他也渴望被爱者的回爱。另一方面也表明，爱的产生更在于主动，这种主动性来自于爱者，它的产生既是被少年身上的美善吸引，又来自于对自身的认识，这就是认识到自身的不美不善。这种欠缺让爱者去追求美善。当然，这是柏拉图关于爱的观点。

从这种对自身认识的基础上产生的对于不属于自身的事物（自身不具有的事物）的爱，我们可以推断柏拉图的爱与自身的关系。爱是从对自身的认识出发的,没有对自身的认识,人就不会去爱。爱的出发点是自我,爱的主体也是自我。这种爱的生成是因为自我的不完善,而不美不善是人本性中的状态,但人可以通过爱来改变这种状态。

毋宁说,在柏拉图这里,他从现在的不美不善的自我出发,开始了一种爱的攀登。这种攀登的动力来自于人要变成一个美善的自我,把美善据为己有,从而达到不朽。爱要实现的是将来那个美善的自我。这个自我有通神的方面,因为通达了美善而达到不朽,受到神的宠爱。柏拉图看到了人身上通神的地方。这一点在亚里士多德那里延续下来,他也看到了人的灵魂中的理性部分是最为神圣的,只有对这个部分的爱才是真正的自爱。而且,人会用他对自己的最好部分的爱去爱别人,希望朋友也拥有他曾经愿望自己的善,因为"朋友就是另一个自身",[1]友爱正是从一个人对自身的关系中引申出来的。

一个人如何对待自身就应该如何对待朋友,他所希望于自身的善,渴望朋友也得到。那么,人所能获得的最大的善就是灵魂中理智部分的德性——智慧。亚里士多德也没有说好人到底是否达到了这种智慧,但是,好人起码做到了观照灵魂中最重要的部分,并且使灵魂的各个部分达到和谐。不排除好人可以通过静思达到智慧这种德性。但更可行的是,在好人之间的德性的友爱当中,在相互对智慧的探讨和德性的促进当中,达到智慧这种德性。

在这个意义上,亚里士多德与柏拉图在爱与友爱这个问题上的讨论就有相似之处。除了在他们所追求的爱都是德性和爱智的友爱这一点上相似之外,在对待爱的主体——自我——上也有相似之处。一个要通过爱实现自我对美善的占有,一个爱的是自我当中最神圣的部分——理智,在他们看来,人是有通神的方面的。即使还没有实现神的存在,但是,人可以通过爱和友爱来发展这个神性的方面。没有这种发展,人不会爱自我,或者说即使爱,也不是一种真正的自爱。一个人的逻各斯的部分才是他的真正的自我。[2] 如果人遮蔽了自我这个神圣的部分,人就不是真正意义上的自爱,而不自爱的人会对他人产生友爱吗?

---

①　亚里士多德:《尼各马可伦理学》1166a1—5。
②　参见亚里士多德:《尼各马可伦理学》1168b30—35。

如果亚里士多德的自爱是这个意义上的自爱,那么产生于这种自爱的友爱只能是德性的友爱。但亚里士多德又承认,友爱不全是基于德性而产生的,还有快乐和有用的友爱。这种种友爱的产生针对的是灵魂中的不同部分,比如对快乐和用处的寻求满足的就是灵魂当中的非理性部分。但这些都是属人的善,是相对于人自身的善。为了这些善事物的实现而建立的友爱,不能不说是友爱,起码在亚里士多德这里是得到肯定的。

柏拉图的爱欲指向的不是当下的自我,这一点从苏格拉底对阿里斯托芬的反驳就可以看出来。阿里斯托芬通过神话所揭示的爱欲就是对自己的另一半的寻找,但是,这种爱欲存在的问题是,爱欲既不存在于阴阳人被分割之前,也不存在于找到自己的另一半之后。而只有在当下,这种对自身完整性的寻求是当下的,是向自身过去状态的回复。① 这是苏格拉底不能赞成的,因为在后者看来,人的完整不是身体意义上的完整,人还有灵魂,而且对灵魂的观照是最重要的。

我们先不去探讨找到自己的另一半的可能性,假如找到了自己的另一半,那么人真的能恢复自身的完整吗? 在阿里斯托芬的讲述中,人在找到自己的另一半之后,赫淮斯托斯拿着他的铁匠工具,问他们,“你们是否愿意我把你们锻造到一起,日夜都不分离”。② 这是一个没有答案的问题,即使两个人实现了身体上的结合,能保证他们在思想上像一个人那样达到心灵的契合吗? 没有这种精神上的契合,他们越是接近,越是会彼此伤害。如何避免这种结局,苏格拉底告诉我们,我们爱的不是自己,因为这种爱不是由于对自身事物的欠缺而产生,甚至自己身上不善的部分他宁愿砍去。③ 我们爱的是美善,因为我们不美不善,这种对美善的爱是通过对少年的爱来实现的。在共同的精神孕育中,既达到了美善,也达到了精神上的契合,这时,身体上的分离已经不成为问题了。因为他们达到了精神上的最大的统一。

当然,这种爱不是当下实现的。因为当下的爱是不美不善的,也不是向过去的回复,而是向将来的展开。这种面向将来的爱,已经突破了身体上的渴

---

① 见第二章相关部分的讨论。
② 柏拉图:《会饮》192E。
③ 参见柏拉图:《会饮》205E。

望,即使那是一个美的身体。在攀登的过程中,展开的是一个越来越接近美本身的世界,从美的身体到美的心灵,从美的行为制度到美的知识,最后到达美的本体。当人把所有这一切纳入到他的视野,甚至想据为己有的时候,那么,他就会突破人的有限的生命存在,而在自我面前展开一个广大的世界。

这个世界不是用身体感官来感知的,而是用灵魂的眼睛来观照的。在爱中,爱者的自我,变成了一个大我,立于天地之间。从人的世界向神的世界进发,从不美不善的状态向美善攀登。这个大我穷尽了一切美和善,达到了自我的完善实现。当美善已融入于我,或者将我融入到美善之中以后,只要他爱美善,他就会接受这个自我。这个自我已经实现了自身神性的存在,达到了不朽。

这样看来,柏拉图的爱是从对自我的不美不善的"恨"开始的。但经过对美的发现,爱的攀登,在孕育出真正的德性之后,他才会爱自我。但是,这个时候,他虽然是爱自我,但爱已经不存在了。因为对自我的爱在他那里是不存在的,人不能爱自己已有的东西。但是,人还是要把爱延续下去,这种对爱的延续仍然是通过智慧的孕育实现的。虽然人的生命是有限的,但他能够通过在美中孕育,把他思想的种子种到被爱者的心灵当中,结出果实,这个果实又在另一个美的心灵中种下种子,如此传递下去。

这样爱者有限的生命就通过智慧的孕育和传递得以延续。柏拉图的爱是超越身体,超越时间的,甚至这种爱的目的也要超越自我。因为对德性、智慧的爱必然要使爱的对象从身体转到灵魂,由现在延展到未来,那是把人真正融入存在。因为不美不善表明人还没有进入存在,只有爱使人真正进入存在,因为人达到了一种确定性,找到了一种存在下去的根基。

柏拉图的爱不能脱离自我,即使他不爱现在的自我。这种"不爱"的出发点也是为了人超越现在的不美不善,去接近美善。如果没有对自我存在的认识,即使那个美善的世界再美好,也与"我"无关。因此,爱的起点是对自身不美不善的认识,爱的目的是对自我的神性部分的实现。爱离不开自我,即使它爱的不是自我,这一点在亚里士多德那里同样有所体现。亚里士多德的友爱就是以人对自己的爱为起点,是从后者引申出来的。而且这种对自我的爱也是爱自身的神性部分,在他看来,人完全可以凭借自身有限的存在通达神性。

"不要理会有人说,人就要想人的事,有死的存在就要想有死的存在的事。应当努力追求不朽的东西,过一种与我们身上最好的部分相适合的生活。因为这个部分虽然很小,它的能力与荣耀却远超过身体的其他部分。"①

在柏拉图和亚里士多德这里,爱和友爱体现了自我对生命的感知,生命内部对神性的渴望并为之实现的努力。这种生命的热情和活动体现了那个时代人们的精神风貌,人们不会安于现状,不管通过何种方式,都会去实现某种超越于自身的德性或善。但是后来,这种至高的善已经降格为德性或快乐的获得了,这在斯多葛和伊壁鸠鲁那里体现得很明显。② 人们对善的理解的改变是因为时代的变化,那个时代已经打消了人们追求至善的热情,也剥夺了他们充分的闲暇和自由去思考这样的善。他们所能左右的只能是自身所能获得的善,比如德性和快乐。

每个时代都有它的角色模型,在荷马时代是英雄,因为那是个尚武的时代,崇尚的是勇敢这种德性。在雅典时代,作为角色模型的既可以是政治精英,也可以是哲学精英,因为这是公共生活发达、思想异常活跃的时代。这种角色模型的确立,是因为社会上层能够从繁杂的事务当中解脱出来,可以有闲暇来观照他的自我和德性,并使这种自我在公共生活当中慢慢展开,让城邦中的所有人都分享他的生命存在。这样的人发展了他自身当中最好的部分,而关涉于灵魂其他部分或者身体的事务他全都不放在心上。这样的人就是亚里士多德所指的大度的人,③他似乎不看重什么,没有什么让他觉得重要。

最重要的是他能让自己的存在让城邦和人民分享,他认识到自身这种重要性,并且也配得这种重要性,这就是那个时代的角色模型。在这样的人身上,我们看到了一种高贵,这种高贵既是他赋予自身的,也是城邦赋予他的。没有那样的时代,这种高贵既是无法形成的,也是不可理解的。在我们看来,

---

① 亚里士多德:《尼各马可伦理学》1177b30—35。

② 见第三章第二节第二部分的讨论。

③ 苗力田先生和廖申白教授把它翻译成"大度",可能在中国传统文化中并没有一种德性的指称刚好对应古希腊的这种德性,而且在某种程度上,它还与传统美德"谦卑"相悖。这是不同的文化传统造成的,我们的传统道德重"谦虚",而在古希腊则重视自身价值的实现和外显。这种自我的外显在中国文化中不免带有某种"高傲"的嫌疑,但是,在古希腊却是一种美德。

柏拉图和亚里士多德就是这样高贵的人,他们最为关注的就是人的自我实现,而且实现的是自身的神性部分,使人由有限的存在通达无限,由不确定的存在达到确定。这种自我实现在他们看来,只能通过爱和友爱,在认识自我、实现自我这一点上,爱和友爱是一致的。

但是,在爱和友爱的对象——被爱者——身上,却发生了矛盾。在柏拉图这里,对美善的爱是通过对智慧的追求达到的。这种智慧的孕育只能孕育于美,没有美的形体的回爱,这种孕育就无法实现。但是,这种回爱(柏拉图又称之为"友爱")由于它的被动性,无法和主动性的爱相提并论,这种回爱就像是在镜子上的物体的映像或声音在障碍物上的回响。这种友爱产生的原因,无法从自身当中去寻找,被爱者甚至不知道自己为什么在爱。因为他没有爱者对其自我的明确认识,这种一方认识清晰、一方模糊,一方目的明确、一方盲目和被动的爱,本身就是不对等的。在这种情况下,爱者要求被爱者给予他同样的爱就是不公正的。

在亚里士多德看来,爱与被爱之间的友爱类似于相反者之间的友爱,他们产生的原因不同,而且最后的结果也是不欢而散,相互抱怨。这样,爱者要求被爱者同样地爱他就是可笑的,因为在亚里士多德看来,最好的友爱也是相似性最大的一种友爱。爱与被爱不仅在德性上相似,而且友爱产生的原因也是相同的,这种相似性最大的友爱也最为持久。因为一方付出怎样的爱就能获得怎样的回爱,"爱在于去爱,而不是被爱"。①

因为被爱对于爱的原因是无知的,他看到情人怎样爱他,他就回报情人怎样的爱。比如阿尔科提斯和阿喀琉斯能为情人去死,是因为他们相信情人为了他们也会这么做。② 柏拉图解决爱与被爱的矛盾是通过爱与被爱在与美善相关这一点上实现的。爱者爱美,但不美,被爱者美,但不能认识到自身这种美。爱者发现了这种美,并且他也爱善,通过在美中孕育来实现真正的德性。在他自身接近善的同时,孕育出精神子女,被爱者也分有了这种精神成果,变得更美更善,甚至类似于神。这样爱与被爱也达到了某种程度的相似,使爱与

---

① 亚里士多德:《尼各马可伦理学》1159a28。

② 见第四章第二节第二部分的讨论。

友爱得以维系。

今天,爱与自我的关系已经发生了变化。爱不是向自我的靠近,而是对自我的疏离。自我已经不能把爱或友爱当成生命本身的一种渴求,对生命存在的追问,而是把它看成是外在于自身的,可有可无的东西。人疏离了爱,也就疏离了美善,让自身沉浸于一种无限的繁忙之中,看似没有闲暇,实际上他通过自身的"繁忙"得到了什么呢? 无非是陷入到一种生产——消费——再生产——再消费的循环当中。

人在挤占着自身的闲暇,[①]也在制造着自己的繁忙。爱因斯坦说过:人的差别产生于业余时间。人在剥夺了自身的闲暇之后,也就没有了与自身独处的机会,失去了爱的自由。这种变化的产生是因为人对美善的理解已经发生了变化,善已经不是外在的尺度,而是相对于自身的一个可变化的存在。只有自身可以获得并对自身有益的才是善。这种善也不是用来滋养人的心灵的,而是用来满足人的身体感官的各种需要的。哪怕这种需要并非产生于一种匮乏,人在不断制造着自己的匮乏和需要。善已经降格为一种有用,甚至是实现有用的手段。

人们认为能够实现他身体需要的就是善的,对这种善的追求也是正当的。人就在各种利益之间奔忙着,也在实现着各种善。关键是善用来满足的欲望是无止境的,这就造成了人的贪婪。看似人看重自己的一切,认识到自己的需要,并且在实现着自身的各种需要。但是,这一切的一切离善到底有多远,离自己有多远。当人们在利益的奔波中静下心来的时候,应该想一想"我到底需要什么,到底得到了什么"。对于美,也避免不了这样的命运,美不再是滋润人的视觉和心灵的东西,而是人用触觉感知的东西,一见到美恨不得一口吞下,认为这才是美的实现。

对美善的理解的退化,也不可避免地导致了人的精神生命的萎缩。因为现在,人们所理解的美善只与身体相关,这是欲的一种表现,而不是爱,爱的对象是心灵才能观照得到的。这个时代不是我们不需要爱,是我们不会过心灵

---

① 在与古希腊人的闲暇的对照上,廖申白教授对当代人的闲暇作出了某种适度的引申和分析。参见廖申白:《亚里士多德友爱论研究》,河南人民出版社 2000 年版,第 235 页。

的生活,忘记了观照我们的心灵,而人在疏远了自己的心灵之时,他离自身也就越远。这种与自身的疏离是因为人缺乏对自身的认识,不知道自己真正所需。

当爱失去了对智慧和德性的追求,失去了对自我的认识,或者导向无度,被欲替代,成为没有尺度的存在,或者是既不欲也不爱,使爱陷入麻木的状态。这两种结果都使爱失去了自身的存在,陷入了一种沉睡的状态。如何唤醒沉睡的爱,也许不是一两句口号就能解决的。对于爱这个问题,我们要着眼于这个时代的现实,看到问题之所在,又不离开理论的根基。当我们提出一种可行的方案之时,只有理论根基深厚才能加强说服力,为人们所接受。即使不能从根本上使问题得到解决,也能起到防微杜渐的作用。

三、友爱从爱中的疏离

（一）爱与友爱从感情中的疏离

人在不能做到对自身的认识的时候,一方面他疏离了自我,另一方面他也疏离了爱。他不知道该爱什么,因为他不知道什么是离自身最切近的事物。他对爱的选择就是跟随自身欲望的需要,因此,他的爱服从的是身体,好像这种爱与自身关系很紧密,而实际上爱却与自身疏离开来。伴随着爱与自身疏离的,是友爱从爱中的疏离。当一个人对自身都缺乏认识的时候,他怎么可能知道他需要什么样的爱,需要什么样的朋友,他更不可能为友爱付出多么深的感情。虽然在这种情况下,也能付出真感情,但是,这种感情不是导向过度,就是在激烈的爆发之后归于死寂。

我们经常可以听到"哥们义气"、"为朋友两肋插刀"这样的话,但是,我们毋宁把它看成是一种一时的冲动,而不是感情。这种冲动会把自己和朋友同时推入到某种恶当中,既毁害了朋友和自身,也失去了友爱。这种情况的发生就是因为人没有处理好与自身的关系,就像亚里士多德所说的,与朋友的关系是从对自身的关系中引申出来的。人愿望自身的善他朋友也能得到。这种友爱的感情是在共同生活当中培养的,以这种感情为基础,朋友之间相互愿望着对方的善。

但是,今天朋友之间已经疏离了这种爱和感情,朋友之间瞬间就可以结交,瞬间又可以解散。这种关系已经不是以感情为必要条件,它的随意性和短暂性,使得它区别于古希腊所过的那种友爱的生活,更合适的称呼是"友谊"。这是友爱从爱中疏离的一个方面。就是在感情的方面,今天的生活已经不具备古希腊人培养感情的那种闲暇和充分的相互交往,友爱像爱一样,已经变成了私人生活当中的一种亲密关系。至于这种关系何时开始,何时结束,已不是感情所能左右的。对照柏拉图和亚里士多德对友爱的理解,我们来分析友爱在今天的生活当中的状态。

亚里士多德认为,在爱中,人的感情极易处在过度的状态。这是因为在爱中感情是先于理智起作用的,这种感情是人被美的对象激发出来的,是人从开始就无法控制的。看到这个美的对象,立刻产生了感情,这就是俗语所说的"一见钟情"。我们无法预料这种感情何时何地对何人产生,也不知道它会强烈到何种程度。因为引起这种感情的对象是我们无法把握的,由这种——在我眼里——"美极了"的对象所激发的感情也处在一种被动的状态,是被置放(be disposed)于这种状态之中。

这个时候,人好像是身不由己,不受理智控制的。但是,这种感情没有经过共同生活的检验,时间一长,这种感情或者走向平淡,或者走向它的反面。只有经过共同生活积累起来的感情,才是稳固的、持久的,也是适度的,这就是亚里士多德所认为的友爱中的感情的特点。在这个意义上,友爱比爱更为持久。

因为爱产生的自然基础是不经意间到来的感情,没有经过时间的磨炼,这种感情或者易于过度,或者易于消失,而这两种结局都会使爱毁灭。友爱却不存在这个问题,因为友爱是包含着德性的。这种德性是在共同生活当中为实现彼此的善、在实践活动当中形成的,它首先就是对感情的一种好的处理。①既然以德性为基础,那么,德性就在于找到那个适度。如果说友爱是一种德性或包含着德性的话,那么,友爱所处理的感情必然也不会过度。即使爱与友爱在感情上存在着这样的差别,但就感情本身来说还是有着共性的。这就是感

---

① 参见廖申白:《亚里士多德友爱论研究》,河南人民出版社 2000 年版,第 97 页。

情的三个维度：相互性、亲密性和共同生活。①

在相互性的方面，柏拉图和亚里士多德都认为爱与友爱的产生都在于爱在被爱那里得到回应。关于这一点，柏拉图在《李思》中提出了一个问题——"谁能称为谁的朋友"，②如果爱者的爱在被爱者那里没有得到回应，甚至引起的是恨，那么谁也不能称为谁的朋友，友爱也无法形成。亚里士多德是通过排除人与无生物之间产生友爱的可能性来指出爱的相互性的，因为说人希望酒好是可笑的，至多也只能是希望酒保持得好，以便于人可以享用。人的爱无法在酒那里得到回应，酒无法报人以感情。在柏拉图这里，爱的相互性就是为了追求智慧，没有美对爱的回应，他们之间就无法实现共同的孕育。因为在爱与被爱之间没有建立起相互的认同感：一者认同另一者的美，一者认同另一者的德性，这样才能实现共同的创造。

虽然柏拉图区分了爱者对被爱者的爱和被爱者对爱者的爱，前者称为爱，后者称为友爱。但不管怎样，把爱与友爱联结在一起的是感情，爱与感情的产生都是因为双方存在某种差别，这种差别的保持能让你们相互留有自己的空间，也是给爱留有空间。感情不需要强大到要把对方吞没，融入到自身的存在。感情的保持恰恰在于双方个性和自我的保持，感情的维系也在于把握某种适度。

对于我们来说，爱似乎比友爱强烈，而且，人们认为由友爱上升到爱很容易，而从爱下降到友爱则很难。但是，当友爱上升为爱的时候，就变为一种极为强烈的感情，极不容易驾驭，这样，这种爱自身也没有了退路。相反，爱中如果有友爱的成分，则既可以保持感情，又保持着彼此的空间，这种爱才可以长久地维持。

在感情的亲密性方面，体现了古希腊友爱观的一个明显的特征，那就是两个人的交往已经达到了一定的亲密程度，感情也达到了一定深度。这种亲密关系的建立与希腊城邦敞开的公共生活不无关系。友爱的感情是从家庭成员之间的关系引申出来的，在家庭成员之间由于血缘和共同生活使得友爱有一

---

① 参见廖申白：《亚里士多德友爱论研究》，河南人民出版社 2000 年版，第三章。

② 柏拉图：《李思》212A。

种自然的基础。但是,在古希腊,友爱已大大越出了家庭的范围,而成为公共生活的一部分。因为"公共生活对于公民来说,与家庭生活同等重要,甚至它的重要性超过了过家庭生活"。① 因此,公共生活中的友爱所达到的亲密程度可以与家庭成员之间的感情相互媲美。这种亲密关系的实现有利于朋友在一起进行推心置腹的交流,促进彼此德性上的进步。

但是,这种亲密关系却不是我们所理解的那种外表上的亲密,这种外部的亲密甚至有身体上亲密接触的色彩。在当时的雅典人看来,它是鄙俗的,美少年之所以对与成年男子之间建立关系有所顾忌,就是担心两个人到一起所表现出的那种亲密会遭到人们的嘲笑。柏拉图所说的爱的沉迷恰恰使人从肉体快乐中解脱出来,而朝向天外世界的存在,是对智慧的沉迷。这种沉迷不会导致过度,因为它与肉体快乐无关,而且这种沉迷也不能不说是冷静的沉迷。

在这一点上,与中国传统文化当中对友爱的理解不无相通之处。中国文人主张"君子之交淡如水",这种平淡也是要避免在外表上的卿卿我我,因为外表上的亲密会让友爱越过一定的界限,去侵犯德性生成的领域。在亚里士多德这里,友爱的德性就在于要保持一种恰当的处理感情的方式,使之处于一种适度的状态。在中庸思想中,也有"过犹不及"的说法,二者都指向友爱之外的某种善的实现。对于古希腊人来说,这个善可以是德性,也可以是外在的善,比如某种好处。

对于中国古代的知识分子来说,这种善是"内圣"的实现,也就是内在德性的保持,只有德性的保持才能保证友爱的持久。但是,这种德性极易为感情的过度所破坏,导致紊乱,这是君子之间保持"淡交"的根本原因,而且,这种内在德性的保持才能使友爱保持在君子之交的范围内。刘禹锡虽然身居陋室,但仍然能得到志同道合的朋友。"斯是陋室,惟吾德馨。谈笑有鸿儒,往来无白丁",这既体现了文人的清高,他们对朋友是有选择的,也体现了友爱在他们生活中的地位。

有朋友来分享他们追求德性的生活能够给他们带来快乐,这种快乐足以弥补清贫的生活。孔子也说"有朋自远方来,不亦乐乎"。孔子不仅弟子三

---

① 廖申白:《亚里士多德友爱论研究》,河南人民出版社 2000 年版,第 93 页。

千,而且慕名而来求教的人络绎不绝,孔子也很欢迎他们的到来,这表明可以有更多的人愿意与他分享这种追求德性的生活。在友爱当中对德性的保持,不仅会给人们带来快乐,而且它必然要求要超越外表上的亲密,以某种内在的默契和德性的共鸣来维系这种友爱。

在共同生活的方面,我们再次看到了友爱与德性之间的密切联系。在亚里士多德看来,友爱离不开共同生活,因为友爱是一种选择的实践的品质。如果你只是对对方抱有善意,却不付诸行动,那么这还没有达到友爱的层次。友爱只有体现为为着对方的善而实际地做些什么,才能说两个人是朋友。人的德性是在实践活动中形成的,只有在共同生活当中,我们才有这样的机会,与朋友进行共同的活动,并从相同的活动或事物上分享快乐。在共同活动中,实现了相对于朋友自身的善的同时,也实现了自身的德性。

这种德性的实现本身是高贵的,它只为着朋友自身的善。它还区别于为了某种需要的满足而进行的友爱活动。在古希腊人看来,一个人的高贵不仅体现在他对无用的东西的拥有上,只有去获得于自身无用的事物,才能显现一个人的自足。而且,只有实现某种外在于自身的善,即朋友的善,才能体现自身德性的高贵。这样,共同生活不仅培养了感情,而且培养了德性和某种高贵的人。没有共同生活,友爱既无法产生,也无法保持。

(二)爱自身发生的分化

当前我们的公共生活已经很发达了,但我们不能不说这种公共生活离我们还是很遥远,并不是人人都能参与到这种公共生活中来,更不要说在公共生活当中培养友爱了。这也有时代和环境条件的限制,毕竟今天我们已经无法回到古希腊那种人口限制在一定规模的城邦时代。超越我们的历史环境去追求那样一种友爱是荒谬的。而且,公共生活的发达让我们想到的是私人生活领域的捍卫和安全。

因为公共生活越是发达,我们越是要守护好自己的私人生活不被侵犯。这样,在公共生活当中,我们寻求的不是友爱,而是自身生活的安全。这种安全就体现在私人生活和各种关系的保密上。在这种相互对峙当中,爱和友爱因为关涉到私人的交往关系,而逐渐被纳入到私人生活的领域。虽然爱和友爱同属于私人生活领域,但是,它们之间已经分道扬镳了,而且这种分离从柏拉图以后就已经开始了。

在柏拉图那里,爱与友爱是结合到一起的,因为他讨论的友爱仍然是在爱的范围之内,带有性爱的痕迹。但是,这种性爱已经不是当时普通雅典人所理解的是肉体上的快感的获得,柏拉图把爱转向了爱智的方面。他爱的是那样一个完美的存在,但是,这不等于他完全取消了爱当中性爱的成分,在美中的孕育不能不让人联想起欲的激发和性的满足。因此,当今的人们一提起柏拉图的爱就带有某种超越和禁欲的色彩,这不能不说是对柏拉图的爱的一种误解。不过,它在一定程度上也反映了柏拉图的爱与后来基督教的爱的某种关联。

在基督教那里,我们看到了柏拉图爱欲的支流仍然在流淌着,基督教对上帝这个完美存在的爱就体现了柏拉图爱的一个重要维度——爱是对美善的爱。不仅如此,柏拉图对爱和欲之关系进行了探讨,主要是展现了爱和欲的区别。到了基督教时代,把爱和欲的这种差别推向了极端,爱变成了最好的事物,而欲则是要受到抑制的东西,爱和欲完全走向了分立。

当然这种思想的生命力和连续性让我们不能绕过亚里士多德。亚里士多德把爱和友爱的重要性翻转了,在他那里,研究的重点是友爱,爱是在友爱的范围内作为友爱的一个特例来讨论的。这种转变是因为亚里士多德已经把自身和城邦中的人们从那个善的世界中解脱出来了,他让人们在相互友爱的共同生活中实现相对于自身的善,也就是致力于属人的善的实现。当他抛弃了柏拉图的完美之善的概念时,他也就从对美善的爱中解脱出来,而转向人人都能获得的友爱,实现相对于自身的善。虽然亚里士多德仍然坚持友爱中爱智和德性的维度,但友爱却不是唯一地指向美善的,而且柏拉图所说的那种爱智的友爱会因为欲的掣肘而偏离智的方向。① 这种对智慧的爱是在德性的友爱中实现的,而且,在爱者自身实现智慧之时,他也使朋友获得了这种善,友爱的真谛就在于使双方都变得更好。

亚里士多德的友爱中也不是没有对完善存在的爱,只不过这种爱是在对父亲的友爱中体现的。在父亲与子女的爱当中,显然是父亲对子女的爱更为

---

① 参见廖申白:《亚里士多德友爱论研究》,河南人民出版社 2000 年版,第 60 页。

优越,也是更高尚的。这种高尚性在于,首先父亲作为给予我们生命的人,他把自身中的善好传递给我们,我们最大程度上分享了父亲的生命存在。在某种意义上,我们就是他生命存在的一部分,就像他是我们的创作者,而我们是他的作品一样,这种对生命存在的共享让父亲不能不用最完善的爱来爱我们。正因为这样,为了儿女,父亲会把他的生命力量发挥到极致,目的是让儿女过上一种好的生活,也希望给儿女作出一个好的榜样。

父亲为儿女付出了他的一切,这都是爱的推动。相对于儿女对父亲的爱,父亲的爱是主动的,他愿意为了实现儿女的善好而做一切事情,不遗余力,这所有爱的活动就像在实现他的生命存在一样。父爱的种种决定了这种友爱的高尚性和主动性,亚里士多德把儿女对父亲的爱比作是对神的爱。神本是完善的,他付出的爱既是无法计算,更是无法回报的。这种爱的优越性也类似于君王对臣民的爱。基督教当中的神爱让我们不能不想到亚里士多德的父爱,对父亲的爱就像对神的爱一样。在基督教这里,则是对神的爱就像对父亲一样,神对子民的爱就像父亲对儿女的爱一样无私和公正,把他的爱播撒给我们,我们因为都分享神的爱而应该像兄弟手足一样互爱。

神的完美性也许可以看到柏拉图爱美善的影子,但是,神的爱不同于柏拉图的爱的地方在于,神即使作为一个美善的存在,但他还是会爱人,而且这种爱是所有爱的来源。正是因为人承受了这种神爱,而人又无法在同样意义上回报神以爱,只能按照神的意愿去爱自己的邻人,即使自己的邻人是个敌人,乃至坏人。只要有神的观照,这种爱就应该及达世界的各个角落,哪怕是阴暗的角落,只要有神爱的感召,也会变得光明。这一点在柏拉图那里是无法得到理解的,爱的对象永远是那纯洁无瑕的美善,不允许有一点瑕疵。坏人永远不会被爱,人只能爱善,而不能爱恶。在亚里士多德那里,虽然坏人之间也可以因为某种外在善而结为朋友,但是,这种友爱的形成是因为善而不是恶。①

这样,柏拉图和亚里士多德都无法理解基督教当中这种博爱,也就是普天之下皆兄弟的爱。这种爱就是友爱从爱中分化出来以后一个发展的方向,称为"博爱"。博爱比一般的友爱感情要浅,因为它是没有经过共同生活的,也

---

① 见第五章第二节的讨论。

没有相处的机会。因此说这种博爱是出于感情也是勉强的，人们还没有机会培养感情。只是出于对自己一样的另一个生命存在的关切而给予的爱，比如对灾区的人民、对贫困地区的失学儿童的帮助，都属于这种博爱的范围。这种爱既是无根的，也是长着翅膀的。说到它的无根性，与基督教的兄弟之爱相比，这种博爱显得更为高尚。因为基督徒奉献的爱是有根源的，起码在他内心里是这样，他做的一切都是神的感召。但是，博爱却没有来源，不问缘由。这种出于博爱的行为，在康德那里是更具有道德说服力的。因为他认为出于感情和爱的行为都不能纳入到道德范围内来评判。只有出于内心对道德律令的敬畏而发出的行为才具有道德意义。

从这个意义上讲，博爱虽然没有深厚的感情，也可能是不经久的，但是，它却能引起人无限的敬意。同时，这种爱好像长着翅膀一样是可以跨越时空的，它播撒的阳光可以照耀世界上的每个角落。这种爱也是能够相互感染的，它可以在每个人的心灵当中播下种子。当你接受了一个素昧平生的人的帮助，那么，你也会把自己的爱给予需要帮助的人，即使那不是你要感恩的人。就算那个帮助过你的人没有得到你的任何感谢，看到他的爱的种子开花结果，也就等于是对他最好的回报了。

爱在私人生活中的另一个发展方向就是走向性爱，这是一个大家不肯承认却又无可奈何的事实。自从基督教以来，人们就在为着自身从被禁锢的牢笼中解放出来而做着斗争。人们要从神的律令之下解放出来，作自身的主宰。这种解放的一个重要方面就是肉体欲望的解放。性快乐的正当性得到了肯定，因为它是人本性中的一种渴求，就像是吃饭、喝水一样，是身体的需要。当把身体从各种教条当中解脱出来之后，那么，性欲的实现也就是必然的趋势。我们要承认它正当的方面，但问题是，当性和身体紧密结合的时候，却把爱给冷落了，或者把性欲的实现就等同于爱。今天我们之所以羞于谈爱，因为爱和性离得太近了，对爱的言说就等于作出性的暗示，这样爱也就被人控制在私人的领域，很少谈及。当然他可以对他爱的对象谈及，但是那也限于在闺房之内。

因此，我们看到爱所分化的这样几个趋势：一个是爱到基督教的兄弟之爱再到博爱；另一个是爱由对完美事物的爱（比如对美善、对上帝）导向了对身体的爱,也就是性爱。当然介于这两者之间的是友爱,如果把古希腊的友爱拿来比较,那么,我们宁愿称之为友谊。当然这种友谊也被限定在私人生活当中。如果把没有结果的爱称为是由于"情深缘浅"的话,那么这种友谊正好相反,是"缘深情浅"。在网络时代,即使信息通讯技术再发达,也代替不了朋友之间的朝夕相处。正因为这样,人们的朋友多了,但友爱却少了。

索　引

参 考 文 献

中文文献

1.柏拉图:《柏拉图全集》第一卷,王晓朝译,人民出版社 2002 年版。

2.柏拉图:《柏拉图全集》第二卷,王晓朝译,人民出版社 2003 年版。

3.柏拉图:《柏拉图全集》第三卷,王晓朝译,人民出版社 2003 年版。

4.柏拉图:《柏拉图全集》第四卷,王晓朝译,人民出版社 2003 年版。

5.柏拉图:《巴曼尼得斯》,陈康译,商务印书馆 1999 年版。

6.柏拉图:《柏拉图对话集》,王太庆译,商务印书馆 2004 年版。

7.柏拉图:《蒂迈欧》,谢文郁译,上海人民出版社 2003 年版。

8.柏拉图:《柏拉图的〈会饮〉》,刘小枫等译,华夏出版社 2003 年版。

9.柏拉图:《柏拉图文艺对话集》,朱光潜译,人民文学出版社 2000 年版。

10.柏拉图:《理想国》,郭斌和、张竹明译,商务印书馆 2002 年版。

11.亚里士多德:《工具论》上、下卷,余纪元等译,中国人民大学出版社 2003 年版。

12.亚里士多德:《形而上学》,苗力田译,中国人民大学出版社 2003 年版。

13.亚里士多德:《修辞术·亚历山大修辞学·论诗》,颜一、崔延强译,中国人民大学出版社 2003 年版。

14.亚里士多德:《尼各马可伦理学》,廖申白译,商务印书馆 2003 年版。

15.亚里士多德:《亚里士多德选集:政治学卷》,颜一、秦典华译,中国人民大学出版社 1999 年版。

16.亚里士多德:《亚里士多德选集:伦理学卷》,苗力田、徐开来等译注,中国人民大学出版社 1999 年版。

17.亚里士多德:《亚里士多德全集》第十卷,颜一、李秋零、苗力田等译,中国人民大学出版社 1997 年版。

18.亚里士多德:《雅典政制》,日知、力野译,商务印书馆 2010 年版。

19.荷马:《伊里亚特》,陈中梅译,译林出版社 2000 年版。

20.赫西俄德:《工作与时日神谱》,张竹明、蒋平译,商务印书馆 1996 年版。

21.阿里斯托芬:《阿里斯托芬喜剧六种》,《罗念生全集》第四卷,罗念生译,上海人民出版社 2004 年版。

22.希罗多德:《历史》上、下卷,王以铸译,商务印书馆 2005 年版。

23.修昔底德:《伯罗奔尼撒战争史》上、下册,谢德风译,商务印书馆 2004 年版。

24.色诺芬:《色诺芬的〈会饮〉》,沈默等译,华夏出版社 2006 年版。

25.第欧根尼·拉尔修:《名哲言行录》上、下卷,马永翔等译,吉林人民出版社 2003 年版。

26.普鲁塔克:《希腊罗马名人传》上册,陆永庭、吴彭鹏等译,商务印书馆 1999 年版。

27.阿尔法拉比:《柏拉图的哲学》,程志敏译,华东师范大学出版社 2006 年版。

28.但丁:《神曲·天堂篇》,张曙光译,广西师范大学出版社 2005 年版。

29.厄奈斯特·巴克:《希腊政治理论——柏拉图及其前人》,卢华萍译,吉林人民出版社 2003 年版。

30.罗素:《西方哲学史》上、下卷,何兆武、李约瑟译,商务印书馆 2003 年版。

31.弗朗西斯·麦克唐纳·康福德:《修昔底德——神话与历史之间》,孙艳萍译,上海三联书店 2006 年版。

32.狄金森:《希腊的生活观》,彭基相译,华东师范大学出版社 2006 年版。

33.柯林武德:《自然的观念》,吴国盛译,北京大学出版社 2006 年版。

34.A.E.泰勒、Th.龚珀茨:《苏格拉底传》,赵继铨、李真译,商务印书馆 2004 年版。

35.卡尔·波普尔:《开放社会及其敌人》第一卷,陆衡等译,中国社会科学出版社 1999 年版。

36.卡尔·波普尔:《开放社会及其敌人》第二卷,郑一明等译,中国社会科学出版社 1999 年版。

37.H.D.F.基托:《希腊人》,徐卫翔、黄韬译,上海世纪出版集团 2006 年版。

38.亨利·西季威克:《伦理学方法》,廖申白译,中国社会科学出版社 1997 年版。

39.勃洛尼斯拉夫·马林诺斯基:《两性社会学:母系社会与父系社会之比较》,李安宅译,上海人民出版社 2003 年版。

40.C.D.布劳德:《五种伦理学理论》,田永胜译,廖申白校,中国社会科学出版社

2002 年版。

41.古郎士:《希腊罗马古代社会研究》,李玄伯译,中国政法大学出版社 2005 年版。

42.米歇尔·福柯:《性经验史》,佘碧平译,上海世纪出版集团 2005 年版。

43.米歇尔·福柯:《主体释义学》,佘碧平译,上海人民出版社 2010 年版。

44.白舍客:《基督宗教伦理学》第二卷,静也、常宏等译,华东师范大学出版社 2010 年版。

45.让-皮埃尔·韦尔南:《希腊思想的起源》,秦海鹰译,生活·读书·新知三联书店 1997 年版。

46.莱昂·罗斑:《希腊思想和科学精神的起源》,陈修斋译,段德智修订,广西师范大学出版社 2003 年版。

47.让-皮埃尔·韦尔南:《神话与政治之间》,余中先译,生活·读书·新知三联书店 2005 年版。

48.列维·施特劳斯:《图腾制度》,渠东译,梅非校,上海世纪出版集团 2005 年版。

49.科耶夫等:《驯服欲望——施特劳斯笔下的色诺芬撰述》,贺志刚、程志敏等译,华夏出版社 2002 年版。

50.吕克·布里松:《古希腊罗马时期不确定的性别——假两性畸形人于两性畸形人》,侯雪梅译,广西师范大学出版社 2005 年版。

51.克琳娜·库蕾:《古希腊的交流》,邓丽丹译,广西师范大学出版社 2005 年版。

52.居代·德拉孔波:《赫西俄德:神话之艺》,吴雅凌译,华夏出版社 2005 年版。

53.乔治·巴塔耶:《色情史》,刘晖译,商务印书馆 2004 年版。

54.罗森:《诗与哲学之争》,张辉译,华夏出版社 2004 年版。

55.阿拉斯代尔·麦金泰尔:《伦理学简史》,龚群译,商务印书馆 2003 年版。

56.梯利:《西方哲学史》,葛力译,商务印书馆 2003 年版。

57.斯东:《苏格拉底的审判》,董乐山译,生活·读书·新知三联书店 2003 年版。

58.威廉·弗格森:《希腊帝国主义》,晏绍祥译,上海三联书店 2005 年版。

59.路易斯·亨利·摩尔根:《古代社会》上、下册,杨东莼、马雍、马巨译,商务印书馆 1997 年版。

60.霍普·梅:《苏格拉底》,瞿旭彤译,中华书局 2003 年版。

61.伯纳德特:《弓弦与竖琴——从柏拉图解读〈奥德赛〉》,程志敏译,华夏出版社 2003 年版。

62.赫伯特·马尔库塞:《爱欲与文明》,黄勇、薛民译,上海译文出版社2005年版。

63.欧文·辛格:《爱的本性——从柏拉图到路德》第一卷,高光洁、杨久清、王义奎译,高光洁校,云南人民出版社1992年版。

64.A.麦金太尔:《德性之后》,龚群、戴扬毅译,中国社会科学出版社1995年版。

65.尼采:《希腊悲剧时代的哲学》,商务印书馆1994年版。

66.马克斯·韦伯:《经济与社会》上、下卷,林荣远译,商务印书馆2004年版。

67.马丁·海德格尔:《尼采》上卷,孙周兴译,商务印书馆2004年版。

68.马丁·海德格尔:《演讲与论文集》,孙周兴译,生活·读书·新知三联书店2005年版。

69.马丁·海德格尔:《荷尔德林诗的阐释》,孙周兴译,商务印书馆2004年版。

70.利奇德:《古希腊风化史》,杜之、常鸣译,林立生、陈加洛校,辽宁教育出版社2000年版。

71.埃克哈特:《埃克哈特大师文集》,荣振华译,商务印书馆2003年版。

72.斯威布:《希腊的神话和传说》上、下卷,楚图南译,人民文学出版社1984年版。

73.索洛维约夫:《爱的意义》,董友、杨朗译,生活·读书·新知三联书店1996年版。

74.索洛维约夫:《爱拯救个性》,方珊、何强、王利刚选编,山东友谊出版社2005年版。

75.特洛依茨基:《基督教的婚姻哲学》,吴安迪译,河北教育出版社2002年版。

76.索伦·奥碧·克尔凯郭尔:《论反讽概念——以苏格拉底为主线》,汤晨曦译,中国社会科学出版社2005年版。

77.瓦西列夫:《情爱论》,赵永穆等译,生活·读书·新知三联书店1992年版。

78.今道友信:《关于爱和美的哲学》,王永丽等译,生活·读书·新知三联书店2003年版。

79.弗洛伊德:《论创造力与无意识》,孙恺祥译,罗达仁校,中国展望出版社1986年版。

80.安东尼·吉登斯:《亲密关系的变革——现代社会中的性、爱和爱欲》,陈永国、汪民安等译,社会科学文献出版社2001年版。

81.杨伯峻译注:《论语》,中华书局2009年版。

82.钱穆:《论语新解》,生活·读书·新知三联书店2005年版。

83.苗力田主编:《古希腊哲学》,中国人民大学出版社1995年版。

84.汪子嵩、范明生、陈村富、姚介厚:《希腊哲学史》第 1 卷,人民出版社 2004 年版。

85.汪子嵩、范明生、陈村富、姚介厚:《希腊哲学史》第 2 卷,人民出版社 1997 年版。

86.北京大学哲学系外国哲学史教研室编译:《西方哲学原著选读》上卷,商务印书馆 2004 年版。

87.宋希仁主编:《西方伦理思想史》,中国人民大学出版社 2005 年版。

88.万俊人主编:《现代西方伦理学史》上、下卷,北京大学出版社 1997 年版。

89.廖申白、刘须宽主编:《历史上最具影响力的伦理学名著 27 种》,陕西人民出版社 2007 年版。

90.廖申白:《亚里士多德友爱论研究》,河南人民出版社 2000 年版。

91.廖申白:《尼各马可伦理学导读》,四川教育出版社 2005 年版。

92.刘小枫、陈少明主编:《苏格拉底问题》,华夏出版社 2005 年版。

93.包利民:《古典政治哲学史论》,人民出版社 2010 年版。

94.刘小枫、陈少明主编:《柏拉图的哲学戏剧》,上海三联书店 2003 年版。

95.汝信:《西方美学史论丛续编》,上海人民出版社 1983 年版。

96.陈嘉映:《海德格尔哲学概论》,生活·读书·新知三联书店 2005 年版。

97.赵广明:《理念与神——柏拉图的理念思想及其神学意义》,江苏人民出版社 2004 年版。

98.裔昭印:《古希腊的妇女》,商务印书馆 2001 年版。

99.程志敏:《宫墙之门——柏拉图政治哲学发凡》,华夏出版社 2006 年版。

100.吴增定:《尼采与柏拉图主义》,上海人民出版社 2005 年版。

101.宗白华:《美学散步》,上海人民出版社 2004 年版。

102.陆杰荣:《哲学境界》,吉林教育出版社 1998 年版。

103.马永翔:《心智、知识与道德》,生活·读书·新知三联书店 2006 年版。

104.王新良编译:《罗马神话故事》,宗教文化出版社 1998 年版。

105.田晓菲编译:《"萨福":一个欧美文学传统的生成》,生活·读书·新知三联书店 2003 年版。

西文文献

1. Plato, *The Dialogues of Plato*, Thoemmes Press, 1997.

2. Plato, *Republic*, Oxford University Press, 1993.

3. Plato, *The Republic of Plato*, Basic Books Inc., 1968.

4. Plato,*Apology*,Bolchazy-Carducci Publishers,Inc.,1999.

5. Plato,*Symposium of Plato*,Collins Harvill,1986.

6. Plato,*Symposium*,Cambridge University Press,1980.

7. Plato,*The Philebus of Plato*,Arno Press,1973.

8. Plato,*Plato's Phaedrus*,Cambridge University Press,1952.

9. Aristotle,*The Nicomachean Ethics*,Oxford University Press,1980.

10. Aristotle,*Eudemian Ethics*(Books I,II,VIII),Clarendon Press,1992.

11. Aristotle,*De Anima*(*On the Soul*),Penguin Books,1986.

12. Aristotle,*Aristotle's Psychology*,Arno Press,1976.

13. Aristotle, *Aristotle's Physics*,the Clarendon Press,1936.

14. *Aristotle's Ethics*, Edited by N. Sherman,Rowman and Littlefield Publishers,Inc.,
1998.

15. Xenophon,*Memorabilia*,Cornell University Press,1994.

16. Homer,*The Odyssey of Homer*, Collier & Son Corporation,1937.

17. Herodotus,*The Histories*,China Social Sciences Publishing House,1964.

18. L. Strauss,*On Plato's Symposium*, the University of Chicago Press,2001.

19. S. Rosen,*Plato's Symposium*,Yale University Press,1968.

20. R. Hackforth,*Plato's Phaedrus*,Cambridge University Press,1952.

21. M. Ficino,*Commentary on Plato's Symposium*,Spring Publications,Inc.,1985.

22. K.J. Dover,*Greek Homosexuality*,Cambridge,Harvard University Press,1989.

23. K.J. Dover,*Greek Popular Morality in the Time of Plato and Aristotle*,University of
California Press,1974.

24. G. Vlastos,*Platonic Studies*,Princeton University Press,1981.

25. G. Vlastos, *Socrates*: *Ironist and Moral Philosopher*,Cambridge University Press,
1991.

26. G. Vlastos,*Studies in Greek Philosophy*,Princeton University Press,1995.

27. A.E.Taylor,*Plato*:*The Man and His Work*,Redwood Press Limited,1969.

28. W.Jaeger,*Aristotle*:*Fundamentals of the History of His Development*,The Clarendon
Press,1955.

29. W.Jaeger,*Paideia*:*The Ideals of Greek Culture*(Vol. III),Basil Blackwell,1947.

30. W. Jaeger, *Paideia: The Ideals of Greek Culture* (Vol. II) , Billing and Sons Ltd. , 1947.

31. J. Burnet, *Early Greek Philosophy*, Adam & Charles Black, 1948.

32. W. K. C. Guthrie, *A History of Greek Philosophy* (IV) , Cambridge University Press, 1975.

33. W. K. C. Guthrie, *A History of Greek Philosophy* (V) , Cambridge University Press, 1981.

34. W.K.C.Guthrie, *A History of Greek Philosophy* (VI) , 1978.

35. W.K.C.Guthrie, *Orpheus and Greek Religion*, Princeton University Press, 1993.

36. E.Zeller, *Outlines of the History of Greek Philosophy*, Routledge & Kegan Paul Ltd. , 1931.

37. H. Sidgwick, *Outlines of the History of Ethics For English Reader*, Thoemmes Press, 1996.

38. A. MacIntyre, *A Short History of Ethics*, University of Notre Dame Press, 1966.

39. T. Irwin, *Plato's Moral Theory: The Early and Middle Dialogue*, Oxford University Press, 1977.

40. M. C. Nussbaum, *The Fragility of Goodness: Luck and Ethics in Greek Tragesy and Philosophy*, Cambridge University Press, 1986.

41. P. Shorey, *What Plato Said*, The University of Chicago Press, 1933.

42. F. M. Cornford, *The Unwritten Philosophy and Other Essays*, Cambridge University Press, 1950.

43. F.M.Cornford, *From Religion to Philosophy*, Princeton University Press, 1991.

44. F.M.Cornford, *Plato's Cosmology*, Routledge and Kegan Paul Ltd. , 1937.

45. A.W. Price, *Love and Friendship in Plato and Aristotle*, Clarendon Press, 1989.

46. C.S. Lewis, *The Four Loves*, Harcourt Brace Jovanovich Publishers, 1960.

47. T. Gould, *Platonic Love*, Routledge & Kegan Paul, 1963.

48. D. Ross, *Aristotle*, Routledge, 1995.

49. D. Ross, *Plato's Theory of Ideas*, The Clarendon Press, 1953.

50. J.A.Stewart, *The Myths of Plato*, Centaur Press Ltd. , 1960.

51. W. Burkert, *Greek Religion*, Harvard University Press, 1985.

52. P.Friedlander,*Plato:An Introduction*, Princeton Universtity Press,1969.

53. G.R.F.Ferrari,*Listening to the Cicadasn:A study of Plato's Phaedrus*,Cambridge University Press,1987.

54. C. L.Griswold,Jr.,*Self-Knowledge in Plato's Phaedrus*,Yale University Press,1986.

55. E.R. Dodds,*The Greeks and the Irrational*,University of California Press,1951.

56. D. J. Melling,*Understanding Plato*,Oxford University Press,1987.

57. D. M. Halperin,*One Hundred Years of Homosexuality and Other Essays On Greek Love*,Routledge,1990.

58. R.M.Hare,*Plato*,Oxford University Press,1982.

59. J.Moravcsik and P.Temko:*Plato on Beauty*,*Wisdom and the Arts*,Rowman and Littlefield,1982.

60. J.O.Urmson,*Aristotle's Ethic*, Basil Blackwell,1988.

61. S. Stern-Gillet,*Aristotle's Philosophy of Friendship*,State University of New York Press,1995.

62. L. S. Pangle,*Aristotle and the Philosophy of Friendship*, Cambridge University Press,2003.

63. D.Cohen,"Law,Society and Homosexuality in Classical Athens",*Past and Present*, (1987),No. 117.

64. P. Walcot,"Greek Attitudes Towards Women:The Mythological Evidence",*Greece & Rome*,2nd Ser.,31(1984),No. 1.

65. H. Neumann,"On the Comedy of Plato's Aristophanes",*The American Journal of Philosophy*,87(1966),No. 4.

66. H. Neumann,"Diotima's Concept of Love",*The American Journal of Philosophy*,86 (1965),No. 1.

67. J.S.Morrison,"Four Notes On Plato's Symposium",*The Classocal Quarlterly*,New Series,14(1964),No. 1.

68. W. N. Stevenson,"Plato's Symposium"(190d7-e),*Phoenix*,47(1993),No. 3.

69. P. W. Ludwig, "Politics and Eros in Aristophanes' Speech:Symposium (191e - 192a)and the Comedies",*The American Journal of Philosophy*,117(1996),No. 4.

70. K.J.Dover,"Aristophanes' Speech in Plato's Symposium",*The Journal of Hellenic*

Studies, 86(1966).

71. D.Levy, "The Definition of Love in Plato's Symposium", *Journal of the History of Ideas*, 40(1979), No. 2.

72. A.W.Saxonhouse, "Eros and the Female in Greek Political Thought", *Political Theory*, 12(1984), No. 1.

73. M.Finkelberg, "Plato's Language of Love and the Female", *The Harverd Theological Review*, 90(1997), No. 3.

74. C. G. Allen, "Plato on Women", *Feminist Studies*, 2(1975), No. 2/3.

75. D.D.McGibbon, "The Fall of the Soul in Plato's Phaedrus", *The Classical Quarterly*, New Series, 14(1964), No. 1.

76. R.S.Bluck, "The Phaedrus and Reincarnation", *The American Journal of Philosophy*, 79(1958), No. 2.

77. E.J.Roberts, "Plato's View of the Soul", *Mind*, New Series, 14(1905), No. 55.

78. D.Blyth, "The Ever-Moving Soul in Plato's Phaedrus", *The American Journal of Philosophy*, 118(1997), No. 2.

79. M. Dyson, "Zeus and Philosophy in the Myth of Plato's Phaedrus", *The Classical Quarterly*, New Series, 32(1982), No. 2.

80. J.L.Stocks, "Plato and the Tripartite Soul", *Mind*, New Series, 24(1915), No. 94.

81. R.G. Bury, "The Ethics of Plato", *International Journal of Ethisc*, 20(1910), No. 3.

82. J. A. Notopoulos, "The Symbolism of the Sun and Light in the Republic of Plato (I)", *Classical Philosophy*, 39(1944), No. 3.

83. N.Gully, "Plato's Theory of Recollection", *The Classical Quarterly*, New Series, 4(1954), No. 3/4.

84. J. P. Waghone, "A Body for God: An Interpretation of the Nature of Myth Beyond Structuralism", *History of Religions*, 21(1981), No. 1.

85. G. R. Morrow, "Plato's Conception of Persuasion", *The Philosophical Review*, 62(1953), No. 2.

86. G.R.Morrow, "Necessity and Persuasion in Plato's Timaeus", *The Philosophical Review*, 59(1950).

87. K. Dorter, "Plato's Image of the Immortality", *The Philosophical Quarterly*, 26

(1976), No. 105.

88. E.R. Dodds, "Plato and the Irrational", *The Journal of Hellenic Studies*, 65(1945).

89. S.Lange, "Emotion in Plato's *Phaedo*". *The Classical Journal*, 33(1938), No. 5.

90. R. Hachforth, "Immortality in Plato's Symposium", *The Classical Review*, 64(1950).

91. E.E. Pender, "Spiritual Pregnancy in Plato's Symposium", *The Classical Quarterly*, New Series, 42(1992), No. 1.

92. F.C. White, "Love and Beauty in Plato's Symposium", *The Journal of Hellenic Studies*, 109(1989).

93. F.C. White, "Love and the Individual in Plato's Phaedrus", *The Classical Quarterly*, New Series, Vol. 40(1990), No. 2.

94. L.C.H.Chen, "Knowledge of Beauty in Plato's Symposium", *The Classical Quarterly*, New Series, 33(1983), No. 1.

95. R. Saitzer, "The Topology of Madness: Philosophic Seduction in Plato's Phaedrus", *Alif: Journal of Comparative of Poetics*, Madness and Civilization, (1994), No. 14.

96. R.G. Hoerber, "Character Portrayal in Plato's Lysis", *The Classical Journal*, 41(1946), No. 6.

97. D.K.Glidden, "The Lysis on Loving One's Own", *The Classical Quarterly*, New Series, 31(1981), No. 1.

后　记

　　金秋十月,是一个收获的季节。7年的尘封与沉淀之后,我的第一本专著终于要面世了。这本书是在我的博士论文的基础上修订而成的,经过生活的磨炼,她还是原来的她,但我已经不是原来的我了。

　　首先,感谢我的导师廖申白教授。他给了我沉甸甸的学术生命,对我恩重如山。自从认识老师之后,我的生活改变了,我的命运也改变了。从那时起到现在,我幸福了十年,骄傲了十年,也奋斗了十年。我的人生有了目标和方向,我是这么地喜欢我现在所做的事情。这一切都要感谢我的老师。是他带我走上了学术研究的道路,教我最基本的学术规范。无论何时,我都会诚实做人,诚实做"文"。

　　在写作本书的过程当中,老师除了给予我指导之外,还给予我莫大的鼓励与支持。老师严谨的学术态度、完善的人格品质也给予我潜移默化的影响,从老师身上,我初步学会了如何做"人",如何做"文"。廖老师2013年申请的国家社科基金重大项目"希腊罗马伦理学综合研究",也将是今后我们深入研究古希腊伦理学的一个重要平台。此外,还要感谢北京师范大学哲学与社会学学院的宣兆凯教授、晏辉教授、贾新奇教授、朱红文教授、张百春教授与马永翔副教授,在本书成稿过程中,各位老师给予了大量宝贵的建议和意见。

　　其次,感谢我的父母。父母孕育了我的生命,是我的启蒙老师,是我生活的保驾护航者,更是我一生的守护者。他们不仅给了我生命,还潜移默化地传给我一种自强自立的精神。感谢我的挚兄陈雷生,爱弟李阳阳。除了血浓于水的亲情关爱之外,他们还给予我莫大的帮助。感谢徐永民先生。感谢我的同门师兄刘须宽博士与杨瑾博士,他们都是我一生的挚友。感谢沈阳师范大学马克思主义学院新老领导班子成员——吴星杰教授、秦晓波教授、田鹏颖教授、赵美艳教授、李福岩教授、周军教授、于洪波副教授、袁俊茹副教授、范广钧老师——的英明领导，使学院上下形成了和谐的人际环境和良好的人文环境。感谢王虹教授、崔晓庚教授、卢萍教授等对我提供的不同形式的支持与帮助。感谢张兵副教授、魏国力副教授、唐丽副教授、韩梅副教授、孙洪波博士对我的友爱、启发、关照与帮助，感谢办公室的张洋、付爽、李照老师以及资料室的徐春华老师等付出的辛苦劳动。

再次，感谢教育部社科研究青年基金给予项目立项，并提供项目资金的支持，使得本书得以顺利出版。感谢人民出版社的钟金铃编辑，他是我初次的合作伙伴、三年的同窗、多年的朋友，也感谢为本书付梓出版辛勤劳动的其他编辑们。

在我学术成长的道路上，还有一位老师，他就是中国社会科学院哲学研究所的杨通进研究员。他在学术翻译的道路上扶助了我十年，扶我迈上了一个又一个台阶。当我取得一点点成绩的时候，我没有理由得意与骄傲，因为不是我的聪明使然，而是我的幸运使然。如果不是遇到廖老师、杨老师以及我生命中所有的好人们，不会有我的今天。此外，中国社会科学院的甘绍平研究员也给了我很多的建议与指导，他的专业态度与敬业精神是我们这些从事伦理学研究的晚辈的榜样。还要感谢本书所有参考文献的作者和译者们，谢谢你们在该领域的劳动和付出，才使本书站在一个比较高的研究起点上。

最后，我要感谢我的先生倪宪峰和我的女儿倪子京。我的先生成全了一个女人对幸福家庭的渴望，他理解并尊重我的选择与理想，在背后默默地支持我、鼓励我。说到我的女儿，我是在怀孕过程中成书的，她在我的子宫里陪着我思考、生活……她是我和先生爱情的结晶，是身体的孕育，本书是思考的产物，是精神的孕育，二者都是我的孩子，我的宝贝。本书凝聚了我对三十几年人生与生命的思考，因为生命和生活还在继续，所以本书也难免有不当与错误之处，敬请各位同行不吝指教。

李丽丽

2015 年 1 月

责任编辑:钟金铃
封面设计:汪 莹

图书在版编目(CIP)数据

柏拉图爱欲思想研究/李丽丽 著. -北京:人民出版社,2015.8
ISBN 978-7-01-015104-5

Ⅰ.①柏… Ⅱ.①李… Ⅲ.①柏拉图(前427~前347)-性道德-思想评论
Ⅳ.①B502.232

中国版本图书馆 CIP 数据核字(2015)第 174906 号

柏拉图爱欲思想研究
BOLATU AIYU SIXIANG YANJIU

李丽丽 著

人民出版社 出版发行
(100706 北京市东城区隆福寺街99号)

北京中科印刷有限公司印刷 新华书店经销

2015 年 8 月第 1 版 2015 年 8 月北京第 1 次印刷
开本:710 毫米×1000 毫米 1/16 印张:22.75
字数:330 千字 印数:0,001-2,000 册

ISBN 978-7-01-015104-5 定价:49.00 元

邮购地址 100706 北京市东城区隆福寺街 99 号
人民东方图书销售中心 电话 (010)65250042 65289539